U0895797

吕氏春秋

[战国] 吕不韦 ◎ 著
王学典 ◎ 编译

江苏凤凰科学技术出版社 · 南京

图书在版编目（CIP）数据

吕氏春秋 /（战国）吕不韦著；王学典编译 . — 南京：江苏凤凰科学技术出版社，2018.9（2022.5 重印）
ISBN 978-7-5537-7809-9

Ⅰ . ①吕… Ⅱ . ①吕… ②王… Ⅲ . ①杂家②《吕氏春秋》– 译文 Ⅳ . ① B229.24

中国版本图书馆 CIP 数据核字（2017）第 006208 号

吕氏春秋

著　　者　【战国】吕不韦
编　　译　王学典
责任编辑　祝　萍
责任监制　曹叶平

出版发行　江苏凤凰科学技术出版社
出版社地址　南京市湖南路 1 号 A 楼，邮编：210009
出版社网址　http://www.pspress.cn
印　　刷　天津旭丰源印刷有限公司

开　　本　718 mm × 1 000 mm　1/16
印　　张　20.5
插　　页　2
字　　数　368 000
版　　次　2018 年 9 月第 1 版
印　　次　2022 年 5 月第 2 次印刷

标准书号　ISBN 978-7-5537-7809-9
定　　价　45.00 元

前言

《吕氏春秋》又名《吕览》，成书于公元前239年左右。该书是秦相吕不韦召集门下宾客集合百家九流之说编写而成的。吕不韦（前292—前235年），原为阳翟（今河南禹县）商人，于赵国经商期间，结识了流亡在外的秦国公子嬴异人，当时异人在赵国处境艰难，得不到重视和尊重，而吕不韦却认为他“奇货可居”，于是用金钱资助异人，并帮助他获得了继承王位的资格。公元前253年，异人继承王位，即秦庄襄王。秦庄襄王拜吕不韦为相，封为文信侯。秦庄襄王死后，其子嬴政继位，尊吕不韦为相国，吕不韦被称为仲父。吕不韦为相期间，秦国出兵灭东周，攻取韩、赵、卫三国土地，建立三川、太原东郡，为统一中国做出了积极贡献。秦始皇亲理政务后，将吕不韦免职，并使其迁居蜀，后忧惧饮鸩而亡。

《吕氏春秋》的成书过程，据《史记·吕不韦列传》所载，战国时，魏有信陵君，楚有春申君，赵有平原君，齐有孟尝君，都以喜养宾客名闻天下。吕不韦时为秦相，觉得以秦国之强而自己不如四公子是一种羞耻，就大招门客厚待之，养士至三千人。当时诸侯多辩士，如荀卿等人著书名闻天下，吕不韦也让他的门客把各自的见识写下来，集论而为《八览》《六论》《十二纪》，共二十多万言，以为可以包罗天地古今万物之理，号曰《吕氏春秋》，并把它公布于咸阳市门，诸侯、游士、宾客有能增损一字者即赏给千金。

战国末期，政治上统一的趋势加强，各家思想也迅速走向融合，在此背景下产生的《吕氏春秋》，注重博采众家学说之长，因而自汉代以来一直被称为“杂家”。以今人眼光衡量，《吕氏春秋》一书的写作目的是综合各家学说之长，指导秦国统治阶级兼并六国，建立大一统的封建王朝，并实现长治久安。它对各家学说实际上是有所吸收、有所扬弃的，主要吸收其中比较合理、进步和有利于实现上述目的的内容。

因而它是“杂而不杂”，宗旨明确。

《吕氏春秋》明确声明它是“集腋成裘”。不管哪家哪派，只要是好的思想，都要被综合进来。吕不韦在此书《序意》中也颇有信心地宣称：“凡十二纪者，所以纪治乱存亡也，所以知寿夭吉凶也。上揆之天，下验之地，中审之人，若此，则是非可不可无所遁矣。”由此看来，《吕氏春秋》的写作，乃是吕不韦依托秦国之势从文化思想上来和诸侯争强的产物，其中也许还有吕不韦为秦的统一天下而进行理论准备的用意。《吕氏春秋》对先秦各家各派着重审视其优长，偏重于汲取其精粹，力图超出门户之见。它说：“老聃贵柔，孔子贵仁，墨翟贵兼，关尹贵清，列子贵虚，陈骈贵齐，杨生贵己，孙膑贵势，王廖贵先，兒良贵后，此十人者，皆天下之豪士也。”由于《吕氏春秋》的编著者有这种兼容并包的气度，故能取精用宏，融会百家。

本书精选《吕氏春秋》中的精彩篇章予以精心翻译，同时对所选篇章进行解读，并列举古今中外的典型事例，对古人的思想进行更深层的发掘，希望能帮助读者更好地去理解和品读这部国学经典巨著。

目录

纪

孟春纪 / 7

重己 / 7

贵公 / 10

仲春纪 / 14

情欲 / 14

当染 / 17

季春纪 / 20

先己 / 20

论人 / 24

孟夏纪 / 27

劝学 / 27

尊师 / 30

仲夏纪 / 34

大乐 / 34

侈乐 / 37

季夏纪 / 40

音初 / 40

制乐 / 43

孟秋纪 / 46

荡兵 / 46

振乱 / 49

怀宠 / 52

仲秋纪 / 55

论威 / 55

决胜 / 58

爱士 / 61

季秋纪 / 64

知士 / 64

审己 / 68

精通 / 71

孟冬纪 / 74

安死 / 74

异宝 / 77

异用 / 80

仲冬纪 / 83

至忠 / 83

忠廉 / 86

当务 / 89

季冬纪 / 92

士节 / 92

诚廉 / 95

不侵 / 97

览

有始览 / 101
有始 / 101
应同 / 105
去尤 / 108
听言 / 111
谨听 / 114
务本 / 117
谕大 / 120

孝行览 / 123
孝行 / 123
首时 / 128
义赏 / 131
长攻 / 134
慎人 / 138
遇合 / 142

慎大览 / 145
权勋 / 145
下贤 / 150
报更 / 154
顺说 / 157
不广 / 161
贵因 / 165
察今 / 168

先识览 / 172
先识 / 172
观世 / 176
知接 / 180
悔过 / 183
察微 / 187

审分览 / 191
审分 / 191
君守 / 195
任数 / 198
勿躬 / 202
知度 / 205

审应览 / 209
审应 / 209
重言 / 213
淫辞 / 216
具备 / 220

恃君览 / 223
恃君 / 223
长利 / 226
知分 / 229
召类 / 233
达郁 / 236
行论 / 239

论

开春论 / 243
开春 / 243
察贤 / 247
审为 / 249
爱类 / 252
贵卒 / 256

慎行论 / 258
慎行 / 258
无义 / 262
疑似 / 265
壹行 / 269
察传 / 272

贵直论 / 274
贵直 / 274
直谏 / 278
知化 / 281
壅塞 / 284
原乱 / 288

不苟论 / 290
不苟 / 290
赞能 / 293
自知 / 296
当赏 / 299
博志 / 301

似顺论 / 304
似顺 / 304
有度 / 307
分职 / 310
处方 / 313
慎小 / 317

士容论 / 319
士容 / 319
务大 / 322
上农 / 325

纪

孟春纪

重己

※原文

倕，至巧也。人不爱倕之指，而爱己之指，有之利故也。人不爱昆山之玉、江汉之珠，而爱己之一苍璧小玑，有之利故也。今吾生之为我有，而利我亦大矣。论其贵贱，爵为天子，不足以比焉；论其轻重，富有天下，不可以易之；论其安危，一曙失之，终身不复得。此三者，有道者之所慎也。有慎之而反害之者，不达乎性命之情也。不达乎性命之情，慎之何益？是师者之爱子也，不免乎枕之以糠；是聋者之养婴儿也，方雷而窥之于堂。有殊弗知慎者。夫弗知慎者，是死生存亡可不可，未始有别也。未始有别者，其所谓是未尝是，其所谓非未尝非。是其所谓非，非其所谓是，此之谓大惑。若此人者，天之所祸也。以此治身，必死必殃；以此治国，必残必亡。夫死、殃、残、亡，非自至也，惑召之也。寿长至常亦然。故有道者，不察所召，而察其召之者，则其至不可禁矣。此论不可不熟。

※译文

倕是手最巧的人了。可是人们不爱护倕的手指，而是爱护自己的手指，这是自己的手指对自己有所帮助的缘故。人们不爱护昆山的宝玉、江汉的明珠，却爱护自己的一块成色不高的宝石、一颗形状不圆的小珠子，这是自己的东西才对自己有用的缘故。现在，我的生命归我所有，给我带来的好处也很多。从贵贱方面来说，即使地位高到做天子，也不能够和它相比；从轻重方面来说，即使富裕到拥有天下，也不能和它交换；从安危方面来说，一旦有一天失去了它，就一生再也不能得到。这三个方面，是有道行的人小心的地方。有虽然小心但却造成损害的人，这是没有领悟人性与生命的情理。不领悟人性、生命的情理，小心又有什么用？这就像盲人虽然疼爱儿子，但却免不了让他枕在谷糠上；这就像聋子养育婴儿，正在打雷的时候却让他在堂屋里向外观望。这比起不知道小心的人有过之而无不及。不知道小心的人，对生死存亡、可以不可以，从来没有辨别清楚。没辨别清楚的人，他们所说的正确不一定是正确的，他们所谓的错误也未必是错误的。对的说成不对的，不对的说成对的，这就非常糊涂。像这样的人是上天降祸的对象。用这种态度修身，必定死亡，必定遭祸；用这种态度治理国家，必定衰败，必定灭亡。这种死亡、遭祸、衰败和灭亡不是自动找上门来的，而是糊涂招来的。长寿也常常是这样。所以，有道行的人，不察看导致的结果，而察看引起它的原因，那么达到的结果就是不可遏制的了。这个道理不能不彻底理解。

※原文

使乌获疾引牛尾，尾绝力勯，而牛不可行，逆也。使五尺竖子引其棬，而牛恣所以之，顺也。世之人主贵人，无贤不肖，莫不欲长生久视，而日逆其生，欲之何益？凡生之长也，顺之也；使生不顺者，欲也。故圣人必先适欲。

※译文

让乌获这样的大力士去拉住牛的尾巴，即使尾巴拽断了，人的力气用完了，牛还是不走，这是由于它违背了牛的性子。让五尺高的小孩子去牵住牛鼻子上的环，让牛去哪里牛就去哪里，这是顺从了牛的性子。世上的君主、贵族，不论好坏，没有不想长寿的，却每天都违反自己生命的本性，这对长生有什么好处呢？大凡要想长寿的，就得顺从自己的生命本性；而使生命不顺应的就是人的欲望。所以圣人一定会先抑制自己的欲望。

※原文

室大则多阴，台高则多阳；多阴则蹷，多阳则痿。此阴阳不适之患也。是故先王不处大室，不为高台，味不众珍，衣不燀热。燀热则理塞，理塞则气不达；味众珍则胃充，胃充则中大鞔，中大鞔而气不达。以此长生可得乎？昔先圣王之为苑囿园池也，足以观望劳形而已矣；其为宫室台榭也，足以辟燥湿而已矣；其为舆马衣裘也，足以逸身暖骸而已矣；其为饮食酏醴也，足以适味充虚而已矣；其为声色音乐也，足以安性自娱而已矣。五者，圣王之所以养性也，非好俭而恶费也，节乎性也。

※译文

房间大了阴气就重，台子高了阳气就多；阴气重了就会生脚病，阳气多了就会肌肉萎缩。这是阴阳不适宜所造成的害处。于是先代的君主不住大屋子，不建造高台，不吃珍奇的食物，不穿过于保暖的衣服。穿的衣服过厚就会经脉阻塞，经脉阻塞就会气血不流畅；吃珍奇的食物胃里就会不舒服，胃里撑得慌就会肚子胀气，肚子胀气就会不通畅。用这样的方法可以达到长寿的目的吗？以前圣王的院子、池塘，只是够观望和活动而已；他的宫殿亭台，只要避开燥热和阴湿就可以了；他的车马衣服，只是使身体舒服暖和就行了；他的饮食，只是够吃饱就可以了；他的音乐，足够自娱自乐就行了。这五种情况，就是圣王修身养性的方法，不是因为要节俭，而是要控制自己的本性。

※读解

人的本性到底是什么？这个问题孔子、孟子、荀子甚至告子都做出了自己的解答。但是他们的说法在我们现代人看来，都有一定的不足之处。在本篇中，作者不再试图解决“人的本性是善还是恶”的问题，而是告诉我们，不管人的本性是什么，只要你按照自己的本性去生活，就会达到长寿的目的。

生命只有一次，在战国末期的时候，人们终于发现了这个真理，于是乎，一大堆的养生学说开始产生，甚至连老子的《道德经》、庄子的《庄子》都成了养生的法宝。特别是一些王公大臣、君主，更是恨不得生生世世都是人上人，秦始皇还派人寻求所谓的仙丹妙药，企图长生不老。但是，《重己》篇告诉我们，没有什么灵丹妙药，只有顺从自己的本性，简朴、淡泊地生活，控制自己的欲望，才能长寿。

※事例

孟浩然归隐山林、浑然忘我

孟浩然是一位唐代颇有名气的文人，富有灵气，其文采卓尔不群。他年轻时，和其他人一样，希望靠自己的诗书和才华求取功名、光耀门楣。但是年轻气盛的他，锋芒太露，结果因为一首诗惹怒了唐玄宗，从此仕途不济。孟浩然见做官无门，就怅然地离开了古城长安。

经过一段时间的静坐冥思，他参透了人生之味和官海沉浮，于是归隐田园，寄情于山水，过着逍遥自在的生活。

当时，朝中有一位清官韩朝宗身兼数职：既是荆州大都督府长史，又担任着襄州刺史，还是山南东道来访处置使。他久闻孟浩然的才华和名气，并且深知孟浩然的遭遇，于是有心举荐他。韩朝宗深得皇上信赖，曾经为朝廷发掘了许多栋梁之材，如果这次孟浩然和他一同去长安，应该有很大的希望被提拔。在韩朝宗的一番劝说之下，孟浩然答应了，并和他约好了出发的时间。

可在临行前，有一个和他意气相投的朋友前来拜访，孟浩然兴致勃勃地和他把酒谈笑，竟然把去长安的事抛到了九霄云外。韩朝宗左等不见人来，右等还是没有半个人影，大失所望，只好一个人走了。

从此，孟浩然彻底地脱离了仕途的俗念，忘情于变幻多姿的大自然之中，从中汲取灵感，并以山峦、树木、松月、飞鸟和鸣蝉等为素材，创造了意象万千的诗歌。

一天，孟浩然与一位朋友走在乡村的小道上。道旁修竹幽篁，别有一番风韵，孟浩然禁不住驻足观赏。远处的渔夫收拾好渔网，在暮色中归来。孟浩然赶忙上前，询问渔夫的收获，然后仔细端详篓子里的鱼儿，看完后，他莫名其妙地笑了。朋友觉得他的举止有些怪异，问："你在想什么呢？有什么好笑的事情吗？"

孟浩然开心地说："刚才看到那翠竹，诗兴大发，琢磨出两句，其中有竹和鱼。只是平时没有注意竹有多少节，鱼有多少鳞，所以刚才看了个明白，心中甚是高兴！"说完就爽朗地笑了。

孟浩然在民风淳朴的田园中生活了大半辈子，以山水为伴，浑然忘我，创作了大量流传后世的名篇佳作。这位隐逸之士一直隐居至终老，诗人李白专门以诗称赞他为"白首卧松云"。

孟浩然摆脱世俗的纷扰，归隐山林，虽然有些消极，但确实让人羡慕。在现代社会，只有保持一颗平常心，不以物喜，不以己悲，才能在浮躁忙碌的生活中获得心灵深处的宁静和快乐。

贵公

※原文

昔先圣王之治天下也，必先公。公则天下平矣。平得於公。尝试观於上志，有得天下者众矣，其得之以公，其失之必以偏。凡主之立也，生於公。故《鸿范》曰：

“无偏无党，王道荡荡。无偏无颇，遵王之义。无或作好，遵王之道。无或作恶，遵王之路。”

※译文

以前圣王治理天下的时候，一定把公正放在首位。把公正放在首位就会天下太平。太平是公正得来的。曾经考察过古代典籍，得到过天下的人很多，得到的人都是把公正放在首位，失去的人都是把偏颇放在首位。君主的设立，是出于公正的目的。所以《尚书·鸿范》中说：“不要营私，不要结党，君主的统治平平坦坦。不要偏向，不要倾斜，遵守先王的法则。不要施加个人的喜好，遵循先王的路子。不要施加个人的憎恶，遵循先王的路子。”

※原文

天下，非一人之天下也，天下之天下也。阴阳之和，不长一类；甘露时雨，不私一物；万民之主，不阿一人。伯禽将行，请所以治鲁。周公曰：“利而勿利也。”荆人有遗弓者，而不肯索，曰：“荆人遗之，荆人得之，又何索焉？”孔子闻之曰：“去其‘荆’而可矣。”老聃闻之曰：“去其‘人’而可矣。”故老聃则至公矣。天地大矣，生而弗子，成而弗有，万物皆被其泽，得其利，而莫知其所由始。此三皇五帝之德也。

※译文

天下不是一个人的天下，是天下人的天下。阴阳的融合，不只是滋长一种物种；甘露时雨，不偏爱一物；万人的君主，不能偏护一人。伯禽将要启程的时候，请教治理鲁国的方法。周公说：“为民谋利而不要为自己谋利。”荆国有人丢了弓，却不肯寻找，说：“荆国人丢了它，荆国人又得到了它，为什么还要寻找呢？”孔子听到后说：“去掉他话里的‘荆’字就可以了。”老聃听到了说：“再去掉‘人’字更好。”所以老聃是最公正的。天地是那么伟大，生育民众而不把他们当作自己的子孙，造就万物却不据为已有，万物都受到天地的恩泽，得到天地的好处，却不知道它是从哪里来的。这就是三皇五帝的功德。

※原文

管仲有病，桓公往问之，曰：“仲父之病矣。渍甚，国人弗讳，寡人将谁属国？”管仲对曰：“昔者臣尽力竭智，犹未足以知之也。今病在於朝夕之中，臣奚能言？”桓公曰：“此大事也，愿仲父之教寡人也。”管仲敬诺，曰：“公谁欲相？”公曰：“鲍叔牙可乎?”管仲对曰:“不可。夷吾善鲍叔牙。鲍叔牙之为人也,清廉洁直;视不己若者,不比於人;一闻人之过,终身不忘。”“勿已,则隰朋其可乎?”“隰朋之为人也,上志而下求,丑不若黄帝,而哀不己若者。其於国也,有不闻也;其於物也,有不知也;其於人也,有不见也。勿已乎,则隰朋可也。”夫相,大官也。处大官者,不欲小察,不欲小智,故曰:大匠不斫,大庖不豆,大勇不斗,大兵不寇。桓公行公去私恶,用管子而为五伯长;行私阿所爱,用竖刁而虫出於户。

※译文

管仲患病了,齐桓公前去慰问,说:“您的病很严重。如果一旦发生不幸,我将把国家托付给谁呢?”管仲回答:“以前我尽心竭力,还没能找到这样的人。现在得了重病,生死在朝夕之间,又怎么能说得上来呢?”齐桓公说:“这是国家大事,请您教导我吧!”管仲恭敬地答应了,说:“您想要任用谁呢?”齐桓公说:“鲍叔牙可以吗?”管仲说:“不可以。我和鲍叔牙是好朋友。鲍叔牙的为人,清廉正直;对待不如自己的人,不愿意和他们在一起;偶尔听到别人的过错,就终身不忘。”“万不得已的时候,隰朋可以吧?”“隰朋的为人,能够记住先代的事例,又能不耻下问,自愧不如黄帝,而且同情不如自己的人。他对于国家,有不去过问的事情;对于事物,有不去了解的方面;对于人,有不看重的细节。实在万不得已,就用隰朋。”宰相,是一个很大的官职。处于大官的位置,不要仔细查看细小的地方,不要在小事方面动脑子,所以说,高明的工匠不亲自砍削,高明的厨师不亲自陈列餐具,大勇的人不去私斗,真正强大的军队不进行劫掠。齐桓公施行公正,抛却个人的恩怨,任用管仲而成为春秋五霸之首,但他后来徇私偏袒自己喜欢的人,任用竖刁而使自己的尸体生蛆,爬满屋子。

※原文

人之少也愚,其长也智。故智而用私,不若愚而用公。日醉而饰服,私利而立公,贪戾而求王,舜弗能为。

※译文

人年少的时候无知,长大就聪明了。所以如果聪明却出于私心,不如愚笨却出于公心。每天都醉醺醺的却要修饰衣服,谋求私利却要求树立公正,贪婪暴戾却要做天下的君主,即使舜也无法做到。

※读解

“无偏无党,王道荡荡。无偏无颇,遵王之义。无或作好,遵王之道。无或作恶，遵王之路。”《尚书·鸿范》上的一句话，让古人引来引去，表达的意思虽说略有不同之处，但都是要求君主按照先王的教导来执政，即“法先王”。

“天下非一人之天下也，天下之天下也”，这句话明显与《诗经》上的“普天之下，莫非王土；率土之滨，莫非王臣”有很大的区别。前者明显带有朴素的民主思想，而后者却是君权思想。当然，这时的民主思想与我们现在说的“民主”意义上有很大的区别，这里的思想只是在春秋战国几百年的战乱中得来的经验教训的总结，具有民主的萌芽状态。等到秦始皇统一天下之后，这种可贵的民主思想的萌芽又被封建“家天下”的严霜覆盖了。

宰相是一个国家的大官，身为宰相之人，不能囿于自己的偏私而影响整个国家。管仲没有举荐与自己友善的鲍叔牙，是因为鲍叔牙不能容忍别人的过错。“宰相肚里能撑船”，看来这句话不简单啊！

※事例

鲍叔牙大公无私

管仲，名夷吾，是颍上人。他年轻的时候，常和鲍叔牙交往，鲍叔牙知道他贤明、有才干。管仲家贫，经常占鲍叔牙的便宜，但鲍叔牙始终很好地对待他，不因为这些事而有什么怨言。不久，鲍叔牙侍奉齐国公子小白，管仲侍奉公子纠。等到小白即位，立为齐桓公以后，齐桓公让鲁国杀了公子纠，管仲被囚禁。于是鲍叔牙向齐桓公推荐管仲。管仲被任用以后，在齐国执政，齐桓公凭借着管仲而称霸，并以霸主的身份，多次会合诸侯，使天下归正于一，这都是管仲的智谋。

管仲说：“我当初贫困时，曾经和鲍叔牙一起做生意，分财利时自己总是多要一些，鲍叔牙并不认为我贪财，而是知道我家里贫穷；我曾经替鲍叔牙谋划事情，反而使他更加困顿不堪，陷于窘境，鲍叔牙不认为我愚笨，他知道时运有时顺利，有时不顺利；我曾经多次做官多次被国君驱逐，鲍叔牙不认为我不成器，他知道我没遇上好时机；我曾经多次打仗多次逃跑，鲍叔牙不认为我胆小，他知道我家里有老母需要赡养。公子纠失败，召忽为之殉难，我被囚禁，遭受屈辱，鲍叔牙不认为我没有廉耻，他知道我不因小的过失而感到羞愧，却以功名不显扬于天下而感到耻辱。生养我的是父母，真正了解我的是鲍叔牙啊。”

鲍叔牙推荐了管仲以后，情愿居管仲之下。他的子孙世世代代在齐国享有俸禄，得到封地的有十几代，多数是著名的大夫。因此，天下的人不称赞管仲的才干，而赞美鲍叔牙能够识别人才。

仲春纪

情欲

※原文

天生人而使有贪有欲。欲有情，情有节。圣人修节以止欲，故不过行其情也。故耳之欲五声，目之欲五色，口之欲五味，情也。此三者，贵贱、愚智、贤不肖欲之若一，虽神农、黄帝，其与桀、纣同。圣人之所以异者，得其情也。由贵生动，则得其情矣；不由贵生动，则失其情矣。此二者，死生存亡之本也。

※译文

上天降生了人，就让人拥有了贪念和欲望。欲望之中含有感情，感情应当适度。圣人修养自己的品德来节制自己的欲望，所以不过分地放纵自己的感情。因此，耳朵想要听到五声，眼睛想要看到五色，嘴巴想要吃到五味，这是情欲。这三种情况，不论是高贵的还是低贱的，愚蠢的还是聪明的，贤能的还是不肖的，都是一样的。即使神农氏、黄帝，也是和桀、纣一样的。圣人之所以和别人不一样，是由于他能把握情欲的限度。从珍重生命出发，就能把握适度的情欲；没有从珍重生命出发，就不会把握好情欲的限度。这两种情况，是生死存亡的根本原因。

※原文

俗主亏情，故每动为亡败。耳不可赡，目不可厌，口不可满；身尽府种，筋骨沈滞，血脉壅塞，九窍寥寥，曲失其宜，虽有彭祖，犹不能为也。其于物也，不可得之为欲，不可足之为求，大失生本；民人怨谤，又树大雠；意气易动，跷然不固；矜势好智，胸中欺诈；德义之缓，邪利之急。身以困穷，虽后悔之，尚将奚及？巧佞之近，端直之远，国家大危，悔前之过，犹不可反。闻言而惊，不得所由。百病怒起，乱难时至。以此君人，为身大忧。耳不乐声，目不乐色，口不甘味，与死无择。

※译文

世俗的君主在感情上没有限度，所以一做事情就会失败。耳朵不可满足，眼睛不可满足，嘴巴不可满足；身上浮肿，筋骨僵硬，血流不畅，九窍空空，丧失了正常的功能，即使彭祖也无能为力。他们对于外物，一心想要得到不能得到的，不能满足于已经拥有的，大大地失去了生命的本来意义；人民怨声载道，又等于树立了大的仇人；精神意志非常容易动摇，摇摆不定；仗着权势刚愎自用，内心藏着欺诈；对于道德漫不经心，对于邪利急切追求。身陷穷困的境地，即使后悔了，怎么能够来得及？亲近奸诈的人，疏远正直的人，到了国家将要危亡的时候，才后悔以前的所作所为，就为时已晚了。听到自己即将灭亡的言论就感到惊恐，不明白原因。百病入体，混乱和叛乱不断爆发。用这种方法来统治人民，造成自身巨大的忧患。以至于耳朵听到音乐不觉得美妙，眼睛看到美色不觉得美丽，嘴巴里吃着美味觉得没有味道，这与死没有什么分别了。

※原文

古人得道者，生以寿长，声色滋味能久乐之，奚故？论早定也。论早定则知早啬，知早啬则精不竭。秋早寒则冬必暖矣，春多雨则夏必旱矣。天地不能两，而况于人类乎？人之与天地也同。万物之形虽异，其情一体也。故古之治身与天下者，必法天地也。尊、酌者众则速尽。万物之酌大贵之生者众矣。故大贵之生常速尽。非徒万物酌之也，又损其生以资天下之人，而终不自知。功虽成乎外，而生亏乎内。耳不可以听，目不可以视，口不可以食，胸中大扰，妄言想见，临死之上，颠倒惊惧，不知所为。用心如此，岂不悲哉？

※译文

古代得道的人，能够活得长寿，享受音乐、美色、滋味很久，这是为什么呢？其实他们珍惜生命的观念早就有了。早有观念，就会早早知道爱惜生命，知道爱惜生命就不会精神枯竭。秋天寒冷得比较早，那么冬天一定比较温暖；春天雨水多，那么夏天就会大旱。天地不能两个方面都照顾到，何况我们人类呢？人类和天地是相同的。万物的形状虽然不一样，但是它们的本性是一样的。所以古代人修身养性和治理国家，一定要效法天地。一樽酒，喝的人多了很快就会耗尽。万物这樽酒，耗费君主的生命太多了，所以他的生命常常很快耗尽。不单单是万物这樽酒，他自己也损害生命来帮助天下的人，却始终不知道。功业已经成就了，内在的生命却亏损了。耳朵不能听，眼睛不能看，嘴巴不能吃，心中烦乱，幻听幻觉。临死之前，神魂颠倒，惊恐万状，不知道自己到底做了什么。耗费心神到这种地步，难道不是很可悲吗？

※原文

世人之事君者，皆以孙叔敖之遇荆庄王为幸。自有道者论之则不然，此荆国之幸。荆庄王好周游田猎，驰骋弋射，欢乐无遗，尽傅其境内之劳与诸侯之忧于孙叔敖。孙叔敖日夜不息，不得以便生为故，故使庄王功迹著乎竹帛，传乎后世。

※译文

世上侍奉君主的人，都认为孙叔敖遇到楚庄王是幸运的。可是有道之人看来却不是这样，这是楚国的幸运。楚庄王喜欢打猎，骑马射箭，快乐无比，把自己国家内政和外交上的辛劳都推给了孙叔敖。孙叔敖夙兴夜寐，没有时间把养生作为自己的大事，因此才使楚庄王的功绩记载到史书上，流传到后世。

※读解

人生来就是有欲望的，在欲望的面前，人人平等，没有高低贵贱的区别，没有贤能和不贤能的区别，只有欲望大小的区别。在这个方面，就连黄帝、尧、舜和桀、纣也是相同的。不能说黄帝、尧、舜等人是圣人，没有欲望，桀、纣是暴君，欲望很多。其实黄帝和尧、舜不过是能够控制自己的欲望罢了，而桀、纣不能很好地控制自己的欲望，反被欲望给控制了，才做出那么多大逆不道的事情来。

生命是珍贵的，在战国末期的时候，人们终于明白了这一点。所以，怎样来度过这一生呢？当时人们还没有什么高远的理想，但求平安、健康地度过这一辈子就感谢上苍了。所以，养生术非常受欢迎。

※事例

孙叔敖顺应民心，治理国家

孙叔敖是楚国的隐者。国相虞丘把他举荐给楚庄王，想让他接替自己的职务。孙叔敖为官三个月就升任国相，他施政教民，使得官民之间和睦同心，风俗十分淳美。他执政宽缓不苛却有禁必止，官吏不做邪恶伪诈之事，民间也无盗贼发生。秋、冬两季，他鼓励人们进山采伐林木，春、夏时便借上涨的河水把木材运出山外。百姓各有便利的谋生之路，都生活得很安乐。

楚庄王认为楚国原有的钱币太轻，就下令把小钱改铸为大钱，百姓用起来很不方便，纷纷放弃了自己的本业。管理市场的长官向国相孙叔敖报告说：“市场乱了，老百姓无人安心在那里做买卖，秩序很不稳定。”孙叔敖问：“这种情况有多久了？”市令回答：“已经有三个月了。”孙叔敖说：“不必多言，我现在就设法让市场恢复原状。”五天后，他上朝向楚庄王劝谏说：“先前更改钱币，是认为旧币太轻了。现在市令来报告说‘市场混乱，百姓无人安心在那里谋生，秩序很不稳定’。我请求立即下令，恢复旧币制。”楚庄王同意了，颁布命令才三天，市场就恢复了原貌。

楚国的民俗是爱坐矮车，楚王认为矮车不便于驾马，想下令把矮车改高。国相孙叔敖说："政令屡出，使百姓无所适从，这不好。如果您一定想把车改高，臣请求让乡里人家加高门槛。乘车人都是有身份的君子，他们不能为过门槛频繁下车，自然就会把车的底座造高了。"楚王答应了他的请求。过了半年，上行下效，老百姓都自动把坐的车子造高了。

就这样，孙叔敖不用下令管束，百姓就自然顺从了他的教化。身边的人亲眼看到他的言行便仿效他，离得远的人观望四周人们的变化也跟着效法他。所以孙叔敖三次荣居相位并不沾沾自喜，他明白这是自己凭借才干获得的；三次离开相位也并无悔恨，因为他知道自己没有过错。

当染

※原文

墨子见染素丝者而叹曰："染于苍则苍，染于黄则黄，所以入者变，其色亦变，五入而以为五色矣。"故染不可不慎也。

※译文

墨子看见给素丝染色的情景，叹息说："用青色染料染就变成青色，用黄色染料染就变成黄色，所加入的染料改变了，所染的颜色也跟着变化，加入五种染料就变成五色。"所以染色不可以不小心啊！

※原文

非独染丝然也，国亦有染。舜染于许由、伯阳，禹染于皋陶、伯益，汤染于伊尹、仲虺，武王染于太公望、周公旦。此四王者，所染当，故王天下，立为天子，功名蔽天地。举天下之仁义显人，必称此四王者。夏桀染于干辛、岐踵戎，殷纣染于崇侯、恶来，周厉王染于虢公长父、荣夷终，幽王染于虢公鼓、祭公敦。此四王者，所染不当，故国残身死，为天下僇。举天下之不义辱人，必称此四王者。齐桓公染于管仲、鲍叔，晋文公染于咎犯、郄偃，荆庄王染于孙叔敖、沈尹巫，吴王阖庐染于伍员、文之仪，越王勾践染于范蠡、大夫种。此五君者，所染当，故霸诸侯，功名传于后世。范吉射染于张柳朔、王生，中行寅染于黄籍秦、高强，吴王夫差染于王孙雄、太宰嚭，智伯瑶染于智国、张武，中山尚染于魏义、椻长，宋康王染于唐鞅、田不禋。此六君者，所染不当，故国皆残亡，身或死辱，宗庙不血食，绝其后类，君臣离散，民人流亡。举天下之贪暴可羞人，必称此六君者。凡为君，非为君而因荣也，非为君而因安也，以为行理也。行理生于当染。故古之善为君者，劳于论人而佚于官事，得其经也。不能为君者，伤形费神，愁心劳耳目，国愈危，身愈辱，不知要故也。不知要故，则所染不当；所染不当，理奚由至？六君者是已。六君者，非不重其国、爱其身也，所染不当也。存亡故不独是也，帝王亦然。

※译文

不仅染素丝如此，国家也有熏染的问题。舜受到许由、伯阳的熏染，大禹受到皋陶、伯益的熏染，商汤受到伊尹、仲虺的熏染，周武王受到太公望、周公旦的熏染。这四个君主，由于受到熏染的人得当，所以拥有了天下，成为天子，功德遍及天地。列举天下仁义的显贵，必定会说到这四个人。夏桀受到干辛、岐踵戎的熏染，殷纣受到崇侯、恶来的熏染，周厉王受到虢公长父、荣夷终的熏染，周幽王受到虢公鼓、祭公敦的熏染。这四个君主，受到熏染的人不得当，所以国灭身死，成为天下的耻辱。列举天下不仁义的人，必定会说到这四个人。齐桓公受到管仲、鲍叔牙的熏染，晋文公受到咎犯、郄偃的熏染，楚庄王受到孙叔敖、沈尹巫的熏染，吴王阖闾受到伍子胥、文之仪的熏染，越王勾践受到范蠡、大夫种的熏染。这五个君主，受到熏染的人得当，所以称霸诸侯，功名流传后世。范吉射受到张柳朔、王生的熏染，中行寅受到黄籍秦、高强的熏染，吴王夫差受到王孙雄、太宰嚭的熏染，智伯瑶受到智国、张武的熏染，中山尚受到魏义、椻长的熏染，宋康王受到唐鞅、田不禋的熏染。这六个君主，受到熏染的人不得当，所以国亡身死，宗庙断绝祭祀，断绝了后代，君臣分离失散，人民到处流亡。列举天下贪婪、残暴、可耻的人，必定会说到这六个人。凡是做君主的，不是因为是君主才荣耀，不是因为是君主才安逸，是因为他们施行大道。而施行大道的行径是在适当的熏染环境中产生的。所以古代善于做君主的人，在选择人才方面煞费苦心，在处理政事上比较超脱，是由于得到了做君主的原则。不善于做君主的人，伤害身体，耗费精神，心情郁闷，耳朵、眼睛都疲劳，可是国事越来越危急，自身受到的侮辱越来越多，这是不知道政事原则的缘故。不知道政事原则，就会受到不得当的熏染；受到的熏染不得当，大道从哪里来呢？这六个君主就是这样。这六个君主，不是不爱国家，只爱自己的身体，是所受到的熏染不得当的缘故。所受到的熏染关系生死存亡，不只是这些君主是这样。

※原文

非独国有染也。孔子学于老聃、孟苏夔、靖叔。鲁惠公使宰让请郊庙之礼于天子，桓王使史角往，惠公止之。其后在于鲁，墨子学焉。此二士者，无爵位以显人，无赏禄以利人。举天下之显荣者，必称此二士也。皆死久矣，从属弥众，弟子弥丰，充满天下。王公大人从而显之；有爱子弟者，随而学焉，无时乏绝。子贡、子夏、曾子学于孔子，田子方学于子贡，段干木学于子夏，吴起学于曾子；禽滑釐学于墨子，许犯学于禽滑釐，田系学于许犯。孔墨之后学显荣于天下者众矣，不可胜数，皆所染者得当也。

※译文

不仅国家受到熏染。孔子向老聃、孟苏夔、靖叔学习。鲁惠公派宰让向天子请示祭祀天地和祖先的礼仪，桓王派史角去，惠公留住了他。他的后代在鲁国，墨子向他们学习。这两个人，没有什么显赫的爵位，没有什么赏赐和官禄来给人好处。列举天下显贵荣耀的人，必定会说到他们两个。他们已经死了很久了，而跟从他们的人越来越多，弟子越来越多，布满天下。王公贵族跟从的都得到了显赫的地位；有的人追随他们的弟子，学习他们的言论，没有停止。子贡、子夏、曾子向孔子学习，田子方向子贡学习，段干木向子夏学习，吴起向曾子学习；禽滑釐向墨子学习，许犯向禽滑釐学习，田系向许犯学习。孔子和墨子的后代学生显赫于天下的很多，不可胜数，都是由于受到良好的熏陶的结果。

※读解

“染于苍则苍，染于黄则黄”，难怪墨子见到染素丝发出一声感叹。不单是染丝应当小心，为人处世更要注意自己受到熏染的人。

舜、禹、汤、武王由于受到的熏染比较得当，成为天子，成就了千秋功名；桀、纣、厉王、幽王由于受到的熏染不得当，不但身死国亡，还成为千古笑柄。真是不可不慎啊！

不但国君要注意自己身边的人，即使普通人也要注意自己受到的熏染，在寻找老师方面要谨慎。孔子、墨子他们向许多有学问的人学习，最终创立了自己的学说，成为一代宗师。孔子说：“三人行，必有我师焉。”看来，他的学问就是在熏染中得来的。

我们在生活中要注意择友，俗话说“物以类聚，人以群分”“近墨者黑，近朱者赤”，我们应该和与自己志同道合的人做朋友。

※事例

孔子有教无类

孔子家境贫穷，社会地位低下。长大之后，他曾给季氏做过管理仓库的小吏，出纳钱粮算得公平准确；也曾担任过管理牧场的小吏，牲畜蕃息。因此他又升任主管营建工程的司空。过了不多久，他离开了鲁国，在齐国受到排斥，在宋国、卫国遭遇到驱逐，又在陈国和蔡国之间被围困，最后又返回了鲁国。孔子身高九尺六寸，人们都称他为“长人”，觉得他与一般人不一样。鲁国后来对他好了，所以他终于返回了鲁国。

鲁国人南宫敬叔对鲁昭公说：“请让我与孔子一起到周去。”鲁昭公就给了他一辆车子、两匹马、一名童仆，让他随孔子出发，到周去学礼。据说是见到了老子。告辞时，老子对他们说：“我听说富贵的人是用财物送人，品德高尚的人是用言辞送人。我不是富贵的人，只能窃用品德高尚人的名号，用言辞为您送行。这几句话是：‘聪明深察的人常常受到死亡的威胁，那是因为他喜欢议论别人的缘故；博学善辩识见广大的人常遭困厄危及自身，那是因为他好揭发别人罪恶的缘故。做子女的要忘掉自己而心想父母，做臣下的要忘掉自己而心存君主。’”孔子从周回到鲁国之后，跟从他学习的弟子就渐渐多起来了。

孔子用《诗经》《尚书》《礼记》《乐经》作为教材教育弟子，就学的弟子大约有三千人，其中能精通礼、乐、射、御、书、数这六种技艺的有七十二人。至于像颜浊邹那样多方面受到孔子的教诲却没有正式入籍的弟子就更多了。

孔子从四个方面教育弟子：学问、言行、忠恕、信义。他为弟子订下的四条禁律是：不揣测、不武断、不固执、不自以为是。他认为应当特别谨慎处理的是：斋戒、战争、疾病。孔子很少谈利，如果谈到，就与命运、仁德联系起来。他教育弟子的时候，不到人家真正遇到困难、烦闷发急的时候，不去启发开导。

季春纪

先己

※原文

汤问于伊尹曰：“欲取天下，若何？”伊尹对曰：“欲取天下，天下不可取；可取，身将先取。”凡事之本，必先治身，啬其大宝。用其新，弃其陈，腠理遂通。精气日新，邪气尽去，及其天年。此之谓真人。

※译文

商汤问伊尹：“想治理好天下，该怎么办？”伊尹回答：“想要治理天下，天下就不可治理。可以治理的，先要治理自身。”大凡事物的根本，一定要先治理本身，爱惜自身的精气。吐故纳新，废弃陈旧，肌肤和纹理就会畅通。精气每天都是新的，邪气就会消失，就能达到天年。这就叫作真正的人。

※原文

昔者，先圣王成其身而天下成，治其身而天下治。故善响者不于响于声，善影者不于影于形，为天下者不于天下于身。《诗》曰："淑人君子，其仪不忒。其仪不忒，正是四国。"言正诸身也。故反其道而身善矣；行义则人善矣；乐备君道而百官已治矣，万民已利矣。三者之成也，在于无为。无为之道曰胜天，义曰利身，君曰勿身。勿身督听，利身平静，胜天顺性。顺性则聪明寿长，平静则业进乐乡，督听则奸塞不皇。故上失其道，则边侵于敌；内失其行，名声堕于外。是故百仞之松，本伤于下而末槁于上；商、周之国，谋失于胸，令困于彼。故心得而听得，听得而事得，事得而功名得。五帝先道而后德，故德莫盛焉；三王先教而后杀，故事莫功焉；五伯先事而后兵，故兵莫强焉。当今之世，巧谋并行，诈术递用，攻战不休，亡国辱主愈众，所事者末也。

※译文

从前，先代的圣王修养自身而成就天下的统一，治理自身从而成就了天下的治理。所以善于鸣响的人不注重回声，而注重声音；善于画图的人不注重图像，而注重物体的形状；善于治理天下的人不注重天下，而注重自身。《诗经》上说："贤淑的正人君子，坚持正义而不怀疑。坚持正义而不怀疑，才拥有了天下。"说的就是修养自身。所以，用道来反省自身是最好的。实行仁义，就近乎善，乐于实行君道，百官就会各司其职，百姓就会获得好处。这三种情况的产生，在于实行无为而治。无为而治之道就叫作顺从天意，实行仁义就叫作利身，实行君道就叫作不自利其身。不为自己谋利就不会偏听，无为就会使自身平静，顺应天性。顺应天性就会聪明长寿，平静就会事业进步而乐于教化乡里，不偏听就会杜塞奸邪。所以君主丧失了道义，就会被外敌侵扰；国内难以安抚，在外的名声就会毁坏。所以百仞高的松树，下面损坏了根基，上面的树梢就会枯萎。商、周这样的国家，胸中失去谋划，发号施令就不会被服从。所以，心里有所得就会听到，听得到才会事业有成，事业有成才会获得功名。五帝首先实行道义而后施行德政，所以德政就兴盛了；三王首先实行教化而后实行杀伐，所以事业没有不成功的；五霸首先实行礼让而后用兵，所以军队没有不强大的。当今世上，智巧和谋略并行，欺诈的办法层出不穷，攻伐战斗不休，灭亡的国家、受戮的君主越来越多，是由于他们所致力的不是根本而是末梢。

※原文

夏后相启与有扈战于甘泽而不胜。六卿请复之，夏后相启曰："不可。吾地不浅，吾民不寡，战而不胜，是吾德薄而教不善也。"于是乎处不重席，食不贰味，琴瑟不张，钟鼓不修，子女不饬，亲亲长长，尊贤使能。期年而有扈氏服。故欲胜人者，必先自胜；欲论人者，必先自论；欲知人者，必先自知。

※译文

夏启和有扈氏在甘泽开战而没能获胜，六卿请求再战，夏启说："不可以。我的地方不少，我的人民不少，跟别人开战却没有获胜，这是由于我的德行太薄而教化不够。"于是夏启坐着不铺两张席子，吃饭不吃两样以上的菜肴，不设音乐，不设钟鼓，子女都不打扮，亲近亲人，尊敬长辈，任用贤能的人。一年之后，有扈氏臣服。所以想要战胜别人，一定要先战胜自己；想要议论别人，先要议论自己；想要了解别人，首先要有自知之明。

※原文

《诗》曰："执辔如组。"孔子曰："审此言也，可以为天下。"子贡曰："何其躁也！"孔子曰："非谓其躁也，谓其为之于此，而成文于彼也。"圣人组修其身而成文于天下矣。故子华子曰："丘陵成而穴者安矣，大水深渊成而鱼鳖安矣，松柏成而涂之人已荫矣。"

孔子见鲁哀公，哀公曰："有语寡人曰：'为国家者，为之堂上而已矣。'寡人以为迂言也。"孔子曰："此非迂言也。丘闻之，得之于身者得之人，失之于身者失之人。不出于门户而天下治者，其惟知反于己身者乎！"

※译文

《诗经》上说："拉缰绳如同织丝一样有条不紊。"孔子说："明白这句话的人，就能成为天子。"子贡说："太急躁了！"孔子说："不是说急躁，是说做的是这件事，成就的是那个结果。"圣人用这种方法认识自身，从而成就天下大业。所以子华子说："丘陵坚固了，住在穴洞里的人就安全了；深渊形成了，鱼鳖就安全了；松柏长成了，路人就可以乘凉了。"

孔子觐见鲁哀公，鲁哀公说："有人对我说：'治理国家的君主，只要在厅堂上就够了。'我认为这是迂腐的话。"孔子说："这不是迂腐的话。我听说，自身有修养的人会得到人心，自身没有修养的人会失去人心。不出门户就使天下大治的人，大概就是自省其身的人吧！"

※读解

《诗经》上说："淑人君子，其仪不忒。其仪不忒，正是四国。"这就是典型的修身、齐家、治国、平天下的论点。只有把自己的道德修养提高到一定程度，才有可能治理好整个国家；一个品行败坏的君主，是不可能好好拥有自己国家的，就如同桀、纣一样，怎样得来的最终还会怎样失去。

孔子说："得之于身者得之人，失之于身者失之人"，只有自身的修养提高了，才会影响周围的环境；周围的环境好了，整个国家甚至整个天下都会受到影响，到时候，你就是不想称王称霸也是不可能的了。

※事例

周武王未战先谋灭商纣

周武王即位的第九年，在毕地祭祀周文王，然后往东方去检阅部队，到达孟津，制作了周文王的牌位，用车载着，供在中军帐中。周武王自称太子发，宣称是奉周文王之命前去讨伐，不敢自己擅自做主。他向司马、司徒、司空等受王命执符节的官员宣告："大家都要严肃恭敬，要诚实啊，我本是无知之人，只因先祖有德行，我承受了先人的功业。现在已制定了各种赏罚制度，来确保完成祖先的功业。"于是发兵。军师尚父向全军发布命令说："集合你们的兵众，把好船桨，落后的一律斩杀。"周武王乘船渡河，船走到河中央，有一条白鱼跳进周武王的船中，周武王俯身抓起来用它祭天了。渡过河之后，有一团火从天而降，落到周武王住的房子上，转动不停，最后变成一只乌鸦，赤红的颜色，发出"哦，哦"的鸣声。这时候，诸侯们虽然未曾约定，却都会集到孟津，共有八百多个。诸侯都兴奋地说："可以讨伐纣了！"周武王说："你们不了解天命，现在还不可以。"于是率领军队回去了。

周武王在太公望等人的协助下，采取了一系列措施，积极进行伐商的准备工作。在此之前，周文王曾经按照太公望的建议，恭顺事商，麻痹商纣，使纣王对自己放松了警惕。同时，他又了解了虞、芮等部落之间的矛盾，争取了各国的支持，剪除了商纣的羽翼。他还利用纣王给予的"得者征伐"的大旗，趁纣王出兵镇压江、淮地区的东夷反抗的空隙，亲自率领部队，先后征服了犬戎、密须、黎国等各国部落，然后又一举灭崇，打开了通向商纣国都朝歌的道路，并迁都于丰京。这时候的周朝已成为西方最强大的奴隶制诸侯国。但是很遗憾，周文王在灭商纣的时机基本成熟时却死了。周武王姬发在太公望的帮助下，继续进行灭商的战争准备。

过了两年，周武王听说纣昏庸暴虐更加严重，杀了王子比干，囚禁了箕子。太师疵、少师强抱着乐器逃奔到周国来了。于是周武王向全体诸侯宣告说："殷王罪恶深重，不可以不讨伐了！"于是遵循周文王的遗旨，率领战车三百辆，勇士三千人，披甲战士四万五千人，东进伐纣。

论人

※原文

主道约，君守近。太上反诸己，其次求诸人。其索之弥远者，其推之弥疏；其求之弥强者，失之弥远。

※译文

为君之道，不仅办事需要简约无为，而且还需注重自己的言行和操守。最好的是向自身寻求，其次是向别人寻求。对别人的索求越多，其作用就相当于将其推开得越远、越快；对别人的要求越强烈、越过分，自己失去的也就越多、越快。

※原文

何谓反诸己也？适耳目，节嗜欲，释智谋，去巧故，而游意乎无穷之次，事心乎自然之涂。若此则无以害其天矣。无以害其天则知精，知精则知神，知神之谓得一。凡彼万形，得一后成。故知一，则应物变化，阔大渊深，不可测也；德行昭美，比于日月，不可息也，豪士时之，远方来宾，不可塞也；意气宣通，无所束缚，不可收也。故知知一，则复归于朴，嗜欲易足，取养节薄，不可得也；离世自乐，中情洁白，不可量也；威不能惧，严不能恐，不可服也。故知知一，则可动作当务，与时周旋，不可极也；举错以数，取与遵理，不可惑也；言无遗者，集肌肤，不可革也。谗人困穷，贤者遂兴，不可匿也。故知知一，则若天地然，则何事之不胜？何物之不应？譬之若御者，反诸己，则车轻马利，致远复食而不倦。昔上世之亡主，以罪为在人，故日杀戮而不止，以至于亡而不悟。三代之兴王，以罪为在己，故日功而不衰，以至于王。

※译文

什么叫向自身寻求呢？使耳朵和眼睛所接受的东西适度，节制嗜好和欲望，放弃巧智计谋，去掉虚伪奸诈，让意识在无穷无尽的空间中畅游，让思想处于听其自然的道路上。像这样就没有什么可以伤害自身性命了。没有什么可以伤害生命，就可以了解事物的细微之处，了解了事物的细微之处，就可以了解事物的绝妙神奇，了解了事物的绝妙神奇就叫作得道。所有那些万事万物，得道以后才能形成。懂得了道，就可以顺应万物的变化，心胸的博大精深不可测度；道德行为就会显得美好，和太阳、月亮一样不可熄灭，豪杰义士不断前来，远方的国家都来归服，不可阻挡；意念、精气就会畅通，没有束缚，不可压抑。所以懂得得道的道理，就会重新回到朴素的状态，嗜好和欲望容易满足，求取的养生之物少而又有节制，不可占有；就会超越尘世，自得其乐，性情纯洁，不可玷污；就会威武不能使他害怕，严厉不能使他恐惧，不可屈服。所以懂得了得道的道理，就能所作所为都合乎时宜，能够随机应变，不可穷尽；就能举止有方，索取和给予都遵循情理，不可迷惑；就能说话没有过失，像附在肌肤上，不可改变。谗媚之人就穷困了，贤明的人就兴旺了，不可隐藏。懂得了得道的真谛，就会如同天地一般，那么还有什么事不能承担，什么东西不能适应呢？比方说驾车的人，反求于自身，就会车也变得轻巧了，马也跑得快了，跑到很远的地方以后再吃饭也不会疲倦。以往，先代的亡国君主们，认为罪责在于别人，所以每天都杀戮不停，以至于亡了国还不醒悟。而夏、商、周三代振兴国家的君主，认为罪责在自己身上，所以每天都辛勤地为人民做事，一直不放松，这才使他们成为天下的圣王。

※原文

何谓求诸人？人同类而智殊，贤不肖异，皆巧言辩辞以自防御，此不肖主之所以乱也。凡论人，通则观其所礼，贵则观其所进，富则观其所养，听则观其所行，止则观其所好，习则观其所言，穷则观其所不受，贱则观其所不为。喜之以验其守，乐之以验其僻，怒之以验其节，惧之以验其特，哀之以验其人，苦之以验其志。八观六验，此贤主之所以论人也。论人者，又必以六戚四隐。何谓六戚？父、母、兄、弟、妻、子。何为四隐？交友、故旧、邑里、门郭。内则用六戚四隐，外则用八观六验，人之情伪、贪鄙、美恶无所失矣。譬之若逃雨污，无之而非是。此先圣王之所以知人也。

※译文

什么叫向别人寻求？同样是人，但智慧相差悬殊。不论贤明的人和不肖的人有多大的差异，都用花言巧语、辩解之词来保护自己，防范仇敌，这是不肖的君主之所以惑乱的原因。凡是评估一个人，如果他比较通达，就观察他都对什么人以礼相待；如果他显贵，就观察他都举荐什么人；如果他富贵，就观察他供养的是哪些人；如果他听取别人的言论，就观察他的实际行动；如果他闲暇无事，就观察他爱好的是什么；如果他学习，就观察他说出来的都是什么话；如果他贫困，就观察他不接受的是什么；如果他地位低，就观察他不去做的事情是什么。使他高兴，以检验他的操守；使他快乐，以检验他的喜好；使他发怒，以检验他的气节；使他恐惧，以检验他的信念；使他悲哀，以检验他的人性；使他穷困，以检验他的意志。以上八种观察和六种检验，是贤明的君主用来评估人的标准。评估人又一定要注意他的六戚、四隐。什么叫六戚？就是父亲、母亲、兄长、弟弟、妻子、儿女这六种亲属。什么叫四隐？就是朋友、熟人、邻居、亲信这四种亲近的人。在内就凭借六戚、四隐来观察，在外就用八观、六验去衡量，那么一个人的真诚和虚伪、贪婪与卑鄙、美好与丑恶就都不会判断错了。这就像躲避雨点儿一样，所闪避的地方没有不是这样的。这就是先代圣王识别人的原则。

※读解

“主道约，君守近。太上反诸己，其次求诸人。其索之弥远者，其推之弥疏；其求之弥强者，失之弥远。”这是本篇的观点，讲的是如何考验一个人。

考验人的办法很多。“论人，通则观其所礼，贵则观其所进，富则观其所养，听则观其所行，止则观其所好，习则观其所言，穷则观其所不受，贱则观其所不为。喜之以验其守，乐之以验其僻，怒之以验其节，惧之以验其特，哀之以验其人，苦之以验其志。”把一个人放在特定的情况下，看看他的反应如何，就能知道这个人的道德、修养、品行了。

还要看看他的周围都是什么人，他的朋友、妻子、父母等亲戚是使他深受影响的人，这些人也会受到他的影响。

※事例

李克不避亲仇荐魏成

魏文侯有一次对李克说：“先生曾经这样说过：‘家贫思良妻，国乱思良相。’眼下我要选人任相，看来不是魏成就是翟璜。你看这两个人怎么样？”

李克回答说：“地位低下的人不干预地位尊贵者的事，外人不过问亲属间的事。臣在朝外为官，不敢应命多言。”

魏文侯说：“我遇到这样的事，先生您面对我请不要谦让。”

李克说：“君王您只不过没有仔细观察罢了。看一个人，要观察他卑微时亲近哪种人，富贵时交往哪种人，显达时举荐哪种人，失意时不做什么事，贫困时不取用哪种东西。从这五个方面，就可以评判一个人的优劣了。何必要我指明是谁呢？”

魏文侯说：“哦！先生请回府吧。国相人选，我已心中有数了。”

李克辞去，遇见了翟璜。翟璜问：“听说国君今天召您去商量选相的事，究竟选了谁呢？”

李克说：“魏成。”

翟璜变了脸色，愤愤地说：“西河守令吴起，是我举荐的；君王担忧内地的邺县，我举荐了西门豹；君王想征伐中山国，我举荐了乐羊；中山国被攻克以后，没有人去镇守，我举荐了先生您；君王的儿子没有老师，我举荐了屈侯鲋。凭大家有目共睹的这几件事，我哪点儿比魏成差！”

李克说：“你当初把我举荐给君王，难道是为了结党营私做大官吗？君王向我征询选相的意见，我只是说了一番如何识人的话。我之所以断定君王会选魏成为相，是因为魏成把自己俸禄的十分之九用来办理国家事务，只留十分之一给自己；并从东方网罗了像卜子夏、田子方、段干木这样的人才。这三个人，君王都奉他们为老师；而你所举荐的五个人，君王都只用为臣属。你怎么能与魏成相提并论呢！”

翟璜听罢，徘徊沉思了一会儿，向李克拜了两拜，说：“我翟璜真是浅薄无知，说话失礼了，愿终身为先生的弟子！”

孟夏纪

劝学

※原文

先王之教，莫荣于孝，莫显于忠。忠孝，人君人亲之所甚欲也；显荣，人子人臣之所甚愿也。然而人君人亲不得其所欲，人子人臣不得其所愿，此生于不知理义。不知义理，生于不学。学者师达而有材，吾未知其不为圣人。圣人之所在，则天下理焉。在右则右重，在左则左重，是故古之圣王未有不尊师者也。尊师则不论其贵贱贫富矣。若此则名号显矣，德行彰矣。故师之教也，不争轻重尊卑贫富，而争于道。其人苟可，其事无不可。所求尽得，所欲尽成，此生于得圣人。圣人生于疾学。不疾学而能为魁士名人者，未之尝有也。疾学在于尊师。师尊则言信矣，道论矣。故往教者不化，召师者不化；自卑者不听，卑师者不听。师操不化不听之术，而以强教之，欲道之行、身之尊也，不亦远乎？学者处不化不听之势，而以自行，欲名之显、身之安也，是怀腐而欲香也，是入水而恶濡也。

※译文

先代圣王的教化中，没有比孝顺更荣耀的了，没有比忠诚更显赫的了。忠诚和孝顺，是君主和父母都非常想得到的；显赫和荣耀，是每个大臣和儿子都想要得到的。然而君主和父母没有得到想要的，大臣和儿子没有得到自己希望的，这是由于不知道理义造成的。不知道理义，是由于没有学习。学习的人遇到的老师比较通达，自身又有才华，我没有听说这样的人不能成为圣人的。圣人所在的地方，就天下太平了。圣人站在右边，右边就显赫荣耀；圣人站在左边，左边就显赫荣耀，所以古代的圣王没有不尊敬老师的。尊敬老师就不应该计较他的高贵、低贱、富有、贫穷。如果这样，就能名声远扬，德行显耀了。所以，老师教育学生，不应该计较他的贵贱贫富，而应计较他的道义。这个人若是可以，就没有什么不可以的。想要得到的都能得到，想要成功的都能成功，这是由于圣人出现了。圣人是由学习产生的。不学习而能成为杰出的人，是从来没有的。努力学习的关键在于尊敬老师。尊敬老师才能听从老师说的话，才能明白道理。所以没有找学生的老师不能教化学生，学生也不能被老师教化；自卑的老师不能使学生信服，看不起老师的人不听信老师。老师拿着不能使人信服、不能教化他人的学说，却勉强教化学生，想要道义得到实行、自身受到尊重，那不是相差太远了吗？学习的人处于不可教化、不听信老师的状态，而是自行其是，却要名声显赫、身体安逸，这简直就是揣着腐臭的东西却要闻到香味一样，进入水中却不愿意被水沾湿一样。

※原文

凡说者，兑之也，非说之也。今世之说者，多弗能兑，而反说之。夫弗能兑而反说，是拯溺而硾之以石也，是救病而饮之以堇也。使世益乱、不肖主重惑者，从此生矣。故为师之务，在于胜理，在于行义。理胜义立则位尊矣，王公大人弗敢骄也，上至于天子，朝之而不惭。凡遇合也，合不可必。遗理释义，以要不可必，而欲人之尊之也，不亦难乎？故师必胜理行义然后尊。

※译文

大凡说教，就是使人心悦诚服，而不仅仅是说话。世上的说客，大多不能使人心悦诚服，而只是说话。不能使人心悦诚服而只是说话，就好比拯救落水的人反倒用石头使他沉下去，好比救治病人却让他饮用毒草水一样。让世道更加混乱、让没有才能的君主更加疑惑，都是这样产生的。所以老师的作用，就在于明辨事理，在于身体力行地遵循道义。事理辨明，道义确立了，老师的地位才会尊贵，即使王公贵族也不能怠慢，上至天子，朝见时也不会惭愧。大凡遇到，就会合在一起，相互间的和谐不可强求。如果丢掉事理和道义，来追求不必要的东西，却想要别人尊重自己，不是太难了吗？所以老师一定要明辨事理、实行道义，这样才会得到尊贵的地位。

※原文

曾子曰："君子行于道路，其有父者可知也，其有师者可知也。夫无父而无师者，馀若夫何哉！"此言事师之犹事父也。曾点使曾参，过期而不至，人皆见曾点曰："无乃畏邪？"曾点曰："彼虽畏，我存，夫安敢畏？"孔子畏于匡，颜渊后，孔子曰："吾以汝为死矣。"颜渊曰："子在，回何敢死？"颜回之于孔子也，犹曾参之事父也。古之贤者与，其尊师若此，故师尽智竭道以教。

※译文

曾子说："君子在路上行走，可以看出来谁是父亲健在的，谁是有老师教导的。那些没有父亲和老师的人，怎么能比得上啊！"这句话说的是对待老师应该像对待父亲一样。曾点派曾参办事，过了预期的时间没有到达，别人见曾点说："莫不是遇到什么事情了吧？"曾点说："他即使遇到了什么事情，我还在世，他怎么敢先死？"孔子被困在匡地，颜渊落到了后面，孔子说："我以为你死了。"颜渊说："您还在，我怎么敢死？"颜渊对待孔子，就像曾参对待父亲一样。古代的贤者啊，他们尊敬老师到这种地步，所以老师才会竭尽全力地教导他们。

※读解

学习是君子修身养性的第一要事，所以孔子在《论语》的开篇第一句就要求自己的弟子好好学习。孔子说："学而时习之，不亦说乎？有朋自远方来，不亦乐乎？人不知而不愠，不亦君子乎？"荀子在《劝学》中也说："学，不可以已。"此篇也高度论述了学习的重要性。

"尽信书不如无书"，完完全全听从书上的见解，那么还不如不知道书上见解的好。赵国的赵括就是一个纸上谈兵的将军，最终导致长平之战兵败、赵国几乎灭亡的灾难。

※事例

赵括纸上谈兵终大败

赵括从小学习兵法时，就自以为天下无人能及。他曾与父亲赵奢谈论兵法，赵奢即使难不倒他，也从不夸他有才干。赵括的母亲询问原因，赵奢说："带兵打仗，性命攸关，而赵括说起来却不把它当一回事。赵国不用他当大将便罢了，否则让赵军吃败仗的一定是赵括。"

赵括行将出征之际，赵母急忙上书，指出赵括不能担此大任。赵王问道："为什么？"

赵母说："当年我侍奉他父亲，后来他身为大将时，亲自捧着饭碗去服侍的有十多人，所交的朋友有上百人。大王和宗室王族给他的赏赐，他全都赏给将士。而且自接受命令之日起，就不再理睬家事。反观赵括，才刚做了大将，就向东高坐，接受拜见，军政官员都不敢抬头看他。大王赏给他的金钱绸缎，他全数拿回家里收存，而且每天忙于察看良田美宅，只要有合适的就买下。大王您以为他像他父亲，其实，父子两人的心性迥异，请大王千万不要派他去！”

赵王不听，说：“老人家，你不必多说了。我已经决定了。”

赵母说：“万一赵括出了什么差错，请大王不要株连到我而治我的罪。”赵王同意了赵母的请求。

在长平之战中，纸上谈兵的战略不管用了，赵括穷急，便下令进攻秦军营垒，想派出四支队伍，轮番进攻，到第五次，仍无法突围。赵括亲自率领精兵上前肉搏，被秦兵射死。赵军于是全线崩溃，四十万士兵全部投降。白起说：“当初秦军已攻克上党，上党百姓却不愿归秦而去投奔赵国。赵国士兵反复无常，不全部杀掉，恐怕会有后乱。”于是使用奸计把赵国降兵全部活埋，只放出二百四十个年岁小的回到赵国，前后共杀死四十五万人，赵国大为震惊。

尊师

※原文

神农师悉诸，黄帝师大挠，帝颛顼师伯夷父，帝喾师伯招，帝尧师子州支父，帝舜师许由，禹师大成贽，汤师小臣，文王、武王师吕望、周公旦，齐桓公师管夷吾，晋文公师咎犯、随会，秦穆公师百里奚、公孙支，楚庄王师孙叔敖、沈尹巫，吴王阖闾师伍子胥、文之仪，越王勾践师范蠡、大夫种。此十圣人、六贤者未有不尊师者也。今尊不至于帝，智不至于圣，而欲无尊师，奚由至哉？此五帝之所以绝，三代之所以灭。

※译文

神农拜悉诸为师，黄帝拜大挠为师，帝颛顼拜伯夷父为师，帝喾拜伯招为师，帝尧拜子州支父为师，帝舜拜许由为师，大禹拜大成贽为师，商汤拜小臣为师，文王和武王拜吕望、周公旦为师，齐桓公拜管夷吾为师，晋文公拜咎犯、随会为师，秦穆公拜百里奚、公孙支为师，楚庄王拜孙叔敖、沈尹巫为师，吴王阖闾拜伍子胥、文之仪为师，越王勾践拜范蠡、大夫文种为师。这十个圣人和六个贤能的人，没有不尊重老师的。地位没有皇帝尊贵，智力没有圣人聪明，却不想尊重老师，怎么会达到皇帝和圣人的功业呢？这就是五帝绝迹、三代不再现的原因。

※原文

且天生人也，而使其耳可以闻，不学，其闻不若聋；使其目可以见，不学，其见不若盲；使其口可以言，不学，其言不若爽；使其心可以知，不学，其知不若狂。故凡学，非能益也，达天性也。能全天之所生而勿败之，是谓善学。子张，鲁之鄙家也；颜涿聚，梁父之大盗也；学于孔子。段干木，晋国之大驵也，学于子夏。高何、县子石，齐国之暴者也，指于乡曲，学于子墨子。索卢参，东方之巨狡也，学于禽滑釐。此六人者，刑戮死辱之人也。今非徒免于刑戮死辱也，由此为天下名士显人，以终其寿，王公大人从而礼之，此得之于学也。

※译文

况且上天创造了人，并使人的耳朵能够听，若不学习，还不如聋子；使人的眼睛能够看见，若不学习，还不如瞎子；使人的嘴巴可以说话，若不学习，还不如哑巴；使人的心可以感知事物，若不学习，还不如癫狂。所以，大凡学习，不是能够增加什么，而是通达天性。能够保全上天造就的本性而不毁坏，就叫作善于学习。子张是鲁国地位低下的人，颜涿聚是梁父山上的大盗，他们都跟随孔子学习。段干木是晋国市场上的经纪人，跟随子夏学习。高何、县子石是齐国的暴徒，被邻里指责，跟随墨子学习。索卢参是东方的大骗子，跟随禽滑釐学习。这六个人都是应该受到刑罚、砍头、遭人唾弃的。现在他们不仅仅被免于刑罚、砍头、遭人唾弃的下场，还成为天下的名望之人，最后寿终正寝，王公贵族都跟随他们并以礼相待，这都是从学习中得到的好处啊！

※原文

凡学，必务进业，心则无营。疾讽诵，谨司闻，观欢愉，问书意，顺耳目，不逆志，退思虑，求所谓，时辩说，以论道，不苟辩，必中法，得之无矜，失之无惭，必反其本。

※译文

大凡学习，一定要致力增进学业，这样内心才不会有疑惑。要努力背诵，注意听老师讲解；愉快地看书，询问书中的真意；顺从耳目，不违背老师的意志；回去认真思考，寻求真谛；时常辩说，来讨论道理；不随便辩论，一定要合乎法则；有所收获的时候不要自夸，有错误的时候不要惭愧，一定要返回到本性上去。

※原文

生则谨养，谨养之道，养心为贵；死则敬祭，敬祭之术，时节为务。此所以尊师也。治唐圃，疾灌浸，务种树；织葩屦，结罝网，捆蒲苇；之田野，力耕耘，事五谷；如山林，入川泽，取鱼鳖，求鸟兽。此所以尊师也。视舆马，慎驾御；适衣服，务轻暖；临饮食，必蠲洁；善调和，务甘肥；必恭敬，和颜色，审辞令；疾趋翔，必严肃。此所以尊师也。

※译文

老师活着的时候就小心奉养，奉养老师的方式，以奉养心神为最好；老师死了就要恭敬地祭奠，祭奠的方式，以遵循四时的节令为最好。这是尊敬老师的方法。整治场圃，辛勤浇灌，种植树木；编制麻鞋，编织罗网，捆扎蒲草苇子；到田野中去，致力耕耘，种植五谷；到山林中去，到河水里去，捕捞鱼鳖，寻求鸟兽。这是尊敬老师的方法。仔细查看车马，谨慎驾车；在穿着方面，一定要轻暖；在饮食方面，一定要干净整洁；调和五味，一定要甘美；一定要恭恭敬敬，和颜悦色，谨慎说话；行走要有节奏，一定要严肃。这也是尊敬老师的方法。

※原文

君子之学也，说义必称师以论道，听从必尽力以光明。听从不尽力，命之曰背；说义不称师，命之曰叛。背叛之人，贤主弗内之于朝，君子不与交友。故教也者，义之大者也；学也者，知之盛者也。义之大者，莫大于利人，利人莫大于教；知之盛者，莫大于成身，成身莫大于学。身成则为人子弗使而孝矣，为人臣弗令而忠矣，为人君弗强而平矣，有大势可以为天下正矣。故子贡问孔子曰："后世将何以称夫子？"孔子曰："吾何足以称哉？勿已者，则好学而不厌，好教而不倦，其惟此邪！"天子入太庙祭先圣，则齿尝为师者弗臣，所以见敬学与尊师也。

※译文

君子的学习，说话议论一定要引用老师的话来论说道理，听从老师的教诲必定尽力发扬光大。听从老师的教诲却不尽力发扬光大，就叫作"背"；说话议论不引用老师的话，就叫作"叛"。背叛的人，英明的君主不会让他进入朝廷，君子不会与他交朋友。所以，教育的意义非常重大，学习是求知的重要手段。最大的仁义，莫过于给别人利益，给人利益莫过于教育人；求知没有比成为君子更好的，成为君子莫过于学习。成为君子，作为儿子不用指使就会孝顺；作为大臣，不用命令就会忠诚；作为君主，不用强制就会天下安定，得势的时候就可以治理天下了。所以，子贡问孔子："后世将会怎么称赞先生呢？"孔子说："我有什么值得称赞的？如果一定要称颂，就是喜爱学习而不满足，喜爱教育人而不厌倦，大概就是这些了吧！"天子进入太庙拜祭先祖，就与曾经是自己老师的人并排站着，从中可以看出他敬重学习和尊敬老师的程度了。

※读解

尊师重道是我国的传统优良品德，早在两千多年前的春秋战国时就已经形成了。父母是孩子的第一个老师，学校的老师是学生终身的老师。老师对于学生来讲，不仅仅是传授知识的人，而且是道德、品质的引路人，什么样的老师就会教育出什么样的学生。所以，现在很多家长在自己的孩子一开始上学的时候，就一定要挑选出认真、负责、有责任心的老师来教育。甚至有的父母在孩子还没有出世的时候就已经开始“胎教”，这都是重视教育的表现。

但是，现在对老师的尊重还远远不如古代的人。现在有的老师只是在上课的时候讲解课本的内容，等到一走出教室，就不在乎什么是教师该做的事情，什么是教师不该做的事，所以，这样的老师是不会受到学生欢迎的。学生对于这样一个自身品德不高的老师，怎么会产生尊敬之情呢？看来，在这个方面我们还要向古代人学习啊！

※事例

韩愈愤世著《师说》

在唐朝的时候，没有人愿意拜师，对老师不尊敬。韩愈却不管三七二十一，收了一位徒弟，还写了一篇《师说》，提出尊师重道的观点，在当时的士大夫中引起了轩然大波。全文的意思是这样的：

古时候求学问的人一定有老师。所谓老师，就是传授道理、授予专业知识、解答疑难问题的人。人不是生下来就懂道理、有知识的，谁能够没有疑难问题呢？有疑难问题却不向老师请教，那些成为疑难的问题便终究不会得到解决了。在我前面出生的，他懂得道理应该比我早，我跟他学习；在我后面出生的，他懂得道理要是也比我早，我也跟他学习。我学习的是道理，哪里用得着管他出生在我之前还是在我之后呢？因此，不论地位高贵还是低贱，不论年龄大还是小，道理在哪里，老师就在哪里。

唉！从师学习的传统已经失传很久了，要人们没有疑难问题很困难！古时候的圣人，超出一般人够远了，尚且跟老师请教；现在的一般人，他们远不如圣人，却不好意思去从师学习。因此，圣人就更加圣明，愚人就更加愚蠢。圣人之所以成为圣人，愚人之所以成为愚人，大概都是出于这个原因吧！人们爱自己的孩子，就选择老师来教他们；对于自己呢，却不好意思去从师学习，这真糊涂。那些儿童们的老师，是教会儿童们读书和学习书中怎样停顿的，不是我所说的那种传授道理、解释疑难问题的。一种情况是读书不懂得怎样停顿的，一种情况是疑难问题不得解释的，有的不懂句读就从师学习，有的疑难问题不得解释却不向老师请教，小事学习，大事反而丢弃，我看不出他们明白道理的地方。巫医、音乐师、各种手工业者，不把相互从师学习当作难为情。读书做官这类人，一提到叫“老师”“学生”等称呼，就许多人聚集在一起讥笑人家。问他们为什么这样，他们就说：“他和他年纪差不多，学问也差不多。”称地位低的人为师，就感到可耻，称官位高的人为老师，就近于拍马。唉！从师学习的传统为何不能恢复，从这里可以知道了。巫医、音乐师和各种手工业者，是所谓上层人士所不屑与其为伍的，现在这些上层人物的明智程度反而不及巫医等人，岂不是很奇怪吗？

圣人没有固定的老师。孔子曾向郯子、苌弘、师襄、老聃请教过。郯子这些人，他们的品德才能并不如孔子。孔子说：“三个人一起走，一定有可以当我老师的。”所以，学生不一定不及老师，老师不一定比学生高明多少。懂得道理有先有后，技能业务各有钻研与擅长而已。

李家的儿子名叫蟠，十七岁，爱好古文，六经的经文和传注全都学了，不受时俗的拘束，来向我学习。我赞许他能实行古代的传统，因而写这篇《师说》来赠给他。

仲夏纪

大乐

※原文

（音）乐之所由来者远矣。生于度量，本于太一。太一出两仪，两仪出阴阳。阴阳变化，一上一下，合而成章。浑浑沌沌，离则复合，合则复离，是谓天常。天地车轮，终则复始，极则复反，莫不咸当。日月星辰，或疾或徐，日月不同，以尽其行。四时代兴，或暑或寒，或短或长，或柔或刚。万物所出，造于太一，化于阴阳。萌芽始震，凝滦以形。形体有处，莫不有声。声出于和，和出于适。和适先王定乐，由此而生。

※译文

音乐的由来已经非常悠久了。音乐从度量的法则中产生，起源于太一。太一产生两仪，两仪产生阴、阳二气。阴、阳二气相互转化，一上一下，融合而成为美丽的花纹。混混沌沌的花纹，会经过多次分离、融合，这就是天之常道。天地就像车轮一样不断转动，周而复始，到达尽头就会重新开始，没有不恰到好处的。日月星辰运行得有快有慢；太阳和月亮的运行却不相同，都是按照自己的规律来进行的。四季交替，有时候寒冷，有时候炎热，有时候白天长，有时候白天短，有时候柔和，有时候刚硬。万物的产生，都是起源于太一，从阴、阳二气的变化中来。从萌芽开始活动，到凝结冰冻而死，都有一定的形状。这些形状的所在，都有声音。声音产生于和谐，和谐产生于适当。和谐、适当就是先王制定音乐的根据，音乐也就产生了。

※原文

天下太平，万物安宁。皆化其上，乐乃可成。成乐有具，必节嗜欲。嗜欲不辟，乐乃可务。务乐有术，必由平出。平出于公，公出于道。故惟得道之人，其可与言乐乎！亡国戮民，非无乐也，其乐不乐。溺者非不笑也，罪人非不歌也，狂者非不武也，乱世之乐有似于此。君臣失位，父子失处，夫妇失宜，民人呻吟，其以为乐也，若之何哉？

※译文

天下太平，万物安宁。一切都顺从正道，音乐才能够做成。做成音乐需要一定的条件，一定要节制嗜欲。节制了嗜欲，才能从事音乐创作。创作音乐是有一定技巧的，一定要从平和中产生。平和产生于公正，公正出于正道。所以只有遵从正道的人，大概才能和他讨论音乐吧！国家灭亡、人民流离失所的时候，不是没有音乐，而是音乐不快乐。溺水的人不是不笑，获罪的人不是不唱歌，癫狂的人不是不跳舞，乱世的音乐就和这个差不多。君臣易位，父子失去正常的相处之道，夫妻不和，人民痛苦呻吟，他们创作的音乐，怎么会快乐呢？

※原文

凡乐，天地之和，阴阳之调也。始生人者天也，人无事焉。天使人有欲，人弗得不求；天使人有恶，人弗得不辟。欲与恶，所受于天也，人不得与焉，不可变，不可易。世之学者，有非乐者矣，安由出哉？

※译文

大凡音乐，都是天地和谐、阴阳的调和。最初创造人的是天，人在此并没有什么作为。天使人具有欲望，人不得不追求；天使人有憎恶感，人不得不避开。欲望和憎恶，都是上天赐予的，人没有办法干预，不可改变，不可更换。世上有的人反对音乐，他们是根据什么呢？

※原文

大乐，君臣、父子、长少之所欢欣而说也。欢欣生于平，平生于道。道也者，视之不见，听之不闻，不可为状。有知不见之见、不闻之闻、无状之状者，则几于知之矣。道也者，至精也，不可为形，不可为名，强为之，谓之太一。故一也者制令，两也者从听。先圣择两法一，是以知万物之情。故能以一听政者，乐君臣，和远近，说黔首，合宗亲；能以一治其身者，免于灾，终其寿，全其天；能以一治其国者，奸邪去，贤者至，成大化；能以一治天下者，寒暑适，风雨时，为圣人。故知一则明，明两则狂。

※译文

真正的音乐是君臣、父子、年长年幼者欢欣和喜欢的反映。欢欣产生于平和，平和产生于正道。所谓的正道，看也看不见，听也听不到，没有什么形状。若是有人了解什么是不看的看、不听的听、没有形状的形状，就差不多知道正道了。所谓的正道，是纯粹精神上的概念，没有形状，没有名字，勉强为它起个名字，就叫作太一。所以懂得太一道理的能够制定法令，懂得“两”的道理的，就要听从命令。先代的圣王放弃“两”而选择“一”，所以知道万物的本质。所以，能够用“一”来治理朝政，则使君臣快乐，使远近和睦，使百姓喜悦，使宗族亲近；能够用“一”来修养自身的人，则免于灾难，活到自然寿命，保全天性；能够用“一”来治理国家，则奸邪的人就会消失，贤能的人就会到来，实现优良的教化；能够用“一”来治理天下，则天气冷热就会适当，风雨适时，成为圣人。所以了解“一”就明智，了解“两”就狂乱。

※读解

《礼记·乐记》中认为“夫乐者乐也，人情之所不能免也”，“乐”的意思是欢乐，是人的性情之中不可缺少的。

墨子的思想中含有“非乐”的成分，他认为凡事应该利国利民，而百姓、国家都在为生存奔波，制造乐器需要聚敛百姓的钱财，荒废百姓的生产，而且音乐还能使人耽于荒淫。因此，必须要禁止音乐。这是墨子从实用的角度，建议统治者放弃音乐，而应去关心一下百姓的疾苦，这是有合理意义的，但是在那个“劳心者治人，劳力者治于人”的社会中，这是不可能实现的。

本篇没有采用墨子的观点，而是把音乐放在一个很高的位置来评价。

※事例

师乙谈论音乐和人的关系

子贡见乐师乙问道：“我听说不同的歌声适合于不同禀赋的人，像我这样的人适合唱什么歌呢？”

师乙说：“我不过是个低贱的乐工，不配说谁适宜唱什么歌。请允许我把我所知道的说出来，先生自己决定适合唱什么歌吧。”

“为人宽大好静，柔顺而又正派的适合唱《颂》歌；心胸宽广而好静，洒脱、豁达而守信用的人适合唱《大雅》；恭敬、俭朴而又好礼的，适宜唱《小雅》；为人正直、清正廉洁而又谦虚的人，适于唱《风》；恣肆爽直又心慈友爱的，适宜唱《商》；温顺良善而能决断的，适合唱《齐》。”

“歌，是披露自己心胸、陈述自己品德的；自己动于情感，真情流露，那么天地就会受感应，四时来相和，星辰不逆行，万物得以繁育生长。因此《商》这首歌，虽是五帝留传下来的，但商人记述下来，用以摅己心胸、陈己品德，所以叫作《商》歌；《齐》这首歌，是三代留传下来的，由齐人记述下来，所以被称为《齐》歌。真正懂得《商》这首诗歌含义的，临事屡屡决断；懂得《齐》这首诗歌含义的，见利能够让人。临事屡断的，表现出了勇气；见利能让人的，表现了义气。有勇有义，除了歌还有什么能使人保持这样的品格？所以歌声高亢处如人扛举而上，音低处如直坠而下，曲屈处如被弯折，静止处如同槁木，小曲如矩，大曲如钩，般般然如累珠落盘。歌也是一种语言，是种长声调的语言。有可说的东西了，才言说出来；言语表达得不充分，才用长声的语言表达；仍不充分，才相续相和，反复吟唱；还不充分，就不知不觉地手舞足蹈起来了。”

侈乐

※原文

人莫不以其生生，而不知其所以生；人莫不以其知知，而不知其所以知。知其所以知之谓知道；不知其所以知之谓弃宝。弃宝者必离其咎。世之人主，多以珠玉戈剑为宝，愈多而民愈怨，国人愈危，身愈危累，则失宝之情矣。乱世之乐与此同。为木革之声则若雷，为金石之声则若霆，为丝竹歌舞之声则若噪。以此骇心气、动耳目、摇荡生则可矣，以此为乐则不乐。故乐愈侈，而民愈郁，国愈乱，主愈卑，则亦失乐之情矣。

※译文

人没有不靠生命存在的，却不知道生命从何而来；人没有不靠知觉去感知的，人却不知道知觉为什么会感知。知道知觉为什么会感知就叫作懂得道，不知道知觉为什么会感知就叫作弃宝。弃宝的人一定会遭殃。世上的君主，很多都把珠宝、玉石、利剑当作宝物，但是得到这些越多，人民越是怨恨，国家就越危险，自己也越来越危险，这就失去宝物的价值了。乱世的音乐与这个相似。演奏木料、皮革制作的乐器就会声震如雷，演奏金属、石头制作的乐器声音就会像霹雳，演奏丝竹制作的乐器就会像喧哗。用这样的声音来惊吓人的心气、扰乱人的耳目、摇荡人的本性是可以的，但是作为音乐就不会使人快乐。所以音乐越是狂放，人民越是郁闷；国家越是混乱，君主的地位越是卑下，这样就失去音乐的本来意义了。

※原文

凡古圣王之所为贵乐者，为其乐也。夏桀、殷纣作为侈乐，大鼓、钟、磬、管、箫之音，以巨为美，以众为观；俶诡殊瑰，耳所未尝闻，目所未尝见，务以相过，不用度量。宋之衰也，作为千钟；齐之衰也，作为大吕；楚之衰也，作为巫音。侈则侈矣，自有道者观之，则失乐之情。失乐之情，其乐不乐。乐不乐者，其民必怨，其生必伤。其生之与乐也，若冰之于炎日，反以自兵。此生乎不知乐之情，而以侈为务故也。

※译文

大凡古代圣王，之所以重视音乐，是为了快乐。夏桀、殷纣创作的狂放音乐，如大鼓、钟、磬、管、箫等的音乐，都以大为美，以多为壮观；非常奇异和瑰奇，闻所未闻，见所未见，一定要追求过度享受，不遵循法度。宋国衰落的时候，制作大钟；齐国衰落的时候，制作大吕；楚国衰落的时候，制作鬼怪音乐。狂放是比较狂放，但是在有道之人看来，就失去音乐的本来意义了。失去了音乐的本来意义，这种音乐就不会快乐。音乐不快乐，人民必定怨恨，生命必定受到伤害。他的生命和音乐的关系就像寒冰曝于骄阳之下，反而会伤到自身。这是不懂得音乐的本来意义，而把狂放当作音乐本质的缘故。

※原文

乐之有情，譬之若肌肤形体之有情性也。有情性则必有性养矣。寒、温、劳、逸、饥、饱，此六者非适也。凡养也者，瞻非适而以之适者也。能以久处其适，则生长矣。生也者，其身固静，感而后知，或使之也。遂而不返，制乎嗜欲；制乎嗜欲无穷，则必失其天矣。且夫嗜欲无穷，则必有贪鄙悖乱之心、淫佚奸诈之事矣。故强者劫弱，众者暴寡，勇者凌怯，壮者傲幼，从此生矣。

※译文

音乐有本性，就像皮肤、肌肉、躯体有本性一样。有了本性就有修养本性的问题。寒冷、温暖、劳累、安逸、饥饿、饱胀，这六种情形是不适合修养天性的。大凡修养天性，都要看到不适合的情形从而达到适合的情形。能够长久地处于适合的情形，生命就长久了。生命本身就是安静的，只有感知外界，才能有知觉，是外物的感应使它这样的。如果放纵本性而不加以控制，就会被嗜欲控制；被无限的嗜欲控制，就一定会失去天性。况且无限的嗜欲会产生贪婪、卑鄙、悖乱的野心，以及做出奸淫、欺诈的坏事。所以强大的劫持弱小的，人多的虐待人少的，勇猛的凌辱胆怯的，强壮的歧视弱小的，就会一一产生了。

※读解

音乐是儒家学派极力推崇的，认为音乐是圣人治理天下的手段之一。

荀子发挥了孔子关于音乐的观点，他认为音乐是人情的一种必然需要，是必不可少的。它不但可以表现人的感情，从而使人得到娱乐，而且具有“入人也深”“化人也速”的强大感染力，因而可以移风易俗。如果对音乐放任自流，那么邪音就会扰乱社会。所以统治者必须制定正声雅乐来加以引导，使它能“感动人之善心”，从而使它为巩固统治服务。

《侈乐》就夏桀、殷纣的音乐和圣王的音乐的不同之处作了对比，指出圣王的音乐是平和的、安定天下的音乐，而夏桀和殷纣的音乐则是使人放纵本性的、奢靡的音乐，是会使国家灭亡的音乐。

※事例

晋平公听琴引祸

卫灵公在位的时候，有一次他将要去晋国，走到濮水边上，住在一个上等馆舍中。半夜里，他突然听到抚琴的声音，问左右跟随的人，都回答说：“没有听到。”于是，他召见名叫涓的乐师，对他说道：“我听到了抚琴的声音，问身边的从人，他们都说没有听到。这样好像有了鬼神，你为我仔细听一听，把琴曲记下来。”师涓说：“好吧。”于是端坐下来，取出琴，一边听卫灵公叙述，一边拨弄，随手记录下来。

第二天，师涓说道：“臣已将每句都记下了，但还没有练习，难以成曲，请允许再住一宿，练习几遍。”卫灵公说：“可以。”于是又住一宿。第三天，涓说：“练习好了。”他们这才动身到晋国，见了晋平公。晋平公在施惠之台摆酒筵招待他们。

饮酒饮到酣畅痛快的时候，卫灵公道：“我们这次来时，得了一首新曲子，请为您演奏以助酒兴。”晋平公道：“好极了。”即命师涓在晋国乐师旷的身边坐下来，取琴弹奏。一曲没完，师旷甩袖制止说："这是亡国之音，不要再奏了。"晋平公说："为什么说出这种话来？"师旷道："这是师延作的曲子，他为纣王作了这种靡靡之音，武王伐纣后，师延向东逃走，投濮水自杀，所以这首曲子必是得之于濮水之上，先听到此曲的国家就要被削弱了。"晋平公说："寡人所喜好的，就是听曲子这件事，但愿能够听完它。"这样师涓才把它演奏完毕。

晋平公道："这是我听到过的最动人的曲子，还有比这更动人的吗？"师旷说："有。"晋平公说："能让我们听一听吗？"师旷说："必须修德、行义深厚的才能听此曲，您还不能听。"晋平公说："寡人所喜好的，只有听曲子一件事，但愿能听到它。"师旷不得已，取琴弹奏起来，奏第一遍，有千载玄鹤十几只飞集堂下廊门之前；第二遍，这些玄鹤伸长脖子，呦呦鸣叫起来，还舒展翅膀，随琴声跳起舞来。

晋平公大喜，起身为师旷祝酒。回身落座，问道："再没有比这更动人的曲子了吗？"师旷道："有。过去黄帝祭鬼神时奏的曲子比这更动人，只是您德义太薄，不配听罢了，听了将有败亡之祸。"晋平公说："寡人这一大把年纪了，还在乎败亡吗？我喜好的只有听曲，但愿能够听到它。"师旷没有办法，取琴弹奏起来。奏了一遍，有白云从西北天际出现；又奏一遍，大风夹着暴雨，铺天盖地而至，直刮得廊瓦横飞，左右人都惊慌奔走。晋平公害怕起来，伏身躲在廊屋之间。晋国于是大旱三年，寸草不生。

季夏纪

音初

※原文

夏后氏孔甲田于东阳萯山。天大风，晦盲，孔甲迷惑，入于民室。主人方乳，或曰："后来，是良日也，之子是必大吉。"或曰："不胜也，之子是必有殃。"后乃取其子以归，曰："以为余子，谁敢殃之？"子长成人，幕动坼橑，斧斫斩其足，遂为守门者。孔甲曰："呜呼！有疾，命矣夫！"乃作为"破斧"之歌，实始为东音。

禹行功，见涂山之女。禹未之遇而巡省南土。涂山氏之女乃令其妾候禹于涂山之阳。女乃作歌，歌曰："候人兮猗"，实始作为南音。周公及召公取风焉，以为"周南""召南"。

※译文

夏后氏孔甲在东阳萯山打猎。突然来了一阵大风，天色昏暗，孔甲迷路了，到了当地住户家。主人正好生孩子，有人说："夏后来了，这是个好日子，这个孩子一定有福。"有人说："这个孩子受不了这个福气，这孩子必有灾祸啊。"夏后就带着这个孩子回去，说："把他当作我的孩子，谁敢伤害他？"这个孩子长大成人，用斧子劈柴的时候，柴突然迸裂，斧子坠落，砍断了孩子的脚，于是只能当看门人。孔甲说："啊呀！有了残疾，这是命啊！"就做了《破斧》歌，这就是东方国风的音乐源头。

大禹巡视治水的成就，遇见了涂山氏的女子。大禹未娶她，就又巡视南方去了。涂山氏的女子就让她的婢女在涂山之南等候大禹。涂山氏的女子就做了一首歌，歌词是"等待君子啊"，这实际上是南方国风的音乐源头。周公和召公到这里采风，于是有了"周南""召南"。

※原文

周昭王亲将征荆。辛馀靡长且多力，为王右。还反涉汉，梁败，王及蔡公抎于汉中。辛馀靡振王北济，又反振蔡公。周公乃侯之于西翟，实为长公。殷整甲徙宅西河，犹思故处，实始作为西音。长公继是音以处西山，秦穆公取风焉，实始作为秦音。

有娀氏有二佚女，为之九成之台，饮食必以鼓。帝令燕往视之，鸣若谥隘。二女爱而争搏之，覆以玉筐。少选，发而视之，燕遗二卵，北飞，遂不反。二女作歌，一终曰："燕燕往飞"，实始作为北音。

※译文

周昭王亲自率领部队征讨楚国。辛馀靡长得高大又有力气，做了昭王的车右。回来的路上经过汉水，所乘的船坏了，周昭王和蔡公都坠落水中。辛馀靡救了周昭王渡过了河，又返回来救了蔡公。周公就把他封为西翟的侯王，就是长公。殷整甲把自己的住宅搬到西河，还思念原来的住处，开始做西方之音。长公继承这个音乐住在西山，秦穆公到这里采风，实际上，这就是秦国音乐的源头。

有娀氏有两个美丽的女儿，他为她们造了一个九重的高台，饮食时都有鼓乐相伴。帝命令燕子去看，燕子鸣叫声声。两个女儿喜欢它，争着捉了它，把它用玉筐盖住。一会儿打开来，发现燕子留下了两个蛋，就往北飞去了，再也没有回来。两个女儿就做了歌，叫作"燕燕往飞"，其实，这就是北方音乐的源头。

※原文

凡音者，产乎人心者也。感于心则荡乎音，音成于外而化乎内。是故闻其声而知其风，察其风而知其志，观其志而知其德。盛衰、贤不肖、君子小人皆形于乐，不可隐匿。故曰：乐之为观也，深矣。土弊则草木不长，水烦则鱼鳖不大，世浊则礼烦而乐淫。郑卫之声、桑间之音，此乱国之所好，衰德之所说。流辟、誂越、慆滥之音出，则滔荡之气、邪慢之心感矣；感则百奸众辟从此产矣。故君子反道以修德；正德以出乐；和乐以成顺。乐和而民乡方矣。

※译文

大凡音乐，都是在人心中产生的。心里有所感应就表现在音乐上，音乐成于外却能教化人心。所以，听到那里的音乐就能知道那里的风俗，了解那里的风俗就能知道人们的志向，知道他们的志向就能知道他们的德行。国家的兴衰、人性的贤和不肖、君子和小人都能从音乐中表现出来，藏都藏不住。所以说：从音乐中可以考察的东西实在是太多了。土地贫瘠了，草本就不会兴盛；水被搅扰多了，鱼鳖就长不大；世事混乱了，礼节就烦琐，音乐就放荡。郑国和卫国的音乐、桑间的音乐，这些都是混乱的国家所喜欢的，是无德之人喜欢的。散漫而无法纪、邪僻而轻佻、过度的音乐的出现，就是放荡之气、奸邪之心所产生的。这样的话，众多奸邪的事情就会发生。所以君子返回正道修养品德，修养品德之后再创作音乐，音乐由于和谐而顺畅。音乐和顺了，人民就都遵循道德了。

※读解

本篇详细地讲解了我国音乐的源头。夏后氏的《破斧歌》是东方音乐的源头；涂山氏之女的“候人兮猗”，实始作为南音；殷整甲思念故居的音乐就是西方音乐的开端；有娀氏两个可爱的女儿召唤燕子的“燕燕往飞”，实始作为北音。

文章的最后总结了音乐的产生原因，那就是人心。“感于心则荡乎音，音成于外而化乎内。”所以，根据一个人、一个地区、一个国家的音乐，就能够知道这个地方人民的心声。

※事例

欧阳修谈论自然之声

欧阳修是唐宋八大家之一，文才出众。他写的《秋声赋》更是脍炙人口的佳作，其中谈论了音乐和自然、人事的关系。全文如下：

我正在夜间读书，听到有声音从西南方而来，恐惧地侧耳倾听，心想：奇怪啊！初来时淅淅沥沥十分凄凉，忽然间奔腾澎湃非常汹涌，犹如波涛在黑夜里翻滚，狂风暴雨突如其来。它碰在物体上，铮铮作响，发出如同金属的撞击声。又如奔袭敌阵的战士，衔枚急走，听不见号令，只听见人马行走之声。我对书童说："这是什么声音啊，你出去看看吧！"书童回来说："月亮、星星晶莹洁白，银河横挂天边，四周寂静、人声杳然，奇怪的声音来自树间。"

我说："啊，啊，好悲伤啊！这是秋声，为什么要来呢？要说那秋天所呈现的情状：其色忧郁，烟雾蒙蒙云气聚；其貌清明，天空高洁日色新；其气凛冽，刺透肌肉又入骨；其意萧索，高山冷落水寂寞。因此秋天发出的声音凄凄切切，犹如人们在发愤呼叫。茂盛的青草在绿地上媲美，美丽的树木郁郁葱葱惹人喜爱。但是草被秋风一拂，颜色就变；树被秋风一吹，叶子就落。那股摧残树木、零落花草的力量，只是秋气的一点余力罢了。秋天，是掌管刑法的，在季节上属阴；又是象征用兵的，在五行中属金。这就是所谓天地之气，常常以肃杀作为核心。自然对于万物，是春天生长，秋天结果。因此秋天在音乐上属商声，商声就是主管西方的音调；而所谓夷，则是七月的音律。商，就是伤，万物衰老就悲伤。夷，就是戮，万物过盛就杀戮。啊，草木无情，尚且按时凋零；人作为动物，乃是万物之灵，许多忧愁有感于心，许多事情劳其外形，心中有触动，定会动其神。何况还要忧虑那些力不能及、智不能到的事情？这就必然会使红彤彤的脸色变得如同枯木，乌黑的头发变得如同繁星。为什么要用不是金石的身躯，去和草木争奇斗胜？应该想想究竟谁是害我们的贼人，又何必去怨恨那不相关的秋声？"

书童没有回答，垂下头已经熟睡，只听得四周墙壁上虫声唧唧，好像因同情我而叹息。

制乐

※原文

欲观至乐，必于至治。其治厚者其乐治厚，其治薄者其乐治薄，乱世则慢以乐矣。今窒闭户牖，动天地，一室也。故成汤之时，有谷生于庭，昏而生，比旦而大拱。其吏请卜其故。汤退卜者曰："吾闻祥者福之先者也，见祥而为不善，则福不至。妖者祸之先者也，见妖而为善，则祸不至。"于是早朝晏退，问疾吊丧，务镇抚百姓。三日而谷亡。故祸兮福之所倚，福兮祸之所伏。圣人所独见，众人焉知其极？

※译文

要听最好的音乐，一定是在治理得最好的时代。国家治理得好，它的音乐就受到重视；国家治理得不好，它的音乐就不会受到重视；乱世之中，音乐就受到怠慢了。治理天下的人，即使关闭门窗、不出屋子，也会惊天动地。所以成汤的时候，有谷子生长在院子里，黄昏的时候出生，等到早上就有两手合围那样大了。吏官请求占卜弄清原因。成汤斥退占卜的人说："我听说吉祥的东西是福气的先兆，看见吉祥的东西却做下不好的事情，福气就不会来。奇怪的东西是祸患的先兆，看见奇怪的东西却做好事，祸患就不会来。"于是早早上朝，很晚才下朝，关心群臣的疾苦，努力安抚百姓。三天之后，谷子就死亡了。所以，祸患潜伏在福气之中，福气隐藏在祸患之中。圣人的见识，一般人怎么能清楚地知道？

※原文

周文王立国八年，岁六月，文王寝疾五日而地动，东西南北不出国郊。百吏皆请曰："臣闻地之动，为人主也。今王寝疾五日而地动，四面不出周郊，群臣皆恐，曰'请移之'。"文王曰："若何其移之也？"对曰："兴事动众，以增国城，其可以移之乎！"文王曰："不可。夫天之见妖也，以罚有罪也。我必有罪，故天以此罚我也。今故兴事动众以增国城，是重吾罪也。不可。"文王曰："昌也请改行重善以移之，其可以免乎！"于是谨其礼秩、皮革，以交诸侯；饬其辞令、币帛，以礼豪士；颁其爵列、等级、田畴，以赏群臣。无几何，疾乃止。文王即位八年而地动，已动之后四十三年，凡文王立国五十一年而终。此文王之所以止殃翦妖也。

※译文

周文王建立国家八年，那年的六月，周文王病卧五天，发生了地震，而震动的范围没有超出周朝的国都。百官都请求说："我听说发生地震，是由于君主的原因。现在君主您病了五天，发生地震，并且没有超出国都的范围，群臣都很恐惧，说'请求把地震移走'。"周文王说："怎么移走呢？"回答："兴师动众，来增强国家的城墙，大概就可以移走了。"周文王说："不可以。上天呈现异象，是惩罚有罪之人。我一定是犯错了，所以上天用这来惩罚我。兴师动众地修筑城墙，那是增加我的罪孽，不可以。"周文王说："我请求改做大好事来移走它，大概就可以免于灾难了。"于是恭谨地用礼物和皮革来结交诸侯；对那些豪杰修正自己的言辞，增加钱物，以礼相待；赏赐群臣爵位、等级和田园。没过多长时间，周文王的病就好了。周文王即位八年发生地震，地震之后四十三年，周文王在位五十一年才去世。这就是周文王消除妖邪的结果。

※原文

宋景公之时，荧惑在心，公惧，召子韦而问焉，曰："荧惑在心，何也？"子韦曰："荧惑者，天罚也；心者，宋之分野也。祸当于君。虽然，可移于宰相。"公曰：

“宰相，所与治国家也，而移死焉，不祥。”子韦曰：“可移于民。”公曰：“民死，寡人将谁为君乎？宁独死！”子韦曰：“可移于岁。”公曰：“岁害则民饥，民饥必死。为人君而杀其民以自活也，其谁以我为君乎？是寡人之命固尽已，子无复言矣。”子韦还走，北面载拜曰：“臣敢贺君。天之处高而听卑。君有至德之言三，天必三赏君。今夕荧惑其徙三舍，君延年二十一岁。”公曰：“子何以知之？”对曰：“有三善言，必有三赏，荧惑必三徙舍。舍行七星，星一徙当一年，三七二十一，臣故曰‘君延年二十一岁’矣。臣请伏于陛下以伺候之。荧惑不徙，臣请死。”公曰：“可。”是夕荧惑果徙三舍。

※译文

宋景公的时候，火星在心宿，宋景公害怕，召见子韦问道：“火星在心宿，是什么意思呢？”子韦说：“火星，那是上天的惩罚；心宿，那是宋国的分野。看来，祸患是应在您的身上。但是，可以将它转移到宰相的身上。”宋景公说：“宰相是帮助我治理国家的，迁祸到他身上，不吉祥。”子韦说：“可以把它转移到人民的身上。”宋景公说：“若是人民死了，我还当谁的君主？我宁可自己死了。”子韦说：“可以将它转移到年成。”宋景公说：“年成不好就会使人民饥饿，人民饥饿了一定会死人的。作为人民的君主却杀掉人民来保全自己，还有谁会把我当成君主？是我命数该绝，你不用再说了。”子韦转身走了几步，面向北连拜了两次说：“我来恭喜君主。上天高高在上，却能听到低处的谈话。您有这最高道德的三句话，上天一定会恩赐您。今晚火星将从心宿移去三舍（即九十里），您将延寿二十一年。”宋景公说：“您是怎么知道的？”回答：“有三句好话，就会有三次恩赏，火星就会移走三舍。一舍历七个星宿，一个星宿就是一年，火星离开星宿三舍共历二十一星宿，所以我说您会延寿二十一年。我请求跪在您面前来等候。火星若是没有移走，我愿意被处死。”宋景公说：“可以。”这晚火星果然移开了三舍。

※读解

“欲观至乐，必于至治”，要想听到最好的音乐，一定是在治理得最好的国家之中。治理得最好的国家，拥有最明智的君主和最贤能的大臣，所以就会有最好的音乐产生。那些将要灭亡的国家，君主昏聩，大臣不谋其事，没有贤能的人，怎么会有好的音乐呢？即使有音乐，那也一定是人民怀着巨大悲痛发出的哀叹。

在我国古代，非常相信天上的星象和地上的人事有莫大的关系，所以非常重视天象的变化。地震、彗星的出现，以及月食、日食都会得到重视，都被看作是上天对君主的启示。

※事例

墨子论“圣王不作音乐”

墨子是墨家学派的创始人，他在音乐方面的主张主要是“非乐”，与以孔子为代表的儒家学派有所不同。有人问墨子说：“先生曾经说过：‘圣王不作音乐。’以前的诸侯，治国太劳累了，就以听钟鼓之乐的方式进行休息；士大夫工作太累了，就以听竽瑟之乐的方式进行休息；农夫春天耕种、夏天除草、秋天收获、冬天贮藏，也要借听瓦盆土缶之乐的方式休息。现在先生说‘圣王不作音乐’，这好比马套上车后就不再卸下，弓拉开后不再放松，这恐怕不是有血气的人所能做到的吧！”

墨子从容地回答：“以前尧舜只有茅草盖的屋子，所谓礼乐不过如此。后来汤把桀放逐了，统一天下，自立为王，事成功立，没有大的后患，于是就承袭先王之乐而自作新乐，取名为《大护》，又修《九招》之乐。周武王战胜殷朝，杀死纣王，统一天下，自立为王，没有了大的后患，于是袭先王之乐而自作新乐，取名为《驺虞》。周成王治理天下不如周武王；周武王治理天下不如成汤；成汤治理天下不如尧舜。所以音乐愈繁杂的国王，他的治绩就愈少。由此看来，音乐不是用来治理天下的。”

那人说：“先生说‘圣王不作音乐’，但以上这些就是音乐，怎么能说圣王不作音乐呢？”墨子说：“圣王的教令，凡是太盛的东西就减损它。饮食于人有利，若因饥饿而吃的就算是智慧，也就无所谓智慧了。现在圣王虽然有乐，但却很少，这也等于没有音乐。”

孟秋纪

荡兵

※原文

古圣王有义兵而无有偃兵。兵之所自来者上矣，与始有民俱。凡兵也者，威也；威也者，力也。民之有威力，性也。性者，所受于天也，非人之所能为也。武者不能革，而工者不能移。兵所自来者久矣。黄、炎故用水火矣，共工氏固次作难矣，五帝固相与争矣。递兴废，胜者用事。人曰“蚩尤作兵”，蚩尤非作兵也，利其械矣。未有蚩尤之时，民固剥林木以战矣，胜者为长。长则犹不足治之，故立君。君又不足以治之，故立天子。天子之立也出于君，君之立也出于长，长之立也出于争。争斗之所自来者久矣，不可禁，不可止。故古之贤王有义兵而无有偃兵。

※译文

古代的圣王拥有正义之师而不废弛军事。兵器从上古时候就有了，自有了人就有了兵器。大凡兵器，就是威势，有了威势就有了力量。人有威力，这是本性。本性是上天赐予的，不是人所能决定的。习武的人是不能改变的，而工匠也是不可改变的。兵器的由来很久了。黄帝和炎帝就用水、火作战，共工氏屡次反叛，五帝都与他们作战。兴和废相互交替，都是胜者主事。人们说“蚩尤创造了兵器”，蚩尤不是创造了兵器，而是把兵器加以利用罢了。没有蚩尤的时候，人民就是砍掉林木作战的，胜利的就是头目。头目不能够治理，所以设立了君主；君主还是不能够治理，就设立了天子。天子的设立是在君主之中产生的，君主是在头目中产生的，头目是从战争中产生的。战争的由来也很久远了，是不能禁止、不会停止的。所以，古代的圣王拥有正义之师却不怠慢军事。

※原文

家无怒笞，则竖子、婴儿之有过也立见；国无刑罚，则百姓之相侵也立见；天下无诛伐，则诸侯之相暴也立见。故怒笞不可偃于家，刑罚不可偃于国，诛伐不可偃于天下，有巧有拙而已矣。故古之圣王有义兵而无有偃兵。

夫有以噎死者，欲禁天下之食，悖；有以乘舟死者，欲禁天下之船，悖；有以用兵丧其国者，欲偃天下之兵，悖。夫兵不可偃也，譬之若水火然，善用之则为福，不能用之则为祸；若用药者然，得良药则活人，得恶药则杀人。义兵之为天下良药也亦大矣。

※译文

家里没有严厉的家法，那么家奴、婴孩就会犯错误；国家没有刑罚，那么百姓就会相互侵犯；天下没有诛杀和讨伐，那么诸侯之间就会相互欺凌。所以家中不能取消严厉的家法，国家不能取消刑罚，天下不能没有诛杀和讨伐，只是有的运用巧妙有的运用笨拙而已。所以圣王有正义之师却没有怠慢军事。

有人吃饭被噎死，就要禁止天下人吃饭，这很荒谬；有人乘船被淹死，就要禁止天下的船只，也很荒谬；有人用了武器而使国家灭亡，就要放弃天下的兵器，同样荒谬。兵器不能放弃，就像水火一样，善于运用就是福气，不善于运用就是祸患；就像药物一样，用良药就能救人，用错药就能使人丧命。正义的兵器比天下良药的作用还大呢！

※原文

且兵之所自来者远矣，未尝少选不用。贵贱、长少、贤者不肖相与同，有巨有微而已矣。察兵之微：在心而未发，兵也；疾视，兵也；作色，兵也；傲言，兵也；援推，兵也；连反，兵也；侈斗，兵也；三军攻战，兵也。此八者皆兵也，微巨之争也。今世之以偃兵疾说者，终身用兵而不自知，悖。故说虽强，谈虽辨，文学虽博，犹不见听。故古之圣王有义兵而无有偃兵。兵诚义，以诛暴君而振苦民，民之说也，若孝子之见慈亲也，若饥者之见美食也；民之号呼而走之，若强弩之射于深溪也，若积大水而失其壅堤也。中主犹若不能有其民，而况于暴君乎？

※译文

况且兵器的由来已经很久了，没有片刻不运用的。贵贱、老少、贤能和不肖都是相同的，有大有小而已。考察兵器的精微之处，在于心中没有表现出来，这是用兵；快速地看，这是用兵；愤然变色，这是用兵；傲慢言辞，这是用兵；牵制障碍，这是用兵；角斗摔跤，这是用兵；群起相攻，这是用兵；三军攻战，这是用兵。这八种情况都是用兵，只是大小有区别罢了。现在世上有人大声疾呼取消兵器，他终生都在用兵却不知道，真是荒谬。所以学说即使强硬，言谈即使锋利，学问即使渊博，还是没有人听从。所以古代的圣王有正义之师却不怠慢军事。兵器若是正义的，就会用来诛杀暴君而解救人民，人民就会喜欢，就像孝顺的儿子看见父母一样，就像饥饿的人看见美食一样。人民就会哭喊着要归附他，就像强弩射到深沟一样，就像大水决堤一样。一般的君主还不能拥有人民，何况是暴君呢？

※读解

兵器由来已久，早在人类还处于原始部落的时候，为了觅食和保护自己，就开始把竹竿等物作为打击敌人的武器。那是人类最原始的武器，到了后来，刀、剑等十八般武器出现，一直都是靠人力来获得战争胜利的。等到火药运用在战争中之后，冷兵器时代就结束了，热兵器时代来临。热兵器时代的战争不再靠刀、剑等以人力来获胜，而是靠枪炮，甚至手榴弹、原子弹、氢弹等杀伤力极大的武器来完成的。

※事例

墨子阻止公输般造云梯

公输般就是我们所熟悉的鲁班，他曾经为楚国制造了云梯那一类的器械，造成后，楚王将用它攻打宋国。墨子听说了，就从齐国起身，行走了十天十夜才到楚国国都郢，会见公输般。

公输般说："您将对我有什么吩咐呢？"墨子说："北方有一个欺侮我的人，愿借助你杀了他。"公输般不高兴。墨子说："我愿意献给你十镒黄金。"公输般说："我奉行义，决不杀人。"

墨子站起来，再一次对公输般行了拜礼，说："请让我向你说说这'义'。我在北方听说你造云梯，将用它攻打宋国。宋国有什么罪呢？楚国有多余的土地，人口却不足。现在牺牲不足的人口，掠夺有余的土地，不能认为是智慧；宋国没有罪却攻打它，不能说是仁。知道这些而不去争辩，不能称作忠；争辩却没有结果，不能算是强。你奉行义，不去杀那一个人，却去杀害众多的百姓，不可说是明智之辈。"公输般被他的话说服了。

墨子又问他："那么，你为什么不取消进攻宋国这件事呢？"公输般说："不能。我已经对楚王说了。"墨子说："你为什么不向楚王引见我呢？"公输般说："行。"

墨子见了楚王，开口说："现在这里有一个人，舍弃他华丽的丝衣，邻居有一件粗布的短衣，却打算去偷；舍弃他的美食佳肴，邻居只有糟糠，却打算去偷。这是怎么样的一个人呢？"楚王回答说："这人一定患了偷窃病。"

墨子接着说："楚国的土地，方圆五千里；宋国的土地，方圆五百里，这就像彩车与破车相比。楚国有云梦大泽，犀、兕、麋鹿充满其中，长江、汉水中的鱼、鳖、鼋、鼍富甲天下；宋国却连野鸡、兔子、狐狸都没有，这就像美食佳肴与糟糠相比。楚国有巨松、梓树、楠、樟等名贵木材；宋国连棵大树都没有，这就像华丽的丝织品与粗布短衣相比。从这三方面的情况看，我认为楚国进攻宋国，与有偷窃病的人是同一种类型。我认为大王您如果这样做，一定会伤害了道义，却不能据有宋国。"

楚王说："但公输般已经给我造了云梯，一定要攻取宋国。"

于是又叫来公输般见面。墨子解下腰带，围成一座城的样子，用小木片作为守备的器械。公输般九次陈设攻城用的机巧多变的器械，墨子九次抵挡了他的进攻。公输般攻战的器械用尽了，墨子的守御战术还有余。公输般受挫了，却说："我知道用什么办法对付你了，但我不说。"楚王问原因。墨子回答说："公输般的意思，不过是杀了我。杀了我，宋国没有人能防守了，就可以进攻。但是，我的弟子禽滑釐等三百人，已经手持我守御用的器械，在宋国的都城等待楚国大军。即使杀了我，守御的人却是杀不尽的。"楚王说："好吧！我不攻打宋国了。"

振乱

※原文

当今之世浊甚矣，黔首之苦不可以加矣。天子既绝，贤者废伏，世主恣行，与民相离，黔首无所告诉。世有贤主秀士，宜察此论也，则其兵为义矣。天下之民，且死者也而生，且辱者也而荣，且苦者也而逸。世主恣行，则中人将逃其君，去其亲，又况于不肖者乎？故义兵至，则世主不能有其民矣，人亲不能禁其子矣。

※译文

当今社会，非常混浊，平民百姓的苦难无以复加。天子已经断绝，贤能的人都废弃不用，君主恣意妄为，和人民离心离德，平民百姓有苦无处诉。世上仅有的英明君主和贤能大臣，应该仔细考察这种状况，他的军队就是正义的。天下人民，将要死去的就得到了生命，即将受辱的也会得到荣耀，即将受苦的也会安逸了。世上的君主恣意妄为，就是一般人，也会离开昏庸的君主，不与其亲近，何况是不肖的人呢？所以正义之师一到，昏君就不能拥有他的人民了，人们也不会禁止他的孩子反对恣行的君主。

※原文

凡为天下之民长也，虑莫如长有道而息无道，赏有义而罚不义。今之世学者多非乎攻伐。非攻伐而取救守，取救守，则乡之所谓长有道而息无道、赏有义而罚不义之术不行矣。天下之长民，其利害在察此论也。攻伐之与救守一实也，而取舍人异。以辨说去之，终无所定论。固不知，悖也；知而欺心，诬也。诬悖之士，虽辨无用矣。是非其所取而取其所非也，是利之而反害之也，安之而反危之也。为天下之长患、致黔首之大害者，若说为深。夫以利天下之民为心者，不可以不熟察此论也。

※译文

大凡天下人民的首领，考虑的事情不过是坚持正道而消除无道，赏赐正义而惩罚不义。现在社会上，许多学者不赞成攻伐战争，不赞成攻伐而赞成自卫。赞成自卫，就不能办到以上说的坚持正道而消除无道、赏赐正义而惩罚不义的事情。天下人民的首领，关键的利害就是仔细考察这种情况。攻伐和自卫其实是一样的，取舍是因人而异的。用辩论的方法来分辨，终究是不会有什么定论的。一直不知道，这是荒谬的；知道了却不承认，这是欺骗。这种荒谬、欺骗的人，即使能说会道也是没有用的。不赞成对的而赞成错误的，是想要对人民有利，反而害了他们；想要安定他们，反而威胁到他们。这是天下的首领和平民百姓的大害，这种说法危害不浅。立志使天下人民得利的人，不能不仔细考察这种学说。

※原文

夫攻伐之事，未有不攻无道而罚不义也。攻无道而伐不义，则福莫大焉，黔首利莫厚焉。禁之者，是息有道而伐有义也，是穷汤、武之事，而遂桀、纣之过也。凡人之所以恶为无道、不义者，为其罚也；所以蕲有道，行有义者，为其赏也。今无道、不义存，存者，赏之也；而有道、行义穷，穷者，罚之也。赏不善而罚善，欲民之治也，不亦难乎？故乱天下、害黔首者，若论为大。

※译文

攻伐的事情，没有不是攻打无道而惩罚不义之人的。攻打无道，讨伐不义，就会有莫大的福气，平民百姓会获得莫大的利益。不这么做，就是抑制有道而攻伐正义，是阻塞成汤、周武王的事业，却迁就夏桀、殷纣的过错。大凡人们害怕无道、无义的事情，是担心受到惩罚。做有道、正义的事情，是为了得到奖赏。现在无道、不义的事情还存在，让它存在，就是对它的奖赏；有道、正义受到抑制，让它受到抑制，就是对它的惩罚。奖赏不善却惩罚善良，想要人民得到治理，不是太难了吗？所以搅乱天下、残害平民百姓的事情，这种“非攻”的言论是罪魁。

※读解

战国末期是我国一个比较混乱的时期，也是我国从奴隶制国家变成封建制国家的过渡时期。在这个时期，“天子既绝，贤者废伏，世主恣行，与民相离，黔首无所告诉”；群龙无首，诸侯之间相互攻伐，没有正义和非正义的区别；黎民百姓流离失所，苦不堪言。在这种情况下，许多有识之士，或者著书立说，或者到处奔走，推行自己的治国方案。

本文把战争美化成正义的国家对非正义国家的攻伐，把这种战争看成是黎民百姓的要求，如周武王对纣王讨伐。这是作者的历史局限之处。

※事例

周武王伐纣

公元前1066年正月，周武王认为时机成熟，遂率“戎车三百乘，虎贲三千人，甲士四万五千人”的军队，联合各诸侯部落的军队，大举伐纣。

周师出潼关后，经过几天的行程，来到距朝歌近七十里的牧野。周武王陈师牧野，首先进行了庄严的誓师，史称“牧誓”。声讨纣王听信宠姬妲己谗言、不祭祀祖宗、招引四方的罪人和逃亡的奴隶、杀戮大臣、残害百姓等罪，以激发从征诸侯的同仇敌忾之志，使士卒感到“殷有重罪，不可不伐”；周武王还宣布了作战的要求和纪律，要求将士奋勇杀敌。

牧野之战打响以后，周军始终保持着严整的队形，不给敌人以可乘之机。周武王命令太公望所率的战斗力最强的先锋部队从正面冲击，商军中的奴隶和战俘纷纷倒戈起义。周武王见此情景，便指挥周军全军出击，十几万商军于当天就“瓦解而走，遂土崩而下”。纣王见大势已去，便带领一些残兵败将逃回朝歌，登上鹿台，自焚身亡。

怀宠

※原文

凡君子之说也，非苟辨也；士之议也，非苟语也。必中理然后说，必当义然后议。故说义而王公大人益好理矣，士民黔首益行义矣。义理之道彰，则暴虐、奸诈、侵夺之术息也。

暴虐、奸诈之与义理反也，其势不俱胜，不两立。故兵入于敌之境，则民知所庇矣，黔首知不死矣。至于国邑之郊，不虐五谷，不掘坟墓，不伐树木，不烧积聚，不焚室屋，不取六畜。得民虏奉而题归之，以彰好恶；信与民期，以夺敌资。若此而犹有忧恨、冒疾、遂过、不听者，虽行武焉亦可矣。

※译文

大凡君子的学说，不随便辩论；士人的议论，也不是随便发出的。一定要合乎道理才说，一定要合乎道义才议论。所以越是说合于道义的言论，那些王公大臣越是喜欢道理，士人百姓越是实行道义。道义得到彰显，暴虐、奸诈、掠夺的方法就会消失。

暴虐、奸诈和道义是相反的，它们势不两立，不能共存。所以，正义之师进入敌国的国境，人民就知道自己有保护了，百姓就知道自己不用死了。正义之师到了都城郊外，不抢夺五谷，不挖掘坟墓，不砍伐树木，不烧积蓄的财产，不焚烧房屋，不掠夺牲畜。俘虏都登记姓名后放回，以此来彰显正义，用信用和人民约定，来夺得敌人的资助。若是这样还有怨恨、嫉妒、不改过、不听从的人，即使对他施加武力也可以。

※原文

先发声出号曰：“兵之来也，以救民之死。子之在上无道，据傲荒怠，贪戾虐众，恣睢自用也，辟远圣制，謷丑先王，排訾旧典，上不顺天，下不惠民，征敛无期，求索无厌，罪杀不辜，庆赏不当。若此者，天之所诛也，人之所雠也，不当为君。今兵之来也，将以诛不当为君者也，以除民之雠而顺天之道也。民有逆天之道、卫人之雠者，身死家戮不赦。有能以家听者，禄之以家；以里听者，禄之以里；以乡听者，禄之以乡；以邑听者，禄之以邑；以国听者，禄之以国。”故克其国，不及其民，独诛所诛而已矣。举其秀士而封侯之，选其贤良而尊显之，求其孤寡而振恤之，见其长老而敬礼之。皆益其禄，加其级。论其罪人而救出之；分府库之金，散仓廪之粟，以镇抚其众，不私其财；问其丛社、大祠民之所不欲废者，而复兴之，曲加其祀礼。是以贤者荣其名，而长老说其礼，民怀其德。

※译文

先发出号令说：“军队的到来，是为了救民于死地。你们的君主无道，倨傲荒怠，贪婪暴虐，刚愎自用，远离了圣人的规矩，傲慢地羞辱了先王，诋毁过去的经典，对上不顺从天意，对下不为人民谋福，横征暴敛，没有休止，索求财物没有满足，定罪杀戮无辜的人，赏罚不当。像这样的人，就是上天将要诛杀的人，是人类的仇人，不应该再当君主了。现在，我们军队到来，就是要诛杀这个不当为君的人，除掉人民的仇敌而顺从天意。民众若是有违逆天意而维护人民仇人的，即使自身被杀、全家被戮也不能赦免。有人能使全家都听从的，全家都将受到俸禄；有人能使一里都听从的，一里都将受到俸禄；有人能使一乡都听从的，一乡都将受到俸禄；有人能使一邑都听从的，一邑都将受到俸禄；有人能使一国都听从的，一国都将受到俸禄。”所以攻克了国家，却不伤害到人民，只是诛杀该诛杀的人而已。推荐其中的优秀人才，给他们封侯；选择其中贤能的人，尊崇他们；寻求鳏寡的人，抚恤他们；召见年长的人，对他们礼让有加。都增加他们的俸禄，晋升他们的级别。审理被关押的无罪的人，把他们释放出来；分发官府国库的金钱，散发仓库中的粮食，来安抚百姓，不私藏财物；询问他们社神的祠堂，若是人民不愿废弃，就恢复祭祀，更加虔诚地祭祀。这样，贤能的人显耀他的名声，年长的人喜欢被以礼相待，人民感怀恩德。

※原文

今有人于此，能生死一人，则天下必争事之矣。义兵之生一人亦多矣，人孰不说？故义兵至，则邻国之民归之若流水，诛国之民望之若父母，行地滋远，得民滋众，兵不接刃而民服若化。

※译文

有一个人，能够使死去的人重获生命，也能使活着的人死去，那么，天下人一定会争着去服侍他。正义之师不只使一个人重获生命，人们谁能不喜欢他们？所以正义之师到来，邻国的人民就像流水一样归附，被诛伐的国家的人民就像盼望父母一样盼望他们，军队征战得越远，获得的人民就越多，没有打仗而人民已经归附，好像受到了教化。

※读解

正义之师讨伐非正义的国家应该怎么做呢？“至于国邑之郊，不虐五谷，不掘坟墓，不伐树木，不烧积聚，不焚室屋，不取六畜。”这和我军的“三大纪律，八项注意”有很大的相似之处。不能侵犯人民的利益，要做到秋毫无犯，这才是真正的正义之师。

※事例

齐桓公伐楚未敢开战

鲁僖公四年的春天，齐桓公率领诸侯国的军队攻打蔡国。蔡国溃败后，齐桓公接着又去攻打楚国。

楚成王派使节到齐军对齐桓公说：“您住在北方，我住在南方，本是风马牛不相及的，没想到您率领军队进入了我们的国土，这是什么缘故呢？”

管仲回答说：“从前召康公命令我们先君大公说：‘五等诸侯和九州长官，你都有权征讨他们，从而共同辅佐周王室。’召康公还给了我们先君征讨的范围：东到海边，西到黄河，南到穆陵，北到无棣。你们应当进贡的包茅没有交纳，周王室的祭祀供不上，没有用来渗滤酒渣的东西，我特来征收贡物；周昭王南巡没有返回，我特来查问这件事。”楚国使臣回答说：“贡品没有交纳，是我们国君的过错，我们怎么敢不供给呢？周昭王南巡没有返回，还是请您到水边去问一问吧！”于是齐军继续前进，临时驻扎在陉。

这年夏天，楚成王派使臣屈完到齐军中去交涉，齐军后撤，临时驻扎在召陵。

齐桓公让诸侯国的军队摆开阵势，与屈完同乘一辆战车，观看军容。齐桓公说：“诸侯们难道是为我而来吗？他们不过是为了继承我们先君的友好关系罢了。你们也同我们建立友好关系，怎么样？”屈完回答说：“承蒙您惠临敝国并为我们的国家求福，忍辱接纳我们国君，这正是我们国君的心愿。”齐桓公说：“我率领这些诸侯军队作战，谁能够抵挡他们？我让这些军队攻打城池，什么样的城池攻不下？”屈完回答说：“如果您用仁德来安抚诸侯，哪个敢不顺服？如果您用武力的话，那么楚国就把方城山当作城墙，把汉水当作护城河，您的兵马虽然众多，恐怕也没有用处！”

后来，屈完代表楚国与诸侯国订立了盟约。

仲秋纪

论威

※原文

义也者，万事之纪也，君臣、上下、亲疏之所由起也，治乱、安危、过胜之所在也。过胜之，勿求于他，必反于己。

※译文

义这东西，是万事的法度准则，是君臣、上下、亲疏的基础，是治乱、安危、胜败的关键。取胜，不用求助于其他，一定要反省自己。

※原文

人情欲生而恶死，欲荣而恶辱。死生荣辱之道一，则三军之士可使一心矣。

凡军，欲其众也；心，欲其一也。三军一心，则令可使无敌矣。令能无敌者，其兵之于天下也，亦无敌矣。古之至兵，民之重令也，重乎天下，贵乎天子。其藏于民心，捷于肌肤也，深痛执固，不可摇荡，物莫之能动。若此则敌胡足胜矣？故曰：其令强者其敌弱，其令信者其敌诎。先胜之于此，则必胜之于彼矣。

※译文

人的性情都是想要活着而不愿意死去，想要荣耀而厌恶耻辱。生死荣辱的道理统一了，三军将士就能同心。

大凡军队，都是想要人多势众，更愿意心意一致。三军同心，就能有令必行，天下无敌了。命令能够天下无敌，军队就会无敌于天下。古代最好的军队，是尊重号令的人民，号令对他们来说比天下还重要，比天子还尊贵。它隐藏在人民心中，关乎肌肉、皮肤，深刻牢固，不可以随便动摇，外物不能改变它。像这样的军队，敌人怎么能取胜？所以说，命令有效的军队，它的敌人就弱小了，命令得到执行，它的敌人就会屈服了。在命令上得以执行的，就必定会在战场上战胜敌人。

※原文

凡兵，天下之凶器也；勇，天下之凶德也。举凶器，行凶德，犹不得已也。举凶器必杀，杀，所以生之也；行凶德必威，威，所以慑之也。敌慑民生，此义兵之所以隆也。故古之至兵，才民未合，而威已谕矣，敌已服矣，岂必用枹鼓干戈哉？故善谕威者，于其未发也，于其未通也，窅窅乎冥冥，莫知其情，此之谓至威之诚。

※译文

大凡兵器，是天下的凶器；大凡勇猛，是天下的凶德。拿起凶器来行凶德，这是万不得已才能做的。拿起凶器一定要杀人，杀人是为了人民生存；运用凶德一定会显出威力，威力是用来威慑敌人的。威慑敌人来使人民生存，这是正义之师受到欢迎的原因。所以古代最好的军队，就是还没有交战，而威力已经发挥作用，敌人已经屈服了，何必要用战鼓和干戈呢？所以善于发挥威力的人，是在它没有发出来的时候，是在它没有通达的时候，深邃奥秘，没有人知道它的实际情况，这就是最大的威力。

※原文

凡兵，欲急疾捷先。欲急疾捷先之道，在于知缓徐迟后而急疾捷先之分也。急疾捷先，此所以决义兵之胜也。而不可久处，知其不可久处，则知所兔起凫举死殙之地矣。虽有江河之险则凌之，虽有大山之塞则陷之。并气专精，心无有虑，目无有视，耳无有闻，一诸武而已矣。冉叔誓必死于田侯，而齐国皆惧；豫让必死于襄子，而赵氏皆恐；成荆致死于韩主，而周人皆畏；又况乎万乘之国而有所诚必乎？则何敌之有矣？刃未接而欲已得矣。敌人之悼惧惮恐、单荡精神，尽矣，咸若狂魄，形性相离，行不知所之，走不知所往，虽有险阻要塞、铦兵利械，心无敢据，意无敢处，此夏桀之所以死于南巢也。今以木击木则拌，以水投水则散，以冰投冰则沈，以涂投涂则陷，以疾徐先后之势也。

※译文

大凡军队作战都想要迅速抢先。想要迅速抢先的方法，在于清楚缓慢、落后与急速、快捷的区别。急速快捷，这就决定了正义之师的胜利。但不能长久停留，明白了不可以长久停留，那就应该像兔子快跑一样迅速、像野雁飞翔一样迅速地脱离这死亡之地。即使遇到江河一样的阻险也要越过它，即使有大山的堵塞也要摧毁它。精神专注，心里没有杂念，眼睛里没有别的事物，耳朵里没有别的声音，全部用来打仗就可以了。冉叔发誓一定要和田侯死战，齐国于是都害怕他；豫让坚决要杀死赵襄子，赵氏家族都恐惧；成荆要和韩王死战，周国人都害怕他；又何况万乘的大国一心要达到目的呢？哪里还有什么敌手？刀剑还没有接触，恐怕愿望已经实现了。敌人担心害怕、精神颓废，都好像失魂落魄，魂不附体，走路都不知道目的地，逃跑也不知道方向，即使有险阻要塞、快枪利刀，心里却不踏实，精神没有寄托，这就是夏桀死于南巢的缘故。用木头打击木头，就可以打断；用水打击水，就可以散开；将冰投到冰里，就会沉落；将泥投进泥里，就可以陷下去，这就是快慢、先后的不同形势。

※原文

夫兵有大要，知谋物之不谋之不禁也，则得之矣。专诸是也，独手举剑至而已矣，吴王壹成。又况乎义兵，多者数万，少者数千，密其躅路，开敌之涂，则士岂特与专诸议哉！

※译文

用兵的关键，在于了解敌人不曾想到和不能防备的地方，这样就掌握它了。专诸就是这样，独自举剑就到那里了，刺杀吴王一举成功。又何况正义之师，多则数万人，少则数千人，密密麻麻的脚印把道路都盖满了，所到之处，又岂是和专诸一个人可以相提并论的！

※读解

天下人的感情都是一样的，谁都希望活下去，不希望死去，这样的心情是全人类共有的。而战争是一个巨大的怪兽，它吞噬人们的生命和财产，所以，人民的内心是极度讨厌战争的。

“凡兵，天下之凶器也；勇，天下之凶德也。”兴兵的人总是为了自己的一己之私，而置天下苍生的生命于不顾，是拿着人民的生命来换取自己私利的自私的家伙。兵器和军队，这对于一个国家来说，足够用于防御外国的进攻就可以了，不能为得到别国的一点儿利益，就把两个国家的人民推到战争的腥风血雨之中。

※事例

展喜一番言辞退齐师

齐孝公率领军队要攻打鲁国，鲁僖公就派遣展喜去犒劳齐国军队。

齐孝公还没有进入鲁国国境，展喜就出境去跟着齐孝公，对他说：“我们国君听说您亲劳大驾，将要屈尊光临敝国，特派臣下来犒劳您的侍从们。”

齐孝公说：“鲁国人害怕吗？”

展喜回答说：“平民百姓害怕，君子大人不害怕。”

齐孝公说：“百姓家中空空荡荡像挂起来的磬，田野里光秃秃地连青草都没有，你们凭什么不害怕？”

展喜回答说：“凭先王的命令。从前周公和齐太公辅佐周王室，在左右协助成王。成王慰劳他们，还与他们定下盟约，盟约上说：‘世世代代的子孙都不要互相残害！’这个盟约保存在盟府里，由太史掌管着。齐桓公因此集合诸侯，商讨解决他们的纠纷，弥补他们的过失，救助他们的灾难，这是为了将齐太公的业绩发扬光大。等到您当上国君，诸侯们都盼望着说：‘他会继承桓公的功业！’我们敝国因此不敢保城聚众，人们会说：‘难道他继承桓公之位才九年，就丢弃使命、放弃职责吗？他怎么对先君交代呢？君王一定不会这样做的。’人们凭借这一点就不害怕。”于是齐孝公就领兵回国了。

聪明的展喜不费一兵一卒，只靠自己的一番言辞就让堂堂的齐国军队乖乖地撤退了。

决胜

※原文

夫兵有本干：必义，必智，必勇。义则敌孤独，敌孤独则上下虚，民解落；孤独则父兄怨，贤者诽，乱内作。智则知时化，知时化则知虚实盛衰之变，知先后远近纵舍之数。勇则能决断，能决断则能若雷电飘风暴雨，能若崩山破溃、别辨賈坠；若鸷鸟之击也，搏攫则殪，中木则碎。此以智得也。

※译文

大凡军队有几个根本：一定要仁义，一定要智慧，一定要勇敢。仁义就会使敌人孤立无援，敌人孤立无援就会上下不踏实，人民懈怠；孤立无援就会使父兄怨怼，贤能的人埋怨，内部产生混乱。智慧就知道时机变化，知道时机变化就会知道盛衰的道理，知道先后远近的收放之术。勇敢就能决断，能够决断就能像暴风雨一样，就像山崩一样，就能分辨异变；就像老鹰的搏击，搏击攫取就会使对方死亡，击中木材也会使木材破碎。这就是聪明的办法。

※原文

夫民无常勇，亦无常怯。有气则实，实则勇；无气则虚，虚则怯。怯勇虚实，其由甚微，不可不知。勇则战，怯则北。战而胜者，战其勇者也；战而北者，战其怯者也。怯勇无常，倏忽往来，而莫知其方，惟圣人独见其所由然。故商、周以兴，桀、纣以亡。巧拙之所以相过，以益民气与夺民气，以能斗众与不能斗众。军虽大，卒虽多，无益于胜。军大卒多而不能斗，众不若其寡也。夫众之为福也大，其为祸也亦大。譬之若渔深渊，其得鱼也大，其为害也亦大。善用兵者，诸边之内莫不与斗，虽厮舆白徒，方数百里皆来会战，势使之然也。幸也者，审于战期而有以羁诱之也。

※译文

民没有恒久的勇敢，也没有恒久的怯弱。有精气的支持就充实，充实了就会勇敢；没有精气就会心虚，心虚就会怯弱。怯弱、勇敢、心虚、充实，这其中的缘由非常微妙，不能够不了解。勇敢就会作战，怯弱就会败逃。作战而取胜的，实际上是凭借他的勇气；作战而败逃的，是由于怯弱。怯弱和勇敢都不是恒久的，忽来忽往，却没有人知道它的道理，只有圣人才知道它的由来。所以商、周会兴盛，桀、纣会灭亡。巧妙和拙劣之所以有区别，就在于提高民气还是丧失民气，就在于能使众人争斗还是不能使众人争斗。军队即使强大，士卒虽然众多，对胜利也没有什么作用。军队强大、士卒众多却不能战斗，人多还不如人少。人多势众，福气就大，但危险也大。就好像在深渊捕鱼，得到的鱼比较大，危险也比较大。善于用兵的人，边界之内没有不为他战斗的，即使没有武艺的奴隶，方圆数百里的都来为他战斗，这是情势的缘故。幸运啊，这是他审察了民气、笼络引诱的结果。

※原文

凡兵，贵其因也。因也者，因敌之险以为己固，因敌之谋以为己事。能审因而加，胜则不可穷矣。胜不可穷之谓神，神则能不可胜也。夫兵，贵不可胜。不可胜在己，可胜在彼。圣人必在己者，不必在彼者，故执不可胜之术以遇不胜之敌，若此，则兵无失矣。凡兵之胜，敌之失也。胜失之兵，必稳必微，必积必抟。隐则胜阐矣，微则胜显矣，积则胜散矣，抟则胜离矣。诸搏攫柢噬之兽，其用齿角爪牙也，必托于卑微隐蔽，此所以成胜。

※译文

大凡用兵，贵于因势利导。因势利导，就是把敌人凭借的险地变为自己的安全屏障，根据敌人的计谋将计就计。能够审察因由而加以引导，胜利就会无穷了。胜利无穷就叫作神，神就不可能战胜。作战，贵在不可战胜。对于自己来说是不可战胜的，对于敌人来说则是可战胜的。圣人首先关注的是自己处于不败之地，然后是破敌之策。所以怀有不可战胜的方法，遇到了不能取胜的敌人，像这样，就会使战斗没有失误。凡是战争的胜利，都是来自于敌人的过失。胜败双方的军队，必定有一个是军机巧妙隐蔽，另一个则缺乏灵活应变。军机隐蔽，就能战胜公开的敌人；军机潜藏，就能战胜暴露的敌人；军机积蓄，就能战胜力量零散的敌人；军机集中，就能战胜兵力分散的敌人。这就像各种动物猎取食物时，在它们使用头角爪牙之前，一定要先躲藏起来，这是他们捕猎成功的原因。

※读解

军队的根本原则有三个：义、勇、智。这三个方面相互联系，不可或缺。没有义的军队就没有团结一心的基础，没有勇气的军队就没有战胜对方的信心，没有智慧的军队就没有战胜对方的条件。

民没有永恒的勇气，也没有永恒的怯弱，靠的是精气的支持。有了精气的支持，内心就会感到充实；只有内心充实了，才会勇敢作战，才会有战胜对方的信心。

※事例

韩信明修栈道、暗度陈仓

公元前206年，项羽自立为西楚霸王，又给一些起义将领和六国贵族封王。刘邦被封为汉王，他的封地在汉中、巴蜀等地，这些地方在当时十分荒凉。刘邦听从张良的计策，为了消除项羽对他的顾忌之心，命令士兵走一段栈道便烧一段。

士兵们到了这里，人心很不稳定，很多人都悄悄溜走了，刘邦愁得吃不下饭、睡不着觉，可是一时也没有什么好办法。韩信从项羽那里历尽艰难到了汉中，本想在这里受到重用，实现自己的抱负，但是汉王迟迟不打算见他。于是，在一个有月亮的晚上，终于骑马离开了。萧何一听说韩信走了，心急如焚，就赶快骑着马，趁着月色去追韩信。

快到天亮的时候，萧何才气喘吁吁地追上韩信。他把马停下，对韩信说："韩壮士，请留步，我有话对你说。"韩信看见萧何这样，心里很感动，就把马头调转过来。

萧何说："你这样不辞而别，对得起我这个朋友吗？我已经向汉王推荐你三次了。汉王是一个很有主见的人，他不会轻易听别人的，但是他若发现你是个人才，一定会重用你的。你若是这样走了，怎么能让人发现你的才能呢？你若是真的要走，我也不勉强。但是请给我一个机会，我再向汉王推荐你一次。要是他还是不重用你，我就不再为难你。"

韩信见萧何说得恳切，就答应了，和他一道回来了。

这边，汉王刘邦听说萧何也跑了，心里真是又急又怒。又听回报说萧何回来了，就冲着萧何说："别人跑了，我都不怪，你怎么也跑了？"萧何赶紧解释："我没有跑，我是去追跑了的人，来不及报告您。"刘邦问道："你去追谁？"

“韩信。”

刘邦一听是韩信，更来气了：“我十几个将军都跑了，你一个也没有追，一个无名小卒跑了，你却招呼都不打就去追他，这明明是欺骗我。”

萧何见时机成熟了，就对汉王说：“大王，我汉中正缺一位有文韬武略的大将，其他的将军都没有这样的才能，所以他们跑了，我不去追；韩信可以统率千军万马，帮助大王打败项羽，所以我才去追的。”还说，“大王要是想称霸天下，非得用韩信不可。”刘邦就拜韩信为大将军，郑重其事地向他请教。韩信给他分析了天下形势，还提出“明修栈道，暗度陈仓”的妙计。韩信派一队老弱残兵，去修复烧毁的栈道，让别人认为他要经过栈道，进攻关中。暗地里，他却率精锐之师，绕道陈仓，直指关中。最后，韩信一举攻下了咸阳，收复了三秦。刘邦终于得到了关中。

爱士

※原文

衣人以其寒也，食人以其饥也。饥寒，人之大害也；救之，义也。人之困穷，甚如饥寒，故贤主必怜人之困也，必哀人之穷也。如此则名号显矣，国士得矣。

※译文

人们穿衣服是因为寒冷，吃饭是因为饥饿。饥寒，这是人的大祸害；救人于饥寒之中，这是仁义。人的穷困，比饥寒还严重，所以英明的君主一定会怜悯处于穷困的人，一定会哀怜处于困顿的人。这样才能名声显扬，国士就有了。

※原文

昔者，秦穆公乘马而车为败，右服失而野人取之。穆公自往求之，见野人方将食之于岐山之阳。穆公叹曰：“食骏马之肉而不还饮酒，余恐其伤女也！”于是遍饮而去。处一年，为韩原之战。晋人已环穆公之车矣，晋梁由靡已扣穆公之左骖矣，晋惠公之右路石奋投而击穆公之甲，中之者已六札矣。野人之尝食马肉于岐山之阳者三百有余人，毕力为穆公疾斗于车下，遂大克晋，反获惠公以归。此《诗》之所谓曰“君君子则正，以行其德；君贱人则宽，以尽其力”者也。人主其胡可以无务行德爱人乎？行德爱人，则民亲其上；民亲其上，则皆乐为其君死矣。

※译文

从前，秦穆公驾车出去而车子坏了，右边的马丢失，被野人捕获了。穆公亲自去寻找，看见野人在岐山之南刚好要吃这匹马。穆公叹息说：“如果吃骏马的肉而不能马上饮酒，恐怕会伤害你们的身体！”于是让他们都饮了酒才走。过了一年，穆公与晋国在韩原开战。晋国已经将穆公的车子围了起来，梁由靡捉住了穆公车驾左边的马，晋惠公的车夫路石奋力用兵器投中了穆公的甲胄，已经打中了六片甲叶。在这个时候，那些曾经吃过马肉的野人有三百多人，竭尽全力为穆公奋战，于是大败晋国，反而捉住了晋惠公。这就是《诗经》上说的：“作为君子的君主，就会用公正的法令来推行君主的道德；作为卑贱的人的君主，就要宽恕他们而让他们尽力。”君主怎么能不致力于实行德政爱护人民呢？实行德政，爱护人民，人民就会爱戴他；人民爱戴他，就会都乐于为他的君主去死了。

※原文

赵简子有两白骡而甚爱之。阳城胥渠处广门之官，夜款门而谒曰：“主君之臣胥渠有疾，医教之曰：‘得白骡之肝，病则止；不得则死。’”谒者入通。董安于御于侧，愠曰：“嘻！胥渠也。期吾君骡，请即刑焉。”简子曰：“夫杀人以活畜，不亦不仁乎？杀畜以活人，不亦仁乎？”于是召庖人杀白骡，取肝以与阳城胥渠。处无几何，赵兴兵而攻翟。广门之官，左七百人，右七百人，皆先登而获甲首。人主其胡可以不好士？

※译文

赵简子有两匹白骡子，他非常喜欢它们。阳城胥渠担任广门的小吏，晚上他敲了赵简子的门说：“您的大臣阳城胥渠有病，大夫说：‘吃了白骡子的肝，病就会好的，吃不着就会死。’”门人去通报，董安于正在赵简子身边侍奉，非常生气地说：“嗬！好个胥渠。打算吃我君主的骡子！请您给他处罚吧！”赵简子说：“杀一个人而让畜生存活，不是不仁吗？杀了畜生而救活了人，不是仁义吗？”于是把厨师招来杀掉白骡子，取了肝脏给阳城胥渠。没过多长时间，赵国兴兵攻打翟。广门的人，左边七百人，右边七百人，都抢先登上城头去取披着甲衣的人头。君主怎么能不喜欢士人呢？

※原文

凡敌人之来也，以求利也。今来而得死，且以走为利。敌皆以走为利，则刃无与接。故敌得生于我，则我得死于敌；敌得死于我，则我得生于敌。夫得生于敌，与敌得生于我，岂可不察哉？此兵之精者也。存亡死生决于知此而已矣。

※译文

大凡敌人来侵犯，都是为了夺取利益。现在敌人来犯却只有死路一条，那么只有逃跑才是有利的。敌人都会认为逃跑有利，就会放弃打仗了。所以敌人的生命在我这里获得了，而我就会因败于敌人而死。敌人死于我的手上，那我就会从敌人那里获得生命。从敌人那里获得生命，或是敌人从我这里获得生命，怎么能不认真对待？这就是用兵的精妙，生死存亡就取决于这个方面罢了。

※读解

仁义，是儒家学派极力推崇的品德，那么什么是仁义呢？本文用简单的例子来说明什么是真正的仁义：“饥寒，人之大害也；救之，义也。”一个君主若是能够把人民从饥寒之中拯救出来，那么，他就是一位仁义的君主。

秦穆公驾车出去而车子坏了，右边的马丢失，被野人捕获了。穆公亲自去寻找，看见野人在岐山之南刚好要吃这匹马。穆公叹息说：“吃骏马的肉而不饮酒，恐怕会伤害你们的身体！”于是让他们都饮了酒才走。过了一年，穆公与晋国在韩原开战。晋国已经将穆公的车子围了起来，梁由靡捉住了穆公车驾左边的马，晋惠公的车夫路石奋力用兵器投中了穆公的甲胄，已经打中了六片甲叶。在这个时候，那些曾经吃过马肉的野人有三百多人，竭尽全力为穆公奋战，于是大败晋国，反而捉住了晋惠公。秦穆公的成功就在于他的仁义。

※事例

刘备三顾茅庐得卧龙

起初，琅玡诸葛亮居住在襄阳的隆中，经常把自己比作管仲和乐毅。但人们并不认可，只有颍川人徐庶与博陵人崔州平认为确实如此。

刘备在荆州，向襄阳人司马徽询访人才。司马徽说：“一般的儒生与俗士怎么能认清时务？能认清时务的只有俊杰之士。在襄阳这地方，自有伏龙与凤雏。”刘备问“卧龙”和“凤雏”分别是谁，司马徽说：“就是诸葛亮与庞统。”

司马徽为人高雅，善于鉴别人才，与他同县的庞德公一向名望很高。司马徽把他当作兄长般对待。诸葛亮每次到庞德公家里，都在床边向庞德公下拜。庞德公当初也不阻止。庞德公的侄子庞统，从小朴实，沉默寡言，大家都没有看到他的才能，只有庞德公与司马徽重视他。庞德公曾经说诸葛亮是“卧龙”，庞统是“凤雏”，司马徽是“水镜”。所以，司马徽与刘备谈话时，向刘备称赞诸葛亮与庞统。

徐庶在新野县见到刘备，刘备对徐庶很是器重。徐庶对刘备说："诸葛亮乃是卧龙，将军愿见他吗？"刘备说："请你与他一起来。"徐庶说："这个人，您可以去见他，但不可以召唤他来，将军应当屈驾去拜访他。"

刘备于是去拜访诸葛亮，一共去了三次，才见到诸葛亮。刘备让左右的人都出去，对诸葛亮说道："汉朝王室已经衰败，奸臣窃据朝政大权，我不度德量力，打算伸张正义于天下，但智谋短浅，以至于遭受挫折，到了今天这个地步。但我的雄心壮志仍然还在，您认为应当如何去做？"诸葛亮说："如今，曹操已经拥有百万大军，挟持天子以号令天下，确实不可与他争锋。孙权占据江东，已经经营三代，地势险要，民心归附，贤能人才都为他尽力，此人可以与他联盟，却不可算计。荆州地区，北方以汉水、沔水为屏障，南方直通南海，东边连接吴郡、会稽，西边可通巴郡、蜀郡，荆州是兵家必争之地，但主人刘表却不能守卫。这恐怕是上天赐给将军的资本。益州四边地势险阻，中有沃野千里，是天府之地，而益州牧刘璋昏庸懦弱，平庸无能。北边还有张鲁相邻，虽然百姓富庶，官府财力充足，却不知道珍惜，智士贤才都希望能有一个圣明的君主。将军既是汉朝王族，与孙权结盟，对内修明政治，对外观察时局变化，这样，就能建成霸业，复兴汉朝王室了。"刘备说："很好！"从此与诸葛亮的情谊日益亲密。关羽、张飞对此感到不满。刘备向他们解释说："我得到诸葛亮，是如同鱼得到了水，希望你们不要再说了。"关羽、张飞才停止抱怨。

季秋纪

知士

※原文

今有千里之马于此，非得良工，犹若弗取。良工之与马也，相得则然后成，譬之若枹之与鼓。夫士亦有千里，高节死义，此士之千里也。能使士待千里者，其惟贤者也。

※译文

有千里马在这里，没有好的相马人，还是不会被发现。好的相马人和马的关系，是相辅相成的，就像鼓槌和鼓的关系一样。士人也有千里马，高风亮节而肯舍生取义，这就是士人中的千里马。能够让士人中的千里马得其所用，这个人一定就是贤王了。

※原文

靖郭君善齐貌辨。齐貌辨之为人也多訾，门人弗说。士尉以证靖郭君，靖郭君弗听，士尉辞而去。孟尝君窃以谏靖郭君，靖郭君大怒曰："刬而类，揆吾家，苟可以慊齐貌辨者，吾无辞为也！"于是舍之上舍，令长子御，朝暮进食。数年，威王薨，宣王立。靖郭君之交，大不善于宣王，辞而之薛，与齐貌辨俱。

留无几何，齐貌辨辞而行，请见宣王。靖郭君曰："王之不说婴也甚，公往，必得死焉。"齐貌辨曰："固非求生也。"请必行，靖郭君不能止。

齐貌辨行，至于齐。宣王闻之，藏怒以待之。齐貌辨见，宣王曰："子，靖郭君之所听爱也？"齐貌辨答曰："爱则有之，听则无有。王方为太子之时，辨谓靖郭君曰：'太子之不仁，过颐豕视，若是者倍反。不若革太子，更立卫姬婴儿校师。'靖郭君泫而曰：'不可，吾弗忍为也。'且靖郭君听辨而为之也，必无今日之患也。此为一也。至于薛，昭阳请以数倍之地易薛，辨又曰：'必听之。'靖郭君曰：'受薛于先王，虽恶于后王，吾独谓先王何乎？且先王之庙在薛，吾岂可以先王之庙予楚乎？'又不肯听辨。此为二也。"

宣王太息，动于颜色，曰："靖郭君之于寡人，一至此乎！寡人少，殊不知此。客肯为寡人来靖郭君乎？"齐貌辨答曰："敬诺。"靖郭君来，衣威王之服，冠其冠，带其剑。宣王自迎靖郭君于郊，望之而泣。靖郭君至，因请相之。靖郭君辞，不得已而受。十日，谢病强辞，三日而听。当是时也，靖郭君可谓能自知人矣。能自知人，故非之弗为阻。此齐貌辨之所以外生乐、趋患难故也。

※译文

靖郭君与齐貌辨非常友好。齐貌辨为人坦率，爱指责别人，靖郭君的门人不高兴。士尉私下劝说靖郭君，靖郭君不听，士尉就告辞离开了。孟尝君也私下劝说靖郭君，靖郭君大怒，说："我要消灭了你们，你们离间我和他的关系，如果你们有谁能超过齐貌辨的，我就无话可说了！"于是请齐貌辨住上等的馆舍，命令自己的长子为他驾车，早晚给他送上美食。几年之后，齐威王死了，齐宣王登基。靖郭君和齐宣王的关系不好，就离开朝廷回到薛地，齐貌辨一起随同前往。

没过多久，齐貌辨辞别，请求觐见齐宣王。靖郭君说："齐宣王很不喜欢我，你若是去了，必然是死路一条。"齐貌辨说："我本来就没有打算活着。"请求一定要走，靖郭君阻止不了他。

齐貌辨就离开了，到了齐国。齐宣王听说了，将怒气掩藏起来接见他。齐宣王说："你就是靖郭君喜欢的、言听计从的人？"齐貌辨说："喜欢倒是有的，听从就没有了。大王您做太子的时候，我对靖郭君说：'太子长相不仁义，耳朵后面能看见腮，这样的人必定忘恩负义。不如把太子废了，改立卫姬的婴儿校师。’靖郭君眼泪汪汪地说：‘不可以，我不忍心这么做。’假若靖郭君听从我的话而这么做了，就一定不会有今天的祸患了。这是一件。到达薛地的时候，楚将昭阳打算用数倍的土地来交换薛地，我又说：‘一定要听从。’靖郭君说：‘我在先王的手中受封得到薛地，即使受到齐宣王的厌恶，我又能将先王怎么办呢？况且先王的宗庙在薛地，我怎么能将先王的宗庙送给楚国呢？’又不肯听从我的话。这是第二件。”

齐宣王叹息，神色有所改变，说：“靖郭君对我忠诚到这种程度！我年少无知，竟然不知道。您能替我说服靖郭君前来吗？”齐貌辨说：“好。”靖郭君来了，穿着齐威王所赐的衣服，戴着齐威王所赐的帽子，佩着齐威王所赐的剑。齐宣王亲自去郊外迎接靖郭君，远远望见的时候就流下了眼泪。靖郭君来了，齐宣王就请求他做宰相。靖郭君推辞了很久，不得已只能接受。十日之后，靖郭君就托病辞官，强辞了三天，齐宣王才同意。在那个时候，靖郭君可以算得上是有主见的了。有主见，所以别人非议也不能阻止。这就是齐貌辨放弃生的乐趣，而奔赴患难的缘故。

※读解

齐貌辨果然不负靖郭君的器重和信任，以卓越的口才与谋略为自己的主人挽回了一切。齐貌辨对齐宣王先是沉默，这样可以先揣摩齐宣王的心理，静候齐宣王开口以找到机会。当齐宣王开口就说靖郭君是否对齐貌辨言听计从时，齐貌辨终于找到机会，把自己一番丑化，从而衬托出了靖郭君的忠心和伟大来。这实际上是游说中的“苦肉计”，通过污损自己来换取信任，以达到目的。

让一个人甘心为自己赴汤蹈火、肝脑涂地是很不容易的，这既需要物质上的接济帮助，更需要心灵上的肝胆相照、心心相印。“女为悦己者容，士为知己者死。”当你成为一个人的知己时，他才有可能为你牺牲和付出。光有一番雄才大略，却没有几个知己，是绝不能成大事的。

※事例

冯谖客孟尝君

齐国有个叫冯谖的人，穷得没法养活自己，请人告诉孟尝君，自己愿意投奔他的门下做个食客。孟尝君问他：“先生有什么爱好？”他说：“没什么爱好。”“先生有什么特长？”“没什么特长。”孟尝君笑着收下他说：“行啊。”手下的人以为孟尝君看不起他，给他吃粗劣的食物。

住了一段时间，冯谖靠着柱子弹他的剑，唱道："长长的剑啊，咱们回去吧！没有鱼可吃。"底下人报告上去。孟尝君说："给他吃鱼，跟中等门客一个样。"

又住了一段时间，冯谖又弹起他的剑，唱道："长长的剑啊，咱们回去吧！出外没车驾。"底下人都笑话他，又报告上去。孟尝君说："给他车，跟上等门客一个样。"于是他驾着车子，举着剑，到朋友家串门，说："孟尝君把我当成上客。"

后来过了一阵，冯谖又弹起他的剑，唱道："长长的剑啊，咱们回去吧！没法照顾家。"底下人都讨厌他了，认为他贪心不知足。孟尝君问："冯先生有亲人吗？"他回答说："有个老母亲。"孟尝君派人供给冯母吃的用的，不让短缺。于是冯谖不再唱了。

后来孟尝君张贴文告征询家里养的众门客："哪一位能为我到薛邑去收债？"冯谖写下名字说："我能。"孟尝君惊诧地问："这位是谁？"底下人说："就是唱'长长的剑啊，咱们回去吧'的人啊。"孟尝君笑道："这位客人果然是有才干的，我对不起他了，一直没见过他。"孟尝君对冯谖赔礼说："我琐事缠身，埋头于国家的事务中，对先生多有得罪。先生不见怪我，竟有意想为我到薛邑去收债吗？"冯谖说："愿意。"于是套马备车，整理行装，带上债券契约启程了，告辞的时候冯谖问道："债收完了，买些什么回来呢？"孟尝君说："看我家缺少什么就买什么吧！"

冯谖赶着马车到薛邑，叫人把乡民们都召集来，他假传孟尝君的命令把欠的债赏赐给众乡民，并把他们的债券烧了，乡民都呼叫"万岁"。冯谖回到齐都，大清早就来求见。孟尝君穿衣戴冠接见他，问道："债收完了吗？回来得为什么这么快啊？"

"收完了。"

"买些什么回来了？"

冯谖说："您说'看我家缺少什么就买什么'。我暗自考虑，您宫中珍宝成堆，宫外狗马满圈，堂下美人都站满了。您家里缺少的就是'义'罢了。我便私下为您买了'义'。"

孟尝君说："买'义'是怎么回事？"

冯谖说："现在您有了小小的薛邑，不把乡民当子女般抚爱，相反还要用商人的手段取利于民。我已私自假托您的命令，把债赏赐给乡民们，并把他们的债券都烧了，乡民都喊'万岁'。这就是我为您买的'义'啊！"

孟尝君不高兴了，说："行了，先生算了吧！"

一年后，齐湣王对孟尝君说："我不敢使用先王的臣子做臣子。"孟尝君于是只好回到领地薛邑。他离薛邑还有百里，乡民们扶着老的、牵着小的，在半路上迎接孟尝君。孟尝君回头对冯谖说："先生为我买的'义'，今天终于看到了。"

冯谖说："狡猾的兔子有三个洞，只能免它一死罢了。现在您只有一个洞，还不能高枕无忧睡大觉。请让我再为您凿两个洞。”孟尝君给了他五十套车马、五百斤黄金，他向西出访来到魏国。冯谖对魏王说：“齐国把大臣孟尝君赶到国外，诸侯谁先迎接他，谁就能国富兵强。”于是魏王空出了相国的位置，把原来的相国调任大将军，派了使者，带着黄金一千斤、车马一百套，去聘请孟尝君。冯谖抢先赶着马车回来，告诫孟尝君说：“千斤黄金，是隆重的礼品；百套车马，是显贵的使者。齐湣王该听说这消息了。”魏国的使者往返请了三次，孟尝君坚持辞谢不去。齐湣王听说，君臣都慌了，派太傅送来黄金一千斤，彩饰纹车两辆，马八匹，佩剑一柄，专函向孟尝君谢罪说：“我太不慎重了，遭到祖先降下的灾祸，被拍马奉承的臣子所蒙蔽，得罪了您，我是不值得您来帮助的。希望您看在先王宗庙的份上，能暂且回国来治理万民吗?”

冯谖告诫孟尝君说：“希望你向齐湣王求得先王的祭器，在薛邑建立宗庙。”宗庙筑成，冯谖对孟尝君说：“三个洞已经凿好，您就此高枕而卧，享受安乐吧！”孟尝君做相国几十年，没遭受一丝半点祸殃，这都依赖冯谖的计谋。

审己

※原文

凡物之然也，必有故。而不知其故，虽当，与不知同，其卒必困。先王、名士、达师之所以过俗者，以其知也。水出于山而走于海，水非恶山而欲海也，高下使之然也。稼生于野而藏于仓，稼非有欲也，人皆以之也。故子路掩雉而复释之。

※译文

事物的表现，一定有它的缘故。不知道它的缘故，即使做事得当，也和不知道事物的缘故一样，其结局必然困顿。先代圣王、知名人士、通达的导师之所以超过俗人，就是因为他们知道事物的缘起。水源出于山而流向海，水不是厌恶山而喜欢海，是高低地形使它这样的。庄稼在田野里生长却贮藏在仓库里，庄稼不是有这样的要求，是人们都要用它。所以子路罩住了鸡而又放了它。

※原文

子列子常射中矣，请之于关尹子。关尹子曰：“知子之所以中乎?”答曰：“弗知也。”关尹子曰：“未可。”退而习之三年，又请。关尹子曰：“子知子之所以中乎?”子列子曰：“知之矣。”关尹子曰：“可矣，守而勿失。”非独射也，国之存也，国之亡也，身之贤也，身之不肖也，亦皆有以。圣人不察存亡、贤不肖，而察其所以也。

※译文

子列子射箭经常能够射中，去向关尹子请教，关尹子说："你知道你为什么会射中吗？"子列子回答说："不知道啊！"关尹子说："还不行啊。"子列子回去练习了三年，再次向关尹子请教。关尹子说："你知道你为什么会射中吗？"子列子回答说："知道了。"关尹子说："好了，守住你的心得，不要忘了。"不光射箭这样，国家的存亡，自身修养的好坏，也都是有原因的。所以，圣人不看重国家的兴亡、个人修养的好坏，而重视国家兴亡和个人修养好坏的原因。

※原文

齐攻鲁，求岑鼎。鲁君载他鼎以往。齐侯弗信而反之，为非，使人告鲁侯曰："柳下季以为是，请因受之。"鲁君请于柳下季，柳下季答曰："君之赂以欲岑鼎也，以免国也。臣亦有国于此。破臣之国以免君之国，此臣之所难也。"于是鲁君乃以真岑鼎往也。且柳下季可谓此能说矣。非独存己之国也，又能存鲁君之国。

※译文

齐国为索求岑鼎而攻打鲁国，鲁君运了另一只鼎前往。齐侯认为是假的，退了回来，还派人告诉鲁君说："如果柳下季说是岑鼎，我就接受它。"鲁君向柳下季请求证明时，柳下季说："你送岑鼎至齐国，是想留下真岑鼎还是想免去鲁国祸患呢？我是以信为国的，现在要破坏我心中之国而为你免除国难，这就是我的为难之处。"于是，鲁君便将真岑鼎送往齐国去了。柳下季可以说是善说的人了，他不但保全了自己的心中之国，而且能保全鲁君的国家。

※原文

齐愍王亡居于卫，昼日步足，谓公玉丹曰："我已亡矣，而不知其故。吾所以亡者，果何故哉？我当已。"公玉丹答曰："臣以王为已知之矣，王故尚未之知邪？王之所以亡也者，以贤也。天下之王皆不肖，而恶王之贤也，因相与合兵而攻王。此王之所以亡也。"愍王慨焉太息曰："贤固若是其苦邪？"此亦不知其所以也。此公玉丹之所以过也。

※译文

齐愍王逃亡，居住在卫国，白天散步的时候，问公玉丹说："我已经亡国了，却不知道原因。我亡国的原因到底是什么呢？我马上改正。"公玉丹回答说："我以为大王已经知道了亡国的原因，大王您还不知道啊！大王亡国的原因是您贤明啊，天下诸王都是不肖之人，而只有大王您是贤明的人，他们痛恨您的贤明，所以合兵攻打您，这是您灭亡的原因啊！”齐愍王感慨地叹息说：“贤明也这样痛苦吗？”他还是不知道失败的原因。这也是公玉丹的过错。

※原文

越王授有子四人。越王之弟曰豫，欲尽杀之，而为之后。恶其三人而杀之矣。国人不说，大非上。又恶其一人而欲杀之，越王未之听。其子恐必死，因国人之欲逐豫，围王宫。越王太息曰：“余不听豫之言，以罹此难也。”亦不知所以亡也。

※译文

越王授有四个儿子。越王的弟弟叫豫，他想把越王的儿子全杀了，然后自己继承王位。于是他就在越王的面前说他前三个儿子的坏话，于是越王杀了他们。全国人都不高兴，议论国君的不是。豫又说第四个儿子的坏话，想让越王也杀了他，越王没有听从。越王的儿子害怕自己一定要被处死，就凭借国人的力量驱逐豫，围住了王宫。越王叹息说：“我因为不听豫的话，才遭到这样的祸患啊！”这就是不知道灭亡原因的缘故。

※读解

事物如此表现，一定有它的缘故。不知道它的缘故，即使做事得当，其结局必然困顿。对于问题一定要追根溯源，找到它产生的真正原因，才有可能彻底解决问题，若是不能找到它的根本原因，一味地在细枝末节上纠缠，那样不但不会使问题得到解决，往往还会产生更加严重的问题。

一个君主想要了解事情的真相，是非常困难的，因为他周围的大臣、内侍会想尽办法把真相掩藏起来。所以，大凡国家的灭亡，不是由于君主的不贤能，而是由于君主不明白事情的真相，做出了错误的判断。

※事例

范蠡善于调查获成功

范蠡帮助勾践复国报仇之后，隐姓埋名，辗转来到定陶。定陶是中原的交通枢纽和商业中心，范蠡认为在这里一定能够发家致富，于是改名朱公，人称陶朱公。

范蠡在定陶既经营商业，又从事农业和牧业，很快就表现出非凡的经商才能，在十九年内三次挣得千金。但是他仗义疏财，每次赚到钱，总会慷慨解囊，救济穷人。他卓越的理财能力成为几千年来我国商业的楷模。

范蠡能根据市场的供求关系，判断商品价格的涨落。他发现价格的涨落都有个极限，即贵到极点就会下跌，贱到极点就会上涨，呈现出“一贵一贱，极而复反”的规律。在这个基础上，范蠡提出了一套“积贮之理”，就是在物价便宜的时候，大量收购。他还说“贱取如珠玉”，即像重视珠玉那样重视低贱的物品，尽量买进存贮起来。等到涨价之后就尽量卖出。“贵出如粪土”，即像抛弃粪土那样毫不吝惜地尽数抛出。

在农业经济时代，从事农产品的交易是市场上的主要交易活动。由于农业的季节性很强，所以范蠡根据季节规律，提出了提早储备物资的商业战略构想，即根据季节的需要预知市场上所需要的商品。他在丰年就大胆收进，待到歉收的时候，收进的货物就不愁没有机会售出。同样，在灾年物价上涨时，他就尽量抛售，不愁以后没有机会进货。就这样，范蠡很快就成了历史上有名的巨富。

精通

※原文

人或谓兔丝无根。兔丝非无根也，其根不属也，伏苓是。慈石召铁，或引之也。树相近而靡，或軵之也。圣人南面而立，以爱利民为心，号令未出，而天下皆延颈举踵矣，则精通乎民也。夫贼害于人，人亦然。

※译文

有人说菟丝没有根。菟丝不是没有根，只是它的根部不是附着在地上，而是在茯苓上。磁石吸铁，有磁石就能吸引铁。树木靠近藤，藤就会附着在树上。圣人面南而站着，把人民的利益放在心上，号令还没有发出，天下人就都伸长了脖子、踮起脚跟等待了，这是精气通达于民的缘故。那强盗危害人民，人民就会离开他。

※原文

今夫攻者，砥厉五兵，侈衣美食，发且有日矣，所被攻者不乐，非或闻之也，神者先告也。身在乎秦，所亲爱在于齐，死而志气不安，精或往来也。

※译文

攻打的人，磨砺五种兵器，吃好穿好，等待出征的日子。被攻伐的人不高兴。不是有所耳闻，而是神已事先告诫过了。身在秦地，而所关爱的人在齐国，即使死了，他的精气也不会安生，这就是精气能够相互往来的缘故。

※原文

德也者，万民之宰也。月也者，群阴之本也。月望则蚌蛤实，群阴盈；月晦则蚌蛤虚，群阴亏。夫月形乎天，而群阴化乎渊；圣人行德乎己，而四荒咸饬乎仁。

※译文

道德，是万民的主宰。月亮，是一切阴气的根本。月圆的时候蚌蛤就肥美，一切阴气都充盈；月亏的时候蚌蛤就空虚，一切阴气都减少。月亮挂在高高的天上，一切阴气都在深渊之中变化。圣人的德行表现在自己的身上，而四方的人都会用仁来要求自己。

※原文

养由基射兕，中石，矢乃饮羽，诚乎兕也。伯乐学相马，所见无非马者，诚乎马也。宋之庖丁好解牛，所见无非死牛者，三年而不见生牛，用刀十九年，刃若新磨研，顺其理，诚乎牛也。锺子期夜闻击磬者而悲，使人召而问之曰："子何击磬之悲也？"答曰："臣之父不幸而杀人，不得生；臣之母得生，而为公家为酒；臣之身得生，而为公家击磬。臣不睹臣之母三年矣。昔为舍氏睹臣之母，量所以赎之则无有，而身固公家之财也，是故悲也。"锺子期叹嗟曰："悲夫！悲夫！心非臂也，臂非椎、非石也。悲存乎心而木石应之。故君子诚乎此而谕乎彼，感乎己而发乎人，岂必强说乎哉？"周有申喜者，亡其母，闻乞人歌于门下而悲之，动于颜色，谓门者内乞人之歌者，自觉而问焉，曰："何故而乞？"与之语，盖其母也。故父母之于子也，子之于父母也，一体而两分，同气而异息。若草莽之有华实也，若树木之有根心也。虽异处而相通，隐志相及，痛疾相救，忧思相感，生则相欢，死则相哀，此之谓骨肉之亲。神出于忠而应乎心，两精相得，岂待言哉？

※译文

养由基射兕，射中了石头，箭头深入石头只剩下箭羽，他的心思全在兕上了。伯乐学相马，看见的没有不是马的，他的心思全都用在马上了。宋国的庖丁喜欢解剖牛，看见的都是死去的牛，三年来没有见过活牛，用的刀子十九年了，刀刃就像刚从磨刀石上磨过，他顺从牛的生理结构动刀，他的心思全都放在了牛上。钟子期晚上听到有人打击磬的声音，非常悲凉，让人找来击磬人询问："你为何击磬如此悲凉？"击磬人回答："我的父亲不幸杀了人，没有活路了；我的母亲活着，在为公爵家做酒；我也活着，为公爵家击磬。我没有见到我的母亲已经三年了，想要赎她却什么也没有，况且我自己也是公爵家的财货，所以非常悲伤。"钟子期叹息说："悲哀呀！悲哀呀！心并不是胳膊，胳膊并不是槌、不是石头。悲哀蕴含在心中，槌和石头都感应到了。因此君子的心思全部都在此处，就会在其他方面表现出来，自己感动的同时也会感染其他人，难道是勉强说说的？”周朝有个叫作申喜的人，母亲走失了，听到有乞讨的人在门口唱歌，感到非常悲哀，形之于色，就让门人把唱歌的乞人叫进来，自己不觉地问她：“为何乞讨？”和她说了一会儿话，原来是自己的母亲。因此父母和儿女、儿女和父母，这是一体二分的，精气相同而声息不同。就像草莽有花果，就像树木有根。虽然居住的地方不一样，但心是相通的，心事相连，痛病相互感染，忧愁和思虑相感应，活着的时候相互快乐，死亡的时候相互悲伤，这就是所谓的骨肉之亲。精神出于忠诚而感应在心上，两者精气相通，还用说吗？

※读解

精气是一个道家学派的名词，主要指的是人的精神和心思。做一件事一定要把精神和心思全都放在这件事上，这样才能把这件事做好，就像养由基射兕，射中了石头，箭头深入石头只剩下箭羽，他的心思全在兕上了。伯乐学相马，看见的没有不是马的，他的心思全都用在马上了。宋国的庖丁喜欢解剖牛，看见的都是死去的牛，三年来没有见过活牛，用的刀子十九年了，刀刃就像刚从磨刀石上磨过，他顺从牛的生理结构动刀，他的心思全都放在牛上了。

至于文末说的，父母儿女之间的精神相通之事，本来就没有什么科学依据，但是现在的科学也没有办法解释此类事件，只待我们进一步地探讨了。

※事例

庖丁解牛得养生之道

一个姓丁的厨师给文惠君宰牛，手触摸到的、肩抵到的、脚踩着的、膝顶着的都发出响声，进刀时砉砉的粗放声音，没有不符合音乐的。它既符合《桑林》舞曲的节拍，又符合《经首》的乐曲节奏。

文惠君说：“哎呀，太好了！技巧怎能高明到这种程度呢？”

姓丁的厨师放下刀，回答：“我所爱好的是道，已经超过技巧了。最初我宰牛的时候，所看到的无非是牛；三年之后，就未曾看到过整个的牛了；到了现在，我只用心神去和牛接触而不用眼睛去看。感觉停止了而心神还在活动，依照牛体的自然结构，劈开筋肉相连的间隙，导入骨节之间的空隙，因循它本来的结构运转刀口，不曾碰到经脉筋骨相连的地方，更何况大块的骨头呢！好的厨师每年更换一把刀，因为他们是用刀割筋肉；一般的厨师每月更换一把刀，因为他们是用刀砍骨头。现在我这把刀已经用了十九年，宰的牛也有几千头，可是刀刃还像刚刚磨过的一样。牛的骨节有空隙，而刀刃薄得像没有厚度一般，以没有厚度的刀刃切入有空隙的骨节，宽绰地运转刀口，必定是有回施余地的，所以这把刀用了十九年，还像刚磨过的一样。虽然如此，每当碰到筋骨交错的地方，我还是觉得难下刀，不得不小心谨慎，目光专注，行动迟缓，动刀很轻，牛就哗啦解体了，就像土堆散在地上一样。这时，我提刀站着，环视四周，心安理得，再把刀修治得干干净净而收藏起来。"

文惠君说："好啊！我听了厨师的话，懂得了养生的道理了。"

孟冬纪

安死

※原文

世之为丘垄也，其高大若山，其树之若林，其设阙庭、为宫室、造宾阼也若都邑。以此观世示富则可矣，以此为死则不可也。夫死，其视万岁犹一瞬也。人之寿，久之不过百，中寿不过六十。以百与六十为无穷者之虑，其情必不相当矣。以无穷为死者之虑，则得之矣。

※译文

世人修建坟墓，高大得像山，周围的树木像树林，设宫阙庭宇，建筑宫室，设置台阶，都如同城镇。用这种方式向世人显示富有是可以的，用它来安葬死者就不好了。死亡，看待万年就如同一瞬间。人的寿命，多不过百年，一般的也不过六十。用百年和六十年的有限时间为无穷的死亡考虑，这一定不符合人情。如果用无穷的死亡来为死者考虑，那就对了。

※原文

今有人于此，为石铭置之垄上，曰："此其中之物，具珠玉、玩好、财物、宝器甚多，不可不扣，扣之必大富，世世乘车食肉。"人必相与笑之，以为大惑。世之厚葬也，有似于此。自古及今，未有不亡之国也；无不亡之国者，是无不扣之墓也。以耳目所闻见，齐、荆、燕尝亡矣，宋、中山已亡矣，赵、魏、韩皆亡矣，其皆故国矣。自此以上者，亡国不可胜数，是故大墓无不扣也。而世皆争为之，岂不悲哉？

※译文

有一个人，在坟墓上竖了一块石碑，碑上写着："这里面的陪葬物品，有珠玉、古玩、财物、宝器十分众多，不能不挖掘，挖掘出来就会变得非常富有，能使世世代代乘车吃肉。"人们一定会笑话他，把他当作糊涂蛋。世上的厚葬风俗，和这有相似之处。自古至今，没有不灭亡的国家；没有不灭亡的国家，就没有不被挖掘的坟墓。以所闻所见来看，齐、楚、燕都曾经灭亡，宋国、中山已经灭亡了，赵、魏、韩都灭亡了，这都成为过去的国家了。由此向上追溯，灭亡的国家不可胜数，所以大的坟墓没有不被挖掘的。而世人争相厚葬，难道不可悲吗？

※原文

君之不令民，父之不孝子，兄之不悌弟，皆乡里之所釜甂者而逐之。惮耕稼采薪之劳，不肯官人事，而祈美衣侈食之乐，智巧穷屈，无以为之，于是乎聚群多之徒，以深山广泽林薮，扑击遏夺，又视名丘大墓葬之厚者，求舍便居，以微抇之，日夜不休，必得所利，相与分之。夫有所爱所重，而令奸邪、盗贼、寇乱之人卒必辱之，此孝子、忠臣、亲父、交友之大事。尧葬于谷林，通树之；舜葬于纪市，不变其肆；禹葬于会稽，不变人徒。是故先王以俭节葬死也，非爱其费也，非恶其劳也，为死者虑也。

※译文

君主手下不听从命令的百姓，父亲的不孝子，不敬爱兄长的弟弟，都是乡里给一口锅就赶出去的人。他们害怕耕作、砍柴的劳苦，不愿意做耕稼之事，却祈求好穿好吃的乐趣，没有办法的时候，聚众在深山老林之中，以掠夺为业，又看好大的厚葬的坟墓，在附近找下房子，悄悄挖掘，日夜不停，一定会得到巨大的财富，然后大伙儿分了它。那些受到尊重和爱护的人，最终却受到奸邪、盗贼之类的侮辱，这是孝子、忠臣、父亲、交友的大事。尧葬在谷林，都种植了树木；舜葬在纪市，没有改变那里的市肆；大禹葬在会稽，没有动用人力。所以先代的圣王都节俭埋葬死者，不是吝啬费用，不是讨厌劳累，而是为了死者考虑。

※原文

先王之所恶，惟死者之辱也。发则必辱，俭则不发。故先王之葬，以必俭，必合，必同。何谓合？何谓同？葬于山林则合乎山林，葬于阪隰则同乎阪隰。此之谓爱人。夫爱人者众，知爱人者寡。故宋未亡而东冢抇，齐未亡而庄公冢抇。国安宁而犹若此，又况百世之后而国已亡乎？故孝子、忠臣、亲父、交友不可不察于此也。夫爱之而反危之，其此之谓乎！《诗》曰："不敢暴虎，不敢冯河。人知其一，莫知其它。"此言不知邻类也。故反以相非，反以相是。其所非方其所是也，其所是方其所非也。是非未定，而喜怒斗争反为用矣。吾不非斗，不非争，而非所以斗，非所以争。故凡斗争者，是非已定之用也。今多不先定其是非，而先疾斗争，此惑之大者也。

※译文

先代圣王所厌恶的事情，只是死者受到侮辱。被挖掘一定受到侮辱，节俭就能防止被挖掘。所以先代圣王的葬礼，一定要节俭，一定要合，一定要同。什么是合？什么是同？葬在山林之中就合于山林，葬在坡谷就合于坡谷。这就叫作爱人。爱护人的人很多，但是知道怎样去爱护的人就少了。所以，宋国没有灭亡而宋文公的东冢就被盗了，齐国没有灭亡而齐庄公的坟墓就被盗了。国家安宁的时候尚且如此，更何况百世之后国家灭亡以后呢？所以，孝子、忠臣、父母、交友不能不明察这种情况。那种爱护他反而害了他，就是说的这个吧！《诗经》上说："不敢徒手与虎搏斗，不敢无舟渡河。人们只知道小人为非，而不知道不敬小人的危险。"这句话说的是不能触类旁通。所以才肯定错误的而否定正确的。他所否定的正是正确的，他所肯定的正是错误的。是非都不确定，就喜欢救被攻伐之国，怒攻伐之人，而因此与人相斗。我不反对争斗，而是反对争斗的因由。所以大凡争斗，一定要弄清楚是非再说。现在大多数情况是不先弄清楚是非就急忙去争斗，这可就太糊涂了。

※原文

鲁季孙有丧，孔子往吊之。入门而左，从客也。主人以玙璠收，孔子径庭而趋，历级而上，曰："以宝玉收，譬之犹暴骸中原也。"径庭历级，非礼也；虽然，以救过也。

※译文

鲁季孙有丧事，孔子前去吊唁，入门从左边走，这是遵从客人的身份。主人拿着鲁国的宝玉玙璠收敛，孔子急忙快步穿过阶前，走上台阶说："拿宝玉收敛，如同将他的尸骨暴露在原野。"横穿阶前而登上台阶，这不符合礼节，但这是为了挽救过失。

※读解

死亡是一件大的事情，需要严肃对待，但是不能因为死去的是自己心爱的人，就把一些能够引起他人觊觎的宝石、钱财等放进死者的坟墓之中，让一些不法之徒乘机刨坟掘墓，简直把父母亲人的一片爱护之心抛在一边了。

面对死亡，还是以庄子为首的道家学派的态度比较达观。历史上有很多君主的坟墓被后人刨开，成为宵小之徒的目标。看来，丧礼不能太奢侈，只要能安葬死者就行了。

※事例

庄子把天地当作棺椁

有个人拜见宋王，宋王恩赐他十辆车子，他用这十辆车子向庄子夸耀。庄子说：“河边有个家庭贫困，靠割蒿编织箕畚为生的人，他的儿子潜入深渊，得到了价值千金的珍珠。他的父亲对他说：‘拿石头来锤破它！这价值千金的珍珠，一定在九重深渊骊龙的颔下，你能得到珍珠，一定会遇到龙在睡觉。假使龙醒着，你还能得到什么呢！’现在宋国危机的深重，不止于九重的深渊；宋王的凶猛，不止于骊龙；你能得到车子，一定遇到他在睡觉。假使宋王醒着，你就要粉身碎骨了！”

楚国有人来聘请庄子。庄子回答使者说：“你见过祭祀的牛吗？披着锦绣，喂着饲草大豆，等到把它牵入太庙去，要想做只无人豢养的牛犊，怎能办得到呢！”

庄子将要死时，弟子们打算为他厚葬。庄子说：“我把天地当作棺椁，把太阳和月亮当璧，把星星当作珍珠，把万物当作陪葬品。我的丧葬用品还有什么不齐备的呢？还有什么比这更好的呢！”

弟子们说：“我们害怕乌鸦和老鹰吃掉你呀！”庄子说：“天葬让乌鸦和老鹰吃，土葬让蝼蛄和蚂蚁吃，从乌鸦老鹰那里夺过来给蝼蛄蚂蚁，为什么这样偏心呢！”用不公平来公平，不能公平；用不征验来征验，不能征验。自认聪明的人唯有被人支使，神人可以验证。聪明人不及神人很久了，而愚蠢的人还依靠他的偏见溺于人事，不也很可悲吗？

异宝

※原文

古之人非无宝也，其所宝者异也。孙叔敖疾，将死，戒其子曰：“王数封我矣，吾不受也。为我死，王则封汝，必无受利地。楚、越之间有寝之丘者，此其地不利，而名甚恶。荆人畏鬼，而越人信禨。可长有者，其唯此也。”孙叔敖死，王果以美地封其子，而子辞，请寝之丘，故至今不失。孙叔敖之知，知不以利为利矣。知以人之所恶为己之所喜，此有道者之所以异乎俗也。

※译文

古代的人不是没有宝物，只是他们所认为的宝物与今人的不同。孙叔敖病了，临死的时候告诫他的儿子说：“大王多次赐给我土地，我都没有接受。如果我死了，大王就会赐给你土地，你一定不要接受肥沃富饶的土地。楚国和越国之间有个寝丘，这个地方土地贫瘠，而且地名很不吉利。楚人畏惧鬼，而越人迷信。所以，能够长久占有的封地，恐怕只有这块土地了。”孙叔敖死后，楚王果然把肥美的土地赐给他的儿子，但是孙叔敖的儿子谢绝了，请求赐给寝丘，所以这块土地至今没有被他人占有。孙叔敖的智慧在于懂得不把世俗心目中的利益看作利益。懂得把别人所厌恶的东西当作自己所喜爱的东西，这就是有道之人之所以不同于世俗的原因。

※原文

五员亡，荆急求之，登太行而望郑曰：“盖是国也，地险而民多知；其主，俗主也，不足与举。”去郑而之许，见许公而问所之。许公不应，东南向而唾。五员再拜受赐，曰：“知所之矣。”因如吴。过于荆，至江上，欲涉，见一丈人，刺小船，方将渔，从而请焉。丈人渡之，绝江。问其名族，则不肯告，解其剑以予丈人，曰：“此千金之剑也，愿献之丈人。”丈人不肯受，曰：“荆国之法，得五员者，爵执珪，禄万石，金千镒。昔者子胥过，吾犹不取，今我何以子之千金剑为乎？”五员过于吴，使人求之江上，则不能得也。每食必祭之，祝曰：“江上之丈人！”天地至大矣，至众矣，将奚不有为也？而无以为。为矣，而无以为之。名不可得而闻，身不可得而见，其惟江上之丈人乎！

※译文

伍员逃亡，楚国紧急追捕他。他登上太行山，遥望郑国说：“这个国家，地势险要而人民多有智慧；但是它的国君是个凡庸的君主，不足以跟他谋划大事。”伍员离开郑国，到了许国，拜见许公并询问自己宜去的国家。许公不回答，向东南方向吐了一口唾沫。伍员拜了两次，接受赐教说：“我知道该去的国家了。”于是往吴国进发。路过楚国，到了长江岸边，想要渡江。他看到一位老人，撑着小船，正要打鱼，于是走过去请求老人送他过江。老人把他送过江去。伍员询问老人的姓名，老人却不肯告诉他。伍员解下自己的宝剑送给老人，说：“这是价值千金的宝剑，我愿意把它送给您。”老人不肯接受，说：“按照楚国的法令，捉到伍员的，授予执珪爵位，享受万石俸禄，赐给黄金千镒。从前伍子胥从这里经过，我尚且不捉他去领赏，如今我接受你的价值千金的宝剑做什么呢？”伍员到了吴国，派人到江边去寻找老人，却无法找到了。此后伍员每次吃饭一定要祭祀那位老人，祝告说：“江上的老人！”天地之德大到极点了，养育万物多到极点了，天地何所不为？却毫无所求。人世间，做了有利于别人的事，却毫无所求。他的名字无法得知，身影无法得见，达到这种境界的恐怕只有江边的老人吧！

※原文

宋之野人耕而得玉，献之司城子罕，子罕不受。野人请曰：“此野人之宝也，愿相国为之赐而受之也。”子罕曰：“子以玉为宝，我以不受为宝。”故宋国之长者曰：“子罕非无宝也，所宝者异也。”

今以百金与抟黍以示儿子，儿子必取抟黍矣；以和氏之璧与百金以示鄙人，鄙人必取百金矣；以和氏之璧、道德之至言以示贤者，贤者必取至言矣。其知弥精，其所取弥精；其知弥粗，其所取弥粗。

※译文

宋国的农夫耕种的时候得到一块宝玉，献给司城子罕，子罕没有接受。农夫说：“这是农夫的宝玉，希望您能赏光接受。”子罕说：“你们把宝玉当作宝，我却把不接受宝玉作为宝。”所以宋国的长者说：“子罕不是没有宝，他的宝和别人的不一样。”

假如现在把百金和黄米饭团摆在小孩的面前，小孩一定去抓黄米饭团了；把和氏之璧和百金摆在鄙陋无知的人面前，鄙陋无知的人一定拿走百金；把和氏之璧和关于道德的至理名言摆在贤人面前，贤人一定听取至理名言了。他们的智慧越精深，所取的东西就越珍贵；他们的智慧越低下，所取的东西就越粗陋。

※读解

“古之人非无宝也，其所宝者异也。”孙叔敖把寝丘这个没有什么人要的地方作为自己的封地，从而保住了世世代代的安定荣华。而伍员所遇到的江上老人，更是不屑于千金宝剑，或许在这个老渔翁的心目中，江上的朝霞夕岚都比这宝剑好多了吧？

宋国的农夫把耕地时得到的宝玉献给了子罕，子罕不但没有接受，还发表了一通关于什么才是宝的言论，这一番言论不但使子罕留名青史，还让后世无数贪财的君王汗颜。

※事例

齐威王和魏惠王论宝

齐威王、魏惠王一起去郊野打猎。魏惠王问：“齐国有什么宝贝？”

齐威王说："没有。"

魏惠王说："我的国家虽小，尚有直径一寸以上、可以照亮十二乘车的大珍珠十颗。像齐国这样的大国，难道会没有宝贝？"

齐威王说："我对宝贝的看法跟你不一样。我的臣子中有位叫檀子的，我派他镇守南城，楚国便不敢来犯，泗水流域的十二个诸侯国都来朝拜。我的臣子中还有位叫盼子的，我派他守高唐，赵国人便不敢到其东边的黄河里来捕鱼。我的官吏中有位叫黔夫的，令他守徐州，燕国人向北门、赵国人向西门祭拜，从别处迁来投我齐国的就有七千多户人。我的臣子中有位叫种首的，让他管理防盗事务，便出现了道不拾遗的景象。这四位大臣，光照千里，岂止十二乘车子呢！"

魏惠王听了，觉得自己实在是太鄙俗了，脸上出现了羞惭之色。

异用

※原文

万物不同，而用之于人异也，此治乱、存亡、死生之原。故国广巨，兵强富，未必安也；尊贵高大，未必显也：在于用之。桀、纣用其材而以成其亡，汤、武用其材而以成其王。

※译文

万物不同，用于不同的人手中它的作用也不相同，这是国家治乱、存亡、生死的根本。所以，国家广阔，兵强力壮，未必是安定的；人们尊贵而高大，未必显赫，关键在于怎么使用这些条件。桀、纣用了自己的才能却导致灭亡，商汤、周武王用了自己的才能而成为王者。

※原文

汤见祝网者，置四面，其祝曰："从天坠者，从地出者，从四方来者，皆离吾网。"汤曰："嘻！尽之矣。非桀，其孰为此也？"汤收其三面，置其一面，更教祝曰："昔蛛蝥作网罟，今之人学纾。欲左者左，欲右者右，欲高者高，欲下者下，吾取其犯命者。"汉南之国闻之曰："汤之德及禽兽矣。"四十国归之。人置四面，未必得鸟；汤去其三面，置其一面，以网其四十国，非徒网鸟也。

※译文

商汤看见对网祈祷的人设置了四面的网，他的祷词是："从天上下来的，从地上生长的，从四方来的，都进入我的网中。”商汤说：“啊！都网尽了。若非桀，还有谁能这么做？”商汤收了三面，只留下一面，更改了祷词：“从前蜘蛛做网，现在人们学习它的办法。想要去左边的去左边，想要去右边的去右边，想要高的就高，想要低的就低，我只取该进来的。”汉水之南的国家听到后说：“汤的品德惠及鸟兽了。”四十个国家都归附了。别人设置了四面的网，未必能得到鸟儿。商汤去掉三面，只留下一面，网到了四十个国家，不只是网罗鸟。

※原文

周文王使人扣池，得死人之骸。吏以闻于文王，文王曰：“更葬之。”吏曰：“此无主矣。”文王曰：“有天下者，天下之主也；有一国者，一国之主也。今我非其主也？”遂令吏以衣棺更葬之。天下闻之曰：“文王贤矣！泽及髊骨，又况于人乎？”或得宝以危其国，文王得朽骨以喻其意，故圣人于物也无不材。

※译文

周文王让人挖掘池子，挖到死人的尸骸。官吏把这件事告诉周文王，周文王说：“换个地方埋葬了。”官吏说：“这是没有主家的。”周文王说：“拥有天下的人，就是天下的主人。拥有国家的人，就是国家的主人。现在我不是他的主人吗？”于是命令官吏用衣服棺材安葬了他。天下人听到后说：“周文王贤能啊！恩泽惠及朽骨，何况是人呢？”有的人得到宝物而危害了自己的国家，周文王得到骸骨来表明了自己的抱负，所以圣人可使任何东西成为有用之材。

※原文

孔子之弟子从远方来者，孔子荷杖而问之曰：“子之公不有恙乎？”搏杖而揖之，问曰：“子之父母不有恙乎？”置杖而问曰：“子之兄弟不有恙乎？”杙步而倍之，问曰：“子之妻子不有恙乎？”故孔子以六尺之杖，谕贵贱之等，辨疏亲之义，又况于以尊位厚禄乎？

※译文

孔子的弟子从远方而来，孔子拄着拐杖问道：“你的祖父没有什么疾病吧？”抓住拐杖作揖，问道：“你的父母没有什么疾病吧？”放下拐杖问道：“你的兄弟没有什么疾病吧？”背过身拖着步子问道：“你的妻子没有什么疾病吧？”所以，孔子用六尺长的拐杖来表明了贵贱的等级，辨明了亲疏之间的道义，更何况对位尊禄厚的人呢？

※原文

古之人贵能射也，以长幼养老也。今之人贵能射也，以攻战侵夺也。其细者以劫弱暴寡也，以遏夺为务也。仁人之得饴，以养疾侍老也。跖与企足得饴，以开闭取楗也。

※译文

古代的人看重射术，用它来养育幼儿和赡养老人。现在的人看重射术，用它来攻城略地。轻者也用它来恃强凌弱，以掠夺为业。仁德的人得到饴糖，用它来养病侍奉老人。盗跖和企足得到饴糖，用来打开别人的门闩。

※读解

万物不同，用于不同的人手中它的作用也不相同，这是国家治乱、存亡、生死的根本。桀、纣用了自己的才能却导致国家灭亡，商汤、周武王用了自己的才能而成为王者。

同样是用网捕鸟，有人设置了四面的网，还念念有词地说："从天坠者，从地出者，从四方来者，皆离吾网。"这哪里是捕鸟啊，所有的鸟儿还不被他的贪心给吓死。成汤就不是这样的，他只设置了一面网，说道："欲左者左，欲右者右，欲高者高，欲下者下，吾取其犯命者。"这就是仁慈的君主所采用的方式。

※事例

孟尝君不计前嫌荐人

孟尝君门客之中，有个人十分爱慕孟尝君的夫人。有人把这事告诉了孟尝君，并说："食君之禄，却爱君之夫人，此人也太不够义气了，阁下何不杀了他？"孟尝君说："悦人之貌，渐生爱心，此亦人之常情，你可不要再提此事了！"

过了一年，孟尝君叫来那个爱慕夫人的门客，对他说："你在我处时日也不算短了，一直未能为先生觅到好职位。小官职先生又不屑一顾，我又不敢委屈您，恰好如今的卫君与我是布衣之交，我愿替先生准备车马钱币报效卫君。"这个门客去到卫国以后，很受卫君的看重。

后来齐、卫两国关系一度出现剑拔弩张的局面，卫君极想纠集诸侯进攻齐国。这时那个门客站出来对卫君说："孟尝君不知道臣无德无能，把臣推荐于王。臣曾闻先王之事，过去齐、卫两国君王杀马宰羊，彼此立下盟约：'齐、卫子孙，不得刀兵相向，若违背誓言出兵攻伐的，下场有如此马此羊！’如今大王约集诸侯，准备进攻齐国，正是大王违背先君盟约，同时也欺骗了孟尝君。臣希望大王息怒，不要再计划伐齐的事了！大王听从臣的劝告也就罢了，如若不听，像臣这样不肖的，也会把自己颈项之血溅在您的衣襟之上！”卫君于是打消了伐齐的念头。

齐人听到这件事，都赞叹道：“孟尝君真可谓善于待人，因此能够转危为安。”

仲冬纪

至忠

※原文

至忠逆于耳，倒于心，非贤主其孰能听之？故贤主之所说，不肖主之所诛也。人主无不恶暴劫者，而日致之，恶之何益？今有树于此，而欲其美也，人时灌之，则恶之，而日伐其根，则必无活树矣。夫恶闻忠言，乃自伐之精者也。

※译文

最忠诚的言语听起来最不顺耳，让人难受，不是贤能的君主谁能听进去？所以贤能的君主喜欢它，不贤能的君主诛杀它。君主没有不讨厌欺凌威胁的，却又日日招致这样的事情，那讨厌它又有什么用呢？有一棵树，想让它长得很好，人们时时灌溉它，如果讨厌它，就日日砍伐它的树根，就没有活着的树了。讨厌听到忠诚的言语，就是自己砍树的人。

※原文

荆庄哀王猎于云梦，射随兕，中之。申公子培劫王而夺之。王曰：“何其暴而不敬也？”命吏诛之。左右大夫皆进谏曰：“子培，贤者也，又为王百倍之臣，此必有故，愿察之也。”不出三月，子培疾而死。荆兴师，战于两棠，大胜晋，归而赏有功者。申公子培之弟进请赏于吏曰：“人之有功也于军旅，臣兄之有功也于车下。”王曰：“何谓也？”对曰：“臣之兄犯暴不敬之名，触死亡之罪于王之侧，其愚心将以忠于君王之身，而持千岁之寿也。臣之兄尝读故记曰：‘杀随兕者，不出三月。’是以臣之兄惊惧而争之，故伏其罪而死。”王令人发平府而视之，于故记果有，乃厚赏之。申公子培，其忠也可谓穆行矣。穆行之意，人知之不为劝，人不知不为沮，行无高乎此矣。

※译文

楚庄公在云梦打猎，射中了一头随兕。申公子培拦住楚庄公而夺了去。楚庄公说："怎么这么粗暴而不恭敬呢？"便命令官吏诛杀他。左右两边的大夫都进谏："子培是个贤能的人，又是个敢于忤道的臣子，这样做一定有缘故，还是考察一下。"不到三个月，子培得病而死。楚国兴兵，在两棠打仗，大胜晋国，回来后赏赐有功劳的人。申公子培的弟弟向官吏请求赏赐说："别人有功劳是在军队之中，我的兄长有功劳是在车下。"楚庄公说："什么意思？"回答："我的兄长冒着暴力和不恭敬的罪名，在大王的身边触犯死罪，他的忠心是代君主接受死的灾难，使大王能享有千年的寿命。我的兄长曾经读过古书，上面说：'杀随兕的，活不过三个月。'我的兄长害怕大王因此而减寿，所以伏殃而死。"楚庄公命人打开平府观看，果然古书中有这样的记载，就厚赏了他。申公子培的忠心可以算得上美行了。美行的意思就是别人了解自己不因此而进，别人不了解自己也不因此而止，行为没有比这个更高尚的。

※原文

齐王疾痏，使人之宋迎文挚，文挚至，视王之疾，谓太子曰："王之疾必可已也。虽然，王之疾已，则必杀挚也。"太子曰："何故？"文挚对曰："非怒王则疾不可治，怒王则挚必死。"太子顿首强请曰："苟已王之疾，臣与臣之母以死争之于王。王必幸臣与臣之母，愿先生之勿患也。"文挚曰："诺。请以死为王。"与太子期，而将往不当者三，齐王固已怒矣。文挚至，不解屦登床，履王衣，问王之疾，王怒而不与言。文挚因出辞以重怒王，王叱而起，疾乃遂已。王大怒不说，将生烹文挚。太子与王后急争之，而不能得，果以鼎生烹文挚。爨之三日三夜，颜色不变。文挚曰："诚欲杀我，则胡不覆之，以绝阴阳之气？"王使覆之，文挚乃死。夫忠于治世易，忠于浊世难。文挚非不知活王之疾而身获死也，为太子行难，以成其义也。

※译文

齐王得了疮，派人到宋国延请文挚。文挚到了，看了齐王的病，对太子说："大王的病一定会好的。但是，大王的病好之后，一定会杀了我。"太子说："为什么？"文挚回答："非要使大王发怒才能治好病，惹怒大王了，我一定会被处死的。"太子一个劲地磕头请求："若能治好大王的病，我和母后以死相争，大王一定会听从我和母后的，希望先生不要担心。"文挚说："好啊！请让我拼死为大王治病吧！"和太子约好，三次不如期受大王的召见，齐王已经恼怒了。文挚来了，没有脱下鞋子就登上床，脚踩着大王的衣服，慰问大王的疾病，大王非常恼怒，不说话。文挚就又出言不逊来激怒大王，大王呵斥着他就起床了，病也就好了。大王非常恼怒，就要生烹了他。太子和王后急忙争辩，却不能使大王改变心意，果然用鼎烹了文挚。煮了三天三夜，文挚脸色都没有改变。文挚说：“真想杀我，为什么不盖上盖子，断绝阴阳之气呢？”大王就让盖上盖子，文挚就死了。忠于治世非常容易，忠于乱世就很难了。文挚不是不知道救活大王的病，自己就要死去，是由于太子的缘故，来成全他的道义。

※读解

封建君主都希望自己的大臣能够对自己非常忠心，那么什么才叫作忠心呢？什么才是最忠心的大臣呢？本文说：“至忠逆于耳，倒于心，非贤主其孰能听之？”最忠心的言语是逆耳的，是不会符合君主的心意的，不是贤能的君主谁能听从呢？最忠心的大臣就是拼了自己的性命也要保护君主和社稷的人，他们有的被自己的君主剖心，有的被自己的君主赐剑自尽。这就是忠臣的下场。

最忠诚的大臣都没有受到君主的礼遇，而是被君主逼死，那么，还有谁愿意做忠臣？像文挚这样拼了性命治好君主的病痛，君主却把他放在锅里煮了，这就是作为忠臣的悲惨命运啊！

※事例

成吉思汗悔杀爱鹰

成吉思汗取得了伟大的成就，与他善于控制自己的感情有关，而他之所以善于控制自己的感情，则与他的一段传奇经历有关。

有一次，成吉思汗带人去打猎。他们一大早便出发，可到了中午仍没有收获，只好返回帐篷。成吉思汗不甘心，就独自一个人走回山上。

烈日当空，他沿着羊肠小道向山上走去。不久，他来到了一个山谷，见到有溪水从上面一滴一滴地流下来。成吉思汗非常高兴，就取出水袋，耐着性子去接。

当水接到七八分满的时候，他高兴地把水袋拿到嘴边，想把水喝下去。就在这时，一股疾风猛然把水袋从他手里吹了下来，将水洒了。成吉思汗又急又怒，抬头一看，原来是自己的爱鹰搞的鬼。他非常生气却又无可奈何，只好拿起水袋继续接水。

当水再次接到七八分的时候，又有一股疾风把水袋弄翻了，原来又是这只鹰。成吉思汗非常愤怒，于是，他一声不吭地拾起水袋，再次从头开始接水。当水再次接到七八分满的时候，他悄悄取出尖刀，拿在手中，然后把水袋慢慢地移近嘴边。老鹰再次向他飞来，成吉思汗迅速拿出尖刀，把鹰杀死了。

由于他在杀掉鹰的时候，注意力过分集中，疏忽了手中的水袋，水袋掉进了山谷里。成吉思汗无法再接水喝了。不过他想到既然有水从山上滴下来，那么上面也许有蓄水的地方，很可能是湖泊或山泉。于是他忍住口渴，用力向上爬，终于攀上了山顶，发现那里果然有一个湖泊。

成吉思汗兴奋极了，立即弯下身子想要喝个饱。忽然，他看见湖边有一条大毒蛇的尸体，这时才恍然大悟："原来飞鹰救了我，它刚才打翻我的水袋，使我没有喝下被毒蛇污染的水。"成吉思汗知道自己错了，他带着自责的心情，忍着口渴返回了帐篷。从此以后，他就学会不再由于他人的冒犯而做下错事。这使成吉思汗避免了很多错事，给他的宏图大业带来了莫大的帮助。

忠廉

※原文

士议之不可辱者，大之也。大之则尊于富贵也，利不足以虞其意矣。虽名为诸侯，实有万乘，不足以挺其心矣。诚辱则无为乐生。若此人也，有势则必不自私矣，处官则必不为污矣，将众则必不挠北矣。忠臣亦然。苟便于主利于国，无敢辞违，杀身出生以徇之。国有士若此，则可谓有人矣。若此人者固难得，其患虽得之有不智。

※译文

士议定的原则，把不受辱作为最重要的原则。不可辱重要到比富贵更值得尊重，利益也不足以动摇他的意志。虽然名义上是诸侯，实际上拥有万乘的实权，也不足以动摇他的心志。若是受到了侮辱，就没有生存的乐趣了。若有这样的人，得势时一定不会谋取私利，当官时一定不会贪污，率领众人作战时一定不会败逃。忠臣也是这样的。若是有利于君主和国家，不会推辞用献身来保卫国家和君主。国家若有这样的士，就可算得上有人了。像这样的人固然难得，可最可悲的是得到了却不知道他是贤能的人。

※原文

吴王欲杀王子庆忌而莫之能杀，吴王患之。要离曰："臣能之。"吴王曰："汝恶能乎？吾尝以六马逐之江上矣，而不能及；射之矢，左右满把，而不能中。今汝拔剑则不能举臂，上车则不能登轼，汝恶能？"要离曰："士患不勇耳，奚患于不能？王诚能助，臣请必能。"吴王曰："诺。"明旦加要离罪焉，挚执妻子，焚之而扬其灰。要离走，往见王子庆忌于卫。王子庆忌喜曰："吴王之无道也，子之所见也，诸侯之所知也。今子得免而去之，亦善矣。"要离与王子庆忌居有间，谓王子庆忌曰："吴之无道也愈甚，请与王子往夺之国。”王子庆忌曰：“善。”乃与要离俱涉于江。中江，拔剑以刺王子庆忌。王子庆忌捽之，投之于江，浮则又取而投之，如此者三。其卒曰：“汝天下之国士也，幸汝以成而名。”要离得不死，归于吴。吴王大说，请与分国。要离曰：“不可。臣请必死！”吴王止之，要离曰：“夫杀妻子，焚之而扬其灰，以便事也，臣以为不仁。夫为故主杀新主，臣以为不义。夫捽而浮乎江，三入三出，特王子庆忌为之赐而不杀耳，臣已为辱矣。夫不仁不义，又且已辱，不可以生。”吴王不能止，果伏剑而死。要离可谓不为赏动矣，故临大利而不易其义；可谓廉矣，廉，故不以贵富而忘其辱。

※译文

吴王想杀王子庆忌而没有人能够杀了他。吴王很难过。要离说：“我能。”吴王说：“你怎么能？我曾经用六匹马把他追逐到长江上，也没有赶上他；用箭射他，他左右的人都被射中了，就是不能射到他。现在你拔剑举不起手臂，上车又不能登踏在车前的横木上，你怎么能？”要离说：“士怕的是不勇敢，怎么怕不能？大王若是能助臣一臂之力，我一定能。”吴王说：“好。”第二天早上，吴王加罪于要离，逮住了他的妻子和儿女，把其烧死，把骨灰撒了。要离逃跑了，去卫地见王子庆忌。王子庆忌高兴地说：“吴王无道，你是看见的，诸侯也都知道。现在你能逃脱离开他也好。”要离和王子庆忌相处了一段时间，对王子庆忌说：“吴王实在太残暴了，请让我与您一道夺取他的国家。”庆忌说：“好。”就和要离一起渡江。走到江水中心，要离拔剑来刺杀庆忌。王子庆忌抓住要离的头发，把他扔到江中，要离浮起来王子庆又投他进去，如此再三。最后说：“你是天下的国士，还好你成就了自己的名声。”要离没有死去，回到吴国。吴王非常高兴，请求把国家分给要离。要离说：“不可，我一定得死。”吴王阻止他，要离说：“杀掉妻儿，把他们焚烧扬灰，是为了便于行事，我认为这不仁德。为了过去的主人而杀新的主人，我认为这不义。抓住头发浮在江中，三入三出，这是王子庆忌给我的赏赐不杀我，我认为这是侮辱。我不仁不义，又受到了侮辱，不可以再生存下去。”吴王阻止不了，要离果然用剑自杀。要离可以算得上是不为赏赐而心动的人，所以面对大的利益而不改变气节；可以算得上廉洁，由于廉洁，所以他不因为富贵就忘掉耻辱。

※原文

卫懿公有臣曰弘演，有所于使。翟人攻卫，其民曰：“君之所予位禄者，鹤也；所贵富者，宫人也。君使宫人与鹤战，余焉能战？”遂溃而去。翟人至，及懿公于荣泽，杀之，尽食其肉，独舍其肝。弘演至，报使于肝，毕，呼天而啼，尽哀而止，曰："臣请为褾。"因自杀，先出其腹实，内懿公之肝。桓公闻之曰："卫之亡也，以为无道也。今有臣若此，不可不存。"于是复立卫于楚丘。弘演可谓忠矣，杀身出生以徇其君。非徒徇其君也，又命卫之宗庙复立，祭祀不绝，可谓有功矣。

※译文

卫懿公有一个大臣叫作弘演，出使在任所。翟人攻打卫国，卫国人民说："君主赐给爵位俸禄的是仙鹤，富贵的是宫中的人。君主让宫中的人和仙鹤去打仗，其余的怎么会打仗？"于是溃散离开了。翟人来了，在荣泽赶上了懿公，杀了他，吃光了他的肉，只留下了他的肝脏。弘演来了，向肝脏报告了出使的事情，完毕后，哭天喊地，极尽哀悼才停止，说："我请求做您的外衣。"于是自杀，先将自己腹内的脏器拿出来，将懿公的肝脏装进去。桓公听说这件事说："卫国的灭亡，是由于国君的无道，现在有这样的大臣，不能不存活下去。"于是又在楚丘设立了卫国的宗庙。弘演可以算得上忠诚了，舍生忘死地追随他的君主。他不只是为君主殉葬，还使卫国的宗庙得以重建，祭祀没有断绝，可算得有功劳了。

※读解

士人可以贫困，可以不得志，唯独不可以受到侮辱。受到侮辱的士人一般都会采用一种极端的方式来保全自己的名誉，那就是死。

要离刺杀王子庆忌，王子庆忌抓住要离的头发，把他扔到江中，浮起来又投进去，如此再三，这是对一个士人最大的侮辱，所以，要离以死来洗刷自己的耻辱。卫懿公的大臣弘演在自己的君主死后，国家也灭亡了的时候，还不忘记自己的职责，把自己的内脏拿出来，将自己君主的肝脏装进去，这就是忠心的大臣所做的事。

※事例

范雎忠心受怀疑

应侯范雎失去了原韩地的封邑汝南，秦昭王对范雎说："贤卿丧失自己的封地汝南以后，是不是很难过呢？"范雎回答说："臣并不难过。"秦昭王说："为什么不难过？"范雎说："梁国有一个叫东门吴的人，他的儿子虽然死了，可是他并不感到忧愁，他的管家就问他：'主人你疼爱儿子，可以说是天下少见，现在不幸儿子死了，为什么不难过呢？'东门吴回答说：'我当初本来没儿子，没儿子时并不难过；现在儿子死了等于恢复到没儿子时的原状，我为什么难过呢？'臣当初只不过是一个小民，当平民的时候并不忧愁，如今失去封地汝南，就等于恢复到原来平民的身份，我又有什么好难过的呢？”

秦昭王不信范雎的话，于是就对将军蒙骜说：“如果有一个城池被敌人围困，寡人就会愁得寝食不安，可是范雎丢了自己的封土，反而说自己毫不难过，寡人认为他这话不合情理。”蒙骜说：“让我去了解一下，到底是怎么回事！”

蒙骜就去拜会范雎说：“我想要自杀！”范雎很惊讶地问：“将军，你怎么能说这种话呢？”蒙骜回答：“君王拜阁下为师，全天下的人都知道这件事。现在我蒙骜侥幸成为秦国将军，眼看弱小的韩国竟敢违逆秦国夺走阁下的封土，我蒙骜还有什么脸活着？还不如早点死了好！”

范雎一听，赶紧向蒙骜说：“我愿意把夺回汝南之事托付给您！”于是蒙骜就把范雎的话回奏秦昭王。

从此每当范雎谈论到韩国，秦昭王就不想再听，认为范雎是在为夺回汝南而谋划。

当务

※原文

辨而不当论，信而不当理，勇而不当义，法而不当务，惑而乘骥也，狂而操吴干将也，大乱天下者，必此四者也。所贵辨者，为其由所论也；所贵信者，为其遵所理也；所贵勇者，为其行义也；所贵法者，为其当务也。

※译文

善于辩论却没有条理，言语真实却不符合道理，勇敢却不符合道义，执法却不符合事理，如同迷路了却乘着良马，癫狂了却手中拿着吴国的宝剑干将，致使天下大乱的，必定是这四种人。崇尚辩论，为的是所辩论的有理有据；崇尚言语真实，为的是所谈论的遵循道理；崇尚勇敢，为的是行为符合道义；崇尚法度，为的是做事合乎道理。

※原文

跖之徒问于跖曰：“盗有道乎？”跖曰：“奚啻其有道也？夫妄意关内，中藏，圣也；入先，勇也；出后，义也；知时，智也；分均，仁也。不通此五者而能成大盗者，天下无有。”备说非六王、五伯，以为尧有不慈之名，舜有不孝之行，禹有淫湎之意，汤、武有放杀之事，五伯有暴乱之谋。世皆誉之，人皆讳之，惑也。故死而操金椎以葬，曰："下见六王、五伯，将敲其头矣！"辨若此不如无辨。

※译文

盗跖的徒弟问他："盗有什么学问吗？"跖说："何止是有学问？那揣度室内财富，一猜就中的就是圣人；入室在前，这就是勇敢；最后出来，这就是仁义；懂得把握偷盗的时机，这是智慧；均分财物，这就是仁德。不精通这五种学问，却能成为大盗的，天下没有。"用学说来非议六王、五霸，认为尧有不慈爱的名声，舜有不孝顺的行为，禹有放纵的意图，商汤、周武王有流放、诛杀的事情，五霸有暴乱的阴谋。世上的人都称赞他们，是因为人们为他们避讳，这都是糊涂的说法。所以临死的时候拿着金锤来殉葬，说："在黄泉之下看见六王、五霸，将敲碎他们的头！"这样的辩论还不如没有辩论。

※原文

楚有直躬者，其父窃羊而谒之上。上执而将诛之。直躬者请代之。将诛矣，告吏曰："父窃羊而谒之，不亦信乎？父诛而代之，不亦孝乎？信且孝而诛之，国将有不诛者乎？"荆王闻之，乃不诛也。孔子闻之曰："异哉！直躬之为信也。一父而载取名焉。"故直躬之信不若无信。

※译文

楚国有个叫直躬的，他的父亲偷羊，他去告发了。君主捉住他的父亲将要诛杀他。直躬请求代替父亲。就要被杀的时候，他告诉官吏说："父亲偷羊却告发了他，不是说真话吗？父亲受到诛杀却代替他，不是孝顺吗？说了真话而且孝顺，却要被诛杀，国家还有不该杀的人吗？"楚王听说了，就不杀他了。孔子听到后说："奇怪啊！直躬所谓的说真话。一个父亲却两次为他获取了名声。"所以直躬的说真话还不如不说真话。

※原文

齐之好勇者，其一人居东郭，其一人居西郭。卒然相遇于涂，曰："姑相饮乎？"觞数行，曰："姑求肉乎？"一人曰："子，肉也；我，肉也；尚胡革求肉而为？于是具染而已。"因抽刀而相啖，至死而止。勇若此不若无勇。

※译文

齐国喜欢勇敢的人，一个人住在东城外，一个人住在西城外。突然两个人在路上遇见了，说："姑且一起饮酒吧？"饮了几巡，说："姑且找点肉吧？"其中一个人说："你，就是肉；我，也是肉。为什么还要找别的肉呢？只要准备豆豉酱就行了。"因此抽出刀，两个人相互割肉吃，到死才停止。像这样的勇敢还不如不勇敢。

※原文

纣之同母三人，其长曰微子启，其次曰中衍，其次曰受德。受德乃纣也，甚少矣。纣母之生微子启与中衍也，尚为妾，已而为妻而生纣。纣之父、纣之母欲置微子启以为太子，太史据法而争之曰："有妻之子，而不可置妾之子。"纣故为後。用法若此，不若无法。

※译文

商纣的同母兄弟有三个，长子是微子启，次子是中衍，最小的是受德。受德就是商纣，很年轻。商纣的母亲生微子启和中衍的时候，还是妾，后来成了妻，才生下商纣。商纣的父亲、母亲打算让微子启当太子，太史根据法律争辩："有了妻的儿子，就不能立妾的儿子。"商纣才当上了太子。运用这样的法律还不如没有法律。

※读解

善于辩论却没有条理，言语真实却不符合道理，勇敢却不符合道义，执法却不符合事理，如同迷路了却乘着良马，癫狂了却手中拿着吴国的宝剑干将，致使天下大乱的，必定是这四种人。

楚国的直躬由于自己的父亲不贤能，竟然两次为自己获得了名声，这真是不明事理的君主才能做出来的事情。商纣的父母有三个儿子，其他两个都比他贤能，可是依据法律，只有他登上了王位，这样依据法律来做事，真是糊涂到家了。

※事例

采珠人的智慧

燕军攻齐，临淄被攻破，齐湣王逃到莒地，为淖齿所杀。田单死守即墨，后来反击，大败燕军，并且收复了国都临淄，迎回躲在民间的太子。齐军破燕，议立国君，田单对立太子为国君犹豫不决，齐国的老百姓都怀疑田单会自立为王。后来田单立太子为齐襄王，自居相位。

有一天，田单路过淄水，看见一位老者赤足渡河被冻坏了，无法再走，僵坐在岸边的沙土上。田单看见老者身体寒冷，就让随从分件衣服给他，但随从们没有多余的衣服，田单就脱下自己的皮裘送给了老者。

齐襄王内心很是憎恶田单这种收买人心的行为，他自言自语地说道："田单这样用小恩小惠收买人心，莫非是图谋我的王权富贵？如果不先发制人，恐怕后悔也来不及了。"说完，他猛然从自言自语中惊醒，警惕地左右察看，见没什么人，只是岩石下有个采珠人，齐襄王把他叫过来问道："你听到我说什么了吗？"采珠者坦白承认："都听到了。"齐襄王杀意顿生，却故意问道："你认为我该怎么做？"那人说："大王不如顺水推舟，把它变成自己的善行。您可以发布诏令嘉奖田单的行为，并说：'寡人担心百姓子民挨饿受冻，相国就分赐他们衣食；寡人关心百姓，相国也满腹忧心。相国这样做，正合寡人心意。'田单既有这些优点，而大王又赞扬他，要知道赞扬田单的优点，也正是宣扬大王的圣德。"齐襄王叹道："好主意！"于是以牛酒犒劳田单，表扬了他给贫民送衣的行为。

过了几天，采珠人又去拜见齐襄王，进言说："来日百官上朝，大王应该特地召见田单，并在朝堂上加倍礼让、尊敬，亲自对其表示慰问，然后下令调查饥寒交迫的百姓，给以赈济。"齐襄王一一照办后，又派人到街头里巷打探民众的态度，听见老百姓都在谈论说："田单很爱护百姓，哎呀！这全是大王教导得好啊！"

季冬纪

士节

※原文

士之为人，当理不避其难，临患忘利，遗生行义，视死如归。有如此者，国君不得而友，天子不得而臣。大者定天下，其次定一国，必由如此人者也。故人主之欲大立功名者，不可不务求此人也。贤主劳于求人，而佚于治事。

※译文

士的为人，合理就不回避危难，面临祸患就忘了利益，放弃生命来实行仁义，看待死亡就像回家。有这样的人，国君就不能拿他做朋友，天子就不能拿他做臣子。大的来说，能安定天下；小的来说，能安定一个国家，都是由于有这种人的存在。所以，君主想要建立大的功名，不能不竭尽全力地去寻访这种人。贤能的君主在寻找贤能的人上面劳累，却在政事上比较轻松。

※原文

齐有北郭骚者，结罘罔，捆蒲苇，织萉屦，以养其母，犹不足，踵门见晏子曰："愿乞所以养母。"晏子之仆谓晏子曰："此齐国之贤者也。其义不臣乎天子，不友乎诸侯，于利不苟取，于害不苟免。今乞所以养母，是说夫子之义也，必与之。"晏子使人分仓粟、分府金而遗之，辞金而受粟。有间，晏子见疑于齐君，出奔，过北郭骚之门而辞。北郭骚沐浴而出，见晏子曰："夫子将焉适？"晏子曰："见疑于齐君，将出奔。"北郭子曰："夫子勉之矣。"晏子上车，太息而叹曰："婴之亡岂不宜哉？亦不知士甚矣。"晏子行。北郭子召其友而告之曰："说晏子之义，而尝乞所以养母焉。吾闻之曰：'养及亲者，身伉其难。'今晏子见疑，吾将以身死白之。"着衣冠，令其友操剑奉笥而从，造于君庭，求复者曰："晏子，天下之贤者也，去则齐国必侵矣。必见国之侵也，不若先死。请以头托白晏子也。"因谓其友曰："盛吾头于笥中，奉以托。"退而自刎也。其友因奉以托。其友谓观者曰："北郭子为国故死，吾将为北郭子死也。"又退而自刎。齐君闻之，大骇，乘驲而自追晏子，及之国郊，请而反之。晏子不得已而反，闻北郭骚之以死白己也，曰："婴之亡岂不宜哉？亦愈不知士甚矣。"

※译文

齐国有个叫作北郭骚的人，以织网、打草、织草鞋来养活自己的母亲，但还是不够，就上门求见晏子说："乞求些东西来养活我的母亲。"晏子的仆人对晏子说："这是齐国的贤者。他仁义不臣服天子，不和诸侯做朋友，对待利益不随便获取，对待祸害不随便避开。现在乞求东西来养活母亲，是佩服您的大义，一定要给他。"晏子让人把仓中的粮食、库中的金子给他。北郭骚辞掉金子而取走了粮食。一段时间后，晏子被齐国君主怀疑，要逃离齐国，经过北郭骚的门口来告别。北郭骚沐浴后出来，看见晏子说："您打算去哪里？"晏子说："我被齐国君主怀疑，就要离开。"北郭骚说："那您好好保重吧！"晏子上了车，叹息着说："我的逃亡难道不应该吗？我太不了解士的想法了。"晏子离开了。北郭骚找到他的朋友说："我佩服晏子的仁义，曾经向他乞求东西来养活母亲。我听说：'养活士能惠及他的父母的，士应当替他受难。'现在晏子受到怀疑，我应当用自己的性命来为他辩白。"就穿上衣服戴上帽子，让他的朋友拿着剑捧着盒子跟着，来到君主的宫廷，对通报的人说："晏子，乃是天下贤能的人，离开的话，齐国一定会受到侵犯。与其坐等国家受到侵犯，还不如先死。请拿我的头来为晏子辩白。"于是对朋友说："把我的头放在盒子里，托付给通报的人。"退后一步自刎了。他的朋友就把他的人头托付给了通报的人。朋友告诉围观的人说："北郭骚为国而死，我将要为北郭骚而死。"也退后一步自刎了。齐国君主听说了，非常害怕，乘着驿车亲自追赶晏子，到了国家交界处，请求晏子返回。晏子不得已返回来，听说北郭骚用死来为自己辩白，说：“我的逃亡难道不应该吗？我是越来越不了解士了。”

※读解

士人是春秋战国时期一种身份特殊的阶级，他们有着广博的学识和精妙的剑法，还有着自己的一套治国理论。那么这些人具有什么样的性格呢？

“士之为人，当理不避其难，临患忘利，遗生行义，视死如归”，这一句开篇的话说得好，形象地说出了士人的高尚品质。这样的士人若是生活在那个混乱不堪的战国时期，真是出淤泥而不染的君子啊！得到这样的士人来协助自己，是那个时候君主的梦想。但是，并不是所有的士人都愿意为君主卖命，北郭骚就宁可从事他人鄙视的体力劳动来养活父母，而不愿意为无道昏君卖命。但是，当他受到晏子的恩遇时，就暗暗地把自己的性命交给他了。“士为知己者死”，这就是士人典型的品质。

※事例

顿弱不拜君说服秦王

秦王想召见顿弱，顿弱说：“臣有一个坏习惯，就是对君王不行参拜之礼。假如大王能特许免我参拜之礼，就可见大王，否则，臣拒不见大王。”秦王答应了他的条件。

顿弱入见，对秦王说：“天下有有实无名之人，有有名无实之人，还有无名无实之人，大王可知？”秦王说：“寡人不知。”顿弱渐渐挑明：“有实无名指的是商人，不用劳苦耕作，却积粟满仓；有名无实是指农夫，冒着春寒开耕，顶着烈日耘田，却户无积粟；而无名无实的，则是指大王您，身为万乘之尊却无孝亲之名，坐拥千里却无孝亲之实。”秦王被揭了伤疤，不由得勃然大怒。

顿弱却自顾自说了下去：“大王以赫赫之威权，不能控制住山东六国，却将威权施加于母后，囚禁她。臣私下认为，大王这样做不妥。”秦王绕开话题说：“你看寡人能否吞并六国？”顿弱说：“依形势而论，韩国扼天下之咽喉，魏国处天下之胸腹。大王若肯以万金之资，臣愿东往韩、魏，策动两国执政之臣听命于大王，从而使两国臣服，然后可图天下。”

秦王推托道：“寡人国贫，恐怕无万金之财以资先生东游韩、魏。”顿弱说：“如今天下战乱纷纷，诸侯不是缔结合纵之约，就是采取连横之策。连横有利于秦，合纵有益于楚。秦一旦成为帝王，即富有天下，区区万金又何足道！如果楚国成就了霸业，大王拥有万金又有何用？”秦王深以为然，资以万金，令顿弱游说韩、魏，笼络两国主政之臣。顿弱到燕、赵之后，施行反间计，除掉赵将李牧。后来山东六国都先后为秦国吞并。

诚廉

※原文

石可破也，而不可夺坚；丹可磨也，而不可夺赤。坚与赤，性之有也。性也者，所受于天也，非择取而为之也。豪士之自好者，其不可漫以污也，亦犹此也。

※译文

石头可以碎，但是不能去掉它的坚硬；丹砂可以被磨碎，却不能去掉它的红色。坚硬和红色，这是生来就有的。所谓天性，是上天赐予的，不是自己选择的。豪爽的士，洁身自好，不可被轻慢侮辱，也和这相同。

※原文

昔周之将兴也，有士二人，处于孤竹，曰伯夷、叔齐。二人相谓曰："吾闻西方有偏伯焉，似将有道者，今吾奚为处乎此哉？"二子西行如周，至于岐阳，则文王已殁矣。武王即位，观周德，则王使叔旦就胶鬲于次四内，而与之盟曰："加富三等，就官一列。"为三书，同辞，血之以牲，埋一于四内，皆以一归。又使保召公就微子开于共头之下，而与之盟曰："世为长侯，守殷常祀，相奉桑林，宜私孟诸。"为三书，同辞，血之以牲，埋一于共头之下，皆以一归。伯夷、叔齐闻之，相视而笑曰："嘻！异乎哉！此非吾所谓道也。昔者神农氏之有天下也，时祀尽敬而不祈福也；其于人也，忠信尽治而无求焉；乐正与为正，乐治与为治；不以人之坏自成也，不以人之庳自高也。今周见殷之僻乱也，而遽为之正与治，上谋而行货，阻丘而保威也。割牲而盟以为信，因四内与共头以明行，扬梦以说众，杀伐以要利，以此绍殷，是以乱易暴也。吾闻古之士，遭乎治世，不避其任；遭乎乱世，不为苟在。今天下暗，周德衰矣。与其并乎周以漫吾身也，不若避之以洁吾行。"二子北行，至首阳之下而饿焉。人之情，莫不有重，莫不有轻。有所重则欲全之，有所轻则以养所重。伯夷、叔齐，此二士者，皆出身弃生以立其意，轻重先定也。

※译文

从前周朝将要兴起的时候，有两个士，居住在孤竹，叫作伯夷、叔齐。两个人相互说："我听说西方周文王，似乎是得道之人，如今我们为什么还要在这里呢？"两个人向西方走到了周国，到了岐阳，那时周文王已经逝世了。周武王即位，为显示周的道德，周武王让王叔周公旦去四内会见胶鬲，与他结盟说："增加富贵三个等级，加封一等官位。"写了一式三份，一样的言辞，以牲血为盟，把其中一份埋在四内，其他的一人一份。周武王又让召公在共头山下与微子启接触，与他结盟说："世代封侯，守住殷地常常得到祭祀，把桑林封给您，还将孟诸给您作为私人的邑地。"写了一式三份，一样的言辞，以牲血为盟，把其中一份埋在共头，其他的一人一份。伯夷、叔齐听说了，相视而笑说："啊！奇怪啊！这不是我们所说的道义。以前神农氏拥有天下的时候，时常祭祀恭敬而不是乞求福气；对于他人，忠信而无所求；人们乐于正派则帮助人们实现正派，人们乐于安定则帮助人们实现安定；不因为别人不好而自鸣得意，不因为别人的卑下而自视甚高。现在周国看见殷朝祸乱，就急忙为它纠正和治理，崇尚权谋而行贿赂，依仗军队来保持威风。杀牲结盟来作为凭信，借助与四内和共头结盟来公开行动，宣扬梦境来使人高兴，杀人讨伐获得利益，用这种方法来接替殷朝，是用混乱来接替暴虐。我听说古代的士，处于治世，就不回避自己的责任；处于乱世，就不会苟活。现在天下昏暗，周朝道德丧失。与其和周朝同流合污，不如避开来保全自己的清白。"两个人向北走，到首阳山下饿死了。人的本性，没有不看重的事情，没有不轻视的事情。有所看重的就要保全，有所轻视的就拿来成全所看重的。伯夷、叔齐这两个士，都舍生来树立自己的意愿，轻身重名是早就决定的。

※读解

石头可以碎，但是不能去掉它的坚硬；丹砂可以被磨碎，却不能去掉它的红色。豪爽的士洁身自好，不可被轻慢侮辱，也和这相同。

孤竹国的伯夷、叔齐，由于不屑于登上王位，就先后逃离了自己的国家。后来听说周文王是个有道之君，就相互商量着跑去追随，谁知道看到周武王的所作所为，他们大失所望！于是坚决不与其同流合污，而在首阳山下饿死了。

※事例

公孙戌劝谏孟尝君不纳象牙床

孟尝君出巡五国，到达楚国时，楚王要送给他一张用象牙制成的床。郢都一个以登徒为姓氏的人正好当班护送象牙床，可是他不愿意去，于是找到孟尝君的门客公孙戌，与他商量此事。那人说："我是郢人登徒，如今我当班护送象牙床，以献薛公，可是那床价值千金，稍有损坏，即使卖掉了妻室儿女也赔不起。先生不如设法让我免掉这个差使，愿以先人宝剑为报。”公孙戌不假思索，很痛快地答应了。

于是，公孙戌往见孟尝君说：“您准备接受楚人馈送的象牙床吗？”孟尝君点头称是。公孙戌劝他不要这样做。孟尝君向他询问其中的缘故。公孙戌说：“五国之所以把相印授给您，只是因为听说您在齐地有怜恤孤贫的美德，在诸侯中有举世无双的美名，五国君主这才以国事委托，这实在是仰慕您的仁义廉洁。况且您在楚国就接受了象牙床这样的重礼，巡行至其他小国，他们又拿什么样的礼物馈赠于您呢？所以臣希望您万不可受人之礼。”孟尝君觉得很对，就同意了。

公孙戌快步退了出去，走到中门，孟尝君起了疑心，把他叫了回来：“先生叫田文勿受象牙床之礼，这固然是一项很好的建议，但为何先生如此乐不可支呢？”公孙戌见隐瞒不得，便辩解道：“臣有三大喜事，外加得一把宝剑。”孟尝君不解：“先生此话怎讲？”公孙戌说：“您门下食客何止百人，却只有臣敢于进谏，此喜之一；谏而能听，此其二；谏而能止君之过，此其三。而为楚国送象牙床的登徒氏，不愿意送床。他曾答应事成之后，送臣一把先人宝剑。”孟尝君没有恼怒，反露嘉许之色：“先生接受宝剑了没有？”公孙戌说：“没有您的许可，我不敢接受馈赠。”孟尝君催促他：“赶快收下！”

因为这件事，孟尝君在门扇上写道：“谁能传扬田文名声，而谏止田文犯过的，即使私自在外获得珍宝，也可迅速来进谏！”

不侵

※原文

天下轻于身，而士以身为人。以身为人者，如此其重也，而人不知，以奚道相得？贤主必自知士，故士尽力竭智，直言交争，而不辞其患。豫让、公孙弘是矣。当是时也，智伯、孟尝君知之矣。世之人主，得地百里则喜，四境皆贺；得士则不喜，不知相贺：不通乎轻重也。

※译文

天下比自身的生命轻，而士人能用自己的生命来维护他人。士看重的东西不被别人所理解，又怎么能相互融洽呢？贤能的君主必定亲自了解士，所以士竭尽全力，直言相劝，而毫不躲避由此引起的祸患。豫让、公孙弘就是这样的人。在那个时候，智伯、孟尝君了解他们。世上的君主得到百里的土地就非常高兴，四邻也来祝贺；得到士却不高兴，不知道相互庆贺，这都是不知道孰轻孰重啊！

※原文

汤、武，千乘也，而士皆归之。桀、纣，天子也，而士皆去之。孔、墨，布衣之士也，万乘之主、千乘之君不能与之争士也。自此观之，尊贵富大不足以来士矣，必自知之然后可。

※译文

成汤、武王，是诸侯国君，而士人都愿意归附他们。夏桀、商纣，都是天子，而士人都离他们而去。孔子、墨子，都是平民百姓，而无论是拥有万辆马车的君主还是拥有千辆马车的国君都不能和他们争夺士人。由此看来，尊贵、富有不足以使士人来归附，一定要先有自知之明。

※原文

豫让之友谓豫让曰："子之行何其惑也？子尝事范氏、中行氏，诸侯尽灭之，而子不为报；至于智氏，而子必为之报，何故？"豫让曰："我将告子其故。范氏、中行氏，我寒而不我衣，我饥而不我食，而时使我与千人共其养，是众人畜我也。夫众人畜我者，我亦众人事之。至于智氏则不然，出则乘我以车，入则足我以养，众人广朝，而必加礼于吾所，是国士畜我也。夫国士畜我者，我亦国士事之。"豫让，国士也，而犹以人之于己也为念，又况于中人乎？

※译文

豫让的朋友对豫让说："你的行为多么糊涂啊！你曾经侍奉范氏、中行氏，诸侯灭亡了他们，你没有为他们报仇。到了智氏，你一定要为他报仇，这是为什么？"豫让说："我来告诉你缘故。范氏、中行氏两人，在我寒冷的时候没有给我衣服，在我饥饿的时候没有给我食物，总是让我和几千人一起受供养，用一般人的待遇来对待我。既然他们用一般人的待遇来对待我，我也用一般人的方式来对待他们。而智氏则不一样，出外就给我车乘，入门给我足够的奉养，在大庭广众之中，一定要对我的住所表示礼节，是用国士的规格来奉养我。他用国士的规格来奉养我，我就用国士的方式来报答他。"豫让是一个国士，还在乎别人对待自己的态度，又何况一般人呢？

※原文

孟尝君为从，公孙弘谓孟尝君曰："君不若使人西观秦王。意者秦王帝王之主也，君恐不得为臣，何暇从以难之？意者秦王不肖主也，君从以难之未晚也。"孟尝君曰："善。愿因请公往矣。"公孙弘敬诺，以车十乘之秦。秦昭王闻之，而欲丑之以辞，以观公孙弘。公孙弘见昭王，昭王曰："薛之地小大几何？"公孙弘对曰："百里。"昭王笑曰："寡人之国，地数千里，犹未敢以有难也。今孟尝君之地方百里，而因欲以难寡人犹可乎？"公孙弘对曰："孟尝君好士，大王不好士。"昭王曰："孟尝君之好士何如？"公孙弘对曰："义不臣乎天子，不友乎诸侯，得意则不惭为人君，不得意则不肯为人臣，如此者三人。能治可为管、商之师，说义听行，其能致主霸王，如此者五人。万乘之严主辱其使者，退而自刎也，必以其血污其衣，有如臣者七人。"昭王笑而谢焉，曰："客胡为若此？寡人善孟尝君，欲客之必谨谕寡人之意也。"公孙弘敬诺。公孙弘可谓不侵矣。昭王，大王也；孟尝君，千乘也。立千乘之义而不克凌，可谓士矣。

※译文

孟尝君想要合纵，公孙弘对孟尝君说："你不如派人到西边的秦国看看秦王。若是秦王是可以称帝的人，你恐怕连臣子都不能做，还有什么时间进行合纵来为难他？若是秦王是不成器的人，你再合纵也为时不晚。"孟尝君说："对。希望您能替我走一趟。"公孙弘答应了，带了十乘车去了秦国。秦昭王听说了，打算用言辞来羞辱他，来观察公孙弘。公孙弘见到秦昭王。秦昭王说："薛地方圆多大？"公孙弘说："百里。"秦昭王笑着说："我的国家，方圆几千里，还没有敢为难别人。孟尝君区区百里之地，就想为难我了？"公孙弘说："孟尝君喜欢士，大王你不喜欢士。"秦昭王说："孟尝君喜欢的士如何？"公孙弘说："为了道义可不做天子的臣子，不做诸侯的朋友，得意时毫不惭愧地做君主，不得意时不肯做别人的臣子，这样的人有三个。能做管仲、商鞅的老师，宣扬主张能使君主听从，才能足够使君主称霸天下，这样的人有五个。拥有万乘车的君主侮辱了他的使者，退下自刎，一定用自己的血来沾染君主的衣服，有这样的大臣七人。"秦昭王笑着谢罪说："贵客何苦这样？我和孟尝君非常友善，贵客一定把我的心意告诉他。"公孙弘答应了。公孙弘可以算得上不受凌辱的人了。秦昭王可以算得上一国之君，孟尝君只是千辆车的诸侯的国相，能够使千乘车小国不受欺凌，足可以被称为士了。

※读解

"天下轻于身，而士以身为人"，天下比自身要轻，而那士人却可以为了别人把自己的生命丢弃。这样的人有谁能够真正了解呢？孔子、墨子都是平民百姓，而无论是拥有万辆马车的君主还是拥有千辆马车的国君都不能和他们争夺士人。由此看来，尊贵、富有，不足以使士人来归附，要想使富人归附，一定要先有自知之明。

智氏对待豫让的方式与别人不同，以对待国士级的待遇对待豫让，所以豫让对待智氏的方式也是国士级的。这就叫“人敬我一尺，我敬人一丈”，也叫“滴水之恩，当涌泉相报”。这才是真正的士人。

※事例

王斗见齐宣王论士

王斗登门造访，求见齐宣王。齐宣王十分高兴，吩咐侍者接见。王斗说：“我赶上前去见大王是趋炎附势，而大王主动来见我，则是求贤礼士，不知大王意思怎样？”侍者回报。齐宣王赶紧说：“先生慢行，寡人亲自来迎接！”于是快步前去迎王斗入宫。

齐宣王说：“寡人不才，有幸得以侍奉先王宗庙，管理社稷，我平时听说先生能直言进谏，无所讳言。”王斗回答说：“大王听错了，我生于乱世，侍奉昏君，怎么能直言进谏？”齐宣王极为不快，不禁愤然作色。

过了一会儿，王斗说：“先主桓公，有五样爱好，后来九合诸侯，匡扶周室，周天子赐给他封地，承认他为诸侯领袖。现在大王有四种爱好与先主相同。”宣王高兴了，但仍极力谦辞：“寡人才识疏浅，治国安邦还担心力有不及，又怎能有先主的四样爱好？”王斗说：“当然有。先主好马，王也好马；先主好狗，王也好狗；先主好酒，王也好酒；先君好色，王也好色；先主好士，王却不是那样。”齐宣王勉强说：“当今世上没有优秀的人才，寡人如何喜爱他们？”王斗说：“当世没有骐骥、绿耳这样的骏马和卢氏那样的良犬，大王的马匹、猎狗已经够多的了；当世没有毛嫱、西施一类的美女，可大王的后宫已经充盈。大王只是不喜欢贤士而已，哪里是因为当世无贤士？”齐宣王说：“寡人忧国忧民，心里就盼望聘得贤士共治齐国。”王斗进一步说：“臣以为大王忧国忧民远不如爱惜一尺绉纱。”齐宣王问道：“此话怎讲？”王斗回答说：“大王做帽子，不用身边的人而请能工巧匠，原因何在？是因为他们手艺高超，会做帽子。可是现在大王治理齐国，不问才德，非亲不用，故我私下以为在大王心中，国家社稷不若一尺绉纱。”齐宣王顿悟，谢罪道：“寡人于国有罪。”于是，齐宣王选拔五位贤士任职，齐国因而大治。

览

有始览

有始

※原文

天地有始，天微以成，地塞以形，天地合和，生之大经也。以寒暑日月昼夜知之，以殊形殊能异宜说之。夫物合而成，离而生。知合知成，知离知生，则天地平矣。平也者，皆当察其情，处其形。

天有九野，地有九州，土有九山，山有九塞，泽有九薮，风有八等，水有六川。

※译文

天地都有开始，天是轻微之物扩散到太虚中形成的，地是凝滞之物充塞一处而成的，天地阴阳之气的结合，就是万物生长的道理。从寒暑、日月、昼夜就可以知道万物的道理，这从万物的形状、性能就可以说明了。那万物是由阴阳之气结合而成的，阴阳之气分离就生长。了解到万物的生成，就知道天地的秩序了。天地的秩序，都应当通过观察来了解它的本性，接触了才知道它的形状。

天有九个分野，地上有九个州，土有九座山，山有九个关塞，水泽有九个渊薮，风有八个等级，河水有六个大川。

※原文

何谓九野？中央曰钧天，其星角、亢、氐；东方曰苍天，其星房、心、尾；东北曰变天，其星箕、斗、牵牛；北方曰玄天，其星婺女、虚、危、营室；西北曰幽天，其星东壁、奎、娄；西方曰颢天，其星胃、昴、毕；西南曰朱天，其星觜嶲、参、东井；南方曰炎天，其星舆鬼、柳、七星；东南曰阳天，其星张、翼、轸。

※译文

什么是九个分野？中央叫作钧天，包括的星星有角、亢、氐；东方叫作苍天，包括的星星有房、心、尾；东北叫作变天，包括的星星有箕、斗、牵牛；北方叫作玄天，包括的星星有婺女、虚、危、营室；西北叫作幽天，包括的星星有东壁、奎、娄；西方叫作颢天，包括的星星有胃、昴、毕；西南叫作朱天，包括的星星有觜嶲、参、东井；南方叫作炎天，包括的星星有舆鬼、柳、七星；东南叫作阳天，包括的星星有张、翼、轸。

※原文

何谓九州？河、汉之间为豫州，周也；两河之间为冀州，晋也；河、济之间为兖州，卫也；东方为青州，齐也；泗上为徐州，鲁也；东南为扬州，越也；南方为荆州，楚也；西方为雍州，秦也；北方为幽州，燕也。

何谓九山？会稽、泰山、王屋、首山、太华、岐山、太行、羊肠、孟门。

※译文

什么叫作九州？黄河、汉水之间叫作豫州，是周国；清河、西河之间叫作冀州，是晋国；黄河、济水之间叫作兖州，是卫国；东方是青州，是齐国；泗水上游是徐州，是鲁国；东南方是扬州，是越国；南方是荆州，是楚国；西方是雍州，是秦国；北方是幽州，是燕国。

什么是九山？会稽山、泰山、王屋山、首山、太华山、岐山、太行山、羊肠山、孟门山。

※原文

何谓九塞？大汾、冥厄、荆阮、方城、殽、井陉、令疵、句注、居庸。

何谓九薮？吴之具区，楚之云梦，秦之阳华，晋之大陆，梁之圃田，宋之孟诸，齐之海隅，赵之巨鹿，燕之大昭。

何谓八风？东北曰炎风，东方曰滔风，东南曰熏风，南方曰巨风，西南曰凄风，西方曰飂风，西北曰厉风，北方曰寒风。

何谓六川？河水、赤水、辽水、黑水、江水、淮水。

※译文

什么是九塞？大汾关、冥厄关、荆阮关、方城关、殽关、井陉关、令疵关、句注关、居庸关。

什么是九薮？吴国的具区，楚国的云梦，秦国的阳华，晋国的大陆，梁国的圃田，宋国的孟诸，齐国的海隅，赵国的巨鹿，燕国的大昭。

什么是八风？东北的风叫作炎风，东方的风叫作滔风，东南的风叫作熏风，南方的风叫作巨风，西南的风叫作凄风，西方的风叫作飂风，西北的风叫作厉风，北方的风叫作寒风。

什么叫作六川？黄河、赤水、辽河、黑水、长江、淮河。

※原文

凡四海之内，东西二万八千里，南北二万六千里。水道八千里，受水者亦八千里。通谷六，名川六百，陆注三千，小水万数。

凡四极之内，东西五亿有九万七千里，南北亦五亿有九万七千里。

极星与天俱游，而天枢不移。

※译文

大凡四海之内，东西二万八千里，南北二万六千里。水路八千里，流经的区域有八千里。大谷地有六个，有名的河有六百条，内陆河有三千条，小的河流有无数条。

大凡四极之内，东西方向有五亿九万七千里，南北方向有五亿九万七千里。

北极星和天都在转动，而极星的位置不动。

※原文

冬至日行远道，周行四极，命曰玄明。夏至日行近道，乃参于上。当枢之下无昼夜。白民之南，建木之下，日中无影，呼而无响，盖天地之中也。天地万物，一人之身也，此之谓大同。众耳目鼻口也，众五谷寒暑也，此之谓众异。则万物备也。天斟万物，圣人览焉，以观其类。解在乎天地之所以形，雷电之所以生，阴阳材物之精，人民禽兽之所安平。

※译文

冬至那天，太阳在南回归线，围着四极旋转，叫作玄明。夏至那天太阳在北回归线，中午时分正在头顶，没有昼夜之分。白民国之南，立个杆，正午的时候没有影子，呼喊没有回声，大概这就是天地的中心。天地万物如同人的身体一个道理，这叫作大同。那些耳目鼻口，那些五谷寒暑，就叫作众异。众异才有万物。上天把万物注入到宇宙之中，圣人遍视它们，来展示它们的类别，比如天地初始形成的原因，雷电产生的原因，阴阳万物的精气，人民禽兽安乐有秩序的原因。

※读解

天与地的确是中国传统思想最核心的出发点，千万种学说、观点、思想都离不开这两个维度，然后才是人和其他。《周易》开篇的“乾”“坤”两卦就是讲天与地的，不过，对天和地的看重，实际上也是对自然的重视，对自然法则的重视。先讲自然，次讲人，把人当作自然的一部分。这样的自然观，倒是有可取之处的。

※事例

杞人忧天

杞国有个人担忧天会塌下来，地会陷下去，自己的身体无处可藏，因而睡不着觉，吃不下饭。

有一个人前去向他解释：“天是气的积聚，无处没有气。就像你弯腰挺身、呼气吸气，整天在天空中生活，为什么要担忧它崩塌下来呢?”杞人说：“天果真是气的积聚，那日月星辰不会掉下来吗?”那人说：“日月星辰，也是积聚起来的气中有光辉的物体，即使掉下来，也不会伤害什么。”杞人说：“地陷下去怎么办呢?”那人说：“地是土块的积聚，充满了四方空间，无处没有土块。就像你停、走、踩、踏，整天在地上生活，为什么要担忧它陷裂下去呢?”杞人放下心来，十分高兴。

长庐子听说后，笑着说：“虹霓呀，云雾呀，风雨呀，四季呀，这些是气在天上积聚而形成的。山岳呀，河海呀，金石呀，火木呀，这些是有形之物在地上积聚而形成的。知道它们是气的积聚，是土块的积聚，为什么说它不会毁坏呢？天地是宇宙中的一个小物体，但却是有形之物中最巨大的东西。难以终结，难以穷究，这是必然的；难以观测，难以认识，也是必然的。担忧它会崩陷，确实离正确的认识太远；说它不会崩陷，也是不正确的。天地不可能不毁坏，最终总会毁坏的。遇到它毁坏时，怎么能不担忧呢?”

列子听到后，笑着说：“说天地会毁坏的意见是荒谬的，说天地不会毁坏的意见也是荒谬的。毁坏与不毁坏，是我们不可能知道的事情。即使这样，毁坏是一种可能，不毁坏也是一种可能，所以出生不知道死亡，死亡不知道出生；来不知道去，去不知道来。毁坏与不毁坏，我为什么要放在心上呢？”

应同

※原文

凡帝王者之将兴也，天必先见祥乎下民。黄帝之时，天先见大螾大蝼。黄帝曰：“土气胜。”土气胜，故其色尚黄，其事则土。及禹之时，天先见草木秋冬不杀。禹曰：“木气胜。”木气胜，故其色尚青，其事则木。及汤之时，天先见金刃生于水。汤曰：“金气胜。”金气胜，故其色尚白，其事则金。及文王之时，天先见火赤乌衔丹书集于周社。文王曰：“火气胜。”火气胜，故其色尚赤，其事则火。代火者必将水，天且先见水气胜。水气胜，故其色尚黑，其事则水。水气至而不知数备，将徙于土。天为者时，而不助农于下。类固相召，气同则合，声比则应。鼓宫而宫动，鼓角而角动。平地注水，水流湿；均薪施火，火就燥；山云草莽，水云鱼鳞，旱云烟火，雨云水波，无不皆类其所生以示人。故以龙致雨，以形逐影。师之所处，必生棘楚。祸福之所自来，众人以为命，安知其所。

※译文

大凡帝王将要兴起的时候，上天一定会先让人民看到吉祥的预兆。黄帝的时候，上天首先出现了大的蚯蚓和蝼蚁。黄帝说：“土气旺盛。”土气旺盛，因此它的颜色为黄色，事情表现在土上。到大禹的时候，上天首先出现了草木秋冬季不凋谢的情景。大禹说：“木气旺盛。”木气旺盛，因此它的颜色是青色，事情表现在木上。到了成汤的时候，上天首先让金刀出现在水中。成汤说：“金气旺盛。”金气旺盛，因此它的颜色是白色，事情表现在金属上。到周文王的时候，上天首先让红乌鸦衔着丹书聚集在周社。周文王说：“火气旺盛。”火气旺盛，因此它的颜色是红色，事情表现在火上。代替火的一定是水，上天首先表现出水气旺盛。水气旺盛，因此它的颜色是黑色，事情就表现在水上。水气来到却不知道天数已经具备，如果不响应就会转移到土上。上天的行为有时限，不会改变四时去影响农业生产。同类相召，同气相合，同声相应。击宫声就会宫声应和，击角声就会角声应和。往平地上注水，水就会向潮湿的地方渗透；堆柴点火，火就会向干燥的地方燃烧。高山中的云气像草丛，水中的云气像鱼鳞，天旱时云朵就像烟火，下雨时云气就像水波，没有不像它要产生出来给人看的东西的。这就如同龙总是带着雨、影子总是追随着形体一样。军队所到之处，肯定会荆棘丛生。祸福的产生多数人认为是命运，无人知道它形成的缘故。

※原文

夫覆巢毁卵，则凤凰不至；刳兽食胎，则麒麟不来；干泽涸渔，则龟龙不往。物之从同，不可为记。子不遮乎亲，臣不遮乎君。君同则来，异则去。故君虽尊，以白为黑，臣不能听；父虽亲，以黑为白，子不能从。黄帝曰："芒芒昧昧，因天之威，与元同气。"故曰同气贤于同义，同义贤于同力，同力贤于同居，同居贤于同名。帝者同气，王者同义，霸者同力，勤者同居则薄矣，亡者同名则粗矣。其智弥粗者，其所同弥粗；其智弥精者，其所同弥精。故凡用意不可不精。夫精，五帝三王之所以成也。成齐类同皆有合，故尧为善而众善至，桀为非而众非来。《商箴》云："天降灾布祥，并有其职。"以言祸福人或召之也。故国乱非独乱也，又必召寇。独乱未必亡也，召寇则无以存矣。

※译文

巢倾覆了，里面的鸟卵也破了，那么凤凰就不会来；杀死野兽吃腹中的胎儿，那么麒麟就不会来；把水泽淘干抓鱼，那么龟龙就不会来。物以类聚的现象，数不胜数。儿子不被父亲遏制，大臣不被君主遏制。君主是同类就归附他，不是同类就离开。因此君主虽然非常尊贵，把白色当作黑色，大臣就不听从。父亲虽然亲近，把黑色当作白色，儿子就不听从。黄帝说："广大无垠啊，顺应了上天的威德，和天地初始时同气息。"因此说气相同比义相同好，义相同比力相同好，力相同比居住在一起好，居住在一起比名称相同好。与天同气的称帝，与天同义的称王，与人同力的称霸，勤劳的人与物共同生活在世上所得就菲薄了，灭亡的只有同名没有同实。智慧越粗疏，和其他物相同之处就越粗疏；智慧越精微，相同之处就越精微。所以凡事用心不可不精微。精微是五帝三王之所以能成就大业所凭借的。成齐类同都有相合，所以，尧做善事而众多善行都来了，桀做坏事而众多坏事都来了。《商箴》上说："上天降下灾难、吉祥，都有它的标志。"说的就是祸福都是人招致的。因此国家混乱不只是乱，还会招致敌人的侵犯。光是混乱不会灭亡，敌人来犯就没有办法保全了。

※原文

凡兵之用也，用于利，用于义。攻乱则脆，脆则攻者利；攻乱则义，义则攻者荣。荣且利，中主犹且为之，况于贤主乎？故割地宝器，卑辞屈服，不足以止攻，惟治为足。治则为利者不攻矣，为名者不伐矣。凡人之攻伐也，非为利则因为名也。名实不得，国虽强大者，曷为攻矣？解在乎史墨来而辍不袭卫，赵简子可谓知动静矣！

※译文

大凡用兵，应该用到有利上，运用到道义上。攻打混乱的国家，对方就屈服，屈服了就对进攻者有好处；攻打混乱的国家属于义举，那攻伐的国家就得到荣耀了。

荣耀又有利益，一般的君主尚且去做，何况贤能的君主？因此割地献出宝物，言辞卑下地屈服，不足以阻止进攻，唯有治理好国家才能制止进攻。治理好国家，为利益而战的国家就不会来进攻，为名声而战的国家就不会来讨伐了。大凡人的攻伐，不是为了利益就是为了名声。名和实都得不到，国家即使强大，又为什么要攻战呢？如史墨来使赵简子停止军事行动，不攻打卫国，赵简子算是知晓用兵之道了。

※读解

把天上的星象同人间世事的吉凶联系起来，对此做出带有某种神秘色彩的解释，并且进一步把天象看作神的意志的体现，对天顶礼膜拜，这是中国古人的思维习惯。那时没有天文望远镜，没有相关的科学知识，按古人的思维习惯，绝不可能把顶礼膜拜的对象当作认识、研究和探索的对象。在今天看来，简单明了的自然现象对古人来说意义却非同寻常。神的意志通过自然现象表现出来，便成了对人行为举止的启示。大凡自然界和人类社会中超出人们想象力和理解力的事物，都可以按这种“天人感应”的思路来解释。这样一来，人们的行为举止就有了依据。掌握着财富、权力、知识的王公贵族需要这样，普通的平民百姓也需要这样。

天文望远镜早把自然奥秘和神的实质看透了，但人在现实生活中需要某种精神支撑，这却是天文望远镜无法解决的问题。我们大可不必再像古人那样信奉“天人感应”的教条，也不信上天只对“大人”“君子”显灵。然而，好人得好报，上天保护善良的好人们，恐怕是许许多多善良的普通人宁可坚信的理想吧！从这个意义上来理解，“吉人自有天相”不也很好吗？

※事例

宋元王救龟称霸诸侯

相传在宋元王二年，有人献给宋元王一只龟，大家建议宋元王杀掉龟，宋元王不忍，派人将其放入江河之中。一日夜里，宋元王做了一个梦，梦里有人对宋元王说：“我被放进河里，一路顺流而下，至泉阳时，被打鱼之人豫且给网了上来。我现在身陷危难之中，无计可施。想来想去，还是大王宅心仁厚，所以只得来求助于大王，希望大王能够帮一帮我。”宋元王醒来后觉得非常奇怪，就召来博士卫平，希望能够为他解梦。

卫平听了宋元王的叙述后，起身步出庭外，对天象和周围景物详加观察，又拿出卜卦的器具进行推算。然后沉思良久，对宋元王说：“大王梦中所见，乃是前日被放逐的神龟，至于进一步的说法，我想还是等到证实之后，再下结论。”宋元王认为卫平的建议不错，于是派使者急速赶往泉阳。

使者对泉阳县令说："不知泉阳有多少专门靠捕鱼为生的人，其中是否有个叫豫且的？大王在梦里梦见一位叫豫且的人，捕得一只神龟，希望你能迅速查明此事。"

泉阳县令立即派人查访，治所有五十五户渔人，而在河的上游，果真有一人名叫豫且。泉阳县令和宋元王的使者，立即飞马直奔豫且家中，问豫且："你近日可曾捕得什么东西？"

豫且答："前日半夜时，网得一只龟，还被我装在笼子里。"使者和阳泉县令去看过了龟，向豫且讲述了宋元王做梦的情由，豫且不敢有违，把龟交给了宋元王使者。使者带着龟，马不停蹄地赶回都城，将龟献给了宋元王。

宋元王接过龟，刚把它放在地上，龟便伸长了脖子，向宋元王走出三步，突然止步不前，缩回了脖子。就在人们都莫名其妙时，龟又照着先前的样子，重复做了几遍，仿佛有灵性一般。

宋元王惊诧不已，就问卫平："这只龟看见我后，伸长了脖子向前走，这是什么意思呢？它继而又止步缩颈，又如何解释？"

卫平回答说："这龟被人捉住后，心知性命不保，幸蒙大王所救，伸颈向前，表示感激大王。后又缩脖而回，是想向大王告辞了。"宋元王大喜，说："一只龟，居然有如此灵性。我们千万别让它失望，这就放它走吧！"

卫平却说："此龟生于很深很深的水里，长于黄土之上，至今已有三千多岁的高龄，能知天地万物之道，明察上下千年之事。有人说，龟乃天下之至宝，得龟之人，必然攻无不克、战无不胜，最终贵为天子。请大王不要放走了它。若诸侯知道大王得此神龟，必定会臣服于大王！"

宋元王说："神龟既然为灵性之物，降之于上天，深藏于大海。它在患难之时，认为我仁厚忠信，这才来向我求助。假如我辜负了它，那么，就和一般的渔人没什么两样了。渔人贪其肉，寡人贪其利。他们的行为是不仁，我的行为就是无德，又哪里能有福气可言呢？我是不忍心留下这只龟的，还是快叫人放了它吧！"

宋元王得神龟的消息不胫而走，诸侯闻风而相投者，越来越多。偶有人不服，而又有意挑衅的，宋元王就派兵讨伐，皆战无不胜、攻无不克。宋国终于成为最强盛的诸侯。但不知是否真是神龟相助之功？

去尤

※原文

世之听者，多有所尤。多有所尤，则听必悖矣。所以尤者多故，其要必因人所喜，与因人所恶。东面望者不见西墙，南乡视者不睹北方，意有所在也。

※译文

世上的人听人说话，大多有局限。多有局限，那么听到的就有所偏差。产生局限的原因比较多，主要的原因必定是人有所爱好、有所憎恶。向东望的看不见西面的墙，向南望的看不见北方，因为他的心意在那个方向。

※原文

人有亡𫓧者，意其邻之子。视其行步，窃𫓧也；颜色，窃𫓧也；言语，窃𫓧也；动作态度，无为而不窃𫓧也。抇其谷而得其𫓧，他日，复见其邻之子，动作态度，无似窃𫓧者。其邻之子非变也，己则变矣。变也者无他，有所尤也。

※译文

从前有个人，丢了一把斧子。他怀疑是邻居家的儿子偷去了，观察那人走路的样子，像是偷斧子的；看那人的脸色表情，也像是偷斧子的；听他的言谈话语，更像是偷斧子的。那人的一言一行、一举一动，无不像是偷斧子的。后来，丢斧子的人在山谷里挖地时，掘出了那把斧子，再留心察看邻居家的儿子，就觉得他的一言一行、一举一动，都不像偷斧子的了。邻居的儿子没有改变，是他自己改变了。变化的原因不是别的，而是原来的偏见破除了。

※原文

邾之故法，为甲裳以帛。公息忌谓邾君曰："不若以组。凡甲之所以为固者，以满窍也。今窍满矣，而任力者半耳。且组则不然，窍满则尽任力矣。"邾君以为然，曰："将何所以得组也？"公息忌对曰："上用之则民为之矣。"邾君曰："善。"下令，令官为甲必以组。公息忌知说之行也，因令其家皆为组。人有伤之者曰："公息忌之所以欲用组者，其家多为组也。"邾君不说，于是复下令，令官为甲无以组。此邾君之有所尤也。为甲以组而便，公息忌虽多为组，何伤也？以组不便，公息忌虽无为组，亦何益也？为组与不为组，不足以累公息忌之说，用组之心，不可不察也。

※译文

邾国的旧法规定，制作甲衣甲裳用帛作为连缀的材料。公息忌对邾国君主说："不如用丝带。大凡战甲的牢固，是因为它的洞窍都塞满了。现在洞窍满了，可它的承受能力却只是一半。那丝带则不是这样，洞窍塞满就有足够的承受能力。"邾国君主认为他说得正确，就说："怎样才能得到丝带呢？"公息忌回答："君主用这种东西，下面的人也就做它了。"邾国君主说："好。"于是下令，命令官员必须用丝带做成战甲。公息忌知道自己的建议得到实施，就命令家里都做丝带。有人中伤他说："公息忌之所以想要用丝带，是由于他家人大多是做丝带的。”邾国君主不高兴了，于是又下令，命令官员不能用丝带做成战甲。这邾国君主有所局限。用丝带做成战甲比较合适，公息忌即使多做了些丝带，有什么妨碍呢？若是丝带做成的战甲不合适，公息忌即使没有丝带，又有什么好处呢？用丝带和不用丝带，不值得牵动公息忌的建议，用丝带的心意不能不考察。

※原文

鲁有恶者，其父出而见商咄，反而告其邻曰：“商咄不若吾子矣。”且其子至恶也，商咄至美也。彼以至美不如至恶，尤乎爱也。故知美之恶，知恶之美，然后能知美恶矣。《庄子》曰：“以瓦投者翔，以钩投者战，以黄金投者殆。其翔一也，而有所殆者，必外有所重者也。外有所重者泄，盖内掘。”鲁人可谓外有重矣。

※译文

鲁国有个相貌丑陋的人，他的父亲出门见到商咄，回来告诉他的邻居说：“商咄不如我的儿子。”其实他的儿子实在非常丑陋，商咄非常美丽。他把非常美丽看得不如非常丑陋，是囿于爱护的心理。因此知道美丽之中的丑陋，知道丑陋之中的美丽，然后才能知道美丽和丑陋。《庄子》说：“用不值钱的瓦做赌注时，赌技很好；用比瓦值钱的钩做赌注时，心中就很紧张了；用黄金做赌注时，心绪就紧张到极点了，赌技就不精了。技艺的巧妙是一个方面，而心中的害怕，一定是有外在的压力。有外在压力的人，赌博时内心就笨拙，不能充分发挥自己的赌技。”那个鲁国人可以说是心中有压力了。

※原文

解在乎齐人之欲得金也，及秦墨者之相妒也，皆有所乎尤也。老聃则得之矣，若植木而立乎独，必不合于俗，则何可扩矣。

※译文

举例说，齐人想得到金子，和秦国的墨家学者相互嫉妒，都是因为心中有所局限。老聃就没有局限，就像直立的树木，遗世而独立，必定不合于俗，那么他有什么可以扩展到心中成为局限呢！

※读解

世上的人听人说话，大多有局限。多有局限，那么所听到的就有所偏差。有局限的原因很多，大都是因为人的内心有所爱憎，就像那个丢了斧头的人一样，像那个自认为自己的儿子比商咄还要漂亮的鲁国人一样。这些都是由于他们的内心有所爱憎，才会产生这么大的偏差。

在治理国家的时候，这种偏差是一定要避免的，不然就会像郝国君主一样，不从实际出发，置国家利益于不顾，这才是真正的昏君呢！

※事例

皇太极任用汉人得天下

皇太极继位之后，一改前辈们对汉族官员的排斥政策，开始重用汉人。首先，皇太极积极纳谏，对大凡汉族官员的建议都采取重视的态度。汉族人胡贡时进言："现在八旗旗主权重，这就像十羊九牧，大权旁落，很难长治久安。"皇太极听了后，认为胡贡时说得非常正确，决心结束"旗主林立"的局面，重用汉族官员，汲取汉官的统治经验，建立一套完整的封建制度。

汉官宁完进谏："要学习明朝的典章制度，按照后金的具体情况，订立大典。每天都要众官到可汗面前朝拜，随后议事，逐渐成为全国的制度，为以后攻入关内、统一天下作准备。"皇太极就根据他的建议，建立起了典章制度，中央的权力就得到了加强。

其次，皇太极不仅用高官厚禄招徕明朝的文臣武将，而且还不断把汉族官员吸收到中央行政机构中去，委以重任，授予实权。

皇太极还设立了吏、户、兵、刑、工等部，除了各部主政由满族官员担任外，下属的承政等重要官职，都由一定数量的汉官担任。

皇太极又将以前的文馆改为内国史馆、内秘书院、内弘文院。每院设置大学士一人，下设学士、举人等官。

汉官范文程就担任过内秘书院大学士，负责代替君主撰写文书，收纳各衙门的奏疏。范文程深得皇太极的宠信，机密大事都交给他处理，一切重大决策都少不了他。

此外，皇太极还任命汉族官员统领军队，正式建立了汉族旗。到公元 1642 年，汉军八旗建制完成，委任汉官祖泽润、刘云源等担任八旗的长官。

皇太极又采取了科举考试、招纳明朝投降的文武将官等措施，不断扩大汉族官员的队伍。他命令满、汉、蒙古族官员，若发现有特长之人，被推举者无论是什么人，一律委以重任。明朝的降臣，只要有真才实学的，他也都提拔，加以重用。结果，满汉两族对立的局面被解除了，彼此成为一体，巩固了清朝的统治。

听言

※原文

听言不可不察，不察则善不善不分。善不善不分，乱莫大焉。三代分善不善，故王。今天下弥衰，圣王之道废绝。世主多盛其欢乐，大其钟鼓，侈其台榭苑囿，以夺人财；轻用民死，以行其忿。老弱冻馁，夭瘠壮狡，汔尽穷屈，加以死虏。攻无罪之国以索地，诛不辜之民以求利，而欲宗庙之安也，社稷之不危也，不亦难乎？今人曰："某氏多货，其室培湿，守狗死，其势可穴也。"则必非之矣。曰："某国饥，其城郭庳，其守具寡，可袭而篡之。"则不非之。乃不知类矣。《周书》曰："往者不可及，来者不可待，贤明其世，谓之天子。"故当今之世，有能分善不善者，其王不难矣。善不善本于义，不于爱。爱利之为道大矣。夫流于海者，行之旬月，见似人者而喜矣。及其期年也，见其所尝见物于中国者而喜矣。夫去人滋久，而思人滋深欤！乱世之民，其去圣王亦久矣。其愿见之，日夜无间。故贤王秀士之欲忧黔首者，不可不务也。

※译文

听人说话不可以不仔细考察，不仔细考察就辨别不了好坏。好坏不分，没有比这更混乱的。三代分辨了好坏，才得以称王。现在天下越来越衰落，圣王的道路已经荒废灭绝。世上的君主大多纵容奇观壮丽的乐曲增多，钟鼓也增加了，台榭苑囿极尽奢华，因而掠夺人民的财产，随便役使人民致死，来发泄自己心中的愤怒。老弱的人受冻挨饿，年轻体壮的人被折磨得夭折瘦弱，极尽穷屈，最终成为俘虏。攻打没有过错的国家来获得地方，诛杀无辜的人来牟取利益，却想要宗庙安宁、社稷不危险，不是太难了吗？现在有人说："某人有许多财货，他屋子的后墙潮湿，看守的狗也死了，这情形可以挖洞进去。"人们一定会非议他。若是说："某个国家饥荒，它的城市低矮，它的守备比较少，可以袭击而夺取它。"就不会非议他，这是不知道此为同一类型。《周书》上说："离开的不能追上，将来的不能等待，通晓世道规律的人，就可以叫作天子。"因此，当今世上，能够分辨好坏的，要想称王不难。好和不好的根本是义，不是爱。爱和利作为一种道理，是根本所在。在海上漂流了十天、一个月的人，看见像人的东西就欢喜。等到一年之后，看见他曾经在中原见过的东西就十分高兴。离开人越久，想人就越深。乱世的人民离开圣王很久了，他们不分白天黑夜地想见到圣王，所以贤明的君主和优秀的士人之中，想要为百姓考虑的，一定要努力啊。

※原文

功先名，事先功，言先事。不知事，恶能听言？不知情，恶能当言？其与人谷言也，其有辨乎，其无辨乎？造父始习于大豆，蜂门始习于甘蝇，御大豆，射甘蝇，而不徙人以为性者也。不徙之，所以致远追急也，所以除害禁暴也。凡人亦必有所习其心，然后能听说。不习其心，习之于学问。不学而能听说者，古今无有也。解在乎白圭之非惠子也，公孙龙之说燕昭王以偃兵及应空洛之遇也，孔穿之议公孙龙，翟翦之难惠子之法。此四士者之议，皆多故矣，不可不独论。

※译文

先有功绩后有名声，先有举动后有功绩，先有言论后有举动。没有了解事情的真实情况，怎么能听信他的言论？不了解事情的情由，怎么能使言论和事实相符呢？如果不能这样，那人言和鸟言，是有区别，还是没有区别呢？造父开始向大豆学驾驶车马，蜂门开始向甘蝇学习射箭，又跟随大豆学驾车，跟随甘蝇学射箭仍不改变。人们将这种坚定作为一种品行。不随大流而改变，这就是他能学到致远疾驰的驭术、除害禁暴的射术的原因。大是凡人，都必须在心中反复练习，然后才能听别人讲。不在心中反复练习，就要反复学，反复问。不通过学习就能听从别人所说的，从古到今都没有。这个道理体现在白圭非难惠子，公孙龙劝说燕昭王停战以及如何应对秦赵的空洛盟约，孔穿议论公孙龙，翟翦非难惠子的观点。这四个士人的议论，都包含很多巧智，不可不考察。

※读解

听人说话不可以不仔细考察，不仔细考察就辨别不了好坏。好坏不分，没有比这更混乱的。《周书》上说："往者不可及，来者不可待，贤明其世，谓之天子。"

真正的天子先有功绩后有名声，先有举动后有功绩，先有言论后有举动。那么，怎么能听信他的言论？不了解事情的缘由，怎么能使言论和事实相符呢？如果不能这样，那人言和鸟语，是有区别，还是没有区别呢？这就需要学习了，只有通过认真学习，才能了解知识，再经过反复练习，才算得上真正掌握了事物的本质！

※事例

蔡泽片言夺得相位

河东郡郡守王稽因犯通敌罪被判弃市，应侯范雎为此闷闷不乐。秦昭襄王嬴稷长叹，范雎询问其缘故，秦昭襄王说："现在武安君白起已死，郑安平、王稽等又都背叛了朝廷，国家内无良将，外却有许多敌国，我因此而忧虑！"范雎颇为恐惧，无言以对。

燕国的客卿蔡泽听说了这件事，便向西进入秦国，让人向范雎扬言说："蔡泽是天下能言善辩之士，他一见到秦王，就必会使您为难，进而夺取您的位置。"范雎闻言十分恼怒，便遣人召蔡泽来见。蔡泽来见时，态度傲慢不敬，使范雎大为不快，因此斥责他说："你扬言要取代我做秦国的相国，那就让我听听你的高见。"蔡泽说："天哪！你的应对何等迟缓啊！四个季节按春生、夏长、秋实、冬藏的次序，各完成它的功能而转换下去。你难道没有看到秦国的商鞅、楚国的吴起、越国的文种的下场吗？你有什么值得跟他们一样呢？"

范雎故意辩驳说："有什么不可以的！这三个人的表现是节义的准则，忠诚的典范呀！君子可以杀身成名，并且死而无憾。"蔡泽说："人们要建功立业，怎么会不期望功成名就、全身而退呢！性命与功名都能保全的，是上等的期望；功名可以为后人景仰效法而性命却已失去的，就次一等了；声名蒙受耻辱而自身得以苟全的，便是最下一等了。商鞅、吴起、文种，他们作为臣子，竭尽全力忠于君主取得了功名，这是可以为人仰慕的。但是闳夭、周公不也是既忠心耿耿而又道德高尚、智慧过人吗？那三人虽然令人仰慕，但又哪里比得上闳夭、周公啊？"范雎认同地说："是啊！"

蔡泽说："如此说来，你的国君在笃念旧情、不背弃有功之臣这点上，能与秦孝公、楚悼王、越王相比吗？"范雎说："我不知道能不能比。"蔡泽说："那么你和我所提的那三人相比，谁的功绩更大呢？"范雎说："我不如他们。"蔡泽说："这样的话，如果您还不引退，那将遇到的灾祸恐怕要比那三位更严重了。俗话说：'太阳升到中天就要偏斜而西，月亮圆满了即会渐见亏缺。'进退盈缩，必须随时势的变化进行调整以求适应，这是圣人的法则。现在你的仇已报，恩也报了，心愿已得到满足却还不作变更的打算，我私下很为你担忧呀！"

范雎于是将蔡泽奉为上宾，并把他推荐给秦昭襄王。秦昭襄王召见蔡泽，与他交谈，十分高兴，便授予了他客卿的职位。范雎随即以生病为借口辞去了相国之职。秦昭襄王一开始就赞赏蔡泽的计策，便任命他为相国。

谨听

※原文

昔者禹一沐而三捉发，一食而三起，以礼有道之士，通乎己之不足也。通乎己之不足，则不与物争矣。愉易平静以待之，使夫自得之；因然而然之，使夫自言之。亡国之主反此，乃自贤而少人。少人则说者持容而不极，听者自多而不得。虽有天下，何益焉？是乃冥之昭，乱之定，毁之成，危之宁。故殷周以亡，比干以死，悖而不足以举。故人主之性，莫过乎所疑，而过于其所不疑；不过乎所不知，而过于其所以知。故虽不疑，虽已知，必察之以法，揆之以量，验之以数。若此则是非无所失，而举措无所过矣。

※译文

从前大禹洗一次头，三次握着发，吃一次饭，三次起身，用礼节来接待有道之人，弥补自己的不足之处。要弥补自己的不足之处，就不要和别人争高下。平静愉快地对待他，使他自得其乐；顺从自然地教导他，使他自己开口。亡国的君主与此相反，自以为是而轻视人。轻视人，那说的人就会拘谨而不能充分表达意见，听的人自以为是而无所得。虽然拥有天下又有什么好处呢？这是拿糊涂当作明白，拿混乱当作安定，拿毁灭当作成功，拿危险当作宁静。所以，殷周因此而灭亡，比干因此而死去，亡国的君主糊涂混乱不足以和他一起做事。所以君主的忧患，不是在他怀疑的事情上出错，而恰恰错在他毫不怀疑的事情上；不错在他不知道的事情上，而恰恰错在他已经知道的事情上。因此，虽然是不怀疑的、已经知道的事，都一定要用法度去察量，用尺度来衡量，用数术来检验。如果做到这样，就不会是非不分、举措不当了。

※原文

夫尧恶得贤天下而试舜？舜恶得贤天下而试禹？断之于耳而已矣。耳之可以断也，反性命之情也。今夫惑者，非知反性命之情，其次非知观于五帝三王之所以成也，则奚自知其世之不可也？奚自知其身之不逮也？太上知之，其次知其不知。不知则问，不能则学。《周箴》曰："夫自念斯学，德未暮。"学贤问，三代之所以昌也。不知而自以为知，百祸之宗也。名不徒立，功不自成，国不虚存，必有贤者。贤者之道，牟而难知，妙而难见。故见贤者而不耸，则不惕于心。不惕于心，则知之不深。不深知贤者之所言，不祥莫大焉。

※译文

尧为什么能贤明于天下而任用舜？舜为什么能贤明于天下而任用禹？靠的不过是耳闻而已。耳闻就能判断，是因为他能根据事物的真实情况。如今的糊涂人，不知道根据事物的本性来判断；其次是不懂得借鉴三皇五帝成功的办法，又从何得知当今的时代赶不上尧舜时代呢？从何得知自己赶不上尧舜的贤明呢？第一位是自知，第二位是知道自己无知。无知就问，不能就学习。《周箴》上说："自己愿意做这件事情，学习道德没有晚的时候。"向贤明学习，不知就问，这是三代兴旺的原因。无知却又自认为知道，这是所有祸患的起源。名声不能虚立，功绩不能自吹，国家不能空有虚名，一定要有贤明的人才能这样。贤明之人的道德，深奥难以认识，微妙难以看见。因此，看见贤明的人不恭敬，不小心谨慎、不动于心就不能深刻了解他。不能深刻了解他，就不知道贤明之人的学说，没有比这更不好的了。

※原文

主贤世治，则贤者在上；主不肖世乱，则贤者在下。今周室既灭，而天子已绝。乱莫大于无天子。无天子，则强者胜弱，众者暴寡，以兵相残，不得休息。今之世当之矣。故当今之世，求有道之士，则于四海之上，山谷之中，僻远幽闲之所，若此则幸于得之矣。得之，则何欲而不得？何为而不成？太公钓于滋泉，遭纣之世也，故文王得之而王。文王，千乘也；纣，天子也。天子失之，而千乘得之，知之与不知也。诸众齐民，不待知而使，不待礼而令。若夫有道之士，必礼必知，然后其智能可尽。解在乎胜书之说周公，可谓能听矣；齐桓公之见小臣稷，魏文侯之见田子方也，皆可谓能礼士矣。

※译文

君主贤明，世道太平，那么贤德之人就处在上位；君主不贤明，世道混乱，那么贤德之人就处在下位。现在，周王室已经灭亡，天子已经断绝。世道混乱，没有比无天子更严重的了。没有天子，那么势力强的就会压倒势力弱的，人多的就会欺凌人少的，他们出动军队互相残杀，人民得不到休养生息的机会。当今的社会正是这样的情形。所以，当今之世，要寻找有道之人，就要到四海边、山谷中和偏远幽静的地方，这样或许还能找到他们。有了这样的人，那么想要什么不能得到？想做什么不能成功呢？姜太公在滋泉钓鱼，是因为遇到了纣当天子的时代。周文王得到了他，因而能称王天下。周文王是诸侯，而纣是天子。天子失去了姜太公，而诸侯却得到了姜太公。这是因为一个知道求贤，一个不知道求贤。对于一般的平民百姓，不待了解他们，就可使用他们；不用以礼相待，就可命令他们。对待有道之人，则一定要有礼貌，一定要知遇他们，然后，他们才肯尽其聪明才智来辅佐你。这个道理体现在胜书劝说周公这件事上，周公可以说是能倾听别人意见的人了。这个道理还体现在齐桓公去见小臣稷、魏文侯去见田子方上。这些君主都可以说是能礼贤下士的了。

※读解

大禹洗一次头发，三次握着头发，吃一次饭，三次起身，用礼节来接待有道之人，来弥补自己的不足之处。《周箴》上说："自己愿意做这件事情，学习道德没有晚的时候。"尧为什么能贤明于天下而任用舜？舜为什么能贤明于天下而任用禹？靠的不过是耳闻而已。耳闻就能判断是因为他能根据事物的本来情况。如今的糊涂人，不知道根据事物的本性来判断；其次是不懂得借鉴三皇五帝成功的办法，又从何得知当今时代赶不上尧舜时代？从何得知自己赶不上尧舜的贤明呢？第一位是自知，第二位是知道自己无知。无知就问，不能就学习。

战国时代，周王室已经灭亡，天子已经断绝。世道混乱没有比无天子更严重的了。没有天子，那么势力强的就会压倒势力弱的，人多的就会欺凌人少的，他们出动军队互相残杀，人民得不到休养生息的机会。这就需要一位真正的天子出现，拯救万民于水火之中。

※事例

李斯上书谏秦王

秦王嬴政十年的时候，吕不韦被罢免相国之职，离开京城，来到他的封国河南洛阳。

秦国的王族大臣们都说："各诸侯国到秦国来做官谋职的人，大都是为自己的君主来游说，以挑拨离间我们君臣上下之间的关系，因此，请大王将他们一律驱逐出境。"于是，秦王下令全国实行大搜索，驱逐外来人。

客卿楚国人李斯也在被逐之列，他在临离开前上书秦王说："从前秦穆公招纳贤才，由西部戎地选得由余，东方宛城物色到百里奚，在宋国迎来了蹇叔，在晋国寻求到丕豹和公孙枝，为此，秦国得以兼并二十多个封国，而称霸西戎；孝公任用商鞅实行变法，使各国亲和服从，以至今日天下大治，国势强盛；惠王采纳张仪的策略，拆散六国的合纵联盟，使它们为秦国效力；昭王得到范雎的辅佐，加强了王室的权力，遏制了贵族家族的势力。这四位君王都是依靠客卿的作用而建功立业的。如此看来，客卿有什么地方辜负了秦国啊！美色、音乐、珠宝、美玉都不产在秦国，大王享受的却很多。但你对人的取舍偏不是这样，不问可不可用，不论是非曲直，凡非秦国人就一概不用，凡是客卿就一律驱逐。以此来说，你只是看重美色、音乐、宝珠、美玉等物质享受，而轻视人才了。我听说泰山不辞细小的泥土，故能成就其巍峨；河海不择细流，故能成就其深广；圣贤的君王不抛弃民众，故能明示他的恩德。这便是三皇五帝之所以能无敌于天下的原因。现在您抛弃那些非秦国籍的平民百姓，使他们去帮助敌国；辞退那些外来的宾客，令他们去为各诸侯效力，这就是所谓的把武器借给入侵者，把粮秣送给盗匪了。"嬴政看了李斯的这封信，立即召他入见，恢复他的官职，并撤销了逐客令。

此时李斯已走到了骊邑，他接到秦王诏令后即刻回返。嬴政后来采纳了李斯的计策，暗中派遣能言善辩的人携带金玉珠宝去游说各国国君。对各国有名望、有势力的人，凡是可以用钱财贿赂的，嬴政便出重金收买回来，结交他们；凡是不肯受贿的，便持利剑刺杀他们。同时秦王还命人挑拨各国国君与臣民之间的关系，离间他们的感情，然后派良将率兵攻打各国。这样，几年之内，秦国终于兼并了天下。

务本

※原文

尝试观上古记，三王之佐，其名无不荣者，其实无不安者，功大也。《诗》云："有唵凄凄，兴云祁祁。雨我公田，遂及我私。"三王之佐，皆能以公及其私矣。俗主之佐，其欲名实也，与三王之佐同，而其名无不辱者，其实无不危者，无公故也。皆患其身不贵于国也，而不患其主之不贵于天下也；皆患其家之不富也，而不患其国之不大也。此所以欲荣而愈辱，欲安而益危。安危荣辱之本在于主，主之本在于宗庙，宗庙之本在于民，民之治乱在于有司。《易》曰："复自道，何其咎，吉。"以言本无异，则动卒有喜。今处官则荒乱，临财则贪得，列近则持谏，将众则罢怯，以此厚望于主，岂不难哉？

※译文

曾经察看古书，三王的辅佐之臣，他们的名声没有不荣耀的，他们的身家没有不安定的，是由于他们的功劳大。《诗经》上说："阴云凄凄，雨下得哗哗响。下到公田里，惠及我的私田。"三王的辅佐之臣，都能够由于为公而后也得到了私利。乱世君主的辅佐之臣，他们想名声和利益都和三王的辅佐之臣相同，然而他们的名声没有不受辱的，他们的身家没有安定的，因为他们不实行公义。他们都担心自己的身份在国内不高贵，而不担心自己的君主不是天下最尊贵的；他们担心自己的家不富足，却不担心他们的国不强大。这就是想要荣耀却越加得到耻辱、想要安全却越加危险的原因。安危荣辱的根本在于君主，君主的根本在于宗庙，宗庙的根本在于人民，人民的安定或混乱在于官员。《易经》上说："天行一周又开始，没有什么灾祸，吉祥。"说的是根本上没有什么变化，那么举动就会成功。现在的人当官就无视法度，在财产面前就贪婪，位高就不听劝告，率领军队就怯懦打败仗，这样还想得到君主的厚赏，难道不是很难吗？

※原文

今有人于此，修身会计则可耻，临财物资尽则为己，若此而富者，非盗则无所取。故荣富非自至也，缘功伐也。今功伐甚薄而所望厚，诬也；无功伐而求荣富，诈也。诈诬之道，君子不由。人之议多曰："上用我，则国必无患。"用己者未必是也，而莫若其身自贤。而己犹有患，用己于国，恶得无患乎？己，所制也；释其所制而夺乎其所不制，悖。未得治国治官可也。若夫内事亲，外交友，必可得也。苟事亲未孝，交友未笃，是所未得，恶能善之矣？故论人无以其所未得，而用其所已得，可以知其所未得矣。

※译文

如今有人认为修养身心和理财廉洁是可耻的事，把财物据为己有，像这样富有的，不靠盗取他就没有办法获得。荣华富贵不是自然就得到的，凭借的是攻伐的功绩。如今功劳很少而希望很高，这是欺骗；没有功劳还求取荣华富贵，这是欺诈。欺诈的方法，君子不用。人们大多说："君主用我，国家就没有什么可担忧的了。"想让君主任用自己，不必自我表白，不如使自己贤能。自己都还有可担忧的，用于国家，国家怎么会无忧呢？自身可以控制的，不去控制它，而去夺取自己不能控制的，太荒谬了。这种人没能得到治理国家和百官的职务就对了。像这样的人，在家里侍奉父母，在外结交朋友，是可以做好的。假如对父母不孝顺，对朋友不忠诚，是没能自善其身。做不到自善其身，又怎么能治理好国家？所以，评论一个人，不能用他没有得到的东西来衡量他，而应该从他已经得到的东西来衡量，就可以知道他未得到而一旦得到时会是什么样了。

※原文

古之事君者，必先服能，然后任；必反情，然后受。主虽过与，臣不徒取。《大雅》曰："上帝临汝，无贰尔心。"以言忠臣之行也。解在郑君之问被瞻之义也，薄疑应卫嗣君以无重税。此二士者，皆近知本矣。

※译文

古代的侍奉君主的大臣，一定要先具备能力然后才能承担重任，一定要自我反省才能接受爵位。君主虽然奖赏过分了，大臣也不会无功受禄。《大雅》上说："上天宠幸你，不敢有疑心。"这说的是忠臣的行为。例如，郑国君主问被瞻道义的事情，薄疑劝卫嗣君不要收重税。这两个人，都接近知道什么是根本。

※读解

"有唵凄凄，兴云祁祁。雨我公田，遂及我私"，意思是，阴云凄凄，雨下得哗哗。下到公田里，惠及我的私田。在战国后期，人们不再单独地奢谈什么公家了，也会涉及私人的利益。

本文不回避私利的问题，因为人都是有私心的，那么公利和私利之间该怎么抉择呢？这就是国家利益、集体利益和私人利益之间的问题了。作者提出的就是做好公利，然后惠及私利，这是一种比较好的办法。

※事例

胡雪岩大义助姻亲

胡雪岩是清朝末期最有名的"红顶商人"。他凭借自己的仗义和见识，结识了湖州颇有势力的民间把头郁四，还帮助他处理了家事，深得郁四敬服。为了报答胡雪岩，郁四做主为胡雪岩娶了寡居的芙蓉姑娘。

芙蓉姑娘的娘家本来也是生意人，祖上开了一家很大的药店，叫作“刘敬德堂”。传至芙蓉姑娘的父亲时，还能勉强支持，不料她父亲十年前到四川采办药材，在三峡遇险，船毁人亡。她的叔叔外号“刘不才”，本来就是一介纨绔，还特别好赌，接下家业不到一年就无法维持，将药店连房子带存货都典给了别人。不过刘不才非常顾及颜面，自己穷困潦倒，却不同意侄女芙蓉给人做“偏房”。芙蓉再嫁，他不肯认胡家这门亲戚。他手里还有祖传秘方，即使自己到了告贷无门的地步，都不肯押出，他认为只要秘方还在，家底就还在，心里还想着有一天重振家业。

胡雪岩娶了芙蓉姑娘，对刘不才不能不管。人们认为，胡雪岩要么按照郁四的想法，送给刘不才一笔钱，不再与他发生任何关系；要么按照芙蓉的想法，由芙蓉劝刘不才拿出秘方，胡雪岩帮忙卖掉，让他自己生活。

胡雪岩却不这么想，他要认下这门亲戚，借给刘不才一家药店。他凭自己的眼光看出，药店生意是一个相当不错的行业，只要货真价实，创下牌子，药店生意就不会差。不过自己不懂这行，刘不才却懂，只要能将他收服，帮他改掉身上的毛病，他就可以起大作用，而且他手上的祖传秘方也可以充分利用。于是，胡雪岩请郁四帮忙，摆了一桌认亲席，在宴席上便谈妥了药店开办的地点、规模、资金等事项。

胡雪岩的“胡庆余堂”就是这样建立起来的。在其后的几十年中，“胡庆余堂”成了名闻天下的老字号药店，不仅成为胡雪岩的一个稳定财源，也为他挣来了“胡大善人”的好名声，对他的其他生意也带来了极好的影响。

谕大

※原文

昔舜欲旗古今而不成，既足以成帝矣；禹欲帝而不成，既足以正殊俗矣；汤欲继禹而不成，既足以服四荒矣；武王欲及汤而不成，既足以王道矣；五伯欲继三王而不成，既足以为诸侯长矣；孔丘、墨翟欲行大道于世而不成，既足以成显名矣。夫大义之不成，既有成矣已。《夏书》曰：“天子之德广运，乃神，乃武，乃文。”故务在事，事在大。

※译文

从前，舜想要号令天下而没有成功，却已经足够成为帝王了；禹想要成为帝王而没有成功，却已经足够纠正异方的恶俗了；成汤想要继承禹而没有成功，却足够使四表之荒臣服了；周武王想要继承成汤而没有成功，却足以称王天下；五霸想要继承三王的功业而没有成功，却足以成为诸侯的首领了；孔丘、墨翟想在当世推行大道没有成功，却已经足以使自己留下圣贤的赫赫名声了。行大义虽不能完全遂愿，也已经有所成就了。《夏书》上说："天子的道德适用范围很广泛，达到神、武、文的境界。"所以务必要做事情，做事要从大义出发。

※原文

地大则有常祥、不庭、歧母、群抵、天翟、不周，山大则有虎、豹、熊、螇蛆，水大则有蛟、龙、鼋、鼍、鳣、鲔。《商书》曰："五世之庙，可以观怪。万夫之长，可以生谋。"空中之无泽陂也，井中之无大鱼也，新林之无长木也。凡谋物之成也，必由广大众多长久，信也。

※译文

地大就有常祥、不庭、歧毋、群抵、天翟、不周等山，山大就有虎、豹、熊、螇蛆等动物，水大就有蛟、龙、鼋、鼍、鳣、鲔等。《商书》上说："五代人以上久远的宗庙，可以看到怪异现象。万人的首领，就能出奇谋。"孔穴之中没有大泽湖，井中没有大鱼，新栽的林子没有高大的树木。大凡谋划事物成功，一定是从广大众多长久出发考虑，这是千真万确的。

※原文

季子曰："燕雀争善处于一室之下，子母相哺也，姁姁焉相乐也，自以为安矣。灶突决，则火上焚栋，燕雀颜色不变，是何也？乃不知祸之将及己也。"为人臣免于燕雀之智者寡矣。夫为人臣者，进其爵禄富贵，父子兄弟相与比周于一国，姁姁焉相乐也，以危其社稷。其为灶突近也，而终不知也，其与燕雀之智不异矣。故曰："天下大乱，无有安国；一国尽乱，无有安家；一家皆乱，无有安身。"此之谓也。故小之定也必恃大，大之安也必恃小。小大贵贱，交相为恃，然后皆得其乐。

※译文

季子说："燕子和麻雀在房檐下争夺好地方筑巢，母鸟哺育着幼鸟，都欢乐自得，以为平安无事了。灶上的烟囱裂了，火苗蹿了出来，向上烧着了屋梁，可是燕子和麻雀却安然自若，这是什么原因呢？是因为不知道灾祸将要降到自己身上啊。"做臣子的，能够避免燕子、麻雀那样见识的人太少了。做臣子的，只顾增加自己的爵禄富贵，父子兄弟在一个国家里结党营私，欢乐自得，从而危害了自己的国家。他们离灶上的烟囱很近，可是却始终不知道，他们与燕子、麻雀的见识有什么不同。所以说："天下大乱，就不会有一个安定的国家；整个国家都乱了，就不会有一个安定的家；全家都乱了，就不会有安定的个人。"说的就是这种情况。所以，小的要获得安定，必须依赖大的，大的要获得安定，必须依赖小的。大和小，贵和贱，彼此互相依赖，然后才能都得到安乐。

※读解

想要做一件事，首先要把目标定得高远些，这样即使像大禹他们那样不能称王天下，但至少也能够完成一多半的目标，也足够令后嗣子孙仰视了。这种方法在我们现在的社会生活中也非常管用。例如，某次考试定下的目标是九十分，按照这个目标去做，即使到时没有达到九十分，但是八十九分也足够排到全班的前十名了，这不就很好吗？所以，越是目标高远的人，越是能够做到别人做不到的事情。

季子关于燕子和麻雀的比喻非常巧妙，形象地说明了大臣、贵族和国家的关系，也就是俗话说的"覆巢之下，安有完卵乎"。小的要想安定，一定需要依赖大的；相反，大的要想安定，也一定要依赖小的。

※事例

奇货可居

秦国太子的夫人名叫华阳，华阳夫人没有儿子；而妃子夏姬生有一子，即嬴异人。异人在赵国当人质。秦国几次攻打赵国，赵国人因此对异人极不友善；又因为他是秦王庶孙，在国外当人质，车马及日常供给都不充盈，生活窘困，因此抑郁不得志。

阳翟的大商人吕不韦前去邯郸，见到嬴异人后，说道："这是可以囤积起来卖好价钱的奇货呀！"于是前去拜见异人，说："我可以提高你的门第！"异人笑着说："你先提高自己的门第吧！"吕不韦说："你不知道，我的门第要靠你的门第来提高。"

异人心中知道他意有所指，便邀他一起坐下深谈。吕不韦说："秦王老了。太子宠爱华阳夫人，而华阳夫人却没有儿子。你的兄弟二十余人中，子傒是长子，有继承秦国君位的条件，又有士仓辅佐他。你排行居中，不太受重视，又长久在外当人质。如果太子即位当秦王，你便很难得到继承人的地位。"

异人说："如果你能帮我当上秦王，我愿意与你共治秦国。"吕不韦于是拿出五百金给异人，让他广交天下宾客，又用五百金购买奇珍异宝，由自己携回秦国。通过华阳夫人姐姐的引见，吕不韦见到了华阳夫人。他立即献上奇珍异宝，还趁机称赞异人贤明，宾客遍天下，并说异人日夜思念华阳夫人，早当她是亲生母亲。

华阳夫人听了大喜。吕不韦又说："靠容貌侍奉别人，色衰爱弛是迟早的事。现在夫人虽然受宠，但没有子嗣，如果不趁年轻受宠之际选择一个贤良孝顺的人收为养子，等到将来年老色衰，就连说句话的资格都没有了。现在，异人贤明，又知道自己排行居中，做太子的机会微乎其微。此时夫人如果助他一臂之力，异人定会永志不忘，夫人在秦国也能永保地位。"

华阳夫人认为这番话说得很有道理，于是找机会对太子说："儿子异人十分贤明，备受人称誉。"接着又哭道："我不幸没有生儿子，想收异人为儿子，让自己后半辈子有个依靠！"

太子答应了她，为华阳夫人刻下玉符，立异人为继承人，还送给异人丰厚的财物，并请吕不韦辅佐他。异人的声望从此在各国传了开来。

吕不韦娶了一位邯郸美女，她已怀有身孕。一次，异人与吕不韦饮酒，对该女子一见倾心，便请吕不韦割爱。吕不韦起先不允，并且动怒，后心念一转便将女子送给了异人，但他隐瞒了女子怀孕的事。女子在一年后生下一子，名叫嬴政，异人便立她为正室夫人。

当秦兵围困邯郸之际，赵国人想杀异人，异人与吕不韦用六百金买通看守之人，才得以脱身。回国后，异人身穿楚国服装前去见华阳夫人，夫人说："我是楚人啊！我当你是亲生儿子。"于是把异人的名字改为"楚"。后子楚继位，吕不韦也因此飞黄腾达。

孝行览

孝行

※原文

凡为天下，治国家，必务本而后末。所谓本者，非耕耘种植之谓，务其人也。务其人，非贫而富之，寡而众之，务其本也。务本莫贵于孝。人主孝，则名章荣，下服听，天下誉；人臣孝，则事君忠，处官廉，临难死；士民孝，则耕耘疾，守战固，不罢北。夫孝，三皇五帝之本务，而万事之纪也。

※译文

大凡统治天下、治理国家，一定要寻求根本，然后再去关注细枝末节。所谓的根本，不是耕耘种植之类，而是致力于人。致力于人，不是使原本贫穷的人变得富有，原本少的变多，而是要致力于他的根本。致力于他的根本就没有比孝顺更重要的。君主孝顺，那名声就会彰显，下面的大臣心悦诚服地听从，天下人都称赞；大臣孝顺，那么侍奉君主就会忠诚，做官廉洁，面临困难不怕死；士人和人民孝顺，那么耕耘种植就会非常勤快，防守城池就会稳固，不会打败仗。孝顺，是三皇五帝的根本，是万事的纲纪。

※原文

夫执一术而百善至，百邪去，天下从者，其惟孝也！故论人必先以所亲，而后及所疏；必先以所重，而后及所轻。今有人于此，行于亲重，而不简慢于轻疏，则是笃谨孝道。先王之所以治天下也。故爱其亲，不敢恶人；敬其亲，不敢慢人。爱敬尽于事亲，光耀加于百姓，究于四海，此天子之孝也。

※译文

掌握一种策略就会有许多善事随之而来，众多邪恶的事情离开，天下都认同的，大概只有孝顺吧！因此涉及人的事情首先考虑亲近的人，其次考虑比较疏远的人；首先考虑比较重要的，其次考虑不重要的。这里有一个人，孝敬自己的亲人，对疏远的人也不怠慢，那就达到了厚道孝顺的境界了，这就是先王用来治理国家的方法。因此爱护亲人，不敢对他人厌恶；敬重自己的亲人，不敢轻慢他人。爱护和敬重都用在自己亲人的身上，荣耀却施予人民身上，达于四海之内，这就是天子的孝行。

※原文

曾子曰："身者，父母之遗体也。行父母之遗体，敢不敬乎？居处不庄，非孝也；事君不忠，非孝也；莅官不敬，非孝也；朋友不笃，非孝也；战陈无勇，非孝也。五行不遂，灾及乎亲，敢不敬乎？"

※译文

曾子说："身体，是父母赠予的。用着父母赠予的身体，敢不敬重吗？居住之地不庄重，这是不孝；侍奉君主不忠诚，这是不孝；做官不敬业，这是不孝；对朋友不真诚，这是不孝；征战不勇敢，这是不孝。五行不顺利，祸及亲人，敢不敬重吗？"

※原文

《商书》曰："刑三百，罪莫重于不孝。"

曾子曰："先王之所以治天下者五：贵德、贵贵、贵老、敬长、慈幼。此五者，先王之所以定天下也。所谓贵德，为其近于圣也；所谓贵贵，为其近于君也；所谓贵老，为其近于亲也；所谓敬长，为其近于兄也；所谓慈幼，为其近于弟也。"

曾子曰："父母生之，子弗敢杀；父母置之，子弗敢废；父母全之，子弗敢阙。故舟而不游，道而不径，能全支体，以守宗庙；可谓孝矣。"

※译文

《商书》上说："三百种刑罚中，没有比不孝罪过更大的。"

曾子说："先王用来治理天下的办法有五种：崇尚道德，崇尚尊贵的人，崇尚老人，敬重年长的人，爱护幼小的人。这五种，就是先王用来安定天下的方法。所谓崇尚道德，是因为道德近似于圣贤；所谓崇尚尊贵的人，是因为尊贵的人接近君主；所谓崇尚老人，是因为老人近似于自己的父母；所谓敬重年长的人，是因为年长的人近似于自己的兄长；所谓爱护幼小的人，是因为幼小的人近似于自己的弟弟。"

曾子说："父母救活的，儿子不能杀死；父母建立的，儿子不能废弃；父母保全的，儿子不能毁坏。因此过河乘船而不游水过去，走路不走邪门歪道，就能使肢体完整，来守住宗庙，这就是孝顺。"

※原文

养有五道：修宫室、安床笫、节饮食、养体之道也；树五色，施五采，列文章，养目之道也；正六律，和五声，杂八音，养耳之道也；熟五谷，烹六畜，和煎调，养口之道也；和颜色，说言语，敬进退，养志之道也。此五者，代进而厚用之，可谓善养矣。

※译文

养生有五种方法：修筑宫殿房屋，安定床笫，节制饮食，这是保养身体的方法；建立五种颜色，敷陈五种色彩，陈列青赤相间的文和赤白相间的章，这是保养眼睛的方法；订正六律，调和五声，杂和八风的音乐，这是保养耳朵的方法；煮熟五谷，烹调六畜，调和五味，这是保养嘴巴的方法；面容温和，言语和悦，行为进退恭谨，这是培养意志的方法。这五种方法交替使用，这就叫善于保养了。

※原文

乐正子春下堂而伤足，瘳而数月不出，犹有忧色。门人问之曰："夫子下堂而伤足，瘳而数月不出，犹有忧色，敢问其故？"乐正子春曰："善乎而问之！吾闻之曾子，曾子闻之仲尼：父母全而生之，子全而归之，不亏其身，不损其形，可谓孝矣。君子无行咫步而忘之。余忘孝道，是以忧。”故曰，身者非其私有也，严亲之遗躬也。

※译文

乐正子春走出正屋的时候扭伤了脚，治疗之后几个月都没有出门，面带忧色。门人问他说：“您出门扭伤了脚，治疗之后几个月没有出门，还面带忧色，敢问是怎么回事？”乐正子春说：“你问得好！我曾经从曾子处听来，曾子从孔子处听来：父母完整地生下了自己，儿子就该将自己完整地归还给他们，不能亏损了身体，不能损害它的形状，这就是孝顺。君子时刻也不敢忘记。我忘记了孝顺，伤了身体，所以忧伤。”因此说，身体不是自己私有的，是父母赠给自己的。

※原文

民之本教曰孝，其行孝曰养。养可能也，敬为难；敬可能也，安为难；安可能也，卒为难。父母既没，敬行其身，无遗父母恶名，可谓能终矣。仁者，仁此者也；礼者，履此者也；义者，宜此者也；信者，信此者也；强者，强此者也。乐自顺此生也，刑自逆此作也。

※译文

人民开始的教育就是孝顺，行为孝顺就是养亲。养亲可以做到，恭敬就比较难以做到了；恭敬可以做到，使父母安宁就比较难了；使父母安宁可以做到，从始至终都做到就比较难了。父母已经去世了，恭敬行于自身，不给父母留下恶名，就叫作孝敬到头了。仁义的人，就是在这个方面仁义；礼貌的人，就是在这个方面礼貌；合适的道德行为，也应该在这上面；讲信用也应在这上面讲信用；强大就在这上面强大。快乐就因此而产生了，而刑罚就是从违背它开始的。

※读解

孝顺一直是儒家学派倡导的人际关系的基础，看一个人是不是孝顺父母，就可以断定他是不是君子，因为君子一定会孝顺父母。人从一生下来就知道自己的父母，孝顺是一个人对父母几十年养育之恩的报答。若是一个人连自己的父母都不知道孝顺，那么，这个人就已经无可救药了。

君主倡导孝顺，可以上行下效，使人民都孝顺，然后封建制的基础就稳定了。这才是儒家学派倡导孝顺的目的。但是，我们不能把孝顺当作封建糟粕来抛弃，而是应该去其糟粕、取其精华，抓住其中的有益之处，加以发扬光大。

※事例

孝顺的舜

舜的父亲瞽叟是个瞎子，舜的生母死后，瞽叟又续娶了一个妻子生下了象，象桀骜不驯。瞽叟喜欢象，常常想把舜杀掉，舜都躲过了；舜如果有点小错，就会遭到重罚。舜很恭顺地侍奉父亲、后母及后母所生的弟弟，一天比一天地忠诚谨慎，没有一点儿懈怠。

舜是冀州人。他在历山耕过田，在雷泽打过鱼，在黄河岸边做过陶器，在寿丘做过各种家用器物，在负夏跑过买卖。舜的父亲瞽叟愚昧，后母顽固，弟弟象桀骜不驯，他们都想杀掉舜。舜却恭顺地行事，从不违背为子之道，友爱兄弟，孝顺父母。他们想杀掉他的时候，却找不到他；而有事要找他的时候，他又总是在身旁侍候着。舜二十岁时，就因为孝顺出了名。

舜三十岁时，尧帝问谁可以治理天下，四岳全都推荐舜，说这个人可以。于是尧把两个女儿嫁给了舜来观察他在家的德行，让九个儿子和他共处来观察他在外的为人。

舜居住在妫水岸边，他在家里做事更加谨慎。尧的两个女儿不敢因为自己出身高贵就傲慢地对待舜的亲属，很讲究为妇之道，尧的九个儿子也很笃诚忠厚。

舜在历山耕作，历山人都能互相推让地界；在雷泽捕鱼，雷泽的人都能推让便于捕鱼的位置；在黄河岸边制作陶器，那里就完全没有次品了。一年的工夫，他住的地方就成为一个村落，第二年，村落就成了一个小城镇，第三年时，小城镇就变成大都市了。

见了这些变化，尧就赐给舜一套细葛布衣服，给他一张琴，为他建造仓库，还赐给他牛和羊。这时，瞽叟仍然想杀他，让舜登高去用泥土修补谷仓，瞽叟却在下面放火焚烧。舜用两个斗笠保护着自己，像长了翅膀一样跳下来，逃开了，才得以不死。后来瞽叟又让舜挖井，舜挖井的时候，在侧壁凿出一条暗道通向外边。舜挖到深处，瞽叟和象一起往下倒土填埋水井，舜从旁边的暗道出去，又逃开了。瞽叟和象很高兴，以为舜已经死了。

象跟他的父母一起瓜分舜的财产，说："最初出这个主意的是我，舜娶过来尧的两个女儿，还有尧赐给他的琴，我都要了。牛羊和谷仓都归父母吧！"象于是住在舜的屋里，弹着舜的琴。舜回来后去看望他。象非常惊愕，继而又摆出闷闷不乐的样子说："我正在想念你呢，想得我好心闷啊！"舜说："是啊，你可真够兄弟呀！"舜还像以前一样侍奉父母，友爱兄弟，而且更加恭谨。这样，尧才试用舜去理顺五种伦理道德和参与百官的事，舜干得都很好。

首时

※原文

圣人之于事，似缓而急，似迟而速，以待时。王季历困而死，文王苦之，有不忘羑里之丑，时未可也。武王事之，夙夜不懈，亦不忘王门之辱。立十二年，而成甲子之事。时固不易得。太公望，东夷之士也，欲定一世而无其主。闻文王贤，故钓于渭以观之。

※译文

圣人处理事情，看起来缓慢，实际上很急迫，看起来很迟缓，实际上很迅速，那是在等待时机。文王的父亲季历被拘困而死，文王以此为耻辱，又不忘记羑里的耻辱，只是时机不到。武王侍奉纣王，夙兴夜寐，没有一丝懈怠，也不忘记家门的耻辱。立国十二年，才成就甲子日擒获纣王的事情。时机的确不容易把握。太公望是东夷的士，想要安定当世却没找到合适的君主。听说文王贤能，所以在渭水钓鱼来观察他。

※原文

伍子胥欲见吴王而不得，客有言之于王子光者，见之而恶其貌，不听其说而辞之。客请之王子光，王子光曰："其貌适吾所甚恶也。"客以闻伍子胥，伍子胥曰："此易故也。愿令王子居于堂上，重帷而见其衣若手，请因说之。"王子许。伍子胥说之半，王子光举帷，搏其手而与之坐；说毕，王子光大说。伍子胥以为有吴国者，必王子光也，退而耕于野。七年，王子光代吴王僚为王。任子胥，子胥乃修法制，下贤良，选练士，习战斗。六年，然后大胜楚于柏举。九战九胜，追北千里。昭王出奔随，遂有郢。亲射王宫，鞭荆平之坟三百。乡之耕，非忘其父之雠也，待时也。

※译文

伍子胥想要见吴王却见不到，有客人对王子光说了这件事，王子光见了伍子胥后讨厌他的容貌，没有听他说话就谢绝了他。客人问王子光，王子光说："他的容貌恰恰是我最讨厌的那种。"客人把这话告诉了伍子胥，伍子胥说："这很容易。请王子光坐在屋里，用几重帷幕挡住，看见手就行了。请这样办吧！"王子光答应了。伍子胥说到一半的时候，王子光就掀开帷幕，抓住他的手与他并排坐下；伍子胥说完的时候，王子光非常高兴。伍子胥认为拥有吴国的人，一定是王子光，就退隐在田野中耕种。七年之后，王子光代替吴王僚称王，任用伍子胥。伍子胥就修法制，礼贤下士，选贤任能，练习战斗。六年之后，在柏举打败楚国。九战九胜，追赶了上千里。楚昭王逃亡到随国，于是攻下了郢都。伍子胥亲自射宫门，鞭打楚平王的坟墓三百下。他在乡下耕种，不是忘记了父兄的仇恨，而是在等待时机。

※原文

墨者有田鸠，欲见秦惠王，留秦三年而弗得见。客有言之于楚王者，往见楚王。楚王说之，与将军之节以如秦。至，因见惠王。告人曰：“之秦之道，乃之楚乎？”固有近之而远、远之而近者。时亦然。有汤武之贤，而无桀纣之时，不成；有桀纣之时，而无汤武之贤，亦不成。圣人之见时，若步之与影不可离。故有道之士未遇时，隐匿分窜，勤以待时。时至，有从布衣而为天子者，有从千乘而得天下者，有从卑贱而佐三王者，有从匹夫而报万乘者。故圣人之所贵，唯时也。水冻方固，后稷不种，后稷之种必待春。故人虽智而不遇时，无功。方叶之茂美，终日采之而不知；秋霜既下，众林皆羸。事之难易，不在小大，务在知时。

※译文

墨家有个叫田鸠的，想见秦惠文王，在秦国待了三年都没能够见到。有个门客把这情况告诉了楚王，他就去见楚王。楚王很喜欢他，给了他将军的符节让他到秦国去。他到了秦国，才得以见到了秦惠王。他告诉别人说：“到秦国来见秦惠文王的途径，竟然是要先到楚国去啊！”事情本来就有想走近路结果反而远了，走了远路结果反而近了的情况。时机也是这样。有商汤、武王那样的贤德，而没有夏桀、商纣无道那样的时机，就不可能成就王业；有夏桀、商纣无道那样的时机，而没有商汤、武王那样的贤德，也不可能成就王业。在圣人看来，人事和时机的关系，就好像步行时身与影不可分离一样。所以，有道之士在没有遇到时机的时候，之所以到处隐匿藏伏，只不过是为了等待时机。时机一到，有的人从平民一跃而成为天子，有的人从千乘的诸侯起家而取得天下，有的人从地位卑贱的身份一跃而成为辅佐三王的大臣，有的人身为一名普通百姓却可对拥有万乘军车的君主进行报复。所以圣人所重视的，只是时机。水冻得正坚固时，后稷不会去耕种；后稷耕种，一定要等待春暖花开的时候。所以，一个人即使拥有聪明智慧，但如果遇不到时机，就不可能建功立业。当树叶正长得繁茂的时候，一天到晚采摘它，也采摘不光；等到秋霜一落，林中的树叶就都凋零了。做事情的难易，不在于事情的大小，而在于必须掌握好时机。

※原文

郑子阳之难，猘狗溃之；齐高国之难，失牛溃之。众因之以杀子阳、高国。当其时，狗牛犹可以为人唱，而况乎以人为唱乎？

饥马盈厩，嗼然，未见刍也；饥狗盈窖，嗼然，未见骨也。见骨与刍，动不可禁。乱世之民，嘆然，未见贤者也；见贤人，则往不可止。往者非其形心之谓乎？齐以东帝困于天下，而鲁取徐州；邯郸以寿陵困于万民，而卫取茧氏。以鲁卫之细，而皆得志于大国，遇其时也。故贤主秀士之欲忧黔首者，乱世当之矣。天不再与，时不久留，能不两工，事在当之。

※译文

郑子阳的死难，是猛犬使他溃败的；齐高国的死难，是跑的牛使他溃败的。众人借这些事情杀了郑子阳和齐高国。那时候，狗、牛都可以带头发难，更何况人来带头呢？

马厩里充满了饥饿的马，却没有声音，是没有看见饲料；地窖里满是饥饿的狗，却没有声音，是没有看见骨头。若是看见了饲料和骨头，就不能禁止骚动了。乱世的人民，没有声音，是没有看见贤能的人；一旦看见贤能的人，就会归附他不可阻止。人们去归附他难道不是身心都归附吗？齐国因为湣王僭越称东帝，人民与他离心离德，鲁国趁机夺取了徐州；赵国邯郸由于建造寿陵扰民，民心不附，卫国趁机夺取了茧氏的地方。以鲁国、卫国的弱小，却都在大国的手里得势，是抓住了时机。因此贤能的君主和优秀的人才之中，想要为黎民百姓做事的，现在乱世之中正是时机。上天不会再次给予机会，时机不会停留，有能力也不会两次同样成功，成事情就在于与时机相结合。

※读解

“事之难易，不在小大，务在知时。”做事情的难易，不在于事情的大小，而在于必须掌握好时机。“水冻方固，后稷不种，后稷之种必待春。故人虽智而不遇时，无功。方叶之茂美，终日采之而不知；秋霜既下，众林皆羸。”水冻得正坚固时，后稷不会去耕种；后稷耕种，一定要等待春暖花开的时候。所以一个人即使拥有聪明智慧，但如果遇不到时机，就不可能建功立业。当树叶正长得繁茂的时节，一天到晚采摘它，也采摘不光；等到秋霜一落，林中的树叶就都凋零了。

本篇说的就是时机成熟的问题。时机不成熟的时候，需要耐心地等待；等到时机成熟的时候，才能一举成功。周文王被困在羑里的时候，姜太公躲在渭水钓鱼的时候，都是时机不成熟时的等待。等到时机成熟的时候，他们就一鸣惊人，一飞冲天，取得了惊人的成绩。

※事例

丰田耐心等待时机终成功

丰田汽车公司之所以成为汽车行业的巨头，是因为丰田英二从不贸然行事，能耐心等待时机，更能抓住时机。

1950年，丰田公司因危机的到来，不得不把工业公司和销售公司分离。后来，负责技术部门的董事长丰田英二想把这两家公司重新合并，但是考虑到重新合并在当时是行不通的，他认为条件还不成熟，即便勉强行事也是要失败的，与其胎死腹中，还不如耐心等待时机的到来，从而一举成功。

到了20世纪80年代初，丰田英二在考察各种条件的同时，衡量了其中的利弊关系，深思熟虑后，决定将丰田的两家公司重新合并。两家公司终于结束了长达三十二年的产销分离，诞生了全新的丰田公司，丰田英二的等待终于有了丰硕的成果。

在处理丰田赴美建厂一事上，丰田英二同样小心谨慎，耐心等待时机的成熟。

在日本汽车厂商中，已有三家开始生产汽车。为此，不少人抱怨丰田进军美国为时太晚。会长丰田英二和社长丰田章一郎的回答却是："我们在等待时机，我们的行动并没有落后。"由于采取了谨慎的战术，丰田公司终于顺利地打入了美国汽车市场。

丰田英二是一个善于抓住机遇的人，他善于等待时机。当时机没有到来时，他静如处子；一旦机遇来临，他则动若脱兔。俗话说："欲速则不达。"等待看起来是消极的，其实是一种稳重的行事方式。等待并不是落后，就像赛跑一样，起步早的不一定会最终取得冠军。

义赏

※原文

春气至则草木产，秋气至则草木落。产与落，或使之，非自然也。故使之者至，物无不为；使之者不至，物无可为。古之人审其所以使，故物莫不为用。赏罚之柄，此上之所以使也。其所以加者义，则忠信亲爱之道彰。久彰而愈长，民之安之若性，此之谓教成。教成，则虽有厚赏严威弗能禁。故善教者，不以赏罚而教成，教成而赏罚弗能禁。用赏罚不当亦然。奸伪贼乱贪戾之道兴，久兴而不息，民之雠之若性。戎夷胡貉巴越之民是以，虽有厚赏严罚弗能禁。郢人之以两版垣也，吴起变之而见恶。赏罚易而民安乐。氐羌之民，其虏也，不忧其系累，而忧其死不焚也。皆成乎邪也。故赏罚之所加，不可不慎。且成而贼民。

※译文

春气到了草木就生长，秋气到了草木就衰落。生长和衰落是天气造成的，不是草木自身就是这个样子。因此导致某种现象的条件具备了，事情没有不发生的；条件不具备，事情就不会发生。古人弄明白了产生某种结果的条件，所以事情没有不可以被利用的。赏罚的权柄，就是君主用来指使人的条件。在赏罚上若是用义为标准，那么忠信、敬爱的道德就得到发扬。长期发扬就形成了风气，人民对此也就如同本性一样安守，这就是教化而成的。教化之后，即使有重赏严威也不能改变，难以禁止。所以善于教化的，不用赏罚，教化的好风气就能形成，形成后赏罚都不能禁止。如果赏罚运用不得当，也会形成一种坏风气，奸伪贼乱贪戾之风就会兴起，长久兴起而不停息，人民的仇恨已经成性。戎夷胡貉巴越的人就是这样，即使有严刑重罚也不能禁止。郢都的人用两块木板筑墙，吴起改变这种方法遭到人民的抱怨。用赏罚改变它使人民得到安乐。氐羌的人民，被人抓住当了俘虏，不担心被关押，而担心死后不能焚烧，这都是形成的邪性。因此对赏罚，不可以不审慎，切不可导向错误，导致害人的结果。

※原文

昔晋文公将与楚人战于城濮，召咎犯而问曰："楚众我寡，奈何而可？"咎犯对曰："臣闻繁礼之君，不足于文，繁战之君，不足于诈。君亦诈之而已。"文公以咎犯言告雍季，雍季曰："竭泽而渔，岂不获得？而明年无鱼；焚薮而田，岂不获得？而明年无兽。诈伪之道，虽今偷可，后将无复，非长术也。"文公用咎犯之言，而败楚人于城濮。反而为赏，雍季在上。左右谏曰："城濮之功，咎犯之谋也。君用其言而赏后其身，或者不可乎！"文公曰："雍季之言，百世之利也；咎犯之言，一时之务也。焉有以一时之务先百世之利者乎？"孔子闻之，曰："临难用诈，足以却敌；反而尊贤，足以报德。文公虽不终，始足以霸矣。"赏重则民移之，民移之则成焉。成乎诈，其成毁，其胜败。天下胜者众矣，而霸者乃五。文公处其一，知胜之所成也。胜而不知胜之所成，与无胜同。秦胜于戎，而败乎淆；楚胜于诸夏，而败乎柏举。武王得之矣，故一胜而王天下。众诈盈国，不可以为安，患非独外也。

※译文

从前晋文公将要和楚国在城濮作战，召见咎犯问道："楚国人多而我们人少，该怎么办？"咎犯回答："我听说注重繁文缛节的君主，不会讨厌文采，经常打仗的君主，不厌欺诈。您欺诈敌人就足够了。"晋文公把咎犯的话告诉了雍季。雍季说："抽干沼泽的水来打鱼，难道会无所得？但是明年就没有鱼了；焚烧树林来打猎，难道会没有收获？只是明年就没有鸟兽了。欺诈的办法，即使这次成功了，以后再也不会有了，这不是长久之计。"晋文公用咎犯的计谋，在城濮打败了楚国。回来后进行赏赐，把雍季放在首位。左右的人劝谏说："城濮之战的胜利，是由于采用了咎犯的计谋。君主用了咎犯的计谋，可是行赏却把他放在后面，这恐怕不可以吧！"晋文公说："雍季的话是符合长远利益的，咎犯的话只能取得一时的成功。哪有看重一时的功劳而轻视长远利益的？"孔子听到这件事说："面临危难而采用欺诈的手段，足以击退敌人，得胜回来后尊崇贤能的人，足以报答恩德。这种精神晋文公虽然没有坚持到底，但足以称霸了。”奖赏比较重，人民就会努力而成就功业了。如果教化成欺诈，教化即使成功也会遭到败坏，胜利了也会失败。天下胜利的人多了，称霸的只有五个。晋文公是其中之一，知道胜利是怎么形成的。取胜了却还不知道为什么会取胜，这和没有取胜一样。秦国战胜西戎而称霸，在殽败给晋国；楚国与诸夏打仗都获胜了，却在柏举被吴国打败，这就是胜利了却不知道为什么胜利的缘故。武王却知道胜利是由于信义，所以一举战胜了殷而得到天下。欺诈充斥于国，国家就不会安宁，灾祸就不仅仅是外患了。

※原文

赵襄子出围，赏有功者五人，高赦为首。张孟谈曰：“晋阳之中，赦无大功，赏而为首，何也？”襄子曰：“寡人之国危，社稷殆，身在忧约之中，与寡人交而不失君臣之礼者，惟赦。吾是以先之。”仲尼闻之，曰：“襄子可谓善赏矣！赏一人，而天下之为人臣莫敢失礼。”为六军则不可易，北取代，东迫齐，令张孟谈逾城潜行，与魏桓、韩康期而击智伯，断其头以为觞，遂定三家，岂非用赏罚当邪？

※译文

赵襄子从晋阳的围困中出来之后，赏赐了五个有功之人，高赦是首位。张孟谈说：“晋阳突围的事情，高赦没有大的功劳，而赏赐却是第一位，这是为什么？”赵襄子说：“在我的国家危急、社稷危险、身处危难的时候，和我往来而不失君臣之礼的人，只有高赦一个。所以我把他放在首位。”孔子听了这件事说：“赵襄子可以算得上善于赏罚了。赏赐一个人，天下做臣子的都不敢失礼了。”统率六军不能轻易用赏罚。向北略取代州，向东逼近齐国，令张孟谈出城秘密和魏桓、韩康相约攻打智伯，把智伯的头颅砍下来做成酒器，于是定下韩、赵、魏三分的局面，这难道不是由于赏罚运用得当的原因吗？

※读解

看来，赏罚是非常重要的手段，不是随随便便就能使用的。对于君主来说，赏赐一个人一定要让人明白为什么要赏赐他；处罚一个人一定要让人明白为什么要处罚这个人。这样，所有人就会明白君主提倡什么、反对什么了。

※事例

子产为政宽猛有度

郑国的相国子产生病了，他对子太叔说：“我死了以后，您肯定会执政。只有有德行的人，才能够用宽和的方法来使民众服从，差一等的人不如用严厉的方法。那火的特点是猛烈，百姓一看见就害怕，所以很少有人死在火里；水的特点是柔弱，百姓轻视而玩弄它，有很多人便死在水里，因此运用宽和的施政方法很难。”子产病了几个月后就去世了。

子太叔执政，不忍心严厉而用宽和方法施政。结果，郑国的盗贼很多，聚集在叫做萑苻的湖沼里。子太叔很后悔没有听从子产的话：“要是我早听他老人家的话，就不会到这种地步了。”于是，他派兵去攻打萑苻的盗贼，把他们全部杀了，盗贼才有所收敛。

孔子说：“好啊！施政宽和，百姓就怠慢，百姓怠慢就用严厉的措施来纠正；施政严厉，百姓就会受到伤害，百姓受到伤害就用宽和的方法。宽和用来调节严厉，严厉用来调节宽和，政事因此而变得和谐。《诗·大雅·民劳》中说：‘民众辛苦又勤劳，企盼稍稍得安康；京城之中施仁政，四方诸侯能安抚。’这是施政宽和。‘不能放纵欺诈者，管束心存不良者；制止抢夺残暴者，他们从不惧法度。’这是用严厉的方法来纠正。‘安抚远方和近邻，用此安定我王室。’这是用和睦来安定国家。又说：‘既不急躁也不怠慢，既不刚猛也不柔弱，施政温和又宽厚，百种福禄全聚。’这是宽和达到了顶点。”

长攻

※原文

凡治乱存亡，安危强弱，必有其遇，然后可成，各一则不设。故桀纣虽不肖，其亡，遇汤武也。遇汤武，天也，非桀纣之不肖也。汤武虽贤，其王，遇桀纣也。遇桀纣，天也，非汤武之贤也。若桀纣不遇汤武，未必亡也。桀纣不亡，虽不肖，辱未至于此。若使汤武不遇桀纣，未必王也。汤武不王，虽贤，显未至于此。故人主有大功，不闻不肖；亡国之主，不闻贤。譬之若良农，辨土地之宜，谨耕耨之事，未必收也。然而收者，必此人也始，在于遇时雨。遇时雨，天地也，非良农所能为也。

※译文

大凡治乱存亡、安危强弱，一定有所机遇，然后才能成功，没有机遇就不会成功。因此桀纣虽然不肖，他们的灭亡，是由于遇到了汤武。遇到汤武，这是天意，不是因为桀纣的不肖。汤武虽然贤能，称王天下，也是由于遇到了桀纣。遇到桀纣，这是天意，不是由于汤武比较贤能。假如桀纣没有遇到汤武，未必会灭亡。桀纣没有灭亡，即使不肖，也不会有这样的耻辱。假如汤武没有遇到桀纣，未必会称王。汤武没有称王，即使贤能，也没有这样的显赫地位。因此君主有大的功劳，就听不到他不贤的名声。亡国之君没有听说他贤能的名声。比如好的农夫，辨别适合栽种的土地，谨慎地耕种，却不一定有收获。然而有收获的，一定是这个人，在开始耕种时就遇到了好雨。遇到好雨是天意，不是好农夫自己能办到的。

※原文

越国大饥，王恐，召范蠡而谋。范蠡曰："王何患焉？今之饥，此越之福，而吴之祸也。夫吴国甚富，而财有余，其王年少，智寡才轻，好须臾之名，不思后患。王若重币卑辞以请籴于吴，则食可得也。食得，其卒越必有吴，而王何患焉？"越王曰："善！"乃使人请食于吴。吴王将与之，伍子胥进谏曰："不可与也！夫吴之与越，接土邻境，道易人通，仇雠敌战之国也，非吴丧越，越必丧吴。若燕秦齐晋，山处陆居，岂能逾五湖九江越十七厄以有吴哉？故曰非吴丧越，越必丧吴。今将输之粟，与之食，是长吾雠而养吾仇也。财匮而民恐，悔无及也。不若勿与而攻之，固其数也。此昔吾先王之所以霸。且夫饥，代事也，犹渊之与阪，谁国无有？"吴王曰："不然。吾闻之，义兵不攻服，仁者食饥饿。今服而攻之，非义兵也；饥而不食，非仁体也。不仁不义，虽得十越，吾不为也。"遂与之食。不出三年，而吴亦饥。使人请食于越，越王弗与，乃攻之，夫差为禽。

※译文

越国发生了大饥荒，越王害怕，召来范蠡谋划。范蠡说："大王怕什么呢？现在的饥荒，乃是越国的福气，却是吴国的祸患啊！那吴国非常富有，财产有余，国王年少，智慧少、本事小，喜欢一时的虚名，不顾后患。大王若是用大量的金钱和卑恭的言辞去向吴王请求借粮，那人民的粮食就有了。粮食有了，最终越国一定会战胜吴国，大王有什么好担心的？"越王说："好！"就派人向吴国借粮。吴王将要给越国粮食，伍子胥觐见说："不能给他们！那吴国和越国的关系，边境相接，道路通畅，人民往还，是仇敌征战的国家，不是吴国灭了越国，就是越国灭了吴国。像燕、秦、齐、晋四国，国土远在山区和内陆，怎么会渡过五湖九江和十七个要塞来占有吴国呢？所以说不是吴国灭了越国，就是越国灭了吴国。现在若是把粮食运给他们，给他们吃的，就是增强我们仇人的力量、养活我们的仇敌啊！财物匮乏，人民就怨恨，后悔莫及。不如不给他们粮食而去攻打，这就是天数。这就是我们先王之所以称霸的原因。况且饥荒是更替的事情，就像深渊和坡地，哪个国家没有？"吴王说："不能这样。我听说，正义的军队不攻打已经服从的人，仁慈的人给饥饿的人粮食。现在越国已经服从却去攻打，不是正义的军队；饥饿了却不给人粮食，这不是仁者。不仁不义，即使得到十个越国，我也不去做。”于是就给越国粮食。不到三年，吴国饥荒。派人到越国借粮，越王没有给，还攻打吴国，吴王夫差被擒。

※原文

楚王欲取息与蔡，乃先佯善蔡侯，而与之谋曰：“吾欲得息，奈何？”蔡侯曰：“息夫人，吾妻之姨也。吾请为飨息侯与其妻者，而与王俱，因而袭之。”楚王曰：“诺。”于是与蔡侯以飨礼入于息，因与俱，遂取息。旋舍于蔡，又取蔡。

※译文

楚王想要掠取息国和蔡国，就先假装和蔡侯交好，和他商量道：“我想要得到息国，该怎么办呢？”蔡侯说：“息侯的夫人，是我妻子的妹妹。我请他和妻子来赴宴，和大王您在一起，可以趁机袭击他。”楚王说：“好。”于是和蔡侯带着食物去接见息侯，就掠取了息国。之后就驻扎在蔡国，又灭了蔡国。

※原文

赵简子病，召太子而告之曰：“我死已葬，服衰而上夏屋之山以望。”太子敬诺。简子死，已葬，服衰，召大臣而告之曰：“愿登夏屋以望。”大臣皆谏曰；“登夏屋以望，是游也。服衰以游，不可。”襄子曰：“此先君之命也，寡人弗敢废。”群臣敬诺。襄子上于夏屋，以望代俗，其乐甚美。于是襄子曰：“先君必以此教之也。”及归，虑所以取代，乃先善之。代君好色，请以其弟姊妻之，代君许诺。弟姊已往，所以善代者乃万故。马郡宜马，代君以善马奉襄子。襄子谒于代君而请觞之。马郡尽。先令舞者置兵其羽中，数百人。先具大金斗。代君至，酒酣，反斗而击之，一成，脑涂地。舞者操兵以斗，尽杀其从者。因以代君之车迎其妻，其妻遥闻之状，磨笄以自刺。故赵氏至今有刺笄之证，与反斗之号。

※译文

赵简子病重，把太子召来，对他说：“如果我死了，等安葬完毕，你就穿着孝服登上夏屋山去眺望。”太子恭敬地答应了。赵简子死了，安葬完毕后，太子穿着孝服召见群臣，告诉他们说：“我想登夏屋山远眺。”大臣们都劝阻说：“登夏屋山远眺，这是游玩之事。穿着丧服去游玩，不可以吧！”赵襄子说：“这是先君的遗嘱，我不敢废止。”大臣们只好恭敬地表示同意。赵襄子登上夏屋山，远眺代国的土地，只见景色十分优美，于是赵襄子说道：“先君一定是用这种办法来教诲我啊！”回来以后，他就谋划夺取代国，于是先对代君表示友好。代君好色，赵襄子就请求把自己的姐姐嫁给他，代君表示同意。赵襄子的姐姐嫁过去以后，赵襄子更是万般讨好代君。代国的马郡产马，代君就以良马回赠赵襄子。不久，赵襄子去谒见代君，请求会饮于马郡尽处的边塞。赵襄子事先让数百名跳舞的人把兵器藏在用羽毛做的舞具里，并准备了一个盛酒用的大金斗。代君到了以后，等酒喝到兴致正浓的时候，斟酒的人翻过大金斗猛击代君，一下就砸烂了代君的脑袋，代君脑浆流了一地。跳舞的人也都从舞具中取出兵器，杀光了代君的全部随从。于是赵襄子就用代君的车子去接他的妻子，代君的妻子在远处得到这个消息，就在路上磨尖了发簪，自刺而死。所以赵国这个地方至今还有“刺笄山”和“反斗”的名号，可以证明这事。

※原文

此三君者，其有所自而得之，不备遵理，然而后世称之，有功故也。有功于此，而无其失，虽王可也。

※译文

这三个君主，都有所参与而得手，不遵循以德报德的常理，然而后世称赞他们，是因为他们有功。有功到了这种地步，对他们的名声无损，称王是可以的。

※读解

桀纣虽然不肖，他们的灭亡，是由于遇到了汤武。遇到汤武，这是天意，不是因为桀纣的不肖。汤武虽然贤能，称王天下，也是由于遇到了桀纣。遇到桀纣，这是天意，不是由于汤武比较贤能。假如桀纣没有遇到汤武，未必会灭亡。桀纣没有灭亡，即使不肖，也不会有这样的耻辱。假如汤武没有遇到桀纣，未必会称王。汤武没有称王，即使贤能，也没有这样的显赫地位。因此君主有大的功劳，就听不到他不贤的名声。亡国之君没有听说他贤能的名声。比如好的农夫，辨别适合栽种的土地，谨慎地耕种，却不一定有收获。然而有收获的，一定是这个人在开始耕种时就遇到了好雨，遇到好雨是天意，不是好农夫自己能办到的。

本文选取了越王勾践、楚王、赵襄子三个历史上有名的君主，他们当初得到利益的手段都不是很光彩的，简直可以说是不择手段。但是后世的人还是称赞他们的贤能，没有人指责他们的背信弃义，这就是他们遇到了好的时机。

※事例

赵匡胤悬像杀人

赵匡胤黄袍加身称帝之后，开始了统一全国的军事行动。他一方面使用武力，一方面使用计谋，竟然屡屡得手。

南唐后主李煜为了保持偏安江南的地位，派人去朝拜宋太祖赵匡胤，自动削去南唐国号，贬称自己为江南国主，表示臣服。赵匡胤出于全局考虑，同意与南唐和好。

但是南唐的大臣林仁肇却常常想着收复失去的江北土地，有一次还直接奏请南唐后主：“淮南的宋朝驻兵很少。宋朝前些时候灭了后蜀，现在又夺取南汉，已经是兵马疲惫了。我愿意领兵数万收复江北旧境。出兵那天，大王您可以宣称我反叛了，并故意让宋朝知道。这样一来，成功的话是国家得利，失败了可以杀掉我的全家，也不至于得罪宋朝。”李煜权衡利弊之后，没有听从林仁肇的建议。

宋太祖赵匡胤听说这个消息之后，非常嫉恨林仁肇，决心除掉这个灭亡南唐的障碍。公元 927 年，宋太祖派间谍去南唐买通林仁肇的随从，盗取了林仁肇的画像，挂在一间屋子里，然后引领南唐的使者来观看。宋国官吏问使者：“你认识这是什么人吗？”使者说：“这是林仁肇。”宋国官吏接着告诉使者：“林仁肇要来投降，先送来这张画像作为信物。”他又指着一座空空的公馆对使者说：“这座公馆是为林仁肇准备的。”使者回到南唐后报告了李煜。李煜信以为真，就用毒药毒死了林仁肇。三年后，宋朝灭亡了南唐。

慎人

※原文

功名大立，天也。为是故，因不慎其人，不可。夫舜遇尧，天也。舜耕于历山，陶于河滨，钓于雷泽，天下说之，秀士从之，人也。夫禹遇舜，天也。禹周于天下，以求贤者，事利黔首，水潦川泽之湛滞壅塞可通者，禹尽为之，人也。夫汤遇桀，武遇纣，天也。汤、武修身积善为义，以忧苦于民，人也。

※译文

功名的建立，是天数。为了这个缘故，不谨慎地做人是不行的。舜遇见尧，是天数。舜在历山耕种，在河边上制作陶器，在雷泽垂钓，天下人服从他，优秀的人跟随他，这是人事。禹遇到舜，是天数。禹周游天下，来寻求贤能的人，为百姓做事，疏通水潦川泽的淤塞之处，禹都尽力而为，这是人事。成汤遇到桀，武王遇到纣，这是天数。成汤、武王修养自身、实施义举，为人民而忧苦，这是人事。

※原文

舜之耕渔，其贤不肖与为天子同。其未遇时也，以其徒属堀地财，取水利，编蒲苇，结罘网，手足胼胝不居，然后免于冻馁之患。其遇时也，登为天子，贤士归之，万民誉之，丈夫女子，振振殷殷，无不戴说。舜自为诗曰："普天之下，莫非王土；率土之滨，莫非王臣。"所以见尽有之也。尽有之，贤非加也；尽无之，贤非损也。时使然也。

※译文

舜耕作打鱼的时候，他的贤与不贤同他当天子的时候是一样的。当他未得到时机的时候，和他的弟子们掘地种谷，取水灌溉，编织蒲苇，编织渔网，手脚都结趼了还不停止，才能免于冻饿的苦难。当他得到了时机，就成了天子，贤能的人都归附他，人民都称赞他，男男女女没有不喜悦的，没有不爱戴喜欢他的。舜自己作诗说："整个天底下，没有什么地方不是天子的土地；整个四海之内，没有什么人不是天子的臣民。"可以证明舜已经拥有了一切。一切都拥有了，他的贤能并没有增加；什么都没有的时候，他的贤能也没有减少。只是时机使事情变成这个样子的。

※原文

百里奚之未遇时也，亡虢而虏晋，饭牛于秦，传鬻以五羊之皮。公孙枝得而说之，献诸缪公，三日，请属事焉。缪公曰："买之五羊之皮而属事焉，无乃天下笑乎？"公孙枝对曰："信贤而任之，君之明也；让贤而下之，臣之忠也。君为明君，臣为忠臣。彼信贤，境内将服，敌国且畏，夫谁暇笑哉？"缪公遂用之。谋无不当，举必有功，非加贤也。使百里奚虽贤，无得缪公，必无此名矣。今焉知世之无百里奚哉？故人主之欲求士者，不可不务博也。

※译文

百里奚没有得到机遇的时候，从虢国逃出来而被晋国俘虏，去秦国贩卖牛，把自己用五张羊皮卖掉。公孙枝得到他，非常欣赏他，把他献给了秦穆公。三天之后，秦穆公就把国家大事交给他。秦穆公说："用五张羊皮买了他，又将国家大事托付于他，是不是会被天下人笑话？"公孙枝说："信任贤能的人而任用他，这是君主您的高明之处；礼让贤能的人而自己甘居下位，这是做臣子的我的忠心。君主是贤明的君主，大臣是忠诚的大臣。他的确是贤能的人，境内都会信服，敌国都将害怕，谁还会有闲暇来笑话呢？"秦穆公就任用了百里奚。百里奚出谋划策没有不合适的，做事没有不成功的，并非增加了贤能。如果百里奚虽然贤能，却没有得到秦穆公的赏识，就一定没有这个名声。如今怎么就知道世上没有像百里奚这样贤能的人呢？所以君主之中，有想要寻求贤能之人的，不可不广博地求访啊！

※原文

孔子穷于陈、蔡之间，七日不尝食，藜羹不糁。宰予备矣，孔子弦歌于室，颜回择菜于外。子路与子贡相与而言曰："夫子逐于鲁，削迹于卫，伐树于宋，穷于陈、蔡。杀夫子者无罪，藉夫子者不禁，夫子弦歌鼓舞，未尝绝音。盖君子之无所丑也若此乎？"颜回无以对，入以告孔子。孔子憱然推琴，喟然而叹曰："由与赐小人也。召，吾语之。"子路与子贡入，子贡曰："如此者，可谓穷矣！"孔子曰："是何言也？君子达于道之谓达，穷于道之谓穷。今丘也拘仁义之道，以遭乱世之患，其所也，何穷之谓？故内省而不疚于道，临难而不失其德，大寒既至，霜雪既降，吾是以知松柏之茂也。昔桓公得之莒，文公得之曹，越王得之会稽。陈、蔡之厄，于丘其幸乎！"孔子烈然返瑟而弦，子路抗然执干而舞。子贡曰："吾不知天之高也，不知地之下也。"古之得道者，穷亦乐，达亦乐，所乐非穷达也。道得于此，则穷达一也，为寒暑风雨之序矣。故许由虞乎颍阳，而共伯得乎共首。

※译文

孔子被困在陈、蔡之间，七天没有吃到食物，只能吃没有一点米粒的菜羹。宰予疲惫极了，孔子在室内抚琴唱歌，颜回在室外择野菜。子路和子贡相互说："先生被鲁国驱逐，在卫国藏身，在宋国被人驱逐，在陈、蔡受困，杀先生的没有罪，蹂躏先生的不被禁止，先生还弹琴唱歌，没有停止。君子就是这样不在乎耻辱吗？"颜回无言以对，进屋告诉孔子。孔子一脸不高兴地推开琴，叹息说："由和赐是小人啊！叫他们来，我对他们说。"子路和子贡走进屋来。子贡说："像现在这样就叫作穷困了。"孔子说："这是什么话？君子通达于道，才叫达，困窘于道，才叫困。我如今据守仁义之道，因而遭受乱世的灾难，本来就是这样的，又有什么穷困可言？所以自我反省不要在道上有愧疚，面对危难也不失道德，大寒已经来到，霜雪已经降落，我才知道松柏的繁茂。从前齐桓公的霸心是从逃出莒国时产生的，晋文公的野心是在路过曹国时产生的，越王勾践的霸心是在会稽山的战败中产生的。陈、蔡的困厄是我孔丘的幸事啊！"孔子昂然回到琴边弹奏，子路也士气高昂地手拿盾跳舞。子贡说："您的盛德有如天地，我不知道天高地厚啊！"古代得道的人，困厄时快乐，通达时也快乐，所快乐的不是穷达本身，而是悟道到了这种境界，穷达对他们都一样，如同寒暑风雨的更替一样自然。所以许由在颍阳快乐地生活，而共伯在共首山逍遥。

※读解

当舜未发迹的时候，和他的弟子们掘地种谷，取水灌溉，编织蒲苇，编织渔网，手脚都结茧了还不停止，才能免于冻饿的苦难。当他得到了时机，就成了天子，贤能的人都归附他，人民都称赞他，男男女女没有不喜悦的，没有不爱戴喜欢他的。舜自己作诗说：“整个天底下，没有什么地方不是天子的土地；四海之内，没有什么人不是天子的臣民。”可以证明舜已经拥有了一切。舜耕作打鱼的时候，他的贤能和同他当天子的时候是一样的。

孔子这样的人也曾被人困在陈、蔡之间七天，这就是“大寒既至，霜雪既降，吾是以知松柏之茂也”。只有在困难之中坚强不屈的人，才能称得上是真正的得道之人。

※事例

曾宪梓锲而不舍创名牌

金利来的发展史，就是曾宪梓的艰辛史、光辉史，更体现了曾宪梓锲而不舍、百折不挠的顽强精神。

1963 年，曾宪梓到香港谋求发展。为了生活，在最初的几年里，他不得不放弃自己曾热衷多年的专业，混迹于小生意人的行业里，惨淡经营。20 世纪 60 年代中期，香港服装业受到世界服装潮流的影响，西装盛行，穿西服必须要打领带，一时间领带十分抢手，而当时香港领带行业并不占优势。曾宪梓认为商机来了，以区区六千港元为本钱，开始了创业的艰辛道路。

就这样，“一人工厂”诞生了。曾宪梓日夜操劳，自己选材，自己设计，自己剪裁，自己缝制，自己熨烫和包装。几乎花去了他所有的钱，第一批自制的领带终于问世，却无人问津，经销商甚至连多看他一眼也不愿意。终于有一天，有一家商店的经理同意看一看他的领带。可是出价非常低，甚至比成本费用还低，生意自然没有做成。那位经理便把曾宪梓带到自己的商店参观。曾宪梓终于明白了，是自己所制的领带用料低劣、款式单一、色泽灰暗，难登大雅之堂。这种产品不会带来利润，只会招来别人的歧视和羞辱。

全部家当就这样报销了，但是曾宪梓没有泄气，认真总结了经验教训，得出结论：只有高档名牌产品，才有可能在市场上占有一席之地。于是他忍痛将自己的产品让给了街头地摊，开始对国外知名品牌领带悉心研究，认真总结，终于领悟出了名牌的真谛。

经过一段时间的精心选料，认真加工，一批精致高档的领带问世了。曾宪梓拿着自己的硕果，穿梭奔走于各大商店。终于，地处旺角的瑞兴百货公司经理相中了他的领带，只是担心知名度欠缺，一时难以大规模销售。曾宪梓欢欣之余，痛下决心，愿意以成本价换取与高档进口领带同列的资格。

经过市场的检验，销量不菲，瑞兴百货公司与曾宪梓结盟，形成了产销一条龙。同时，曾宪梓制作的领带价格远非一般香港领带所能比拟，因此销量直线上升。

曾宪梓迅速扩大了生产规模，并确定以“金狮”为商标，但由于在香港“金狮”与“真输”谐音，销量不是很好。曾宪梓又将“金狮”易名为“金利来”。“金利来”领带从此成了“男人的世界”。

遇合

※原文

凡遇，合也。时不合，必待合而后行。故比翼之鸟死乎木，比目之鱼死乎海。孔子周流海内，再干世主，如齐至卫，所见八十余君。委质为弟子者三千人，达徒七十人。七十人者，万乘之主得一人用可为师，不为无人。以此游，仅至于鲁司寇。此天子之所以时绝也，诸侯之所以大乱也。乱则愚者之多幸也，幸则必不胜其任矣。任久不胜，则幸反为祸。其幸大者，其祸亦大，非祸独及己也。故君子不处幸，不为苟，必审诸己然后任，任然后动。

※译文

大凡相遇，都是因为相合。时机不合，就一定要等到合适的机会到来才能行动。所以比翼鸟没有遇到合适的时机就老死在树上，比目鱼没有遇到合适的时机就老死于海中。孔子周游海内，不止一次接触过当世君主，从齐国到卫国，见了八十多个君王，拜在其门下做弟子的有三千人，通晓六艺的弟子有七十人。这七十人，万乘的君主得一个用就可以做帝王之师，就不会为没人才而犯愁。孔子凭此周游海内，自己的官职仅仅是鲁国的司寇。这就是周天子灭绝、诸侯大乱的原因。混乱中愚人就大多很侥幸了。而君主宠幸愚人让他们任要职，他们必定不能胜任。任职时间很长又不称职，那宠幸反倒变成祸害。越受宠幸，对国人的祸害就越大，不只是殃及本身。所以君子不居宠幸地位，不做苟且之事，一定要衡量自身才能然后再任职，任职之后更要量力而行。

※原文

凡能听说者，必达乎论议者也。世主之能识论议者寡，所遇恶得不苟？凡能听音者，必达于五声。人之能知五声者寡，所善恶得不苟？客有以吹籁见越王者，羽、角、宫、徵、商不缪，越王不善；为野音，而反善之。说之道亦有如此者也。

※译文

大凡能听人论说的，都一定是通达议论的人。当今君主中能辨别议论的人很少，他们所知遇的怎么能不苟且呢？大凡能听音乐的人，一定要通晓五声。人们通晓五声的很少，他所喜欢的怎能不苟且？有一个吹籁的来见越王，这个人吹得五音没错，越王却不喜欢；这个人给越王吹不合音律的野音，越王反而喜欢。议论的事情也是这样。

※原文

人有为人妻者，人告其父母曰："嫁不必生也，衣器之物，可外藏之，以备不生。"其父母以为然，于是令其女常外藏。姑妐知之，曰："为我妇而有外心，不可畜。"因出之。妇之父母以谓为己谋者，以为忠，终身善之，亦不知所以然矣。宗庙之灭，天下之失，亦由此矣。故曰：遇合也无常，说适然也。若人之于色也，无不知说美者，而美者未必遇也。故嫫母执乎黄帝，黄帝曰："厉女德而弗忘，与女正而弗衰，虽恶奚伤？"若人之于滋味，无不说甘脆，而甘脆未必受也。文王嗜昌蒲菹，孔子闻而服之，缩頞而食之。三年，然后胜之。人有大臭者，其亲戚兄弟妻妾知识，无能与居者。自苦而居海上。海上人有说其臭者，昼夜随之而弗能去。说亦有若此者。

※译文

有一个做人妻子的，有人对她的父母说："嫁人一定不会终老，衣服、器皿等可以藏下一些，以备被休。"她父母认为非常正确，于是让女儿常常在外面藏东西。公婆知道她在外面藏东西，就说："做我家媳妇却有外心，不能留下。"因此休掉了她。这女人的父母认为给自己出主意的人是忠诚的，一生都与他交好，还不明白自己女儿被休的真正原因。宗庙的灭亡，天下的丢失，也是由于这种听信人的不当言论产生的。所以说，相遇而相合并不常有，相互喜悦，这是偶然的。如同人对女色，没有人不喜欢美的，但美的却不一定相合。所以嫫母作为黄帝的妻子，服侍黄帝，黄帝说："训斥她女德她不会忘记，托给她家务事她不荒疏，虽然很丑又有什么关系呢？"如同人对于滋味的偏好，没有人不喜欢甜脆的，但甜脆却未必人人都能承受。文王嗜好吃昌蒲菹，孔子听说后，皱着眉头尝了，三年后才吃习惯。有的人狐臭气味很大，他的父母、兄弟、妻妾、知交、相识，没有能和他住在一起的，他把自己流放到海上去住，海上的人却喜欢他的狐臭，昼夜跟随他不愿离去。喜欢也有这样的情况。

※原文

陈有恶人焉，曰敦洽雠麋，椎颡广颜，色如漆赭，垂眼临鼻，长肘而盭。陈侯见而甚说之，外使治其国，内使制其身。楚合诸侯，陈侯病，不能往，使敦洽雠麋往谢焉。楚王怪其名而先见之，客有进状。有恶其名言有恶状。楚王怒，合大夫而告之，曰："陈侯不知其不可使，是不知也；知而使之，是侮也。侮且不智，不可不攻也。"兴师伐陈，三月然后丧。恶足以骇人，言足以丧国，而友之足于陈侯而无上也，至于亡而友不衰。夫不宜遇而遇者，则必废。宜遇而不遇者，此国之所以乱、世之所以衰也。天下之民，其苦愁劳务从此生。凡举人之本，太上以志，其次以事，其次以功。三者弗能，国必残亡，群孽大至，身必死殃，年得至七十、九十犹尚幸。贤圣之后，反而孽民，是以贼其身，岂能独哉？

※译文

陈国有一个面貌丑陋的人，名字叫敦洽雠糜。他尖顶宽额，面色黑红，眼睛下垂，几乎接近鼻子，胳膊很长，大腿向两侧弯曲。陈侯见了以后却十分喜欢他，对外让他治理国家，对内让他管理自己的饮食起居。楚王盟会诸侯，陈侯有病不能前往，于是派敦洽雠糜去向楚王表示歉意。楚王觉得这个名字很奇怪，就最先接见他。他进去以后，楚王见到他的怪模样，觉得比他的名字更可恶；听他说话，又觉得比他的模样更可恶。楚王很生气，会合众大夫，告诉他们说："陈侯如果不知道这样的人不可以出使，这就是不明智；如果知道他不可以出使却硬派他出使，这就是有意侮辱我。有意侮辱人而又不明智，这样的人不可不受到攻伐。"楚王于是发兵讨伐陈国，三个月后消灭了陈国。相貌丑陋足以惊吓别人，言谈粗鲁足以丧失国家，可是陈侯却对相貌丑、言谈粗俗的敦洽雠糜喜爱到极点，没有人能超过他了，直到亡国，喜爱的程度都没有减弱。可见不该受到赏识的却受到赏识，国家一定要衰落；应该受到赏识的却没有受到赏识，国家也必定会灭亡。这就是国家之所以混乱、世道之所以衰微的原因。天下的百姓，他们的愁苦劳碌也就由此产生了。大凡举荐人的根本，最上等是根据道德，其次是根据事业，再次是根据功绩。这三种人如果不能举荐上来，国家就一定会残破灭亡，各种灾祸就会一起到来，自身也一定会遭殃。如果能活到七十岁或九十岁，那就是万分侥幸的了。陈侯是圣贤的后代，反而给人民带来危害。因用人不当而残害了自身，岂止是独自受残害呢？

※读解

孔子周游海内，不止一次地接触当世君主，他共见了八十多个君王，拜在门下做弟子的有三千人，得意的弟子有七十人。这七十人，万乘的君主得一个用就可以做帝王之师。孔子凭修行明道，周游海内，自己的官职仅仅做到鲁国的司寇。这是由于时机不适宜。

时机不当的时候，孔子没有怨天尤人，也没有唉声叹气，而是勇往直前，这是他坚强的一面。丑陋的人不是什么都不好的，而是在某些方面还有过人之处的。善于发现别人美丽的人才会发现丑陋的人的美处。

※事例

乐羊灭中山报答知遇之恩

公元前408年，魏文侯拜乐羊为将，进攻北方的中山国。当时，乐羊的儿子乐舒正在中山国做官，魏国的大臣们以此为理由，劝谏魏文侯撤销对乐羊的任命。魏文侯不愧是一代名君，他执意不肯。

魏军开到中山国内，中山国的人将乐舒绑架到城头。乐羊只好暂时按兵不动。这时，魏文侯收到许多大臣弹劾乐羊的奏章，他不但置之不理，还派使者带着丰盛的食品去慰问乐羊，并在国内为他兴建良宅，好让他回来享用。乐羊为了报恩，命令发起猛攻。中山国人在绝望中把乐舒烹了，并将肉汤送给乐羊，乐羊当着使者的面将肉汤一饮而尽。中山国君知道城池守不住，就上吊自杀了。

乐羊凯旋后，魏文侯大摆宴席，并赏赐给乐羊两个封闭的大竹箱。乐羊认为是金银财宝，回家打开一看，原来是群臣弹劾他的奏章，更加感激魏文侯的知遇之恩。

慎大览

权勋

※原文

利不可两，忠不可兼。不去小利，则大利不得；不去小忠，则大忠不至。故小利，大利之残也；小忠，大忠之贼也。圣人去小取大。

※译文

利益不能同时都占有，忠诚不可能同时得到。不放弃小利就得不到大利，不放弃小的忠诚就不会成就大的忠诚。所以小利是大利的害，小忠是大忠的害。圣人放弃小而保留大。

※原文

昔荆龚王与晋厉公战于鄢陵，荆师败，龚王伤。临战，司马子反渴而求饮，竖阳谷操黍酒而进之，子反叱曰：“訾，退！酒也。”竖阳谷对曰：“非酒也。”子反曰：“亟退却也！”竖阳谷又曰：“非酒也。”子反受而饮之。子反之为人也嗜酒，甘而不能绝于口，以醉。战既罢，龚王欲复战而谋，使召司马子反，子反辞以心疾。龚王驾而往视之，入幄中，闻酒臭而还，曰：“今日之战，不谷亲伤，所恃者司马也，而司马又若此，是忘荆国之社稷，而不恤吾众也。不谷无与复战矣。”于是罢师去之，斩司马子反以为戮。故竖阳谷之进酒也，非以醉子反也，其心以忠也，而适足以杀之。故曰：小忠，大忠之贼也。

※译文

从前，楚龚王和晋厉公在鄢陵交战，楚军战败，楚龚王负伤。临战时，司马子反渴了，要找水喝。童仆阳谷拿一碗酒给他。子反叱责道：“嘿！拿下去！这是酒。”童仆阳谷回答说：“这不是酒。”子反说：“赶快拿下去！”童仆阳谷又说：“这不是酒。”子反就接过来喝了。子反这个人嗜好喝酒，他觉得酒味甘美而不能自制，因此喝醉了。战斗停下来后，楚龚王想重新组织战斗，要商讨作战计划，派人去叫司马子反，司马子反借口心痛没有去。楚龚王乘车来看他，一进入军帐，闻到酒气就回去了。楚龚王说：“今天的战斗，我自己受了伤，现在所能依靠的就是司马了，而司马又醉成了这个样子。他这是忘记了楚国的社稷，而不体恤我的部属。我没有人相与作战了。”于是收兵离去，将司马子反斩首，并陈尸示众。可见，童仆阳谷给司马子反进酒，并不是要把子反灌醉，他心里认为这是忠爱子反，却恰好因此而害了他。所以说，小忠是大忠的祸害。

※原文

昔者晋献公使荀息假道于虞以伐虢。荀息曰：“请以垂棘之璧与屈产之乘，以赂虞公，而求假道焉，必可得也。”献公曰：“夫垂棘之璧，吾先君之宝也；屈产之乘，寡人之骏也。若受吾币而不吾假道，将奈何？”荀息曰：“不然。彼若不吾假道，必不吾受也；若受我而假我道，是犹取之内府而藏之外府也，犹取之内皂而着之外皂也。君奚患焉？”献公许之。乃使荀息以屈产之乘为庭实，而加以垂棘之璧，以假道于虞而伐虢。虞公滥于宝与马而欲许之，宫之奇谏曰：“不可许也。虞之与虢也，若车之有辅也，车依辅，辅亦依车。虞虢之势是也。先人有言曰：‘唇竭而齿寒。’夫虢之不亡也，恃虞；虞之不亡也，亦恃虢也。若假之道，则虢朝亡而虞夕从之矣。奈何其假之道也？”虞公弗听，而假之道。荀息伐虢，克之。还反伐虞，又克之。荀息操璧牵马而报。献公喜曰：“璧则犹是也，马齿亦薄长矣。”故曰：小利，大利之残也。

※译文

从前，晋献公派荀息去向虞国借路以便攻打虢国。荀息说："请用垂棘之璧和屈地所产的良马作为礼物赠给虞公，这样去要求借路，一定会可以得到允许。"晋献公说："垂棘之璧是先君传下来的宝贝；屈地所产的良马是我的骏马。如果他们接受了我们的礼物而又不借给我们路，那将怎么办呢？"荀息说："不会这样，他们如果不借路给我们，一定不会接受我们的礼物；如果他们接受我们的礼物而借路给我们，这就好像我们把垂棘之璧从内府转藏到外府，把屈地产的良马从内厩牵出来关到外厩里。有什么好担忧呢？"晋献公同意了，就派荀息把屈地出产的良马作为礼物，再加上垂棘之璧，送给虞国以借路攻打虢国。虞公盯着宝玉和骏马，就想答应荀息。宫之奇劝谏说："不可以答应呀！虞国跟虢国，就像牙床跟颊骨的关系，牙床依赖颊骨，颊骨也依赖牙床，这正是虞虢相依的形势。古人有句话说：'嘴唇没有了，牙齿就会感到寒冷。'虢国不被灭亡，靠的是有虞国；虞国不被灭亡，靠的是有虢国。如果我们借路给晋国，那么虢国早晨灭亡，虞国晚上也就会跟着灭亡。怎么能借路给晋国呢？"虞公不听宫之奇的话，把路借给了晋军。荀息领兵攻打虢国，消灭了虢国，再回军攻打虞国，又消灭了虞国。荀息拿着玉璧牵着骏马回来向晋献公报告。晋献公高兴地说："玉璧还是原来的样子，只是马的年龄稍微长了一点儿。"所以说，小利是大利的祸害。

※原文

中山之国有仇繇者，智伯欲攻之而无道也，为铸大钟，方车二轨以遗之。仇繇之君将斩岸堙溪以迎钟。赤章蔓枝谏曰："诗云：'唯则定国。'我胡以得是于智伯？夫智伯之为人也，贪而无信，必欲攻我而无道也，故为大钟，方车二轨以遗君。君因斩岸堙溪以迎钟，师必随之。"弗听，有顷谏之。君曰："大国为欢，而子逆之，不祥。子释之。"赤章蔓枝曰："为人臣不忠贞，罪也。忠贞不用，远身可也。"断毂而行，至卫七日而仇繇亡。欲钟之心胜也。欲钟之心胜，则安仇繇之说塞矣。凡听说所胜不可不审也。故太上先胜。

※译文

中山国有个地方叫仇繇，智伯想攻打它却没有道路。于是为中山国铸造了一口大钟，用两车并行来送给中山国。仇繇的君主打算把高岸铲平、低谷填高，从而让路平整，来迎接大钟。赤章蔓枝劝谏说："《诗经》上说：'只有法则可以使国家安定。'我们根据什么办法来得到智伯的大钟呢？智伯的为人贪婪而不守信用，一定是由于攻打我国没有道路通达，因此铸造大钟，并行两车来送给您。您若是为大钟将高岸铲平、低谷填高，他们的军队一定会跟着来。"君主不听。没多久，赤章蔓枝又劝谏。

君主说："大国为了两国的和睦，而您却违背它，不吉祥。您别管了。"赤章蔓枝说："做人臣而不忠诚是罪过，忠诚而不被信任，就可以使自身远离了。"于是截短了车毂离开了，到了卫国刚刚七天，仇繇就灭亡了。想得到大钟的欲望战胜了。想要得到大钟的欲望是战胜了，那安定仇繇的言辞却听不到了。大凡听别人的话，对占上风的心思不能不仔细考察啊！因此第一个要战胜的就是自己的欲望。

※原文

昌国君将五国之兵以攻齐。齐使触子将，以迎天下之兵于济上。齐王欲战，使人赴触子，耻而訾之曰："不战，必刬若类，掘若垄！"触子苦之，欲齐军之败，于是以天下兵战，战合，击金而却之。卒北，天下兵乘之。触子因以一乘去，莫知其所，不闻其声。达子又帅其馀卒以军于秦周，无以赏，使人请金于齐王。齐王怒曰："若残竖子之类，恶能给若金？"与燕人战，大败，达子死，齐王走莒。燕人逐北入国，相与争金于美唐甚多。此贪于小利以失大利者也。

※译文

昌国君乐毅率领五个国家的军队去攻打齐国。齐国派触子为将，在济水边迎战各国诸侯的军队。齐王急着想开战，派人到触子那里去，侮辱并且斥责他说："不开战，我一定宰了你一家，挖掉你的祖坟！"触子感到很苦恼，想让齐军战败，于是跟各国诸侯的军队开战。两军刚一交锋，触子就鸣金退却。齐军败逃，诸侯军队乘胜追击。触子于是坐上一辆兵车跑了，没有人知道他去了哪里，再也听不到他的声音。齐军另一位将领达子又率领残余部队驻扎在秦周，没有东西可用来赏赐士卒，就派人向齐王请求一笔金钱。齐王愤怒地说："你们这些残存下来的家伙，怎么能给你们金钱？"齐军与燕军交战，结果被打得大败。达子阵亡，齐王逃到了莒。燕国人追赶败逃的齐兵进入齐国国都，在美唐你争我夺，抢走了齐国很多金钱。这就是贪图小利反而失去大利的事例啊！

※读解

利益不能同时都占有，忠诚不可能同时得到。不放弃小利就得不到大利，不放弃小的忠诚就不会成就大的忠诚。其实，这也是我们常说的关于个人利益和集体利益、国家利益的关系处理问题。

利益有大有小，这是因为人都是有私心的。虞国为了宝物和马匹，借道给晋国，却被晋国灭了；中山国为了得到大钟，引来自身的灭亡；齐军与燕军交战，因不舍得犒赏士兵，结果被打得大败。这就是贪图小利反而失去大利的事例啊！

※事例

郑板桥趋义避利

郑板桥在潍县当县官的时候，遇到一个大灾之年，为了救济穷苦百姓，他不顾个人身家性命，打开官仓，救济了当地灾民。事后被皇帝怪罪下来，革了官职。

郑板桥本来对官场的事情就感到厌恶，当下就雇了一条民船，载着自己的家小和行装，沿着运河向家乡驶去。

有一天，郑板桥看见江面上冷冷清清，来往的行船不是停靠到码头，就是搁浅在岸边。后来，通过打听才知道，原来有一条官船要在此经过，于是通知所有的民船都要回避。

郑板桥一向孤傲，哪里管这一套，吩咐船工照常行驶，不必理睬。前行了一段路程之后，果然看到迎面来了一艘官船，排场甚是豪华，桅杆上挂着“奉旨上任”的旗子，随风摆动。

郑板桥心想，好汉不吃眼前亏，这条官船大，一旦让它撞上可就不值了，但是又不能畏缩地躲避它。

正在紧张地思索如何对付的时候，他忽然想到了一个办法。他让家人赶紧找出一块绸绢，写下“奉旨革职”四个字，也让船工高挂到桅杆顶上。

官船的人一见迎面开来的船，不仅不回避，还占据江心主道，照常行驶，顿生疑虑，抬头一看，只见那船上也挂着一面高高飘扬的旗，还以为也是奉旨上任的官船，正好借此机会攀附一番，于是放慢速度。两船靠近时，官船上出来一个大官人，一见是只不起眼的民船，桅杆上挂的是“奉旨革职”的旗帜，便大呼小叫起来。郑板桥说道：“你有什么神气的！你奉旨上任，我奉旨革职，都是‘奉旨’，我为什么要给你让路？”这个官人被气得无话可说，转回船舱，几经了解才知道对方是当今名士、书画大家郑板桥。他立即改变态度，登船道歉。其实道歉是假，想索取郑板桥的书画是真。

郑板桥听说此人刚用钱买了县令，正要上任，而且这个人名叫姚有财，除了吃喝嫖赌，没有别的本事，于是便想借机羞辱他一番，所以佯装答应，手书一首诗相赠。派来的人自是十分高兴，乐得不得了，拿着郑板桥的手迹回到船上交给县官，小心翼翼地展开欣赏，就像欣赏奇珍异宝似的。但见上面写道：“有钱难买竹一根，财多不得绿花盆，缺枝少叶没多笋，德少休要充斯文。”等到县官把每句诗的首字连起来一读——“有财缺德”，不禁气得昏了过去。

下贤

※原文

有道之士，固骄人主；人主之不肖者，亦骄有道之士。日以相骄，奚时相得？若儒墨之议与齐荆之服矣。贤主则不然。士虽骄之，而己愈礼之，士安得不归之？士所归，天下从之帝。帝也者，天下之适也；王也者，天下之往也。得道之人，贵为天子而不骄倨，富有天下而不骋夸，卑为布衣而不瘁摄，贫无衣食而不忧慑。恳乎其诚自有也，觉乎其不疑有以也，桀乎其必不渝移也，循乎其与阴阳化也，匆匆乎其心之坚固也，空空乎其不为巧故也，迷乎其志气之远也，昏乎其深而不测也，确乎其节之不庳也，就就乎其不肯自是，鹄乎其羞用智虑也，假乎其轻俗诽誉也。以天为法，以德为行，以道为宗。与物变化而无所终穷，精充天地而不竭，神覆宇宙而无望。莫知其始，莫知其终，莫知其门，莫知其端，莫知其源。其大无外，其小无内。此之谓至贵。士有若此者，五帝弗得而友，三王弗得而师，去其帝王之色，则近可得之矣。

※译文

有道的士人本来就傲视君主，不贤明的君主也傲视有道的士人。他们天天这样互相傲视，什么时候才能相投呢？这就像儒家、墨家思想不同，齐国、楚国服饰不同，各是己而非人的情况一样。贤明的君主就不是这样。有道的士人虽然傲视自己，而自己对他却更加以礼相待。这样，士人怎么会不归附呢？士人所归附的君主，天下的人也会顺从，他就可以成为帝王。所谓帝，就是天下的人都来亲附；所谓王，就是天下的人都来归附。得道的人，即使贵为天子也不会骄横傲慢，即使富有天下也不会放纵自夸，即使卑为普通百姓也不会感到失意屈辱，即使贫困到无衣无食也不会忧愁恐惧。他诚恳坦荡，胸有大志；他明察事理，遇事不疑；他卓尔不群，从不动摇；他遵循法则，随着阴阳一起变化；他坦白直率，意志坚定；他忠厚淳朴，不做诈伪之事；他志向远大，高远无边；他思想深邃，深不可测；他刚毅坚强，节操高尚；他做事谨慎，不肯自以为是；他光明正大，耻于运用智巧；他胸襟宽广，轻视世俗的诽谤和赞誉。他以天为法则，以德为品行，以道为根本。他随万物变化而无所终极；他的精气充满天地而不衰竭，他的精神覆盖宇宙而没有边界。他所拥有的道，没有谁知道何时开始，何时终结，没有谁知道它的门径在哪儿，开端在哪儿，没有谁知道它的来源是什么。道大至无所不包，小至微乎其微。这就是最珍贵的东西。士人如果有持此大道的，五帝也得不到他们当朋友，三王也得不到他们当老师。如果能够去掉帝王的尊贵神态，那就差不多能够和他们交朋友、以他们为老师了。

※原文

尧不以帝见善绻，北面而问焉。尧，天子也；善绻，布衣也。何故礼之若此其甚也？善绻，得道之士也。得道之人，不可骄也。尧论其德行达智而弗若，故北面而问焉。此之谓至公。非至公其孰能礼贤？

※译文

尧不以帝王的身份去拜见善绻，面向北来询问他。尧乃是天子，善绻只是一介布衣。尧为什么要这样过分地礼让他呢？善绻是一个得道之士。对待得道之士，不能怠慢。尧觉得自己的品德和智慧比不过善绻，所以就面向北来请教他。这就叫作最公而忘私的。不是最公而忘私的人，谁能尊敬贤能的人？

※原文

周公旦，文王之子也，武王之弟也，成王之叔父也。所朝于穷巷之中，瓮牖之下者七十人。文王造之而未遂，武王遂之而未成，周公旦抱少主而成之。故曰成王不唯以身下士邪？

※译文

周公旦是文王的儿子，武王的弟弟，成王的叔叔。他所朝见的住在穷乡僻壤之中、破窗之下的人有七十个。文王造访这些人没有成功，武王想见到他们也没有成功，周公旦辅佐幼主成功了。这正好说明成王不只是自己礼贤下士吗？

※原文

齐桓公见小臣稷，一日三至弗得见。从者曰："万乘之主，见布衣之士，一日三至而弗得见，亦可以止矣。"桓公曰："不然，士骜禄爵者，固轻其主，其主骜霸王者，亦轻其士。纵夫子骜禄爵，吾庸敢骜霸王乎？"遂见之，不可止。世多举桓公之内行，内行虽不修，霸亦可矣。诚行之此论，而内行修，王犹少。

※译文

齐桓公想见小臣稷，一天去了三次也没有见到。跟从的人说："万乘的君主来见平民，一天来了三次却没有见到，也可以停止了。"齐桓公说："不能这样。士人不屑于做官的，本来就轻视君主。那君主不屑于称王称霸的，也会轻视士人。就算他不屑于做官，我难道不屑于称王称霸吗？"于是见到了，齐桓公见贤的决心是不可劝止的。世人多指责齐桓公的品行，品行即使不好，称霸也够了。如果在外能推行他的主张而个人行为又检点，怕是不止称王了。

※原文

子产相郑，往见壶丘子林，与其弟子坐必以年，是倚其相于门也。夫相万乘之国而能遗之，谋志论行而以心与人相索，其唯子产乎！故相郑十八年，刑三人，杀二人。桃李之垂于行者，莫之援也；锥刀之遗于道者，莫之举也。

※译文

子产在郑国做宰相，去见壶丘子林。子产与他的弟子相坐而谈，都一定按入门弟子的时间排序，子产坐在最靠门边。能以大国的宰相身份而谦恭下士，委曲求全，谋求知人的心志，品评人的行为，拿自己的真心和人结交的，恐怕只有子产了吧！因此，子产做了十八年郑国的宰相，给了三个人以惩罚，杀了两个人，把郑国治理得哪怕桃李垂挂在路边的树枝上也无人去摘，锥刀遗落在路上也无人去拾取。

※原文

魏文侯见段干木，立倦而不敢息。反见翟黄，踞于堂而与之言。翟黄不说，文侯曰："段干木官之则不肯，禄之则不受；今女欲官则相位，欲禄则上卿。既受吾实，又责吾礼，无乃难乎！"故贤主之畜人也，不肯受实者其礼之。礼士莫高乎节欲，欲节则令行矣。文侯可谓好礼士矣。好礼士，故南胜荆于连堤，东胜齐于长城，虏齐侯，献诸天子，天子赏文侯以上卿。

※译文

魏文侯去见段干木，站立得很疲倦了，却不敢休息。回宫后见到翟黄，蹲踞在堂上和他说话，翟黄不高兴。魏文侯说："段干木叫他做官他不肯，给他俸禄他不要。如今你是想要做官，就让你做了相，想要俸禄就给你上卿的俸禄。你既已经接受了我的爵位俸禄，又责备我的轻慢，岂不是太难了！"因此贤能的君主想要留住人，对不肯接受实利的就礼让他。礼贤下士没有比节制欲望更重要的了，欲望得到节制，那命令就实行了。魏文侯可以算得上善于礼贤下士的了。善于礼贤下士，因此他在南面的连堤战胜楚国，在东面的长城战胜齐国，俘虏了齐侯，将他献给天子，天子赏赐魏文侯上卿的爵位。

※读解

有道的士人本来就傲视君主，不贤明的君主也傲视有道的士人。士人所归附的君主，天下的人也会顺从，他就可以成为帝王。所谓帝，就是天下的人都来亲附；所谓王，就是天下的人都来归附。得道的人，即使贵为天子也不会骄横傲慢，即使富有天下也不会放纵自夸，即使卑为普通百姓也不会感到失意屈辱，即使贫困到无衣无食也不会忧愁恐惧。

齐桓公想见小臣稷，一天去了三次也没有见到。魏文侯去见段干木，站立得很疲倦了，却不敢休息；回宫后见到翟黄，蹲踞在堂上和他说话。这都是知道该如何礼贤下士的君主的作为。

※事例

介之推宁死不受封

晋文公经过十九年的流亡之后，回国修明政务，对百姓布施恩惠，赏赐随从逃亡的人员和各位有功之臣，功大的封给城邑，功小的授予爵位。晋文公还未来得及赏赐完毕，周襄王因弟弟王子带发难逃到郑国居住，于是来向晋国告急。晋国刚刚安定，想派军队去，又担心国内发生动乱，因此，晋文公赏赐随从的逃亡者一时还未轮到隐藏起来的介子推。介子推并不要求俸禄，俸禄也还没轮到他。

介子推自言自语道："献公有九个儿子，只有国君还健在。惠公、怀公没有亲信，国内外都唾弃他们；上天还没让晋国灭亡，必定要有君主，主持晋国祭祀的，除了国君还有谁呢？上天确实在助您兴起，可是有两三个人以为是自己的功劳，不是很荒谬吗？偷了别人的财物，可以说是盗贼，何况贪天之功以为己功的人呢？臣下遮盖罪过，主上赏赐奸佞，上下互相欺骗，我难以与他们相处了！"

介子推的母亲听见了，说："你为什么不也去请求赏赐呢？"介子推说："我怨恨那些人，再去仿效他们的行为，罪过就更大了。况且我已经说出了怨言，绝不吃他的俸禄。"母亲说："也让晋文公知道一下你的情况，怎么样？"介子推回答说："话是每人身上的花饰，身体都想隐藏起来了，何必再使用花饰呢？装上花饰是为了显露自己。"介子推的母亲说："能像你说的这样做吗？那我和你一起隐藏起来吧。"于是，母子俩至死没有再露面。

介子推的随从们很怜悯他，就在宫门口挂上一张牌子，上面写道："龙想上天，需五条蛇辅佐。龙已深入云霄，四条蛇各自进了自己的殿堂，只有一条蛇独自悲怨，最终没有找到自己的去处。"晋文公出宫时，看见了这几句话，说："这是介子推。我正为王室之事担忧，还没来得及考虑他的功劳。"于是，晋文公派人去叫介子推，但介子推已逃走。

晋文公就打听介子推的住所，听说他进了绵上山。晋文公看到苍茫的大山，实在不知道该怎么寻找介子推，底下就有人建议他放火烧山，以此来逼介子推出山。

晋文公听从了，就命人放火。但是，介子推母子始终没有出来，活活被烧死了。于是，晋文公把整座绵上山封给了介子推，作为他的封地，称之为介推田，又起名叫介山。

报更

※原文

国虽小，其食足以食天下之贤者，其车足以乘天下之贤者，其财足以礼天下之贤者。与天下之贤者为徒，此文王之所以王也。今虽未能王，其以为安也，不亦易乎！此赵宣孟之所以免也，周昭文君之所以显也，孟尝君之所以却荆兵也。古之大立功名与安国免身者，其道无他，其必此之由也。堪士不可以骄恣屈也。

※译文

国家即使很小，那粮食足够给天下的贤士吃，那车足够给天下的贤士乘坐，那金钱足够结交天下的贤士。和天下的贤士为伍，这就是周文王之所以称王的原因。现在即使不能称王天下，用来安身，不也很容易嘛！这就是赵宣孟逃脱死亡、周昭文君显赫的原因，孟尝君之所以击退楚兵的缘故。古代建立大的功名和国家安泰保住自身的人，他们没有别的办法，一定是由于这个原因。对待士人，不能用骄恣来委屈他。

※原文

昔赵宣孟子将上之绛，见骫桑之下有饿人卧不能起者，宣孟止车，为之下食，蠲而餔之，再咽而后能视。宣孟问之曰："女何为而饿若是？"对曰："臣宦于绛，归而粮绝，羞行乞而憎自取，故至于此。"宣孟与脯二朐，拜受而弗敢食也。问其故，对曰："臣有老母，将以遗之。"宣孟曰："斯食之，吾更与女。"乃复赐之脯二束，与钱百，而遂去之。处二年，晋灵公欲杀宣孟，伏士于房中以待之。因发酒于宣孟。宣孟知之。中饮而出。灵公令房中之士疾追而杀之。一人追疾，先及宣孟之面，曰："嘻！君舆！吾请为君反死。"宣孟曰："而名为谁？"反走对曰："何以名为？臣骫桑下之饿人也。"还斗而死。宣孟遂活。此书之所谓"德几无小"者也。宣孟德一士，犹活其身，而况德万人乎？故诗曰："赳赳武夫，公侯干城。""济济多士，文王以宁。"人主胡可以不务哀士？士其难知，唯博之为可。博则无所遁矣。

※译文

从前，赵宣孟将要上国都绛邑去，看见一棵枯死的桑树下有一个饿坏了的人躺在地上，起不来了。赵宣孟停下车，给他东西吃。赵宣孟连续喂了他几次，他一点一点咽下食物，慢慢地才睁开了眼睛。赵宣孟问他："你为什么饿成这个样子？"他回答说："我在绛做小差使，回家的路上断了粮，我羞于向人乞讨，又不愿擅自去拿别人的食物，所以才饿成这个样子。"赵宣孟送给他两块干肉，他拜了拜，接受了干肉，但却不肯吃。赵宣孟问他这是什么缘故，他回答说："我家有老母，想把这些肉留给她吃。"赵宣孟说："你把这些肉吃了，我另外再给你一些。"于是又赠给他两束干肉和一百枚钱，就离开了。过了两年，晋灵公要杀赵宣孟，就在房子里埋伏了兵士等待着赵宣孟的到来，然后把赵宣孟请来饮酒。宣孟看出了酒宴中藏伏的杀机，酒喝到一半就起身离开了。晋灵公命令房子里的伏兵立即去追杀赵宣孟。有一个士兵跑得很快，最先追上赵宣孟，他面对赵宣孟说："喂，请您上车快跑！我愿为您回去死战。"赵宣孟问："你叫什么名字？"那人道："何必打听我的名字！我就是枯桑下饿倒的那个人。"他返回身去跟追杀赵宣孟的兵士，搏斗而死。赵宣孟于是得以活命。这就是古书上所说的"恩德无所谓小"的意思啊！赵宣孟对一个普通人施恩德，尚且能使自己活命，更何况对万人施恩德呢？所以《诗经》上说："雄赳赳的武士，是捍卫公侯的屏障。""人才济济，文王因此安宁。"作为一位人主，怎么可以不致力于爱怜贤士呢？贤士是很难了解的，只有广泛寻求才可能得到。广泛寻求就能无所遗漏。

※原文

张仪，魏氏馀子也。将西游于秦，过东周。客有语之于昭文君者，曰："魏氏人张仪，材士也，将西游于秦，愿君之礼貌之也。"昭文君见而谓之曰："闻客之秦，寡人之国小，不足以留客。虽游，然岂必遇哉？客或不遇，请为寡人而一归也。国虽小，请与客共之。"张仪还走，北面再拜。张仪行，昭文君送而资之。至于秦，留有间，惠王说而相之。张仪所德于天下者，无若昭文君。周，千乘也，重过万乘也。令秦惠王师之。逢泽之会，魏王尝为御，韩王为右，名号至今不忘。此张仪之力也。

※译文

张仪是魏国大夫的庶子，将要向西到秦国去游说，路过东周。有一个门客告诉周昭文君说："魏国人张仪，是个有才干的士人，将要向西到秦国去游说，希望君王对他能以礼相待。"周昭文君接见了张仪，对他说："听说您要到秦国去。我的国家小，不足以留住客人。但您西去游说，难道就一定能为秦王所知遇吗？您要是得不到知遇，请看在我的面上回到这里来。我的国家虽然小，我愿与您共同治理。"张仪还是要走，他谦恭地面向北连拜了两拜。张仪走时，周昭文君又去送行，并资助旅费。张仪到了秦国，在那儿待了一段时间，秦惠文王很喜欢他，任命他为相国。张仪在天下所受的恩德，没有比在周昭文君那里所受的更大了。周是个只拥有千辆兵车的小国，但是张仪尊重它超过了拥有万辆兵车的大国。他让秦惠文王以周昭文君为师。秦国在逢泽盟会诸侯的时候，秦王让魏王做周昭文君的御手，让韩王当周昭文君的车右，周昭文君的名号至今没有被忘掉，这都是靠张仪的力量啊！

※原文

孟尝君前在于薛，荆人攻之。淳于髡为齐使于荆，还反，过于薛，孟尝君令人礼貌而亲郊送之，谓淳于髡曰："荆人攻薛，夫子弗为忧，文无以复侍矣。"淳于髡曰："敬闻命矣。"至于齐，毕报，王曰："何见于荆？"对曰："荆甚固，而薛亦不量其力。"王曰："何谓也？"对曰："薛不量其力，而为先王立清庙。荆固而攻薛，薛清庙必危，故曰薛不量其力，而荆亦甚固。"齐王知颜色，曰："嘻！先君之庙在焉。"疾举兵救之，由是薛遂全。颠蹶之请，坐拜之谒，虽得则薄矣。故善说者，陈其势，言其方，见人之急也，若自在危厄之中，岂用强力哉？强力则鄙矣。说之不听也，任不独在所说，亦在说者。

※译文

孟尝君先前在薛地的时候，楚国人攻打薛。淳于髡作为齐国的使者到达楚国，回来的时候，经过薛地。孟尝君派人施礼表示敬意，并亲自到郊外送他，对淳于髡说："楚国人攻打薛，您不用担忧，我以后怕是不能再次见到您了。"淳于髡说："恭敬地听从您的命令。"到了齐国，淳于髡汇报完了，大王说："在楚国有什么见闻？"他回答："楚国很贪婪，而薛也是自不量力。"大王说："什么意思？"淳于髡回答："薛自不量力，建立了先王的宗庙。楚国贪婪而攻打薛，薛的宗庙一定危险了，所以说薛自不量力，那楚国也是太贪婪了。"齐王变了脸色说："哎哟！先王的宗庙还在薛呢！"马上发兵救薛，因此薛才得以保全。颠沛中的请求，坐相倾谈的拜见，两人的交情本来菲薄。因此会说的人，陈述时势，讲出道理，表现人的危急，如同自己在危险之中，哪里用得着武力呢？用武力就鄙俗了。说而不听从，责任不仅在所说的事情上，也在于说的人。

※读解

和天下的贤士为伍，这就是周文王之所以称王的原因，这就是赵宣孟逃脱死亡、周昭文君显赫的原因，这就是孟尝君之所以击退楚兵的缘故。《诗经》上说："雄赳赳的武士，是捍卫公侯的屏障。""人才济济，文王因此安宁。"作为人主，怎么可以不致力于爱怜贤士呢？

颠沛中的请求，坐相倾谈的拜见，两人的交情本来菲薄。因此会说的人，陈述时势，讲出道理，表现人的危急，如同自己在危险之中，哪里用得着武力呢？用武力就鄙俗了。

※事例

申包胥泣血求师

春秋时，伍子胥为了报父兄的仇，率领吴国的军队占领了楚国郢都，想要灭掉楚国，永绝后患。楚国的大臣申包胥修书一封给伍子胥，请求吴国允许另立一个继位的君主，以便保存楚国的宗庙，世代祭祀先王，维系楚国国体。伍子胥被复仇冲昏了头脑，对此不予理睬。

申包胥一看此路不通，就转而向秦国乞求救兵，打算借助外力把吴国军队赶走。对这样的大事，秦哀公一时难以下决心，就叫申包胥暂时住在客馆里，等待决定。申包胥却说："我们国君楚昭王现在逃亡在外，奔波于草莽之间，要吃没吃的，要住没住的，作为臣子的我怎么敢住在贵国的客馆里享清福？"于是，他就站在秦国的朝廷上依着柱子日夜痛哭。一连七天，不吃不喝，眼里都流出了血来。

秦哀公终于动了恻隐之心，说："大臣爱他的君主，竟达到这种程度啊！楚王有这样的贤臣，吴国还要灭它，干出这样不仁不义的事，怎么能容忍呢？"秦哀公为申包胥的行为所感动，即兴作了一首名叫《无衣》的诗"岂曰无衣，与子同袍。王于兴师，修我戈矛，与子同仇。岂曰无衣，与子同泽。王于兴师，修我矛戟，与子偕作。岂曰无衣，与子同裳。王于兴师，修我甲兵，与子偕行"，来表彰他对君主的忠心耿耿，同时也是为了勉励天下做臣子的人，并即刻决定派出五百辆兵车援助楚国。

这时候，吴国迫于秦国的压力，只好撤兵。楚国不但没有被灭掉，反而很快得以复兴。

顺说

※原文

善说者若巧士，因人之力以自为力，因其来而与来，因其往而与往，不设形象，与生与长，而言之与响，与盛与衰，以之所归。力虽多，材虽劲，以制其命。顺风而呼，声不加疾也；际高而望，目不加明也。所因便也。

※译文

善于说的人有如智巧的武士，能借助别人的力量作为自己的力量，借助别人来的力量加以引导，借助别人去的力量加以推动，没有形象，不露马脚，与被说之人的意思一起生一起长，如同形象和影子、声音和回声，一起盛一起衰，最后使被说者的意见归依于说者的意图。相反，如没有技巧，说话的人力量虽然很多，即使能力强，也不能说服被说之人的意图。顺风呼喊，声音没有增加却传得远了；登高远眺，目力没有增加却看得远了，这是由于借助了便利条件的缘故。

※原文

惠盎见宋康王，康王蹀足謦咳，疾言曰："寡人之所说者，勇有力也，不说为仁义者。客将何以教寡人？"惠盎对曰："臣有道于此：使人虽勇，刺之不入；虽有力，击之弗中。大王独无意邪？"王曰："善！此寡人所欲闻也。"惠盎曰："夫刺之不入，击之不中，此犹辱也。臣有道于此：使人虽有勇，弗敢刺，虽有力，不敢击。大王独无意邪？"王曰："善！此寡人之所欲知也。"惠盎曰："夫不敢刺，不敢击，非无其志也。臣有道于此：使人本无其志也。大王独无意邪？"王曰："善！此寡人之所愿也。"惠盎曰："夫无其志也，未有爱利之心也。臣有道于此：使天下丈夫女子莫不欢然皆欲爱利之。此其贤于勇有力也，居四累之上。大王独无意邪？"王曰："此寡人之所欲得。"惠盎对曰："孔、墨是也。孔丘、墨翟，无地为君，无官为长。天下丈夫女子莫不延颈举踵，而愿安利之。今大王，万乘之主也，诚有其志，则四境之内皆得其利矣，其贤于孔、墨也远矣。"宋王无以应。惠盎趋而出，宋王谓左右曰："辨矣！客之以说服寡人也。"宋王，俗主也，而心犹可服，因矣。因则贫贱可以胜富贵矣，小弱可以制强大矣。

※译文

惠盎谒见宋康王。康王一边跺脚一边咳嗽，急促地说道："我所喜欢的是勇敢有力的人，而不喜欢行仁义的人。客人将对我有何见教？"惠盎回答说："我这里有一种法术：能使人虽然勇敢，但是他的剑戟却刺不进您的身体；虽然有力，却击不中您。大王您难道无意于这种法术吗？"康王说："好！这是我想要听的。"惠盎说："剑戟虽然刺不进您的身体，击打也不能命中您的身体，但您还是受到了侮辱。我这里有一种法术：能使人虽然勇敢却不敢刺您，虽然有力却不敢击打您。大王您难道无意于这种法术吗？"康王说："好！这是我想要知道的。"惠盎说："那些人虽然不敢刺您，不敢击打您，但并不是没有刺您、击打您的想法啊。我这里有一种法术：能使人根本就没有刺您、击打您的想法。大王您难道无意于这种法术吗？"康王说：

“好！这是我所希望的。”惠盎说：“那些人虽然没有刺您、击打您的想法，但还没有爱您、利您的心。我这里有一种法术：能使天下的男男女女无不愉快地爱您、利您。这就胜过了勇敢有力，在四种法术中位居于首。大王您难道无意于这种法术吗？”康王说：“这是我想要得到的。”惠盎回答说：“这就是孔丘、墨翟的品德呀！孔丘、墨翟没有领土，却能像当君主一样得到尊荣；没有官职，却能像当官长一样受到尊敬。天下的男男女女没有谁不伸长脖子、抬起脚跟盼望他们，希望他们平安顺利。现在大王您是拥有万辆兵车的大国君主，如果真有这样的志向，那么四境之内都能得到您的好处了，您就能远远胜过孔丘、墨翟了。”宋康王听了无话可答。惠盎快步走了出去。宋康王对左右的人说：“很善辩啊！客人用言论说服了我。”宋康王是个庸俗的君主，而他的心还可以说服，这是惠盎投宋康王之所好而加以引导的结果。能因势利导，那么贫贱可以胜富贵、弱小可以制强大了。

※原文

田赞衣补衣而见荆王，荆王曰：“先生之衣，何其恶也！”田赞对曰：“衣又有恶于此者也。”荆王曰：“可得而闻乎？”对曰：“甲恶于此。”王曰：“何谓也？”对曰：“冬日则寒，夏日则暑，衣无恶乎甲者。赞也贫，故衣恶也。今大王，万乘之主也，富贵无敌，而好衣民以甲，臣弗得也。意者为其义邪？甲之事，兵之事也，刈人之颈，刳人之腹，隳人之城郭，刑人之父子也。其名又甚不荣。意者为其实邪？苟虑害人，人亦必虑害之；苟虑危人，人亦必虑危之。其实人则甚不安。之二者，臣为大王无取焉。”荆王无以应。说虽未大行，田赞可谓能立其方矣。若夫偃息之义，则未之识也。

※译文

田赞穿着打着补丁的衣服来见楚王，楚王说：“先生的衣服怎么这么破呢？”田赞回答：“还有比这个更差的衣服呢！”楚王说：“我能听听吗？”回答：“铠甲比这个还丑。”楚王说：“怎么讲？”回答：“冬天冰冷，夏天炎热，衣服没有比铠甲更丑的了。我田赞很贫穷，所以衣服比较破。大王，您乃是万乘之君，富贵无人可比，却喜欢让人民穿着铠甲，我认为这不可取。这是为了正义吗？铠甲的事情，就是战争的事情；割掉别人的头颅，剖人之腹，毁灭别人的城池，杀掉别人的父子，名声又非常不光彩。这是为了实利吗？假如想要害人，别人也会想要害你；假如想要使别人处于危险的境地，别人也会想要使你处于危险的境地。其结果就是人人都不得安宁。这两种情况，我觉得大王不可取。”楚王无话可说。劝说虽然没有明显的效应，但田赞可以说是能确立原则的人了。像这种停止战争使人民休养生息的意思，当时的君主是没有这种见识的。

※原文

管子得于鲁，鲁束缚而槛之，使役人载而送之齐，皆讴歌而引。管子恐鲁之止而杀己也，欲速至齐，因谓役人曰："我为汝唱，汝为我和。"其所唱适宜走，役人不倦，而取道甚速。管子可谓能因矣。役人得其所欲，己亦得其所欲，以此术也。是用万乘之国，其霸犹少，桓公则难与往也。

※译文

管仲被鲁国捉住，鲁国将他捆住并关押起来，派役使的人用车载他到齐国去。役使的人边唱边往前走。管仲恐怕鲁国停止前行而杀了自己，打算赶快到达齐国，就对役使的人说："我给你们唱歌，你们为我和。"他所唱的歌适合行走，役使的人不觉得疲倦，就行走得非常迅速。管仲可以算得上非常能顺势了。役使的人得到他们想要的，自己也得到自己想要的，这就是办法。将此方法运用到万乘之国，称霸都不止，齐桓公的能力不足以和管仲配合。

※读解

善于说的人有如智巧的武士，能借助别人的力量作为自己的力量。这就和武功上的借力打力有相似之处，聪明的管仲让役使的人边走边唱歌，这就是利用对方达到自己目的的好办法。

※事例

楚国多士不受重用

卫国大夫蘧瑗（字伯玉）出使楚国，在濮水边上遇到楚国公子皙。公子皙说："我听说上等的士人，可以托他照顾妻室；中等的士人，可以托他传话；下等的人士，可以托管财物。这三样能不能托你办呢？"蘧伯玉说："好。"

蘧伯玉见到楚王，出使的公务办完，就坐着与楚王闲谈，从容不迫地谈到"士"的问题。

楚王说："哪国的士人最多？"

"楚国人士最多。"蘧伯玉回答。

楚王很高兴。又问："为什么？"

蘧伯玉说："伍子胥生在楚国，逃往吴国，做了吴国宰相，带兵攻打楚国，毁了楚平王的墓。衅贫黄生在楚国，跑到晋国，治理七十二县，政绩良好，路上掉了东西，不怕被人捡去，城门不用关，也没有盗贼。这二位都生在楚国，但吴、晋懂得重用他们。”

“今天我来的时候在濮水附近遇到公子哲，他说：‘上士可以托他照顾妻室，中士可以托他传话，下士可以托他保管财物。这三样可不可以托你？’我看公子哲离开楚国，不知道会到哪里发挥他的治国才能呢？”

楚王听了，派使者坐专车一辆，副使专车两辆，到濮水附近去追公子哲。

公子哲回到楚国，受到重用，这是蘧伯玉的功劳。

不广

※原文

智者之举事必因时，时不可必成，其人事则不广。成亦可，不成亦可，以其所能托其所不能，若舟之与车。

※译文

聪明的人做事一定要根据时机，时机不一定会适宜，但人的努力却不能放弃。时机成熟也好，时机不成熟也好，要靠别人所能做到的补救自己所做不到的，如同船和车。

※原文

北方有兽，名曰蹶，鼠前而兔后，趋则跲，走则颠，常为蛩蛩距虚取甘草以与之。蹶有患害也，蛩蛩距虚必负而走。此以其所能托其所不能。

※译文

北方有一种动物，叫作蹶。前腿像老鼠，后腿像兔子，小跑的时候会绊倒，奔跑的时候会跌倒，经常拿甘草给一个叫蛩蛩距虚的吃。而蹶有危难的时候，蛩蛩距虚就背着它奔跑。这就是靠别人做得到的补救自己做不到的。

※原文

鲍叔、管仲、召忽，三人相善，欲相与定齐国，以公子纠为必立。召忽曰：“吾三人者于齐国也，譬之若鼎之有足，去一焉则不成。且小白则必不立矣，不若三人佐公子纠也。”管子曰：“不可，夫国人恶公子纠之母，以及公子纠，公子小白无母，而国人怜之。事未可知，不若令一人事公子小白。夫有齐国，必此二公子也。”故令鲍叔傅公子小白，管子、召忽居公子纠所。公子纠外物则固难必。虽然，管子之虑近之矣。若是而犹不全也，其天邪！人事则尽之矣。

※译文

鲍叔、管仲、召忽三个人彼此很要好，想共同来安定齐国。他们认为公子纠一定能继承君位。召忽说：“咱们三个人对于齐国来说，就好像鼎的三足，去掉一个都不成。况且公子小白一定不会被立为君主，不如三个人都去辅佐公子纠。”管仲说：“不可以。国人厌恶公子纠的母亲，因而连累到公子纠；公子小白没有母亲了，国人都怜悯他。将来的事情还不可预料，不如让一个人去侍奉公子小白。将来享有齐国的，必定是这两位公子中的一位。”因此让鲍叔做公子小白的老师，管仲、召忽到公子纠那里。公子纠正在外面，不一定就能当齐君。尽管如此，管仲的谋虑还是近于妥善的。如果这样做了事情还不能万全，那大概是天意吧！但人为的努力总算是尽到了。

※原文

齐攻廪丘。赵使孔青将死士而救之，与齐人战，大败之。齐将死，得车二千，得尸三万，以为二京。宁越谓孔青曰：“惜矣，不如归尸以内攻之。越闻之，古善战者，莎随贲服。却舍延尸，车甲尽于战，府库尽于葬，此之谓内攻之。”孔青曰：“敌齐不尸则如何？”宁越曰：“战而不胜，其罪一；与人出而不与人入，其罪二；与之尸而弗取，其罪三。民以此三者怨上。上无以使下，下无以事上，是之谓重攻之。”宁越可谓知用文武矣。用武则以力胜，用文则以德胜。文武尽胜，何敌之不服？

※译文

齐国攻打廪丘。赵国派孔青率领敢死队前去救援，和齐国大战，打败了齐国。齐国的将领战死，缴获战车两千乘，尸首三万具，堆成两座大尸堆。宁越对孔青说：“可惜了。不如归还尸首来使他们内耗。我听说，古代善于作战的人，使敌人攻守两难。匍匐在地，让出屋子存放尸体，车甲都在战争中消耗殆尽，府库中的钱财都在殡葬中用完，这就是使敌人内耗的战术。”孔青说：“齐国若是不要尸首怎么办？”宁越说：“打仗没有取胜，这是一条罪过；带领人民出战却没有带领他们回去，这是第二条罪过；给他们尸首却不要，这是第三条罪过。人民因为这三条罪过埋怨主上。上面的不能役使下面，下面的又不听从上面，这就是重重攻击了。”宁越可以算得上知道文武兼用的了。运用武力是靠力量取胜，运用文就是靠德行取胜了。文武都战胜了，什么敌人不可战胜呢？

※原文

晋文公欲合诸侯，咎犯曰：“不可，天下未知君之义也。”公曰：“何若？”咎犯曰：“天子避叔带之难，出居于郑，君奚不纳之，以定大义，且以树誉。”文公曰：“吾其能乎？”咎犯曰：“事若能成，继文之业，定武之功，辟土安疆，于此乎在矣；事若不成，补周室之阙，勤天子之难，成教垂名，于此乎在矣。君其勿疑！”文公听之，遂与草中之戎、骊土之翟，定天子于成周。于是天子赐之南阳之地，遂霸诸侯。举事义且利，以立大功，文公可谓智矣。此咎犯之谋也。出亡十七年，反国四年而霸，其听皆如咎犯者邪！

※译文

晋文公想要会合诸侯，咎犯说：“不可以，天下人还不知道您的大义。”晋文公说：“那怎么办？”咎犯说：“天子因为叔带发难，躲在郑国。您为什么不接待他，借这个机会定大义？况且还能树立您的信誉。”晋文公说：“我能做得到吗？”咎犯说：“事情若是能够成功，就是继承了文王的事业，立下了武王的功绩，扩充土地，安定了边疆，都在这一举了；事情若是不成功，补了周室的缺，救了天子的难，成就了教化，名垂青史，也在此一举了。您不要犹豫了！”晋文公听从了他，于是和草中的戎、骊土的翟，使天子在成周安定了下来。天子将南阳的地方赐给了他，于是称霸诸侯。做事正义而有利可图，建立大功业，晋文公可算得上非常聪明。这是咎犯的计谋。晋文公离开国土十七年，回国刚刚四年就称霸诸侯，都是听从了咎犯这样的人的话呀！

※原文

管子、鲍叔佐齐桓公举事，齐之东鄙人有常致苦者。管子死，竖刁、易牙用，国之人常致不苦，不知致苦。卒为齐国良工，泽及子孙，知大礼。知大礼，虽不知国可也。

※译文

管仲、鲍叔辅佐齐桓公举事，生活在齐国东郊地区的人常常向上反映困苦的情况。管仲死了之后，竖刁、易牙被重用，国人常常向上反映不困苦的情况，不敢反映困苦的情况。竖刁、易牙最后倒成了齐国的好官员，恩泽惠及子孙，因为他们通晓大的礼节。知道大的礼节，即使不知道国事也可以。

※读解

聪明的人做事一定要根据时机，时机不一定会适宜，但人的努力却不能放弃。

时机成熟也好，时机不成熟也好，要靠别人所能做到的来补救自己所做不到的，如同船和车。

宁越可以算得上知道文武兼用了。运用武力是靠力量取胜，运用文就是靠德行取胜。文武都战胜了，什么敌人不可战胜呢？做事正义而有利可图，建立大功业，晋文公可算非常聪明。这是咎犯的计谋。晋文公离开国土十七年，回国刚刚四年就称霸诸侯，都是听从了咎犯这样的人的话呀！管仲、鲍叔辅佐齐桓公举事，生活在齐国东郊边远地区的人常常向上反映困苦的情况。管仲死之后，竖刁、易牙被重用，国人常常向上反映不困苦的情况，不敢反映困苦的情况。竖刁、易牙最后倒成了齐国的好官员，恩泽惠及子孙。因为他们知道大的礼节，即使不知道国事也可以。这就是后来齐国衰落的原因啊！

※事例

苏秦一席话换十座城

秦惠文王将女儿嫁给燕国太子，这一年，恰好燕文侯去世，太子登基，成为燕易王。燕易王刚即位，齐宣王就趁燕国国丧之际，出兵攻燕，占据了十座城。

燕易王对苏秦说："当初你来到燕国，我父亲帮你，使你见到赵王，才完成六国合纵的大业。如今齐国却先攻打赵国，然后又攻打燕国。你主持六国合纵的大业，天下都在笑你了。你能为燕国取回齐国侵略的土地吗？"苏秦很惭愧地说："请让我为大王效劳。"

苏秦见到齐王，一拜再拜，先庆贺，然后低头哀悼。齐王很惊奇地说："怎么一下子庆贺，一下子又哀悼了呢？"

苏秦说："我听说饥饿的人之所以不吃乌鸦一口就能吃掉的食物，是因为吃了与饿死没有两样。现在燕国虽然弱小，却是秦王的女婿。大王贪图燕国十座城，却与强大的秦国结仇；就好像当燕国是雁阵，却没想到秦国躲在背后，袭击燕国，却招来天下的精兵。这不是同饥饿的人吃下乌鸦的食物一般吗？"

齐王脸色一变，说："那该如何是好呢？"

苏秦说："我听说，古时候善于处置事情的人，能转祸为福，反败为胜。大王如果真的能听我的，就立刻归还燕国的十座城。燕国无缘无故地收回十座城，一定十分高兴；秦王如果知道是因为秦国的缘故而归还燕国的十座城，也一定高兴。这种做法齐国少了仇人却得到知交，而一旦燕、秦一同臣服于齐国，那么大王号令天下，谁敢不从？大王让秦国得到虚名，而大王却用十座城取得了天下，这就能够完成称霸的大业了。”

齐王说：“好。”于是归还了燕国十座城池。就这样，苏秦用自己的三寸不烂之舌竟然换回了十座城池。

贵因

※原文

三代所宝莫如因，因则无敌。禹通三江五湖，决伊阙，沟回陆，注之东海，因水之力也。舜一徙成邑，再徙成都，三徙成国，而尧授之禅位，因人之心也。汤、武以千乘制夏、商，因民之欲也。如秦者立而至，有车也；适越者坐而至，有舟也。秦、越，远涂也，竫立安坐而至者，因其械也。

※译文

夏、商、周三代最看重的，没有比得上因时因势了，因时因势则无敌。禹疏通三江五湖，引导伊阙，沟通回陆，将它们注入东海，是顺应了水势。舜第一次迁徙建成了小城镇，第二次迁徙建成了大都市，第三次迁徙建成了国都。而尧将天子之位禅让给舜，就是顺应了民心。汤、武凭借千乘之国的实力，消灭了万乘之国的夏、商，是顺应了人民的欲望。如同到秦国站着就到达，是因为有车子；到越国坐着就到达，是因为有船。秦、越路途遥远，站立、安坐就能到达，就是凭借了工具的缘故。

※原文

武王使人候殷，反报岐周曰：“殷其乱矣！”武王曰：“其乱焉至？”对曰：“谗慝胜良。”武王曰：“尚未也。”又复往，反报曰：“其乱加矣！”武王曰：“焉至？”对曰：“贤者出走矣。”武王曰：“尚未也。”又往，反报曰：“其乱甚矣！”武王曰：“焉至？”对曰：“百姓不敢诽怨矣。”武王曰：“嘻！”遽告太公，太公对曰：“谗慝胜良，命曰戮；贤者出走，命曰崩；百姓不敢诽怨，命曰刑胜。其乱至矣，不可以驾矣。”故选车三百，虎贲三千，朝要甲子之期，而纣为禽。则武王固知其无与为敌也。因其所用，何敌之有矣！

※译文

武王派人到殷探察情况，使者回来向岐周报告：“殷将要混乱了！”武王说：“混乱从何而来？”他回答：“谗言奸邪战胜善良。”武王说：“还没到时候。”使者又回去探察，回来后报告：“混乱更加厉害了！”武王说：“从何而来？”他回答：“贤能的人逃亡了！”武王说：“还没到时候。”使者再去探察，回来报告说：“混乱不堪了！”武王说：“从何而来？”回答：“百姓不敢埋怨了。”武王说：“啊！”马上告诉太公，太公说：“谗言奸邪战胜善良，名叫暴戮；贤能的人出走，叫作崩溃；百姓不敢埋怨，叫作刑胜。殷已经混乱了，无以复加啊！”武王遴选车三百辆，勇士三千人，与诸侯约好甲子日攻打殷。甲子日纣王被捉住。武王原本知道殷纣无力抵抗。因势利导，哪里会有对手！

※原文

武王至鲔水，殷使胶鬲候周师，武王见之。胶鬲曰：“西伯将何之？无欺我也！”武王曰：“不子欺，将之殷也。”胶鬲曰：“曷至？”武王曰：“将以甲子至殷郊，子以是报矣！”胶鬲行。天雨，日夜不休，武王疾行不辍。军师皆谏曰：“卒病，请休之。”武王曰：“吾已令胶鬲以甲子之期报其主矣，今甲子不至，是令胶鬲不信也。胶鬲不信也，其主必杀之。吾疾行，以救胶鬲之死也。”武王果以甲子至殷郊，殷已先陈矣。至殷，因战，大克之。此武王之义也。人为人之所欲，己为人之所恶，先陈何益？适令武王不耕而获。

※译文

武王的军队到了鲔水。殷派胶鬲来侦察周师，武王会见了他。胶鬲说：“西伯将到什么地方去？不要欺骗我。”武王说：“我不欺骗你，我们将到殷去。”胶鬲说：“哪一天到达？”武王说：“将在甲子日到达殷都郊外。你可以拿这话回去报告。”胶鬲走了。这时天下起雨来，日夜不停。武王命令快速行军，不停止前进。军官们都劝谏说：“士兵们都很疲惫了，让他们休息休息吧。”武王说：“我已经让胶鬲把甲子日到达殷都郊外的事报告给他的君主了，如果甲子日不能到达，这就会使胶鬲失信。胶鬲失信，他的君主就一定会杀死他。我急行军是为了救胶鬲的命啊。”武王果然在甲子日到达殷都郊外，殷军已经先摆好阵势了。武王到达后，就立即开始战斗，结果大败殷军。这就是武王的仁义。武王做的是人们所希望的事情，而纣王做的却是人们所厌恶的事情，所以事先摆好阵势又有什么用？这正好让武王不战而胜。

※原文

武王入殷，闻殷有长者，武王往见之，而问殷之所以亡。殷长者对曰：“王欲知之，则请以日中为期。”武王与周公旦明日早要期，则弗得也。武王怪之，周公曰：“吾已知之矣。此君子也。取不能其主，有以其恶告王，不忍为也。若夫期而不当，言而不信，此殷之所以亡也，已以此告王矣。”

※译文

武王进入殷，听说有年长的人，武王亲自去拜访，向他询问殷灭亡的原因。殷的长者对武王说："大王您想知道，就请到明天中午时间再谈。"武王和周公旦第二天早早来了，却没有见到长者。武王十分奇怪，周公旦说："我已经知道了。这是君子。既不能殉君主，又要将君主的恶行告诉你，他不忍做。像这样的期而不当、言而无信，就是殷灭亡的原因，已经告诉您了。"

※原文

夫审天者，察列星而知四时，因也；推历者，视月行而知晦朔，因也；禹之裸国，裸入衣出，因也；墨子见荆王，锦衣吹笙，因也；孔子道弥子瑕见厘夫人，因也；汤、武遭乱世，临苦民，扬其义，成其功，因也。故因则功，专则拙。因者无敌，国虽大，民虽众，何益？

※译文

观察天的人，看天上列星就知道四季交替变化，这是凭借外物；推算历法的人，看月亮的运行就知道初一、十五，也是凭借外物；禹到裸国，裸身进去穿衣出来，这是顺应时俗；墨子见楚王，穿着锦衣吹着笙，是顺应楚王的心意；孔子通过弥子瑕拜见厘夫人，是借助别人的力量；汤、武遭遇乱世，面对人民苦难，高扬仁义，建立功业，也是顺应时势。所以顺应时势就会成功，墨守成规就会失败。能顺应时势的人无敌于天下。国虽然强大，人虽然众多，不会顺应时势，有什么用呢？

※读解

禹疏通三江五湖，引导伊阙，沟通回陆，将它们注入东海，是顺应了水势。舜第一次迁徙建成了小城镇，第二次迁徙建成了大都市，第三次迁徙建成了国都，而尧将天子之位禅让给舜，就是顺应民心。汤、武凭借千乘之国的实力，消灭了万乘之国的夏、商，是顺应了人民的欲望。

观察天的人，看天上列星就知道四季交替变化，这是凭借外物；推算历法的人，看月亮的运行就知道初一、十五，也是凭借外物；禹到裸国，裸身进去穿衣出来，这是顺应时俗；墨子见楚王，穿着锦衣吹着笙，是顺应楚王的心意；孔子通过弥子瑕拜见厘夫人，是借助别人的力量；汤、武遭遇乱世，面对人民苦难，高扬仁义，建立功业，也是顺应时势。所以顺应时势就会成功，墨守成规就会失败。能顺应时势的人无敌于天下。

※事例

戈苏塔巧用外力造繁荣

美国可口可乐公司生产的饮料遍布世界各地，它的规模和价值是一般人难以想象的。那么，它成功的秘诀是什么呢？

可口可乐公司的前任董事长伍德拉夫是位相当保守的金融家，他一生最讨厌的事情就是负债。

在经济大萧条的前夕，他刚刚还清了公司的全部贷款。那时，听说公司里一位主管财务的负责人要以 9.75% 的利息去借 1 亿美元的资金来投资建筑的时候，他就不同意，还说："可口可乐永远不借钱！"虽然他的谨慎战略避免了可口可乐公司在经济大萧条中的灭顶之灾，但是也因此产生了副作用，那就是使该公司长期得不到发展，不能进入美国特大公司之列。

接任的戈苏塔一改伍德拉夫的作风，看准方向，大举借债。他到任的时候，可口可乐公司的资本之中只有不到 2% 的长期债务，从那之后戈苏塔把长期债务猛增到 18%，这种举措使同行们大为惊讶。戈苏塔用这些资金来创建可口可乐公司的瓶装设备，同时还大胆地投资于哥伦比亚影片公司。他这样解释：只要是看准了的兼并对象，就不怕增加公司的债务负担。也正是由于他这种不怕负债的勇气，才使可口可乐公司从困境中解脱出来，而且还使公司的利润一下子增长了 20%，股票也开始上涨。

从中不难看出，适当的举债是使公司走出困境、走向辉煌的法宝。

察今

※原文

上胡不法先王之法？非不贤也，为其不可得而法。先王之法，经乎上世而来者也，人或益之，人或损之，胡可得而法？虽人弗损益，犹若不可得而法。东夏之命，古今之法，言异而典殊。故古之命多不通乎今之言者，今之法多不合乎古之法者。殊俗之民，有似于此。其所为欲同，其所为异。口惛之命不愉，若舟车衣冠滋味声色之不同。人以自是，反以相诽。天下之学者多辩，言利辞倒，不求其实，务以相毁，以胜为故。先王之法，胡可得而法？虽可得，犹若不可法。凡先王之法，有要于时也。时不与法俱至，法虽今而至，犹若不可法。故择先王之成法，而法其所以为法。先王之所以为法者，何也？先王之所以为法者，人也，而己亦人也。故察己则可以知人，察今则可以知古。古今一也，人与我同耳。有道之士，贵以近知远，以今知古，以所见知所不见。故审堂下之阴，而知日月之行，阴阳之变；见瓶水之冰，而知天下之寒，鱼鳖之藏也；尝一脟肉，而知一镬之味，一鼎之调。

※译文

君主为什么不效法先王的法令？不是因为先王的法令不好，是因为无法效法它。先王的法令，经过了上世到了现在，人们或者增加它，或者减损它，怎么可能效法呢？即使没有人增加或减损，还是不能效法它。少数民族和中原的法令，古今的法令，言辞不同而内容也不相同。所以古代的名称和现在的说法也不一样，当今的法令也多不符合古代的法令。习俗不同的人民，和这种情况相似。人们的欲望相同，但做法不同。口音不同，说话相互听不懂，叫人不愉快，就像人们对舟车、衣冠、滋味、声色都有相同的要求，但是做出来的东西是不一样的。人们都自以为是，以他人与自己不同的说法为非。天下的学者多能辩说，花言巧语，不追求实效，而追求相互诋毁，以取胜为目的。这样的话，先王的法令又怎么能效法？即使能够得到，还是不能效法。大凡先王的法令，都和当时的情况相符合，时代不会和法令一起流传到今，因此，法令虽然流传到今天了，但是还是不能效法它。所以应放弃先王的成法，效法他制定法令的办法。先王制定法令的根据是什么？他的根据是人，而自己也是人。因此观察自己就可以知道别人，观察当今的时势就可以知道古代。古今一个道理，人家和自己相同。有道之士的可贵就在于能根据身边的事物知道遥远的事物，根据当今的事物来推知远古的事物，根据看见的事物来推知看不见的事物。因此观察堂前的影子，就知道日月的运转、阴阳的变化；看瓶子中的冰，就知道天下寒冷、鱼鳖冬藏；尝一块肉就知道一锅肉的味道。

※原文

荆人欲袭宋，使人先表澭水。澭水暴益，荆人弗知，循表而夜涉，溺死者千有馀人，军惊而坏都舍。向其先表之时可导也，今水已变而益多矣，荆人尚犹循表而导之，此其所以败也。今世之主法先王之法也，有似于此。其时已与先王之法亏矣，而曰此先王之法也而法之，以此为治，岂不悲哉？故治国无法则乱，守法而弗变则悖，悖乱不可以持国。世易时移，变法宜矣。譬之若良医，病万变，药亦万变。病变而药不变，向之寿民，今为殇子矣。故凡举事必循法以动，变法者因时而化，若此论，则无过务矣。

※译文

楚国人想偷袭宋国，派人先去测量澭水的深浅做好标志。澭水突然暴涨，楚国人不知道，仍然照着旧标志在深夜中涉渡。结果淹死了一千多人，三军惊哗，就像都市中的房屋倒塌一样。原先做标志的时候本是可以渡过去的，现在水位已经发生变化，上涨了许多，楚国人却仍然照着旧标志渡河，这就是他们失败的原因啊。现在的君主效法古代帝王的法度，就像这种情况。他所处的时代已经与古代帝王的法度不适宜了，却还说“这是古代帝王的法度”，并且效法它，以它作为治理国家的依据，难道不是很可悲吗？所以说，治理国家，没有法度就要发生混乱，死守古代帝王的法度而不进行变革就会发生谬误。出现谬误和混乱，是不能保住国家的。社会变迁了，时代发展了，变法是合时宜的。这就好比良医治病，病情千变万化，药也要千变万化。如果病情已经发生变化，而药却没有变，本来可以长寿的人，如今就会变成短命的人了。所以凡是做事情一定要依照法度去行动，变法的人要根据时代的发展而变化。如果懂得这个道理，那就没有错误的事了。

※原文

夫不敢议法者，众庶也；以死守者，有司也；因时变法者，贤主也。是故有天下七十一圣，其法皆不同。非务相反也，时势异也。故曰良剑期乎断，不期乎镆琊；良马期乎千里，不期乎骥骜。夫成功名者，此先王之千里也。

楚人有涉江者，其剑自舟中坠于水，遽契其舟，曰：“是吾剑之所从坠。”舟止，从其所契者入水求之。舟已行矣，而剑不行，求剑若此，不亦惑乎？以此故法为其国，与此同。时已徙矣，而法不徙，以此为治，岂不难哉？

有过于江上者，见人方引婴儿而欲投之江中，婴儿啼。人问其故，曰：“此其父善游。”其父虽善游，其子岂遽善游哉？以此任物，亦必悖矣。荆国之为政，有似于此。

※译文

不敢议论法令的，是老百姓；死守成法的，是官吏；能顺应时势变法的，是贤能的君主。所以天下有七十一圣，他们的法令都不一样，不是故意不相同，而是时势不同的缘故。所以说，好剑要的是锋利，不必是镆铘的名称；好马要的是能行千里，而不是骥骜的名称。成就功名的人，就是先王的千里马。

楚国有个人过江，他的剑从船上掉进了河里，他赶忙在船上刻了一个记号，说：“这是我的剑掉下河的地方。”船停了，他从刻有记号的地方下水去找。船已经航行了，剑却不会随着船走，这样找剑，不是很糊涂吗？用这种方法治理国家，就和这个人一样荒谬。时代已经发展了，而法令不发展，这样来求得治理，不是很难吗？

一个过江的人，看见一个人正要把一个婴儿投到江中，婴儿啼哭。这人问他为什么要这么做，他说："孩子的父亲很会游泳。"他父亲会游泳，这个婴儿难道就一定会吗？像这样处理事情，一定会出错的。楚国的做法，和这个人一样。

※读解

上代的法令不能照搬，这是因为它已经不适应当今社会的发展了。后代的人能够效法的，恐怕只有上代人制定法令时候的根据吧！这就是本文讲的道理：世异时移，一切都随着时间和时代的变化而变化，不是一成不变的，这就要求我们不能照搬老一套的方法来解决新问题，而应该采用新的办法来解决问题。

本文用几个小故事来说明这个情况。楚国人想偷袭宋国，派人先去测量澭水的深浅做好标志。澭水突然暴涨，楚国人不知道，仍然照着旧标志在深夜中涉渡。结果淹死了一千多人，三军惊哗。这是不知道状况变化的后果。刻舟求剑和援婴投江的故事则是告诉我们时间、地点和人物的变化导致事物变化的情况。

※事例

商鞅变法

公孙鞅是卫国宗族旁支后裔，喜好法家刑名之学。他在魏国国相公叔痤手下做事，公叔痤深知他的才干，但还未来得及推荐，就重病不起。魏惠王前来看望公叔痤，问道："您如果不幸去世，国家大事如何来处置？"公叔痤说："我手下的公孙鞅，年纪虽轻，却有奇才，希望国君把国家交给他来治理！"魏惠王听罢默然不语。公叔痤知道大王有所犹豫，又说："如果国君您不采纳我的建议重用公孙鞅，那就要杀掉他，不要让他到别的国家去。"魏惠王许诺后告辞而去。公叔痤又急忙召见公孙鞅道歉说："我必须先忠于君上，然后才能照顾属下，所以先建议惠王杀你，现在又告诉你。你赶快逃走吧！"公孙鞅却摇摇头说："国君不能听从你的意见来任用我，又怎么能听从你的意见来杀我呢？"结果没有出逃。果然，魏惠王离开公叔痤后，对左右近臣说："公叔痤简直是病得糊涂了，他先让我把国家交给公孙鞅去治理，一会儿又劝我杀了他，岂不是糊涂了吗？"

公孙鞅进入秦国，由宠臣景监引荐而拜见秦孝公。商鞅与秦孝公谈论治国方略。第一天，他们谈了一会儿，孝公便恹恹欲睡，一点兴趣也没有。景监问商鞅面谈的状况，商鞅说："我与孝公谈论帝道，而孝公却对此不感兴趣。"

第二天，商鞅又去见孝公，孝公仍是意兴阑珊。商鞅对景监说："我与孝公谈论王道，而孝公对此不感兴趣。"

第三天，商鞅又去见孝公，与孝公谈论，孝公竟然兴致高昂。商鞅对景监说："我对孝公说起霸道，孝公兴致大发。"

第四天，商鞅再去见孝公时，孝公竟然亲自出门相迎，而两人一坐定之后，便促膝长谈，数日不厌。商鞅对景监说："我对孝公说起强国之术，孝公听了非常高兴。"继之，孝公任命商鞅为左庶长，准备推行变法，以实现强国之愿望。

商鞅下令将五家民众编为一伍，十家为一什，互相监督，犯法连坐。举报奸邪的人能获得与杀敌立功者同等的赏赐，隐瞒不报的人则罪过与临阵降敌者一样，给予同等的处罚；立军功者，可以获得上等爵位；私下斗殴者，视其情节轻重处以大小刑罚；致力于本业耕田织布的人，如果生产的粮食布匹多，就免除其赋役；不务正业，因懒惰而贫困的人，全家充为国家的奴隶；王亲国戚没有获得军功的，不能再享有贵族的地位；确立由低到高的各级官阶等级，分别配给其田地房宅、奴仆侍女、衣饰器物。这样一来，有功劳的人尊贵荣耀，没有功劳的人即使富有也不光彩。

法令已详细制定出来了，但尚未公布。商鞅担心百姓不相信，便在国都的南门立了三丈长的一根木杆，并下令说，谁能将此木杆搬到北门去，便赏其十金。老百姓觉得此事很古怪，谁也不敢去搬动。商鞅又传令，能搬过去的，赏五十金。后来真有个人把木杆搬了过去，商鞅立即赏了五十金。商鞅这才将法令颁布了出去。

变法令颁布后的一年中，秦国上下指责新法使民不便的人数达到千人以上。这时太子触犯了法令，商鞅说："新法之所以实施不畅，就在于上层人物带头违反！"

太子是国君的继承人，不能施以刑罚，商鞅便将他的老师公子虔处刑，又在他另一个老师公孙贾的脸上刺了字。

第二天，秦国人都知道了这件事，于是每个人都小心翼翼地遵令行事。新法施行十年，秦国被治理得路不拾遗，山无盗贼，人民勇于为国作战，不敢私下斗殴，乡野和城镇都安定太平。

先识览

先识

※原文

凡国之亡也，有道者必先去，古今一也。地从于城，城从于民，民从于贤。故贤主得贤者而民得，民得而城得，城得而地得。夫地得岂必足行其地、人说其民哉？得其要而已矣。

※译文

大凡国家将要灭亡的时候，有道之士一定会提前离开，古今都是一样的。土地随着城邑易主，城邑跟随百姓易主，百姓随圣人而易主。所以贤能的君主得到贤能的人帮助，自然就得到人民，得到人民就得到城邑，得到城邑自然得到土地。土地的取得难道一定要君主到处巡视、挨门逐户地劝说百姓吗？抓住要领就可以了。

※原文

夏太史令终古见桀惑乱，出其图法，执而泣之。夏桀迷惑，暴乱愈甚。太史令终古乃出奔如商。汤喜而告诸侯曰："夏王无道，暴虐百姓，穷其父兄，耻其功臣，轻其贤良，弃义听谗，众庶咸怨，守法之臣，自归于商。"

※译文

夏太史令终古看到桀无道，拿出图书，抱着掉眼泪。夏桀执迷不悟，更加暴虐荒淫。太史令终古就奔逃到商。商汤高兴地告诉诸侯："夏王无道，残害百姓，逼迫父兄，侮辱功臣，轻慢贤能的人，抛弃礼仪而听信谗言，百姓都非常怨恨，管理图书的大臣已经主动归附我们。"

※原文

殷内史向挚见纣之愈乱迷惑也，于是载其图法，出亡之周。武王大说，以告诸侯曰："商王大乱，沈于酒德，辟远箕子，爰近姑与息。妲己为政，赏罚无方，不用法式，杀三不辜，民大不服。守法之臣，出奔周国。"

※译文

殷的内史向挚见纣王越来越迷惑混乱，于是用车载着图书法令，逃亡到了周。周武王非常高兴，告诉诸侯："商王大乱，沉迷于酒，疏远箕子，亲近妇人和男宠。妲己插手国政，赏罚无度，不守法度，杀死了三个无辜的人，人民不服。守护法令的大臣，逃到了周。"

※原文

晋太史屠黍见晋之乱也，见晋公之骄而无德义也，以其图法归周。周威公见而问焉，曰："天下之国孰先亡？"对曰："晋先亡。"威公问其故，对曰："臣比在晋也，不敢直言，示晋公以天妖，日月星辰之行多以不当。曰：'是何能为？'又示以人事多不义，百姓皆郁怨。曰：'是何能伤？'又示以邻国不服，贤良不举，曰：'是何能害？'如是，是不知所以亡也。故臣曰晋先亡也。"居三年，晋果亡。威公又见屠黍而问焉，曰："孰次之？"对曰："中山次之。"威公问其故，对曰："天生民而令有别，有别，人之义也，所异于禽兽麋鹿也，君臣上下之所以立也。中山之俗，以昼为夜，以夜继日，男女切倚，固无休息，淫昏康乐，歌谣好悲，其主弗知恶，此亡国之风也。臣故曰中山次之。"居二年，中山果亡。威公又见屠黍而问焉，曰："孰次之？"屠黍不对。威公固问焉，对曰："君次之。"威公乃惧，求国之长者，得义莳、田邑而礼之，得史驎、赵骈以为谏臣，去苛令三十九物，以告屠黍。对曰："其尚终君之身乎！"曰：臣闻之，国之兴也，天遗之贤人与极言之士；国之亡也，天遗之乱人与善谀之士。"威公薨，殚九月不得葬，周乃分为二。故有道者之言也，不可不重也。

※译文

晋国太史屠黍见晋国混乱了，晋幽公骄横不讲道德仁义，就带着图书法令归顺周国。周威王召见他，问道："天下哪个国家最先灭亡？"回答："晋国最先灭亡。"周威公问原因，他回答："我在晋国的时候，不敢直言，就让晋君看星象图，说天象异常、日月星辰的运行不合法度，他说：'这能怎么样？'又让他看人事处理大多都不恰当，百姓怨恨不满，他说：'这能怎么样？'又提醒他邻国与贤能的人都不归顺，他说：'这有什么危害？'像这样就是不了解国家存亡的原因啊！所以我说晋国先灭亡。"过了三年，晋国果然灭亡。周威王再次接见屠黍，问道："哪个国家随后灭亡？"回答："中山国随后灭亡。"周威王问其中的原因，他回答："上天生下人就让他们有区别。有区别是人伦大义，是区别于麋鹿禽兽的地方，是君臣尊卑秩序确立的根据。中山国的风俗，以日为夜，夜以继日，男女相互依偎，从不休息，把淫乱当作欢乐，喜欢哀伤的歌谣，他们的君主不知道厌恶，这是亡国的征兆啊！所以我说中山国随后灭亡。"过了两年，中山国果然灭亡了。周威王又接见屠黍，问道："接下来是哪个国家了？"屠黍不回答。周威王坚持问他，他回答："接下来就是您了。"周威王害怕了，访求国中德高望重的人，得到义莳、田邑而礼待他们，得到史驎、赵骈而任用他们为谏官，废除了苛令三十九件，把这告诉屠黍。屠黍回答："国运大概会保持到您终身吧！"周威王问他原因，他回答："我听说，国家将要兴盛的时候，上天就会降下贤能的人和直言敢谏的人；国家将要灭亡的时候，上天就会降下乱臣贼子和阿谀奉迎的人。"周威王死后，停殡九个月还不能安葬，周于是分裂成东周和西周两个部分。所以有道之人的话，不能不重视啊！

※原文

周鼎著饕餮，有首无身，食人未咽，害及其身，以言报更也。为不善亦然。白圭之中山，中山之王欲留之，白圭固辞，乘舆而去。又之齐，齐王欲留之仕，又辞而去。人问其故，曰：“之二国者皆将亡。所学有五尽。何谓五尽？曰：莫之必，则信尽矣；莫之誉，则名尽矣；莫之爱，则亲尽矣；行者无粮、居者无食，则财尽矣；不能用人、又不能自用，则功尽矣。国有此五者，无幸必亡。中山、齐皆当此。”若使中山之王与齐王闻五尽而更之，则必不亡矣。其患不闻，虽闻之又不信。然则人主之务，在乎善听而已矣。夫五割而与赵，悉起而距军乎济上，未有益也。是弃其所以存，而造其所以亡也。

※译文

周鼎上刻有饕餮，只有头没有身体，吃人还没有咽下去，祸害已经来到自己身上了，这表明了报应偿还啊！做不善的事也是如此。白圭到了中山国，中山国的大王要挽留他，白圭坚决推辞，乘车走了。白圭又来到齐国，齐王要挽留他，又推辞而去。有人问他缘故，他说：“这两个国家都将要灭亡了。我学过‘五尽’。什么叫作‘五尽’呢？就是：没有人任用他，那么信义就丧失了；没有人称赞他，那么名声就丧失了；没有人喜爱他，那么亲人就丧尽了；行路的人没有干粮、居家的人没有吃的，那么财物就丧尽了；不能利用人、又不能发挥自己的作用，那么功业就灭亡了。国家有这五种情况，必然灭亡，不能幸免。中山、齐国都是这种情况。”假如让中山王和齐王得知“五尽”后改正了自己的做法，那就肯定不会灭亡了。他们的祸患在于没有听过这些，即使听说了也不会相信。然而，君主的当务之急，在于听取意见。中山国五次割让土地给赵国，齐国调动全部军队在济水一带抵抗以燕为首的五国军队，也没有什么用处。这是由于他们丢失了能使自己生存的东西，而为自己的灭亡创造了条件。

※读解

大凡国家将要灭亡的时候，有道之士一定会提前离开，古今都是一样的。土地随着城邑易主，城邑跟随百姓易主，百姓随圣人而易主。所以贤能的君主得到贤能的人帮助，自然就得到人民，得到人民就得到城邑，得到城邑自然得到土地。

白圭论述国家灭亡的“五尽”，就是没有人任用他，那么信义就丧失了；没有人称赞他，那么名声就丧失了；没有人喜爱他，那么亲人就丧尽了；行路的人没有干粮、居家的人没有吃的，那么财物就丧尽了；不能利用人、又不能发挥自己的作用，那么功业就灭亡了。假如让中山王和齐王得知“五尽”后改正了自己的做法，那就肯定不会灭亡了。他们的祸患在于没有听过这些，即使听说了也不会相信。这样看来，君主的当务之急，在于听取意见。

※事例

宫之奇论借道

晋侯向虞国借路去攻打虢国。宫之奇劝阻虞公说："虢国是虞国的外围，虢国灭亡了，虞国也一定跟着灭亡。晋国的这种贪心不能让它开个头，这支侵略别人的军队不可轻视。俗话说'面颊和牙床骨互相依着，嘴唇没了，牙齿就会寒冷'，这就如同虞、虢两国互相依存的关系啊！"

虞公说："晋国与我国是同宗，难道会加害我们吗？"宫之奇回答说："泰伯、虞仲是太王的长子和次子，泰伯不听从父命，因此不让他继承王位。虢仲、虢叔都是王季的第二代，是文王执掌国政的大臣，在王室中有功劳，因功受封的典策还藏在盟府中。现在连虢国都要灭掉，对虞国还有什么爱呢？再说晋献公爱虞，能比桓、庄之族更亲密吗？桓、庄这两个家族有什么罪过？可晋献公把他们杀害了，还不是因为近亲对自己有威胁才这样做的吗？近亲的势力威胁到自己，还要加害于他们，更何况对另一个国家呢？"

虞公又说："我的祭品丰盛清洁，神必然保佑我。"宫之奇回答说："我听说，鬼神不是随便亲近某人的，而是依从有德行的人。所以《周书》里说：'上天对于人没有亲疏不同，只是有德的人上天才保佑他。'又说：'黍稷不算芳香，只有美德才芳香。'又说：'人们拿来祭祀的东西都是相同的，但是只有有德行的人的祭品，才是真正的祭品。'如此看来，没有德行，百姓就不和，神灵也就不享用了。神灵所凭依的，就在于德行了。如果晋国消灭虞国，崇尚德行，以芳香的祭品奉献给神灵，神灵难道会吐出来吗？"

虞公执意不听从宫之奇的劝阻，答应了晋国使者借路的要求。宫之奇就带着全族的人离开了虞国。他说："虞国的灭亡，不用等到岁终祭祀的时候了。晋国只需这一次行动，不必二次出兵了。"

十二月初一那天，晋灭掉虢国，虢公逃到东周的都城。晋军回师途中安营驻扎在虞国，乘机突然发动进攻，灭掉了虞国，捉住了虞公和他的大夫井伯，把井伯作为秦穆姬的陪嫁随从。然而仍继续祭祀虞国的祖先，并且把虞国的贡物仍归于周天子。所以《春秋》中记载说"晋国人捉住了虞公"。这是归罪于虞公，并且说事情进行得很容易。

观世

※原文

天下虽有有道之士，国犹少。千里而有一士，比肩也；累世而有一圣人，继踵也。士与圣人之所自来，若此其难也，而治必待之，治奚由至？虽幸而有，未必知也，不知则与无贤同。此治世之所以短，而乱世之所以长也。故王者不四，霸者不六，亡国相望，囚主相及。得士则无此之患。此周之所封四百余，服国八百余，今无存者矣。虽存，皆尝亡矣。贤主知其若此也，故日慎一日，以终其世。譬之若登山，登山者，处已高矣，左右视，尚巍巍焉山在其上。贤者之所与处，有似于此。身已贤矣，行已高矣，左右视，尚尽贤于己。故周公旦曰："不如吾者，吾不与处，累我者也；与我齐者，吾不与处，无益我者也。"惟贤者必与贤于己者处。贤者之可得与处也，礼之也。主贤世治，则贤者在上；主不肖世乱，则贤者在下。今周室既灭，天子既废，乱莫大于无天子。无天子则强者胜弱，众者暴寡，以兵相刬，不得休息。而佞进。今之世当之矣。故欲求有道之士，则于江河之上，山谷之中，僻远幽闲之所，若此则幸于得之矣。太公钓于滋泉，遭纣之世也，故文王得之。文王，千乘也；纣，天子也。天子失之，而千乘得之，知之与不知也。诸众齐民，不待知而使，不待礼而令。若夫有道之士，必礼必知，然后其智能可尽也。

※译文

天下虽然有有道之士，然而在一国之中则嫌少。方圆千里有一个士，可以算得上肩并肩了；连续若干世出一个圣人，可称得上脚挨着脚了。士和圣人的产生如此困难，可是国家的安定一定要等待他们，安定的局面怎能到来？即使侥幸有了贤能的人，未必被人知道，不知道就跟没有贤能的人一样。这就是安定的世道那么少，而动乱的世道那么多的原因。所以没有出现第四个王、第六个霸，灭亡的国家一个接着一个，被囚禁的国君一个接着一个。得到士就没有这样的祸患了。这就是为什么周朝封了四百多个诸侯，归附的国家达八百多个而现在却不存在的原因，即使存在，也都经历过灭亡的命运。贤能的君主知道这情况，所以一天比一天谨慎，以求平平安安地度过一辈子。那就像登山一样，登山的人已经登得很高了，环顾左右，巍峨的群山还在前面呢！贤能的人同人相处，情况和此相似：自己贤能了，品行高尚了，环顾左右，全是比自己更贤能的人。所以周公旦说："不及我的人，我不跟他相处，这是拖累我的人；同我一样的人，我不跟他相处，这是对我没有裨益的人。"贤能的人一定要跟比自己贤能的人相处。跟比自己贤能的人相处是可以实现的，就是要对他们以礼相待。君主英明，世道安定，贤能的人就居高位；君主不肖，世道混乱，那么贤能的人就居低位。现在周王室已经灭亡，天子已经被废黜，世道混乱没有比没有天子更甚的了。没有天子，于是强大的压制弱小的，人多势众的欺凌势单力薄的；用军队相互残杀，不能停息，如今的世道就是这样的情况！所以要想寻求有道之士，就要到江河之滨、山谷之中和偏远僻静的地方去，像这样就有幸得到他们。姜太公望在滋泉边垂钓，正遭逢纣王当政的时代，所以周文王得到了他。周文王是拥有千乘兵车的诸侯，纣王是天子，天子失去姜太公，而诸侯得到了他，因为周文王了解姜太公而纣王不了解姜太公。平民百姓无须了解就能调遣他们，无须礼遇就可以命令他们。至于有道之士，一定要了解他们并以礼相待，然后他们才可以全部奉献出他们的聪明才智。

※原文

晏子之晋，见反裘负刍息于途者。以为君子也，使人问焉，曰："曷为而至此？"对曰："齐人累之，名为越石父。"晏子曰："嘻！"遽解左骖以赎之，载而与归。至舍，弗辞而入。越石父怒，请绝。晏子使人应之曰："婴未尝得交也，今免子于患，吾于子犹未邪？"越石父曰："吾闻君子屈乎不己知者，而伸乎己知者。吾是以请绝也。"晏子乃出见之，曰："向也见客之容而已，今也见客之志。婴闻察实者不留声，观行者不讥辞，婴可以辞而无弃乎？"越石父曰："夫子礼之，敢不敬从。"晏子遂以为客。俗人有功则德，德则骄。今晏子功免人于厄矣，而反屈下之，其去俗亦远矣。此令功之道也。

※译文

晏子到晋国，看见一个人反穿着裘衣背着草，在路上休息。晏子认为他是君子，派人问他："为什么到了这个地步？"他回答："我给齐国人做奴隶，名叫越石父。"晏子说："噢！"马上解下左边的马把他赎了出来，同车回去。到了馆舍，晏子没有说告别的话就进去了。越石父很生气，要求断绝关系。晏子派人对他说："我不曾同您交朋友啊！今天我把您从患难中援救出来，我对您还不够吗？"越石父说："我听说君子在不了解自己的人前受委屈，在了解自己的人前伸展，我因此请求断交。"晏子就出来会见他说："刚才只不过看到了您的外表，现在看到了您的心志。我听说，考察实际的人不留意名声，考察人行动的人不细察人的言辞。我可以道歉而不被您拒绝吗？"越石父说："您礼待我，我哪里敢不恭敬从命！"晏子于是把他当作上宾。世俗的人有功劳就自认为有功德，有功德就骄横。现在晏子把人从困难中解脱出来是有功的，反而对被施恩的人很谦卑，他超越世俗的偏见已经很远了。这是保全功劳的办法啊！

※原文

子列子穷，容貌有饥色。客有言之于郑子阳者，曰："列御寇，盖有道之士也，居君之国而穷，君无乃为不好士乎？"郑子阳令官遗之粟数十秉。子列子出见使者，再拜而辞。使者去，子列子入，其妻望而拊心曰："闻为有道者妻子，皆得逸乐。今妻子有饥色矣，君过而遗先生食，先生又弗受也。岂非命也哉？"子列子笑而谓之曰："君非自知我也，以人之言而遗我粟也，至已而罪我也，有罪且以人言。此吾所以不受也。”其卒民果作难，杀子阳。受人之养而不死其难，则不义；死其难，则死无道也。死无道，逆也。子列子除不义、去逆也，岂不远哉？且方有饥寒之患矣，而犹不苟取，先见其化也。先见其化而已动，远乎性命之情也。

※译文

子列子很穷，脸上显出饥色。有人对郑子阳说：“列御寇乃是有道之士，住在您的国家却非常贫穷，您不会是不好士吧？”郑子阳让官吏给了子列子数十秉粮食。子列子出来见到使者，拜了两拜推辞掉了。使者离开了，子列子回到屋里，他的妻子看着他，抚摸着胸口说道：“我听说有道之士的妻子儿女，都非常安逸逍遥。现在妻子儿女都有饥色，相国探望你并给你粮食，你又没有接受。难道不是我的命吗？”子列子笑着对她说：“相国不是了解我，是因为听了别人的话给我粮食。到时候也会因为别人的话而降罪于我，这是我不接受的原因。”最后民众果然暴乱，杀掉了郑子阳。接受别人的供养而不为人死于患难，这是不义；若是为他死于患难，就是死于无道。死于无道就是悖逆。子列子免除不义、避开悖逆，难道不是很远吗？况且正当他有饥寒之苦的时候，尚不肯轻易接受别人的东西，他是看透了事情的发展趋势啊！预料到事情的发展趋势而采取相应措施，这就是通晓生命的本质了。

※读解

天下虽然有有道之士，然而在一国之中则嫌少。方圆千里有一个士，可以算得上肩并肩了；连续若干世出一个圣人，可称得上脚挨着脚了。士和圣人的产生如此困难，可是国家的安定一定要等待他们，安定的局面怎能到来？即使侥幸有了贤能的人，未必被人知道，不知道就跟没有贤能的人一样。这就是安定的世道那么少，而动乱的世道那么多的原因。

姜太公望在滋泉边垂钓，正遭逢纣王当政的时代，所以周文王得到了他。周文王是拥有千乘兵车的诸侯，纣王是天子，天子失去姜太公，而诸侯得到了他，因为周文王了解姜太公而纣王不了解姜太公。平民百姓无须了解就能调遣他们，无须礼遇就可以命令他们。至于有道之士，一定要了解他们并以礼相待，然后他们才可以全部奉献出他们的聪明才智。

※事例

九方皋相马不识颜色

秦穆公对伯乐说：“你的年纪大了，你们家族中有谁善于相马的吗？”伯乐回答说："良马可以从形状、容貌、筋骨看出来；至于天下之马，好像灭绝了，好像隐没了，好像消亡了，好像丢失了，像这样的马，跑起来没有尘土，没有车辙。我的儿子都是下等人才，可以教给他们怎样相良马，却不可以教给他们怎样相天下之马。我有一个一起挑担子、卖柴草的伙伴，叫九方皋，这个人相马本领不在我之下，请您接见他。"

于是，秦穆公接见了他，派他出外求马。三个月以后，他回来报告说："已经找到了，在沙丘那儿。"秦穆公问："什么样的马？"九方皋回答道："母马，黄色的。"秦穆公派人去取这匹马，却是一匹公马，纯黑色的。秦穆公就不高兴，召见伯乐，并对他说："你推荐的找马人太差了，颜色、公母都不知道，又怎么能知道马的好坏呢？"伯乐长叹了一口气说："竟然到了这种程度吗？这就是他比我强的原因啊！九方皋所观察的，是马的内在能力，得到了马的精华而忘掉了马的粗糙外相，进入了马的内核而忘掉了马的外表；见到了他所要见的，不去看他所不要见的。"那匹马被牵来了，果然是一匹天下少有的好马。

知接

※原文

人之目，以照见之也，以瞑则与不见，同。其所以为照、所以为瞑异。瞑士未尝照，故未尝见。瞑者目无由接也，无由接而言见，谎。智亦然。其所以接智、所以接不智同，其所能接、所不能接异。智者，其所能接远也；愚者，其所能接近也。所能接近而告之以远，奚由相得？无由相得，说者虽工，不能喻矣。戎人见暴布者而问之曰："何以为之莽莽也？"指麻而示之。怒曰："孰之壤壤也，可以为之莽莽也！"故亡国非无智士也，非无贤者也，其主无由接故也。无由接之患，自以为智，智必不接。今不接而自以为智，悖。若此则国无以存矣，主无以安矣。智无以接，而自知弗智，则不闻亡国，不闻危君。

※译文

人的眼睛因为明亮才看见东西，闭上眼睛就看不见。接触外物时，眼睛在看见或看不见方面是相同的，明察秋毫和闭目不见则不同。失明的人眼睛不曾明亮，也就不曾看见过，因为失明的人眼睛没法看外物。没法接触外物却说看到了，这是撒谎。智力也一样，智力达到或达不到，条件是一样的，在能够接受与不能接受方面一样。聪明的人，可以看得很远；愚蠢的人，智力所及就很狭窄了。对于鼠目寸光的人，告诉他长远的发展，凭什么让他听进去？没办法让他听进去，游说的人即使善辩也不能让他明白。有个戎人看见有人晒布就问：“用什么东西做得这么长、这么大？”那人指着麻让他看。戎人感到被愚弄了，就生气地说：“那么乱糟糟的东西，怎么能做出这么长、这么大的形状呢？”所以灭亡的国家不是没有智者，不是没有士，而是他们的君主不能接受他们的缘故啊！没有办法接受，带来的坏处就是自作聪明，智力必然不能接近了。现在智力达不到却自作聪明，是荒谬的。像这样，国家就没办法生存了，君主就没办法平安了。智力达不到但自己知道这一点，那就不会有国亡、君危的事情了。

※原文

管仲有疾，桓公往问之，曰：“仲父之疾病矣，将何以教寡人？”管仲曰：“齐鄙人有谚曰：‘居者无载，行者无埋。’今臣将有远行，胡可以问？桓公曰：“愿仲父之无让也。”管仲对曰：“愿君之远易牙、竖刁、常之巫、卫公子启方。”公曰：“易牙烹其子以慊寡人，犹尚可疑邪？”管仲对曰：“人之情，非不爱其子也，其子之忍，又将何有于君？”公又曰：“竖刁自宫以近寡人，犹尚可疑邪？”管仲对曰：“人之情，非不爱其身也，其身之忍，又将何有于君？”公又曰：“常之巫审于死生，能去苛病，犹尚可疑邪？”管仲对曰：“死生，命也。苛病，失也。君不任其命、守其本，而恃常之巫，彼将以此无不为也。”公又曰：“卫公子启方事寡人十五年矣，其父死而不敢归哭，犹尚可疑邪？”管仲对曰：“人之情，非不爱其父也，其父之忍，又将何有于君？”公曰：“诺。”管仲死，尽逐之。食不甘，宫不治，苛病起，朝不肃。居三年，公曰：“仲父不亦过乎！孰谓仲父尽之乎！”于是皆复召而反。明年，公有病，常之巫从中出曰：“公将以某日薨。”易牙、竖刁、常之巫相与作乱，塞宫门，筑高墙，不通人，矫以公令。有一妇人逾垣入，至公所。公曰：“我欲食。”妇人曰：“吾无所得。”公又曰：“我欲饮。”妇人曰：“吾无所得。”公曰：“何故？”对曰：“常之巫从中出曰：‘公将以某日薨。’易牙、竖刁、常之巫相与作乱，塞宫门，筑高墙，不通人，故无所得。卫公子启方以书社四十下卫。”公慨焉叹涕出曰：“嗟乎！圣人之所见，岂不远哉！若死者有知，我将何面目以见仲父乎？”蒙衣袂而绝乎寿宫。虫流出于户，上盖以杨门之扇，三月不葬。此不卒听管仲之言也。桓公非轻难而恶管子也，无由接见也。无由接也，固却其忠言，而爱其所尊贵也。

※译文

管仲得了重病，齐桓公前去探视，问他说：“仲父的病很严重了，您将用什么话来教诲我呢？”管仲说：“齐国的乡下人有句谚语说道：‘家居的人不用准备外出时车上装载的东西。行路的人不用准备家居时需要埋藏的东西。’现在我将要远离人世了，哪还值得询问？”桓公说：“希望仲父不要谦让。”管仲回答说：“希望君王疏远易牙、竖刁、常之巫、卫公子启方。”桓公说：“易牙不惜烹煮自己的儿子以满足我的口味，这样的人还能够怀疑吗？”管仲回答说：“人的本性不是不爱自己的儿子啊。自己的儿子都忍心煮死，对君王又将会有什么爱心呢？”桓公又说：“竖刁自己阉割了自己以便能接近我，这样的人还能够怀疑吗？”管仲回答说：“人的本性不是不爱自己的身体啊。自己的身体都忍心阉割，对君王又将会有什么爱心呢？”桓公又说：“常之巫能审察死生之理，能驱除鬼降给人的疾病，这样的人还能够怀疑吗？”管仲回答说：“死和生是命中注定的，鬼降给人的疾病是由于精神失守引起的。君王不听任天命，守住精神，却去依靠常之巫，他将因此无所不为了。”桓公又说：“卫公子启方侍奉我十五年了，他的父亲死了都不敢回去哭丧，这种人还能够怀疑吗？”管仲回答说：“人的本性是热爱自己的父亲啊。父亲死了都忍心不回去奔丧，对君王又将会有什么爱心呢？”桓公说：“好吧！”管仲死后，齐桓公把易牙、竖刁、常之巫、卫公子启方全都驱逐走了。此后桓公吃饭不香，内宫不安定，鬼病四起，朝政混乱。过了三年，桓公说：“仲父未免也太过分了吧？谁说仲父的话都可信呢？”于是又把他们全都召了回来。第二年，桓公病了，常之巫从宫中出来，说：“君主将在某日去世。”易牙、竖刁、常之巫共同作乱，堵塞宫门，筑起高墙，不准人进宫，假称这是桓公的命令。有一个妇人翻墙进入宫内，到了桓公那里。桓公说：“我想吃东西。”妇人说：“我没有地方能弄到吃的。”桓公又说：“我想喝水。”妇人说：“我没有地方能弄到水。”桓公说：“这是什么缘故？”宫女回答说：“常之巫从宫中出去说：‘君主将在某日去世。’易牙、竖刁、常之巫共同作乱，堵塞宫门，筑起高墙，不准人进宫，所以没有地方能弄到食物和水。卫公子启方带着四十个书社投降了卫国。”桓公慨然叹息，流着眼泪说：“唉！圣人所预见的，难道不是很远吗？如果死者有知，我将有什么面目去见仲父呢？”于是用衣袖蒙住脸，死在寿宫。蛆虫从门缝中爬出，尸体上盖着杨门的门板，三个月没有入棺安葬。这是桓公最后没有听从管仲话的结果啊。桓公不是轻视灾难而憎恶管仲，而是他的智力无从达到预见事物将来发展变化的程度；不能达到预见事物将来的发展变化，当然就不会接受管仲的忠言，而亲近自己所宠信的那些小人。

※读解

聪明的人，可以看得很远；愚蠢的人，智力所及就很狭窄了。对于鼠目寸光的人，告诉他长远的发展，凭什么让他听进去？没办法让他听进去，游说的人即使善辩也不能让他明白。就像没有见过布的人给他看丝麻，他还是不能明白什么是布一样。灭亡的国家不是没有智者，不是没有士，而是他们的君主不能接受他们的缘故啊！

桓公不是轻视灾难而憎恶管仲，而是他的智力无从达到预见事物将来的发展变化；不能达到预见事物将来的发展变化的程度，当然就不会接受管仲的忠言，而亲近自己所宠信的那些小人。

※事例

杨子譬喻学习

杨子的邻居走失了一只羊，邻居率领一家人去追，又请杨朱的仆人一起去追。杨子说："唉！走失一只羊，为什么要那么多人去追呢？"邻居说："岔路太多。"追羊的人回来以后，杨子问道："找到羊了吗？"回答说："跑掉了。"杨子问："为什么跑掉了？"回答说："岔路之中又有岔路，我们不知道往哪里去追，所以回来了。"杨子忧愁地变了脸色，好久不说话，整天也不笑。

弟子觉得奇怪，问道："羊是不值钱的牲畜，又不是先生您所有，您却不言不笑，这是为什么呢？"杨子不回答，弟子没有得到老师的答复，很是疑惑。

弟子孟孙阳出来告诉了心都子。几天后，心都子与孟孙阳一道进去，问道："从前有兄弟三人，在齐国与鲁国之间游历，同向一位老师求学，把仁义之道全部学到了才回去。他们的父亲问：'仁义之道怎么样？'老大说：'仁义使我爱惜身体而把名誉放在后面。'老二说：'仁义使我不惜牺牲性命去获取名誉。'老三说：'仁义使我的身体与名誉两全其美。'他们三个人所说的仁义之道各不相同，但都是从儒学中来的，哪一个对，哪一个不对呢？"

杨子说："有个住在河边的人，熟习水性，划船摆渡所获的利益可以供养百人。背着粮食前来学习的人一批又一批，而被水淹死的人几乎达到了一半。本来是学习泅水而不是学习淹死的，但利与害却成了这个样子。你认为哪一种对，哪一种不对呢？"心都子不声不响地走了出来。

孟孙阳责备他说："为什么您问得那么迂腐，先生回答得那么隐晦？我迷惑得更厉害了。"心都子说："因为大路岔道多而走失了羊，学习的人因为方法多而没学好知识。学习并不是根源不同，根源一样，而结果的差异却这样大。只有回归到相同，返回到一致才行。你在先生的弟子中是位长者，学习先生的学说，却不懂得先生的譬喻，真是可悲啊！"

悔过

※原文

穴深寻，则人之臂必不能极矣。是何也？不至故也。智亦有所不至。所不至，说者虽辩，为道虽精，不能见矣。故箕子穷于商，范蠡流乎江。

※译文

洞穴有八尺深，那么人的手臂就不能达到底部了。这是为什么呢？是达不到的缘故。智力也有达不到的地方。智力达不到的地方，游说的人虽然善辩，阐述的道理即使精微，都不能领会到。所以箕子被商纣王囚禁，范蠡被流于江湖之上。

※原文

昔秦缪公兴师以袭郑，蹇叔谏曰："不可。臣闻之，袭国邑，以车不过百里，以人不过三十里，皆以其气之趫与力之盛至，是以犯敌能灭，去之能速。今行数千里，又绝诸侯之地以袭国，臣不知其可也。君其重图之。"缪公不听也。蹇叔送师于门外而哭曰："师乎！见其出而不见其入也。"蹇叔有子曰申与视，与师偕行。蹇叔谓其子曰："晋若遏师必于崤。女死，不于南方之岸，必于北方之岸，为吾尸女之易。"缪公闻之，使人让蹇叔曰："寡人兴师，未知何如。今哭而送之，是哭吾师也。"蹇叔对曰："臣不敢哭师也。臣老矣，有子二人，皆与师行。比其反也，非彼死，则臣必死矣，是故哭。"师行过周，王孙满要门而窥之，曰："呜呼！是师必有疵。若无疵，吾不复言道矣。夫秦非他，周室之建国也。过天子之城，宜橐甲束兵，左右皆下，以为天子礼。今袀服回建，左不轼，而右之超乘者五百乘，力则多矣，然而寡礼，安得无疵？"师过周而东。郑贾人弦高、奚施将西市于周，道遇秦师，曰："嘻！师所从来者远矣。此必袭郑。"遽使奚施归告，乃矫郑伯之命以劳之，曰："寡君固闻大国之将至久矣。大国不至，寡君与士卒窃为大国忧，日无所与焉，惟恐士卒罢弊与糗粮匮乏。何其久也！使人臣犒劳以璧，膳以十二牛。"秦三帅对曰："寡君之无使也，使其三臣丙也、术也、视也于东边候晋之道，过，是以迷惑，陷入大国之地。"不敢固辞，再拜稽首受之。三帅乃惧而谋曰："我行数千里，数绝诸侯之地以袭人，未至而人已先知之矣，此其备必已盛矣。"还师去之。当是时也，晋文公适薨，未葬。先轸言于襄公曰："秦师不可不击也，臣请击之。"襄公曰："先君薨，尸在堂，见秦师利而因击之，无乃非为人子之道欤！"先轸曰："不吊吾丧，不忧吾哀，是死吾君而弱其孤也。若是而击，可大强。臣请击之。"襄公不得已而许之。先轸遏秦师于崤而击之，大败之，获其三帅以归。缪公闻之，素服庙临，以说于众曰："天不为秦国，使寡人不用蹇叔之谏，以至于此患。"此缪公非欲败于淆也，智不至也。智不至则不信。言之不信，师之不反也从此生。故不至之为害大矣。

※译文

从前秦穆公兴兵想要偷袭郑国，蹇叔劝谏说："不可以。我听说，偷袭别国城池，用战车不能超过百里，用步兵不能超过三十里，都是借助士气的旺盛和战斗力的强大到达目的地，因此进攻能消灭敌人，撤退能很迅速。现在要行军数千里，又要路过其他诸侯的地盘攻打他国，我想不出有什么可以办到的理由。请您还是重新考虑一下吧！”秦穆公不听。蹇叔到城门外送别军队，并哭着说：“将士们啊！我看着你们出去，却看不到你们回来了！”蹇叔有申和视两个儿子同军队一起出征。蹇叔对他的儿子说：“晋国如果攻击我国，一定在崤山。你们若战死，不是在南岭，就是在北岭，那时我给你们收尸就容易识别。”秦穆公听说这件事，派人责骂蹇叔说：“我发兵还不知胜负如何，现在你哭着送他们，是给我军哭丧啊！”蹇叔回答：“我不敢给军队哭丧。我老了，有两个儿子都跟随军队出发了。等到军队回来的时候，不是他俩战死，就是我老死了，因此我哭泣。”秦军行军路过西周的国都，周大夫王孙满闭门从门缝里窥视这支军队，说：“啊呀！这支军队肯定有问题。如果不出问题，我再也不论道了。秦国非他国所能比，它是周王室分立的诸侯国。经过周天子的都城，应该收起铠甲武器，战车上御者左右的甲士都下车，以此向天子致敬。现在这支军队将帅与士兵穿着同一戎服，左边的将士不凭轼致敬，右边的骖乘下车又跃上车的有五百辆，力气倒是很多，然而却少礼数，哪能没有问题？”秦军通过周都城向东行军。郑国商人弦高、奚施要向西到周都城做生意，在路上遇见秦国军队。他们说：“啊！这支军队是从很远的地方来的。这一定是去偷袭郑国！”就马上让奚施回去报告情况，弦高就假称奉了郑国君主的命令来犒赏秦国军队，说：“我国君主本来很早就听说贵国军队要来，贵国军队迟迟不来，我国国君和士兵都很是替贵国担忧，害怕贵国士卒疲惫并且军粮匮乏。为什么这么久才来？所以派我用璧来犒劳军队，并献上十二头牛作为膳食。”秦军三个主帅回答：“我们的国君没有合适的人派遣，只好派他的丙、术、视三个臣子到东边视察晋国的道路，走过了头，并由于迷路到了贵国境地。”不敢坚持推辞，只好拜了两拜接受了馈赠。三个主帅担忧地说：“我们行军数千里，几次通过诸侯国的地盘去偷袭人家，还没到目的地，人家早已知道了，他们一定准备好了。”就回师了。在那个时候，晋文公正好去世还没有下葬。先轸对晋襄公说：“秦国军队不可以不攻击，请您允许我去攻打他们。”晋襄公说：“先君去世，尸体还在堂上，见秦国军队有利可图就去伏击他们，恐怕不是当儿子的应当做的事情吧？”先轸说：“秦国对我国的丧事不表示慰问，对我们的哀痛不表示哀伤，这是认为死的是我们君主，同时欺负您年幼。像这种情况下去伏击，国家可大为强盛。请您允许我去攻打他们！”晋襄公不得已同意了他。先轸在崤山阻拦并攻击了秦军，把秦军打败，俘获了他们的三个主帅回师。秦穆公听说这消息，身穿素服到宗庙去，向众人说：“上天不助秦国，让我没有采取蹇叔的劝告，以至遇到这样的灾祸！”这并不是秦穆公想在淆山吃败仗，而是智力达不到。智力达不到，于是不相信会失败，蹇叔说了却还不相信，由此导致了全军覆没的结局。所以，智力达不到造成的危害太大了。

※读解

老臣蹇叔的预见有如先知，料事真如神，秦军后来果然在崤山大败而归，兵未发而先哭之，实在是事前就为失败而哭，并非事后诸葛亮。

秦穆公急欲扩张自己势力的心情，导致他犯了一个致命的常识性错误，违反了一些作战的基本原则。劳师袭远，疲惫不堪，没有战斗力，必定惨败。其中原因大概是攻城略地的心情太急切了，以至连常识都顾不上，当然是咎由自取。

马有失前蹄的时候，人也有过失的时候，而在利令智昏的情况下所犯的错误，则是不可宽恕的。利令智昏而犯常识性错误，更是不可宽恕。

再说，当初秦国曾与晋国一起企图消灭郑国，后来又与郑国订立盟约。此时不仅置盟约不顾，就连从前的同伙也成了觊觎的对象。言而无信，自食其言，不讲任何道义、仁德，这同样应当遭到谴责和惩罚。

当人心目中没有权威之时，便没有了戒惧；没有了戒惧，就会私欲急剧膨胀；私欲急剧膨胀便会为所欲为，无法无天。春秋的诸侯混战，的确使人们争权夺利的心理、手法和技巧发挥到了极致，也使命运成了最不可捉摸和把握的东西。弱肉强食是普遍流行的无情法则，一朝天子一朝臣，泱泱大国可能在一夜之间倾覆，区区小国也可能在一夜之间暴发起来。

※事例

秦穆公知错就改成霸业

公元前627年，秦穆公趁晋文公病逝，晋国上下无暇他顾的时机，派孟明视、西乞术、白乙丙三人出兵伐郑，结果在崤山遭到伏击，全军覆没，三个将领都被生擒。晋襄公的嫡母文嬴是秦穆公的同宗，后来她为之说情，三人才免于一死，逃回秦国。

孟明视等三人逃回国内的消息一经传出，立即有人向秦穆公进谏："孟明视等三人身为秦将，作战不力，丧师辱国，应该立即杀掉以平民愤。"还有的大臣说："他们三人统率秦国子弟出关，只有他们三个人生还，其余全部抛尸崤山，实在可恶，理应斩杀以慰国人。"更有人说："当年城濮之战，楚军大败，楚国国君杀元帅以儆三军，您也应当效法此举。"

一时间大臣议论纷纷，众口一词，要求秦穆公杀掉这三个人。

秦穆公听了，对大家说："这次出兵，是因为我不听蹇叔、百里奚的话，才导致失败。所有后果由我一个人承担，同其他人无干。"众位大臣听后，都瞠目结舌说不出话来，不知道他到底说的是什么意思。

秦穆公知道，孟明视等三人是秦国不可多得的勇将。秦、晋争霸中原的战争才刚刚开始，自己正在用人之际，杀掉三人，肯定有百害而无一利。况且晋襄公放回三人，显然是想借刀杀人，既要除掉仇人，又要赢得秦国的好感。胜败乃兵家常事，凭三人的本领，将来总有一天一定能打败晋国，洗掉今日的耻辱。

于是，秦穆公不顾群臣的反对，身穿白衣，到郊外迎接孟明视等三人。一见面就哭着向他们表示安慰，并对死去的将士表示悼念。孟明视等三人非常感激，发誓一定效忠于秦穆公。

不久，秦穆公又任命孟明视、西乞术和白乙丙三人为将，统率军队。三人都非常感激国君的宽宏大量，竭尽所能，辅佐秦穆公整顿军备，加强军队的训练。经过一段时间的精心准备，三人后来攻打晋国，并大败晋国，不仅报了仇，而且使秦穆公成了中原霸主。

察微

※原文

使治乱存亡若高山之与深溪，若白垩之与黑漆，则无所用智，虽愚犹可矣。且治乱存亡则不然。如可知，如可不知；如可见，如可不见。故智士贤者相与积心愁虑以求之，犹尚有管叔、蔡叔之事与东夷八国不听之谋。故治乱存亡，其始若秋毫。察其秋毫，则大物不过矣。

※译文

假如治乱存亡的道理像高山和幽谷、白土和黑漆那样显而易见，就不必尽心竭力，即使愚笨也可以知道了。但治乱存亡并不是这样，像是可以理解，又像是不可理解；像是可以看得清，又像是看不清。因此有才智的人和贤能的人都在处心积虑地探求那些道理，仍然还有管叔、蔡叔的叛乱事件和东夷八国不听王命的阴谋。所以，治乱存亡刚显现的时候如同秋毫一样。能明察秋毫，那大事上就不会有过失了。

※原文

鲁国之法，鲁人为人臣妾于诸侯，有能赎之者，取其金于府。子贡赎鲁人于诸侯，来而让，不取其金。孔子曰："赐失之矣。自今以往，鲁人不赎人矣。"取其金，则无损于行；不取其金，则不复赎人矣。子路拯溺者，其人拜之以牛，子路受之。孔子曰："鲁人必拯溺者矣。"孔子见之以细，观化远也。

※译文

鲁国的法令规定，鲁国人在其他诸侯国当人家奴仆，有能够赎出他们的人，可从国库中支取那笔钱。子贡从其他诸侯国赎出了鲁国人，回来后却推让不去领那笔钱。孔子说："端木赐这一点错了。从今以后，鲁国人不会再赎人了。"领取这笔钱对品行并没有损害，不领取这笔钱就不会有人再赎人了。子路救了落水的人，那人用牛来酬谢他，子路接受了牛。孔子说："鲁国人必然会抢救落水者了。"孔子能从小事上看到结果，观察事物的发展变化，看得很远啊！

※原文

楚之边邑曰卑梁，其处女与吴之边邑处女桑于境上，戏而伤卑梁之处女。卑梁人操其伤子以让吴人，吴人应之不恭，怒，杀而去之。吴人往报之，尽屠其家。卑梁公怒，曰："吴人焉敢攻吾邑？"举兵反攻之，老弱尽杀之矣。吴王夷昧闻之，怒，使人举兵侵楚之边邑，克夷而后去之。吴、楚以此大隆。吴公子光又率师与楚人战于鸡父，大败楚人，获其帅潘子臣、小帷子、陈夏啮。又反伐郢，得荆平王之夫人以归，实为鸡父之战。凡持国，太上知始，其次知终，其次知中。三者不能，国必危，身必穷。《孝经》曰："高而不危，所以长守贵也；满而不溢，所以长守富也。富贵不离其身，然后能保其社稷，而和其民人。"楚不能之也。

※译文

楚国有个边境城邑叫卑梁，那里的姑娘和吴国边境城邑的姑娘同在边境上采桑叶，游戏时，吴国的姑娘弄伤了卑梁的姑娘。卑梁的人带着受伤的姑娘去责备吴国人。吴国人出言不恭，卑梁人十分恼火，杀死吴国人走了。吴国人去卑梁报复，把那个卑梁人的全家都杀了。卑梁的守邑大夫大怒，说："吴国人怎么敢攻打我的城邑？"于是发兵反击吴国人，把那吴国人老幼全都杀死了。吴王夷昧听到这件事后很生气，派人领兵入侵楚国的边境城邑，攻占夷平以后才离去。吴国和楚国因此发生了大规模的冲突。吴国公子光又率领军队在鸡父和楚国人交战，大败楚军，俘获了楚军的主帅潘子臣、小帷子以及陈夏啮。又接着攻打郢都，掠得楚平王的夫人而回。这就是鸡父之战。凡是主持国事，最重要的是要了解事情开始时的情势，其次是要预见到事情的结局，再次是要知道事情发展的经过。这三点都做不到，国家一定危险，自身一定困窘。《孝经》上说："高却不倾危，就能长期保持尊贵；满却不外溢，就能长期保持富足。富贵不离其身，然后才能保住他的国家，安定他的人民。"可是楚国做不到这一点。

※原文

郑公子归生率师伐宋。宋华元率师应之大棘，羊斟御。明日将战，华元杀羊飨士，羊斟不与焉。明日战，怒谓华元曰：“昨日之事，子为制；今日之事，我为制。”遂驱入于郑师。宋师败绩，华元虏。夫弩机差以米则不发。战，大机也。飨士而忘其御也，将以此败而为虏，岂不宜哉！故凡战必悉熟遍备，知彼知己，然后可也。

※译文

郑公子归生带领军队攻打宋国。宋国的华元率兵在大棘迎战，羊斟给他驾车。第二天将要打仗，华元杀了羊招待士兵，羊斟没能参加。第二天战斗中，羊斟怒气冲冲地对华元说：“昨天的事是你在掌管，今天的事是我在掌管。”于是把战车赶到郑国军队中。宋军吃了败仗，华元被俘。弩机相差一个米粒就不能发射，战争就是个大的弩机。招待士兵却忘了自己的御者，将帅因此战败被俘，难道这不应该吗？所以大凡作战一定要熟悉所有情况，做好各方面的准备，知己知彼，然后才可以开战。

※原文

鲁季氏与郈氏斗鸡，郈氏介其鸡，季氏为之金距。季氏之鸡不胜，季平子怒，因归郈氏之宫，而益其宅。郈昭伯怒，伤之于昭公，曰：“禘于襄公之庙也，舞者二佾而已，其馀尽舞于季氏。季氏之舞道，无上久矣。弗诛，必危社稷。”公怒，不审，乃使郈昭伯将师徒以攻季氏，遂入其宫。仲孙氏、叔孙氏相与谋曰：“无季氏，则吾族也死亡无日矣。”遂起甲以往，陷西北隅以入之，三家为一，郈昭伯不胜而死。昭公惧，遂出奔齐，卒于干侯。鲁昭听伤而不辨其义，惧以鲁国不胜季氏，而不知仲、叔氏之恐，而与季氏同患也。是不达乎人心也。不达乎人心，位虽尊。何益于安也？以鲁国恐不胜一季氏，况于三季？同恶固相助。权物若此其过也，非独仲、叔氏也，鲁国皆恐。鲁国皆恐，则是与一国为敌也，其得至干侯而卒犹远。

※译文

鲁国的季氏和郈氏斗鸡，郈氏给他的鸡披上甲，季氏给鸡套上金属爪。季氏的鸡没能取胜，季平子发怒，于是侵占了郈氏的房屋来扩大自己的住宅。郈昭伯非常恼怒，就在鲁昭公面前诋毁季氏：“在襄公的宗庙举行大祭的时候，跳舞的不过十六个人，其余的人全到季氏家跳舞了。季氏家舞蹈的规模，表明他目无君主已经很长时间了，不杀他必然危及国家。”鲁昭公大怒，没有周密考虑，就派郈昭伯率领军队去攻打季氏，终于攻到他的庭院。仲孙氏、叔孙氏一起商量说：“没有了季氏，那我们家族也就离死不远了。”于是发兵去救，攻破了院墙的西北角进入庭院，三家合兵为一，郈昭伯不能取胜反被杀死。鲁昭公害怕了，于是出逃投奔齐国，死在干侯。鲁昭公不辨真伪，听信中伤的话，只怕凭鲁国压不住季氏，却不知道仲孙氏、叔孙氏因恐惧而与季孙氏患难与共。这是不通晓人心啊！不通晓人心，地位即使尊贵，对安定又有什么好处呢？那鲁国恐怕不能战胜一个季氏，何况三个季氏呢？有共同的患难就会相互救助。像鲁昭公这样权衡事情怕就错了。不只是仲孙氏、叔孙氏，鲁国人都害怕。鲁国人都害怕，那就是与整个国家为敌了。鲁昭公得以到达干侯并死在那里，还算活的时间长呢。

※读解

假如治乱存亡的道理像高山和幽谷、白土和黑漆那样显而易见，就不必尽心竭力，即使愚笨的人也可以知道了。但治乱存亡并不是这样，像是可以理解，又像是不可理解；像是可以看得清，又像是看不清。所以，治乱存亡刚显现的时候如同秋毫一样。能明察秋毫，那大事上就不会有过失了。

鲁昭公听信中伤的话不辨具体真假，只怕凭鲁国压不住季氏，却不知道仲孙氏、叔孙氏因恐惧而与季孙氏患难与共。这是不通晓人心啊！不通晓人心，地位即使尊贵，对安定有什么好处呢？那鲁国恐怕不能战胜一个季氏，何况三个季氏呢？有共同的患难就会相互救助。像鲁昭公这样权衡事情怕就错了。

※事例

李维·施特劳斯出奇制胜

一百多年前，美国西部掀起了一股“淘金热”，犹太人李维·施特劳斯怀着淘金发财的梦想来到旧金山。但是，当他看到那里已经聚集成千上万的淘金人后，改变了自己的初衷，离开淘金的人潮，自己开了家经营日用品的小商店。

有一天，李维·施特劳斯携带一些线团之类的小商品和一批供淘金者搭帐篷和马棚用的帆布外出销售。在船上，小商品很快便销售一空。抵达码头后，他携带帆布去销售，却未能如愿。懊丧之余，李维听到淘金者抱怨裤子不耐磨，没穿几天就破了。他灵机一动，立刻到一家服装店，用自己的帆布布料做了几条裤子，卖给淘金者，裤子一下子就卖完了，并收到大批的订单。此后，李维专门从事牛仔裤的生产、销售，并成立了李维·施特劳斯牛仔裤公司，设立专门的服装厂，大批量生产“淘金工装裤”，以淘金者和西部牛仔为销售对象。由于这种耐磨的帆布裤适应了人们的需要，既结实又好看，因而销路十分好。

李维·施特劳斯取得了初步的成功，但是他并没有就此止步，而是继续投入到产品的深层次开发中。李维根据人们的劳动特点，不断改进裤子的面料和样式，以适应工人的需要。最终，他找到一种法国哔叽布为面料来生产裤子，这种裤子既坚固耐用，又美观大方。

考虑到人们习惯于将矿石的样品放进裤袋里，先前使用线缝制的裤袋不牢固，李维就在缝制臀部裤袋时改用金属钉钉牢；牛仔裤的扣子则用铜、锌的合金材料制成，并在重要的部位用皮革镶起来。这样不但赢得了广大矿工的好评，而且由于它形成了牛仔裤的特有样式，成了一种时髦的服装，受到人们的欢迎，结果它的销售量直线上升。

此后，李维公司根据人们不同时期消费观念的变化，又不断推出新的样式，使牛仔裤耐穿、便宜、合身。李维·施特劳斯公司在世界上 12 个国家设立了加工厂，在许多地区和国家设有销售网，形成年销售额达 20 亿美元的大型企业集团。

审分览

审分

※原文

凡人主必审分，然后治可以至，奸伪邪辟之涂可以息，恶气苛疾无自至。夫治身与治国，一理之术也。今以众地者，公作则迟，有所匿其力也；分地则速，无所匿迟也。主亦有地，臣主同地，则臣有所匿其邪矣，主无所避其累矣。

※译文

大凡君主一定要明辨君臣上下的职分，然后国家的安定才能到来，奸诈邪僻的道路才可以阻塞，浊气鬼病才无从产生。休养自身同治理国家的道理、方法是一样的。现在许多人共同耕种一块土地，集体耕作速度就慢，是因为有办法藏匿自己的力气；每个人各耕作一块土地速度就快，是因为没必要掩藏自己的力气。君主也有田地，臣子同君主同耕作一块田地，那么臣子就有可能藏匿他的力气了，君主就没有办法避开负累了。

※原文

凡为善难，任善易。奚以知之？人与骥俱走，则人不胜骥矣；居于车上而任骥，则骥不胜人矣。人主好治人官之事，则是与骥俱走也，必多所不及矣。夫人主亦有居车，无去车，则众善皆尽力竭能矣，谄谀诐贼巧佞之人无所窜其奸矣，坚穷廉直忠敦之士毕竟劝骋骛矣。人主之车，所以乘物也。察乘物之理，则四极可有。不知乘物，而自怙恃，夺其智能，多其教诏，而好自以，若此则百官恫扰，少长相越，万邪并起。权威分移，不可以卒，不可以教，此亡国之风也。

※译文

大凡做善人的事就困难，任用善人就容易。凭什么知道呢？人同骏马一起跑，那人就超不过骏马；坐在车上驾驭骏马，那骏马就超不过人了。君主喜欢处理官吏职权范围的事，那就如同人与骏马一起奔跑，肯定在很大程度上能力达不到。君主也有他所坐的车，不离开他的车，那么众多善人就都会尽心竭力，那谄媚奸邪的人就不能运用自己的私心，坚定正直忠义的人就会争先恐后地施展自己的才能。君主的车，是用来载物的。明察了载物的道理，那四方边远之地也可以拥有。不懂得载物的道理，依靠自己的能力，刚愎自用，教令下得多而又师心自用，像这样的话，各级官吏都害怕、骚动，尊卑上下不成体统，各种邪恶一起产生。权威分散转移，不能够善终，不能够施教，这是国家灭亡的风气啊！

※原文

王良之所以使马者，约审之以控其辔，而四马莫敢不尽力。有道之主，其所以使群臣者亦有辔。其辔何如？正名审分，是治之辔已。故按其实而审其名，以求其情；听其言而察其类，无使放悖。夫名多不当其实，而事多不当其用者，故人主不可以不审名分也。不审名分，是恶壅而愈塞也。壅塞之任，不在臣下，在于人主。尧、舜之臣不独义，汤、禹之臣不独忠，得其数也；桀、纣之臣不独鄙，幽、厉之臣不独辟，失其理也。

※译文

王良驾马的经验在于明察驾马的要领，抓住马的缰绳，从而四匹马没有敢不用尽力气的。有道的君主，用来控制臣子的办法中，也有缰绳。那“缰绳”是什么呢？辨正名称，明察职分，这是治理臣子的“缰绳”。所以根据实际明辨名称，以便求得真实情况；听取言辞后弄明白它的类别，不让它们悖逆混乱。名称有许多不合实际，事情也有许多是功用不正当的，所以君主不可不明辨君臣上下的名分。不明辨君臣的名分，这是厌恶壅塞却越加堵塞了。壅塞的责任，不在臣子，在于君主。尧、舜的臣子不是全都仁义，汤、禹的臣子不是全都忠诚，他们能称王天下，是因为抓住了驾驭臣子的要领；桀、纣的臣子不会全都鄙陋，幽、厉的臣子不会全都邪僻，他们国破身亡，是没有抓住驾驭臣子的关键。

※原文

今有人于此，求牛则名马，求马则名牛，所求必不得矣，而因用威怒，有司必诽怨矣，牛马必扰乱矣。百官，众有司也；万物，群牛马也。不正其名，不分其职，而数用刑罚，乱莫大焉。夫说以智通，而实以过悗；誉以高贤，而充以卑下；赞以洁白，而随以污德；任以公法，而处以贪枉；用以勇敢，而堙以罢怯。此五者，皆以牛为马、以马为牛，名不正也。故名不正，则人主忧劳勤苦，而官职烦乱悖逆矣。国之亡也，名之伤也，从此生矣。白之顾益黑，求之愈不得者，其此义邪！故至治之务，在于正名。名正则人主不忧劳矣，不忧劳则不伤其耳目之主。问而不诏，知而不为，和而不矜，成而不处，止者不行，行者不止，因刑而任之，不制于物，无肯为使，清静以公，神通乎六合，德耀乎海外，意观乎无穷，誉流乎无止。此之谓定性于大湫，命之曰无有。故得道忘人，乃大得人也，夫其非道也？知德忘知，乃大得知也，夫其非德也？至知不几，静乃明几也，夫其不明也？大明不小事，假乃理事也，夫其不假也？莫人不能，全乃备能也，夫其不全也？是故于全乎去能，于假乎去事，于知乎去几，所知者妙矣。若此则能顺其天，意气得游乎寂寞之宇矣，形性得安乎自然之所矣。全乎万物而不宰，泽被天下而莫知其所自姓，虽不备五者，其好之者是也。

※译文

假如有这样一个人，想要牛却喊马的名字，想要马却喊牛的名字，就必然得不到想要的东西。如果他因此就生气发威，主管的人一定会批评怨恨他，牛马的管理一定被扰乱了。百官是对所有官职的统称；万物将牛马包括在内。不辨明名称，不区分职分，却多次地使用刑罚手段，祸乱没有比这更大的了。名义上说一个人聪慧通达，实际却是愚蠢糊涂；赞赏一个人高尚贤明，实际上却是卑怯低下；表扬一个人品德高洁，但随即就显露出贪得无厌；委任一个人执掌公法，做事却贪赃枉法；因其勇敢才任用他，但他实际却疲惫胆小。这五种情况都是把牛当作马、把马当作牛，都是名分不正。所以名分不正，那么君主就忧愁劳苦了，各级官员就混乱悖逆了。国家灭亡，荣耀、爵位的损害就由此而生了。想要白，反而更黑了，想得到却更得不到了，大概是这个道理吧！所以要达到国家安定，当务之急是辨明名分。名分辨明了，君主就不忧愁劳苦了，耳朵、眼睛就可以免于烦忧了。询问却不下指示，知道却不去做，温和而不自我吹嘘，事情做成却不居功，不使静止的东西运动、运动的东西静止。依照法令利用外物，不为外物所制约，不肯被外物役使，清静而公正，精神传播到天地四方，功德照耀到四海之外，思想永远显现，流芳千古。这就叫把性命确定在太空之上，命名为无形。所以得道的人忘掉了人，就非常得人心，难道不是道吗？知道万物之理就忘了显露聪明，就得到了大的智慧，难道不是万物之理吗？非常有智慧的人不察外物，虚静就明白清楚了，难道不是明白吗？非常明智的人不做小事，整治万物使它们成长就是做事，难道不是伟大吗？得道清静的人什么也不会，保全了天性也就无所不会了，难道不是全会吗？所以着眼于大的智慧就要去除杂念，所懂得的道理就很精妙了。像这样，就能顺应天性，意气就可以在空廓寂静的宇宙中遨游了，形体就可以在自然的境界中安然适应了。包容万物却不去主宰，恩泽覆盖天下却没人知道他的姓名，这样即使不全具备上述五种条件，也一定是喜好这些的。

※读解

君主一定要明辨君臣上下的职分，然后国家的安定才能到来，奸诈邪僻的道路才可以阻塞，浊气鬼病才无从产生。休养自身同治理国家的道理方法是一样的。就像许多人共同耕种一块土地，集体耕作速度就慢，是因为有办法藏匿自己的力气；每个人各耕作一块土地速度就快，因为没必要掩藏自己的力气。君主也有田地，臣子同君主同耕作一块田地，那么臣子就有可能藏匿他的力气了，君主就没有办法避开负累了。

王良驾马的经验在于明察驾马的要领，抓住马的缰绳，从而四匹马没有敢不用尽力气的。有道的君主，用来控制臣子的办法中，也有缰绳。那“缰绳”是什么呢？辨正名称，明察职分，这是治理臣子的“缰绳”。所以根据实际明辨名称，以便求得真实情况；听取言辞后弄明白它的类别，不让它们悖逆混乱。名称有许多不合实际，事情也有许多是功用不正当的，所以君主不可不明辨君臣上下的名分。

※事例

晏子谨慎　马夫改过

晏子任齐国丞相期间，有一位替他驾车的马夫，因自己随时陪伴在大名鼎鼎的相国身边而深感自豪。

有一天，马夫的发妻躲在自家门口偷窥相国出巡，却看见了一脸趾高气扬的丈夫。待丈夫归来后，妻子就对他说，自己再不愿服侍丈夫了，要舍他而去。

马夫遭此突然的打击，深感莫名其妙，便问妻子缘由。

妻子说道：“晏相国身高不足六尺，操持国家大权，让天下诸侯敬服，却处之泰然，严谨而有风度。反过来看夫君你，身长八尺有余，远甚于晏子，却位居仆役之职，你不因此而感到羞耻，反倒自满得意，如何成得了大事呢？”

遭妻子的当头棒喝之后，马夫再出行时，便收敛了先前那股骄气。晏子乃是心思细密之人，很快便发现了马夫不同以往的表现，便询问其原因，马夫将妻子说过的话原原本本地告诉了晏子。晏子认为马夫乃知道羞耻之人，是可造之才，便举荐他担任大夫之职。

晏子一生勤俭自持，身居相国之位，却在饮食、衣着上俭约质朴，让人称道。有关晏子的品行，《晏子春秋》一书详加记载。太史公余暇便勤读其事功，常为其“进思忠，退思补过”的风范所感动。

君守

※原文

得道者必静，静者无知，知乃无知，可以言君道也。故曰中欲不出谓之扃，外欲不入谓之闭。既扃而又闭，天之用密。有准不以平，有绳不以正，天之大静。既静而又宁，可以为天下正。身以盛心，心以盛智，智乎深藏，而实莫得窥乎！《鸿范》曰：“惟天阴骘下民。”阴之者，所以发之也。故曰不出于户而知天下，不窥于牖而知天道。其出弥远者，其知弥少。

※译文

得道的人一定要平静，平静的人什么都不知道，知道好像不知道，才可以同他谈论君主的原则。因此说内心的欲望不流露出来叫作封锁，外在的欲望不进入内心叫作关闭。既阻塞又封闭，天性的施行很精密，有水准仪也不用它测平，有墨绳也不用它测直，天性因此非常安静。静而又静，可以当天下的主宰。身体是用来保藏心的，心是用来保藏智慧的，智慧被深藏起来，因而实情就不能被窥见了。《鸿范》上说：“上天庇护着人民，并使他们得到提升。”庇护人民是为了让人民有所提高。所以说，不出门就能知道天下事，不从窗户往外看就能知道天的规律。那些出去越远的人，他们知道的就越少。

※原文

夫一能应万，无方而出之务者，唯有道者能之。鲁鄙人遗宋元王闭，元王号令于国，有巧者皆来解闭。人莫之能解。兒说之弟子请往解之，乃能解其一，不能解其一，且曰：“非可解而我不能解也，固不可解也。”问之鲁鄙人，鄙人曰：“然，固不可解也，我为之而知其不可解也。今不为而知其不可解也，是巧于我。”故如兒说之弟子者，以“不解”解之也。郑大师文终日鼓瑟而兴，再拜其瑟前曰：“我效于子，效于不穷也。”故若大师文者，以其兽者先之，所以中之也。故思虑自心伤也，智差自亡也，奋能自殃，其有处自狂也。故至神逍遥倏忽，而不见其容；至圣变习移俗，而莫知其所从；离世别群，而无不同；君民孤寡，而不可障壅。此则奸邪之情得，而险陂谗慝谄谀巧佞之人无由入。凡奸邪险陂之人，必有因也。何因哉？因主之为。人主好以己为，则守职者舍职而阿主之为矣。阿主之为，有过则主无以责之，则人主日侵而人臣日得。是宜动者静，宜静者动也。尊之为卑，卑之为尊，从此生矣。此国之所以衰，而敌之所以攻之者也。

※译文

那些能以不变应万变、没有具体方法却能安定国家的，只有有道之人才能这样。鲁国鄙人赠送给宋元王一个连环结，元王在全国号令，有技巧的人都可以来解这个连环结。没有人能解开它。兒说的弟子请求去解连环结，只能解开其中一个，不能解开另外一个，并且说："不是可以解开而我解不开，是本来就解不开。"向鲁国的鄙人询问，鄙人说："是的。这连环结本来就是解不开的。我制造它就知道它是解不开的。现在这个人没有制造它就知道它是解不开的，是比我还要灵巧啊！"因此像兒说的弟子这样的人，用"不解"来解决了问题。郑国的太师文终日弹瑟，站起来后在瑟前拜了两拜说："我学习你，学习你的音律无穷无尽。"所以像太师文这样的人，先是致力于瑟，长相厮守，就能适应它。因此思虑就会自我伤害，智巧就会自取灭亡，逞能就会祸及自身，担负责任就会使自己疯癫。所以极端的神妙就能逍遥自得，稍纵即逝，人们却看不见它的形貌；极端的圣明就能移风易俗，却没有人了解自己在跟从谁；超群脱俗却没什么不和睦；君临百姓之上，称孤道寡，却不受阻塞壅蔽。这样就能摸清奸诈邪僻的真实情况，同时阴险邪恶、说人坏话、阿谀奉迎、投机虚诈的人就无法进入王宫了。大凡险恶奸诈的人，都是有依靠的，依靠什么呢？靠的是君主的作为。君主喜欢亲自做事，那么担任职务的人就放弃职守，迎合君主的行事。迎合君主的行事，当那人有了过错，君主就没法批评他。这样，君主一天天受损害，臣子一天天得志。这样，该运动的静止了，该静止的运动了；尊贵的变成卑下的，卑下的变成尊贵的，由此就产生了。这是国家衰弱、敌国侵犯的原因。

※原文

奚仲作车，苍颉作书，后稷作稼，皋陶作刑，昆吾作陶，夏鲧作城。此六人者，所作当矣，然而非主道者。故曰作者忧，因者平。惟彼君道，得命之情，故任天下而不强，此之谓全人。

※译文

奚仲制造车子，苍颉创造文字，后稷发明耕作，皋陶制定刑罚，昆吾创造陶器，夏鲧发明筑城。这六个人所做的事情都很得当，但这却不是做君主的办法。因此说创造的人忙乱，因袭的人平静。只有那掌握了当君主方法的人，能得悉性命的真情，所以驾驭天下而不僵硬，这就叫全人。

※读解

“身以盛心，心以盛智，智乎深藏，而实莫得窥乎”，说的就是身体是用来保藏心的，心是用来保藏智慧的，智慧被深藏起来，因而实情就不能被窥见了。鲁国鄙人赠送给宋元王一个连环结，元王在全国号令，有技巧的人都可以来解这个连环结。没有人能解开它。兒说的弟子解开了其中一个，还发表了一番似非而是的言论，这就是说用“不解”来解决了问题。

大凡险恶奸诈的人，都是有依靠的，依靠的是什么呢？靠的是君主的作为。君主喜欢亲自做事，那么担任职务的人就放弃职守，迎合君主的行事。迎合君主的行事，当那人有了过错，君主就没法批评他。这样，君主一天天受损害，臣子一天天得志。国家的灭亡就指日可待了。

※事例

班婕妤巧免祸患

最初，许皇后与班婕妤都受汉成帝宠爱，班婕妤是班超的妹妹，非常有才华。有一次，汉成帝在后宫庭院游玩，想跟班婕妤同乘一辆车。班婕妤推辞说：“我观看古代的图画，圣贤的君王身旁，都跟随着名臣，而三代末世君王身旁，才有宠妾。现在陛下想让我同车，是不是有些相似呢！”汉成帝对她的回答很赞赏，也就不再勉强。太后听说了，高兴地说：“古代有樊姬，今天有班婕妤！”班婕妤把侍者李平进献给汉成帝，李平受到宠幸，也被封为婕妤，赐姓“卫”。

后来，汉成帝微服出行，经过阳阿公主的家，喜欢上公主家的歌舞女赵飞燕，便召她入宫，对其大加宠爱。赵飞燕有个妹妹，也被召入宫，姿容艳丽，汉成帝左右的人看见她，都惊叹赞赏。有位汉宣帝时的披香博士淖方成，当时正站在汉成帝身后，却吐唾说：“这是祸水呀，定会颠覆汉王朝！”赵飞燕姐妹俩都被封为婕妤，一时尊贵荣宠，压倒后宫。许皇后、班婕妤都失宠了。赵飞燕还向汉成帝进谗言说，许皇后、班婕妤用妖术诅咒后宫得宠的美人，甚至连皇上都骂到了。

汉成帝听信了赵飞燕姐妹的谗言，把许皇后废了，迁居昭台宫。许皇后的姐姐许谒等人全被诛杀，许皇后的亲属被逐回原郡。汉成帝审讯班婕妤的时候，班婕妤回答说："我听说'死生有命，富贵在天'，我修行持正，尚且没有得到幸福，如果做邪恶的事，就更不用想会有好结果了。假使鬼神有知，不会听取诅咒主上的恶毒咒语；假使鬼神无知，向鬼神诉说又有什么用呢？所以用妖术诅咒之事，我是不会做的。"汉成帝认为她说的有道理，就赦免了她，并赐黄金百斤。赵飞燕姐妹更加骄横妒忌，班婕妤怕时间长了终为其所害，就请求到长信宫侍奉太后，汉成帝同意了。

任数

※原文

凡官者，以治为任，以乱为罪。今乱而无责，则乱愈长矣。人主以好暴示能，以好唱自奋，人臣以不争持位，以听从取容，是君代有司为有司也，是臣得后随以进其业。君臣不定，耳虽闻不可以听，目虽见不可以视，心虽知不可以举，势使之也。凡耳之闻也藉于静，目之见也藉于昭，心之知也藉于理。君臣易操，则上之三官者废矣。亡国之主，其耳非不可以闻也，其目非不可以见也，其心非不可以知也，君臣扰乱，上下不分别，虽闻曷闻？虽见曷见？虽知曷知？驰骋而因耳矣，此愚者之所不至也。不至则不知，不知则不信。无骨者不可令知冰。有土之君，能察此言也，则灾无由至矣。

※译文

大凡官吏，治理得好就任用，治理不好就惩处。若是治理得不好却不加惩处，那么混乱就更加严重了。君主喜欢显露自己的才能来倡导自夸，大臣就用不谏诤来保持自己的官位，用曲意听从取悦君主，这是君主代替主管官吏而自己做主管官吏，这样大臣就得以追随其后来提高自己的职位。君主与大臣的关系不确定，耳朵即使听了也无法听清，眼睛即使看了也无法看清，内心即使知道也无法行动，这是形势使他这样的。大凡耳朵能听见是借助于寂静，眼睛能看见是凭借光明，内心能知道是凭借着道理。君臣交换了各自的职责，那么以上所说的三种官能就被废弃了。亡国的君主，他的耳朵不是听不见，他的眼睛不是看不见，他的内心不是不知道，君臣大乱，上下不分，即使听了又能听到什么？即使看了又能看见什么？即使知道了又能了解什么？把没听到当作听到，达到随心所欲的境界，这是愚蠢的人所达不到的。达不到就不懂得，不懂得就不相信。没有骨骼的虫子，不可能让它知道冰雪。有疆土的君主，能明察这些话，那灾祸就不会来了。

※原文

且夫耳目知巧固不足恃，惟修其数行其理为可。韩昭厘侯视所以祠庙之牲，其豕小，昭厘侯令官更之。官以是豕来也，昭厘侯曰：“是非向者之豕邪？”官无以对。命吏罪之。从者曰：“君王何以知之？”君曰：“吾以其耳也。”申不害闻之，曰：“何以知其聋？以其耳之聪也；何以知其盲？以其目之明也；何以知其狂？以其言之当也。故曰去听无以闻则聪，去视无以见则明，去智无以知则公。去三者不任则治，三者任则乱。”以此言耳目心智之不足恃也。耳目心智，其所以知识甚阙，其所以闻见甚浅。以浅阙博居天下，安殊俗，治万民，其说固不行。十里之间，而耳不能闻；帷墙之外，而目不能见；三亩之宫，而心不能知。其以东至开梧，南抚多颣，西服寿靡，北怀儋耳，若之何哉？故君人者，不可不察此言也。治乱安危存亡，其道固无二也。故至智弃智，至仁忘仁，至德不德。无言无思，静以待时，时至而应，心暇者胜。凡应之理，清净公素，而正始卒。焉此治纪，无唱有和，无先有随。古之王者，其所为少，其所因多。因者，君术也；为者，臣道也。为则扰矣，因则静矣。因冬为寒，因夏为暑，君奚东哉？故曰君道无知无为，而贤于有知有为，则得之矣。

※译文

再说耳朵、眼睛、智巧本来就不足以依靠，只有研究那些方法、辨查那些规律才可以。韩昭厘侯视察用来祭祀宗庙的牺牲，那猪小了，韩昭厘侯命令官员更换它，官员又把这只猪拿了出来，韩昭厘侯说：“这不是原来那只猪吗？”官员无言以对。韩昭厘侯就命令官吏惩罚他。侍从说：“君主是怎么知道的？”君主说：“我是根据耳朵。”申不害知道这件事后说：“根据什么知道他聋？根据他的听觉好否；怎么知道他的眼睛看不见？根据他的眼睛好否；怎么知道他疯狂？根据他言语妥当否。所以说去掉听觉无法听就能听清楚了，去掉视觉无法看就能看清楚了，去掉智慧无法知道就能公正无私了。这三样东西不使用就能治理好，三者使用就治理得不好。”用来说明耳朵、眼睛、心智不足以依靠。耳朵、眼睛、心智，它们能了解、认知的东西很有限，它们能听到、看到的东西很肤浅。凭着肤浅的知识推行天下、安定不同的习俗、治理全体人民，这种主张一定行不通。十里远的距离，耳朵就听不到；帷幕墙壁的外面，眼睛就看不到；三亩大的宫室，内心就不知道。用它向东到达开梧、向南安抚多颣，向西降服寿靡，向北怀柔儋耳，能怎么样呢？所以做君主的，不能不明察这些话。治乱存安危亡，本来就没有第二种道理。所以最大的聪明就是丢弃聪明，最大的仁义就是忘掉仁义，最大的德行就是不要德行。不说话、不思考，等待时机，时机到了做出反应，心里闲暇的人取胜。大凡时机到了作出反应的道理，应该是清静无为、公正纯朴，使事物自始至终都端正。如此来治理，就会虽然没人倡导，却有人跟随。古代称王的人，他们所做的很少，因袭的多。因袭，是当君主的方法；做事，是当大臣的准则。做事就会忙乱，因袭就会平静。顺应冬天的寒冷，顺应夏天的暑热，君主还要做什么事呢？所以说，当君主的原则是无知无为，却胜过有知有为，这就得到了当君主的要领。

※原文

有司请事于齐桓公，桓公曰："以告仲父。"有司又请，公曰："告仲父。"若是三。习者曰："一则仲父，二则仲父，易哉为君！"桓公曰："吾未得仲父则难，已得仲父之后，曷为其不易也？"桓公得管子，事犹大易，又况于得道术乎？

※译文

主管官员向齐桓公请示工作，桓公说："把这件事情告诉给仲父。"主管官员又请示，桓公说："去告诉仲父。"像这样有好几次。周围的人说："第一次说让找仲父，第二次还是仲父，当君主太容易了！"桓公说："我没有得到仲父之前很难，已经得到仲父之后，为什么还是不容易呢？"桓公得到管仲，做事尚且容易，更何况得到道术的呢？

※原文

孔子穷乎陈、蔡之间，藜羹不斟，七日不尝粒。昼寝。颜回索米，得而爨之，几熟，孔子望见颜回攫其甑中而食之。选间，食熟，谒孔子而进食。孔子佯为不见之。孔子起曰："今者梦见先君，食洁而后馈。"颜回对曰："不可。向者煤炱入甑中，弃食不祥，回攫而饭之。"孔子叹曰："所信者目也，而目犹不可信；所恃者心也，而心犹不足恃。弟子记之：知人固不易矣。"故知非难也，孔子之所以知人难也。

※译文

孔子被围困在陈、蔡之间，只能吃没有米粒的野菜汤，七天没有尝到粮食。白天躺着睡觉。颜回去讨米，讨来后烧火做饭，快要熟了，孔子看见颜回抓取锅里的饭吃，假装没有看见。一会儿，饭熟了，颜回拜见孔子并端上饭菜。孔子起来说："今天我梦见先君，饭要洁净，用来祭祀。"颜回说："不行。刚才煤灰掉到锅中，扔掉食物不吉利，我就抓出来吃了。"孔子说："所相信的是眼睛，可是眼睛看到的仍然不可信；所依靠的是内心，可是内心仍然不可靠。弟子们记住：了解人本来就不容易。"因此有所知并不难，孔子知道了解人才是困难的。

※读解

孔子在陈、蔡之间被围困的时候，颜回作为自己最得意的弟子，还差点受到孔子的怀疑，看来，眼睛、耳朵真的不能作为考察一个人的依据啊！

耳朵、眼睛、心智，它们能了解、认知的东西很有限，它们能听到、看到的东西很肤浅。凭着肤浅的知识推行主张、安定不同的习俗、治理全体人民，一定行不通。十里远的距离，耳朵就听不到；帷幕墙壁的外面，眼睛就看不到；三亩大的宫室，内心就不知道。那么根据什么才能知道呢？当君主的原则是无知无为，却胜过有知有为，这就得到了当君主的要领。

※事例

阴险虚伪的王莽

当初，太后王政君有兄弟八人，唯独弟弟王曼早死，没有封侯。太后怜惜他，就把王曼的遗孀供养在东宫。王曼的儿子王莽，因为从小就成了孤儿，不能与其他人相比。那些兄弟的父亲都是将军、王侯，可以凭父亲当时的地位恣意奢华，在声色犬马、放荡游乐方面互相竞赛。而王莽却屈为下人，态度谦恭，勤学苦修，学识渊博，穿着朴素像儒生一样。在家侍奉母亲和寡嫂，抚养亡兄的孤儿，十分尽心周到。同时，他在外结交俊杰之士，在内对待诸位伯父叔父，礼敬有加。

大将军王凤病重时，王莽侍候他，亲口尝药，一连几个月没有解衣入睡，因而蓬头垢面。王凤将死时，把王莽托付给太后及汉成帝，王莽因此被封为黄门郎，以后又升任射声校尉。很久以后，叔父成都侯王商上书，表示愿意分出自己封地上的土地和百姓，请求皇上封给王莽。长乐少府戴崇、侍中金涉、中郎陈汤等，都是当代名士，也都为王莽美言。成帝因而认为王莽贤能，太后又屡次以此嘱咐成帝。

永始元年，王莽被封为新都侯，后又升为骑都尉、光禄大夫、侍中。他在宫廷谨慎尽心，爵位越加尊贵，他的礼节操守就越加谦恭。他把自己的车马、衣物、皮裘等周济给门下宾客，而自己却家无余财。他收罗赡养名士，结交很多将、相、卿、大夫，因而在位的官员轮番向皇帝推荐他，善于游说的人也为他到处宣传，声誉隆盛无比，压过了他的诸位伯父、叔父。于是，他敢于做违俗立异的事情而又安然处之，毫无愧色。王莽曾私下买了一个婢女，兄弟中有人听说了，王莽就辩解说："后将军朱子元没有儿子，我听说此女有适合生男孩的相。"当天就把婢女奉送给朱博。他就是这样隐匿真情博取名声的！

王莽外表严厉，言谈方直，想要做什么，只需略微做一点暗示，手下的党羽就会按照他的意愿公然上奏。王莽却叩头涕泣，坚持推让。他用这种办法，对上迷惑太后，对下向众人显示他的谦恭可信。

勿躬

※原文

人之意苟善，虽不知，可以为长。故李子曰：“非狗不得兔，兔化而狗，则不为兔。”人君而好为人官，有似于此。其臣蔽之，人时禁之；君自蔽，则莫之敢禁。夫自为人官，自蔽之精者也。祓篲日用而不藏于箧，故用则衰，动则暗，作则倦。衰、暗、倦，三者非君道也。

※译文

人的心意如果好，即使不懂什么也可以当君长。因此李悝说：“没有狗就不能捕获兔子；兔子变化成狗，就没有兔子可逮了。”当君主却喜欢做大臣该做的事，同这相似。他的大臣欺骗他，别人有时还制止；君主自我欺骗，那就没有人敢制止了。亲自当官员，这是自我欺骗最严重的行为。扫帚每天都用，因而不用藏在箱子里。所以，君主用心思虑就会心智衰竭，动手做就愚昧，劳作就会疲倦。衰竭、愚昧、疲倦，这三种情况不是当君主的准则。

※原文

大桡作甲子，黔如作虏首，容成作历，羲和作占日，尚仪作占月，后益作占岁，胡曹作衣，夷羿作弓，祝融作市，仪狄作酒，高元作室，虞姁作舟，伯益作井，赤冀作臼，乘雅作驾，寒哀作御，王冰作服牛，史皇作图，巫彭作医，巫咸作筮。此二十官者，圣人之所以治天下也。圣王不能二十官之事，然而使二十官尽其巧，毕其能，圣王在上故也。圣王之所不能也，所以能之也；所不知也，所以知之也。养其神、修其德而化矣，岂必劳形愁弊耳目哉？是故圣王之德，融乎若月之始出，极烛六合，而无所穷屈；昭乎若日之光，变化万物，而无所不行；神合乎太一，生无所屈，而意不可障；精通乎鬼神，深微玄妙。而莫见其形。今日南面，百邪自正，而天下皆反其情，黔首毕乐其志，安育其性，而莫为不成。故善为君者，矜服性命之情，而百官已治矣，黔首已亲矣，名号已章矣。

※译文

大桡创造六十甲子，黔如创造虏首置闰法，容成创造历法，羲和创造计日法，尚仪创造计月法，后益创造计年法，胡曹创造衣服，夷羿创造弓箭，祝融创造市肆，仪狄创造酒，高元创造房屋，虞姁创造舟船，伯益创造井，赤冀创造窠臼，乘雅创造车驾，寒哀创造驭马，王冰创造驾牛，史皇创造绘画，巫彭创造医术，巫咸创造筮术。这二十位官员，是圣人治理天下的依靠。圣明的君王不能够亲自做这二十位官员所做的事情，然而却能让二十位官员全部施展灵巧和才能，这是因为圣明的君主居于上位。圣明的君主所不能的地方，正是他们所能的地方；所不知的地方，正是他们所知的地方。保养自己的精神、修养自己的德行就能化育万物了，哪里需要劳神费力，把耳朵、眼睛搞得很疲倦呢？因此，圣明君主的品德，明亮得就像月亮刚出来时，遍照天地四方没有穷尽；显赫得就像太阳的光芒，化育万物没有做不到的事情。精神和道契合，天性不受损伤，因而心志不可阻挡；精气和鬼神相通，玄妙深微，却没有人能看到其形貌。有朝一日，南面而治，各种邪僻的事情都会纠正，天下人都恢复自己的本性，老百姓都喜悦自己的心志，安心培育自己的善行，没有什么事情做不成。所以，善于当君主的人，谨敬地顺从着生命的真情，各级官员都已经治理了，百姓就归附了，美名就显赫了。

※原文

管子复于桓公曰："垦田大邑，辟土艺粟，尽地力之利，臣不若宁速，请置以为大田。登降辞让，进退闲习，臣不若隰朋，请置以为大行。蚤入晏出，犯君颜色，进谏必忠，不辟死亡，不重贵富，臣不如东郭牙，请置以为大谏臣。平原广城，车不结轨，士不旋踵，鼓之，三军之士视死如归，臣不若王子城父，请置以为大司马。决狱折中，不杀不辜，不诬无罪，臣不若弦章，请置以为大理。君若欲治国强兵，则五子者足矣；君欲霸王，则夷吾在此。"桓公曰："善。"令五子皆任其事，以受令于管子。十年，九合诸侯，一匡天下，皆夷吾与五子之能也。管子，人臣也，不任己之不能，而以尽五子之能，况于人主乎？人主知能不能之可以君民也，则幽诡愚险之言无不职矣，百官有司之事毕力竭智矣。五帝三王之君民也，下固不过毕力竭智也。夫君人而知无恃其能勇力诚信，则近之矣。凡君也者，处平静，任德化，以听其要。若此则形性弥羸，而耳目愈精；百官慎职，而莫敢愉綎；人事其事，以充其名。名实相保，之谓知道。

※译文

管仲向齐桓公禀报："开垦田地，扩大城邑，开辟土地，种植谷物，充分利用地力，我不如宁速，请把他安置在大田的职位上。熟悉升降、辞让、进退等礼仪，我不如隰朋，请把他安置在大行的职位上。早入朝晚退朝，敢让君主难堪，忠心力谏，不怕死亡，不看重富贵，我不如东郭牙，请把他安置在大谏的职位上。在广阔的平原上，战车整齐而不错乱，士兵决不退后，一旦击鼓，三军将士都视死如归，我不如王子城父，请把他安置在大司马的职位上。判案准确，不枉杀无辜的人，不冤屈无罪的人，我不如弦章，请把他安置在大理的职位上。您假如想治国强兵，那这五个人就够了；假如想成就霸业，那么有我在这里。"桓公说："好。"命令五个人担任那些职位，接受管仲的命令。

十年之内，桓公多次会盟诸侯，使天下得到匡正，全是管仲和这五个人的功劳。管仲是一个大臣，不担负自己不能做的事，而让五个人竭尽才能，何况君主呢？君主如果知道能做什么和不能做什么是可以治理人民的，那么隐蔽、欺骗、诈伪、危险的言论就不能进入朝廷，有职务的人就无不安心自身工作了，各级官员对自己的工作就会尽心竭力了。五帝三王治理人民时，在下面的不过是尽心竭力。治理人民如果懂得不依仗自己的才能、勇敢、有力、诚实、守信，就接近君道了。大凡做君主的，应处于平和之中，用道德去感化人民，使他们接受根本的东西。像这样，形体、天性越加收敛，耳朵、眼睛却更加清楚明亮；各级官员就会谨慎地对待职守，没有人敢于苟且懈怠；人人都做自己分内的事，切合自己的名分。名分与实际相互支持，这就叫作懂得了道。

※读解

“人之意苟善，虽不知，可以为长。”人的心意如果好，即使不懂什么也可以当君长。做君主的不能做大臣该做的事情，这就叫作“勿躬”，意思是不要亲自去做一些事情，而是应当把这些事情交给自己的大臣来做，这样的君主才能叫作明君。

做君主的，应处于平和之中，用道德去感化人民，使他们接受根本的东西。管仲是一个大臣，不担负自己不能做的事，而让五个人竭尽才能。君主如果知道能做什么和不能做什么是可以治理人民的，那么隐蔽、欺骗、诈伪、危险的言论就不能进入朝廷，有职务的人就无不安心自身工作了，各级官员对自己的工作就会尽心竭力了。

※事例

汉灵帝经商不听劝告

从古至今，做皇帝的人都没有自己经商的，但是东汉的灵帝却是一个“精打细算”的“商人”。光和四年，灵帝在后宫修建了许多商业店铺，让宫女们行商贩卖，于是，后宫相互盗窃和争斗的事情屡有发生。灵帝还穿上商人的服装，与经商的宫女们一起饮酒作乐。灵帝又在西园玩狗，狗的头上戴着文官的帽子，身上披着绶带，他还手执缰绳，亲自驾驶着四头驴子拉的车子，在园内来回奔驰，京城洛阳的人竞相仿效，竟然致使驴的售价与马价相等。

汉灵帝还喜好积蓄私房钱，搜集天下的各种奇珍异宝。每次各郡、国向朝廷进贡，都要先精选出一部分珍品，送交管理皇帝私人财物的中署，叫作“导行费”。中常侍吕强上书规劝说：“普天之下的财富无不生于阴阳，都归陛下所有，难道还有公私之分！而现在，敛积各郡的珍宝，中御府堆满天下出产的丝织品，西园里收藏着理应由大司农管理的钱物，驻骥厩中则饲养着本该归太仆管理的马匹，而各地向朝廷交纳贡品时，都要送上导行费。这样，征调数量增加，人民贫困，花费增多，贡品减少。贪官污吏乘机从中取利，黎民百姓身受其害，更有一些阿谀献媚的臣子，进献额外财物，好让陛下对他们纵容，不良风气因此越来越盛。依照以往制度，选拔官员的事情应由三府负责，尚书只负责将三府的奏章转呈给皇上。被选拔者通过考核，加以委任，并责成他们拿出政绩。没有政绩时，才交付尚书进行弹劾，提请转到廷尉核查虚实，加以处罚。因此，三公在选拔人才时，都要与属僚仔细评议，了解这些人的品行，评估他们的才干。尽管如此严格，仍然有些官员不能胜任，使政务荒废。如今只由尚书负责选拔官员，或由陛下颁下诏书，直接任用，这样，三公就免除了选拔不当的责任，尚书也不再因此获罪。奖惩都兑现不了，谁还肯白白操心呢?”奏章呈上，灵帝未加理睬。

知度

※原文

明君者，非遍见万物也，明于人主之所执也。有术之主者，非一自行之也，知百官之要也。知百官之要，故事省而国治也。明于人主之所执，故权专而奸止。奸止则说者不来，而情谕矣。情者不饰，而事实见矣。此谓之至治。

※译文

英明的君主，不是普遍地处理万事万物，而是明白君主所应掌握的东西。有道术的君主，不是一切都亲自去做，而是懂得百官这个要领。懂得百官这个要领，所以事情少而国家治理得好。明确了君主所应掌握的东西，所以大权集中，奸邪止息。奸邪止息，那么游说的就不来，真情也能了解了。真情不加修饰，事实也就能显现了。这就叫最好的治理。

※原文

至治之世，其民不好空言虚辞，不好淫学流说。贤不肖各反其质，行其情，不雕其素，蒙厚纯朴，以事其上。若此则工拙愚智勇惧可得以故易官，易官则各当其任矣。故有职者安其职，不听其议；无职者责其实，以验其辞。此二者审，则无用之言不入于朝矣。君服性命之情，去爱恶之心，用虚无为本，以听有用之言，谓之朝。凡朝也者，相与召理义也，相与植法则也。上服性命之情，则理义之士至矣，法则之用植矣，枉辟邪挠之人退矣，贪得伪诈之曹远矣。故治天下之要，存乎除奸；除奸之要，存乎治官；治官之要，存乎治道；治道之要，存乎知性命。故子华子曰：“厚而不博，敬守一事，正性是喜。群众不周，而务成一能。尽能既成，四夷乃平。唯彼天符，不周而周。此神农之所以长，而尧舜之所以章也。”

※译文

治理得最好的社会，人民不喜好说空话假话，不喜好邪恶的、流行的学说。贤能的与不贤能的人都各自恢复其本来面目，按真心行事，对自己的本性不加修饰，敦厚纯朴，以此来侍奉自己的君主。这样，灵巧的与笨拙的、聪明的与愚蠢的、勇敢的与怯懦的，能够得以按照法典调整官职，调整官职后各自更能胜任自己的职务了。所以，有职位的安心各自的职位，君主不听他们的议论；没有职位的要求他们拿出事实，来检验他们的言辞。这两种情况弄清楚了，那么没有用的废话就不能进入朝廷了。君主顺从天性行事，去掉爱憎之心，以虚无为根本，来听取有益的话，这叫听朝。大凡听朝，都是君臣共同探讨理义，共同确立法度。君主顺从天性行事，那讲求理义的人就来到了，法度的效用就确立了，乖僻邪曲的人就屏退了，贪婪诈伪的人就疏远了。所以，治理天下的关键，在于去除奸邪；去除奸邪的关键，在于整顿官吏；整顿官吏的关键，在于研习道术；研习道术的关键，在于懂得天性。所以子华子说：“君主厚重而不广泛，严肃地坚守一个根本，喜爱正性。不与众人附和，而致力于学得驾驭臣子的能力。这种能力形成后，四方就会安定。那些符合天道的人，不求与天道相合却能达到相合。这就是神农之所以兴盛、尧舜之所以声名显赫的缘故。”

※原文

人主自智而愚人，自巧而拙人，若此，则愚拙者请矣，巧智者诏矣。诏多则请者愈多矣，请者愈多，且无不请也。主虽巧智，未无不知也。以未无不知，应无不请，其道固穷。为人主而数穷于其下，将何以君人乎？穷而不知其穷，其患又将反以自多，是之谓重塞之主，无存国矣。故有道之主，因而不为，责而不诏，去想去意，静虚以待，不伐之言，不夺之事，督名审实，官吏自司，以不知为道，以奈何为实。尧曰：“若何而为及日月之所烛？”舜曰：“若何而服四荒之外？”禹曰：“若何而治青北，化九阳、奇肱之所际？”

※译文

君主认为自己聪明而别人愚蠢，认为自己灵巧而别人蠢笨，像这样，那么蠢笨的人就请求指示了，灵巧聪明的人就要发布政令了。政令越多，请示的人就越多；请示的人越多，就将无事不请求指示。君主即使灵巧聪明，也不能无所不知。凭着不能无所不知，应付无所不请，他的办法必定会穷尽。当君主多次被大臣弄得技穷，又将用什么治理人民呢？技穷却不知道自己技穷，只怕又将更加自高自大，这就叫受到双重阻塞的君主，就不能保住国家了。所以，有道术的君主，因势利导却不去亲自动手做，责成大臣做事，自己不妄加指示，去掉臆想，等待时机，不说大话夸耀自己，不好大喜功矜夸自己，审察名分和实际，让官员自己管理自己分内的事；把不求知当作根本，把“怎么办”当作宝物。尧说：“怎样做才能和日月那样普照人间？”舜说：“怎样做才能使远人归附？”禹说：“怎样才能制服青北山、九阳山和奇肱国那样的边远之处？”

※原文

赵襄子之时，以任登为中牟令。上计，言于襄子曰：“中牟有士曰胆、胥己，请见之。”襄子见而以为中大夫。相国曰：“意者君耳而未之目邪！为中大夫，若此其易也？非晋国之故。”襄子曰：“吾举登也，已耳而目之矣。登所举，吾又耳而目之，是耳目人终无已也。”遂不复问，而以为中大夫。襄子何为？任人，则贤者毕力。

※译文

赵襄子当政的时候，用任登当中牟令。任登在呈递全年总结的时候，对赵襄子说：“中牟有两个士，叫作胆、胥己，请您召见他们。”赵襄子召见他们并让他们做中大夫。相国说：“我想您只听说而没有见过他们吧？像这样就任为中大夫，太容易了吧？这不是晋国的旧例。”赵襄子说：“我提拔任登的时候，已经耳闻目睹他了。任登推荐的人，我再去亲耳听、亲眼看，这样，用耳朵听、用眼睛看就没有尽头了。”于是就不再询问，任命他们当中大夫。赵襄子把“怎么样”当作任用人的原则，那么贤明的人就竭尽全力了。

※原文

人主之患，必在任人而不能用之，用之而与不知者议之也。绝江者托于船，致远者托于骥，霸王者托于贤。伊尹、吕尚、管夷吾、百里奚，此霸王者之船骥也。释父兄与子弟，非疏之也；任庖人钓者与仇人仆虏，非阿之也。持社稷立功名之道，不得不然也。犹大匠之为宫室也，量小大而知材木矣，訾功丈而知人数矣。故小臣、吕尚听，而天下知殷、周之王也；管夷吾、百里奚听，而天下知齐、秦之霸也。岂特骥远哉？

※译文

君主的弊病，一定在于任命人官职而不能用其言，或用其言而又与不明智的人去商议。渡长江的人依靠的是船，走远路的人依靠的是良马，称霸称王的人依靠的是贤人。伊尹、吕尚、管夷吾、百里奚，这些人就是成就霸王之业的渡船和良马啊。不任用自己的父兄和子弟，并不是疏远他们；任用厨师、钓鱼人和仇人、奴仆，并不是偏爱他们。这是保住国家、建立功名的途径，不得不这样啊。这就好像大工匠建造宫室，量一量大小就知道要用多少木料，估量一下工程的规模就知道要用多少人。因此，小臣伊尹、吕尚被重用，天下人就知道殷、周要成就王业了；管夷吾、百里奚被重用，天下人就知道齐、秦要成就霸业了。他们岂止是渡船和良马呢？

※原文

夫成王霸者固有人，亡国者亦有人。桀用羊辛，纣用恶来，宋用唐鞅，齐用苏秦，而天下知其亡。非其人而欲有功，譬之若夏至之日而欲夜之长也，射鱼指天而欲发之当也。舜、禹犹若困，而况俗主乎？

※译文

那成就霸业的当然有人，亡国的也有人。桀重用羊辛，纣重用恶来，宋国重用唐鞅，齐国重用苏秦，于是天下人就知道那些国家要灭亡了。不是这等贤能的人却想建立功业，就如同夏至这天却想让夜长、射鱼时朝着天却想射中一样。舜、禹尚且吃力，更何况平庸无能的君主呢？

※读解

本篇主要讲的是君主的为君之道。渡长江的人依靠的是船，走远路的人依靠的是良马，称霸称王的人依靠的是贤人。君主的弊病，一定在于任命人官职而不能用其言，或用其言而又与不明智的人去商议。英明的君主，不是具体地处理事物，而是明白君主所应掌握的东西。有道术的君主，不是一切都亲自去做，而是懂得驾驭百官这个要领。懂得这个要领，所以做的事情少而国家治理得好。

桀重用羊辛，纣重用恶来，宋国重用唐鞅，齐国重用苏秦，于是天下人就知道那些国家要灭亡了。不是这等贤能的人却想建立功业，就如同夏至这天却想让夜长、射鱼时朝着天却想射中一样。

※事例

唐太宗论君

唐太宗曾经询问魏征：“君王怎样做算是明，怎样做算是暗？”魏征回答：“能听取多方面的意见就叫明，只相信个别人的意见就叫暗。从前唐尧征询下面民众的意见，因此知道有苗的罪恶；虞舜耳聪目明，能眼观六路，耳听八方，所以共工、鲧、驩兜不能蒙蔽他的视听；秦二世偏信赵高，使自己遭受望夷宫的灾祸；梁武帝偏信朱异，自取困死台城的羞辱；隋炀帝偏信虞世基，酿成了彭城阁的变故。所以君王能够广泛听取各方面的意见，那么身边的大臣就无法蒙蔽君王的耳目，下情就可以上达。”唐太宗听后说：“非常正确。”

唐太宗对黄门侍郎王珪说：“隋文帝开皇十四年大旱，隋文帝不同意开仓赈济老百姓，而叫老百姓到山东去找饭吃。隋炀帝凭借着丰富的粮食储备，奢侈浪费，大肆挥霍，最终失去了天下。仓库中储备的粮食只要能应付荒年就行了，多余的又有什么用呢？”

有一次，唐太宗对身边的大臣说：“人们说天子是至尊，没有可惧怕的事情，朕则认为不是这样。朕对上害怕上天的监视，对下害怕众臣的仰视，整天兢兢业业，勤勤恳恳，还担心上不合天意，下不得人心。”魏征说：“这确实是天下大治的关键，希望陛下有始有终，这就很好了。”

唐太宗对房玄龄等人说：“处理政事最重要的是公正。从前诸葛亮把廖立、李严流放南夷，诸葛亮去世后，廖立、李严都悲痛哭泣，李严甚至因悲伤过度而死。如果不是公正无私，能让人这样吗？再如隋朝宰相高颎，他办事公正，懂得治国的要领。隋朝的存亡，与高颎的生死密切相关。既然朕仰慕前世明君，你们也要效法前世的贤相啊！”

审应览

审应

※原文

人主出声应容，不可不审。凡主有识，言不欲先。人唱我和，人先我随，以其出为之入，以其言为之名，取其实以责其名，则说者不敢妄言，而人主之所执其要矣。

※译文

君主对于言谈仪表，不可不慎重。大凡君主有见识的，言谈不会首先开口。别人领唱，自己就跟着唱；别人先走，自己紧随其后。根据大臣付出的努力来估计成效，根据大臣所说的事确定他的名分，根据大臣的成就考察名分和实际是否符合，这样，游说的人就不敢胡言乱语，君主就能抓住根本了。

※原文

孔思请行，鲁君曰：“天下主亦犹寡人也，将焉之？”孔思对曰：“盖闻君子犹鸟也，骇则举。”鲁君曰：“主不肖而皆以然也，违不肖，过不肖，而自以为能论天下之主乎？凡鸟之举也，去骇从不骇。去骇从不骇，未可知也。去骇从骇，则鸟曷为举矣？”孔思之对鲁君也，亦过矣。

※译文

孔思请求离开，鲁国君主说：“天下君主都像我一样，您将要去哪里？”孔思回答说：“我听说君子像鸟儿一样，受到惊吓就飞走。”鲁国君主说：“君主不贤能，到处都是这样。离开了不贤能的君主，到了另一个不贤能的君主那里，你自己认为能了解评价天下的君主吗？大凡鸟儿飞走，都是离开惊吓它的地方，到不受惊吓的地方。离开受惊吓的地方去不受惊吓的地方，是未知数。如果是离开受惊吓的地方又到了一个受惊吓的地方，那么鸟儿为什么还要飞走呢？”孔思对鲁国君主的回答，是不对的。

※原文

魏惠王使人谓韩昭侯曰：“夫郑乃韩氏亡之也，愿君之封其后也。此所谓存亡继绝之义。君若封之，则大名。”昭侯患之，公子食我曰：“臣请往对之。”公子食我至于魏，见魏王，曰：“大国命弊邑封郑之后，弊邑不敢当也。弊邑为大国所患。昔出公之后声氏为晋公，拘于铜鞮，大国弗怜也，而使弊邑存亡继绝，弊邑不敢当也。”魏王惭曰：“固非寡人之志也，客请勿复言。”是举不义以行不义也。魏王虽无以应，韩之为不义，愈益厚也。公子食我之辩，适足以饰非遂过。

※译文

魏惠王派人对韩昭侯说：“郑国是韩氏灭亡的，希望您分封他们的后代。这是所说的使灭亡的得以保存、使灭绝的得以延续的义举。您假如分封了他们的后代，那就会得到高尚的名声。”韩昭侯为此而担忧。公子食我说：“我请您允许我去回答他。”公子食我到魏国，拜见魏惠王说：“贵国命令敝国分封郑国的后代，敝国不敢接受。敝国被贵国视为祸患。以前晋出公的后代声氏当晋国国君，被囚禁在铜鞮，贵国不怜恤他，却让敝国保存灭亡的国家，延续灭绝的诸侯，敝国不敢接受。”魏惠王羞愧地说：“本来不是我的意思，请贵客不要再说了。”这是提出别人的不义行为来为自己的不义行为辩解。魏惠王即使无话可说，韩国做不义的事却更严重了。公子食我的话，正好足以文过饰非。

※原文

魏昭王问于田诎曰：“寡人之在东宫之时，闻先生之议曰：‘为圣易。’有诸乎？”

田诎对曰：“臣之所举也。”昭王曰：“然则先生圣于？”田诎对曰：“未有功而知其圣也，是尧之知舜也；待其功而后知其舜也，是市人之知圣也。今诎未有功，而王问诎曰‘若圣乎’，敢问王亦其尧邪？”昭王无以应。田诎之对，昭王固非曰“我知圣也”耳，问曰“先生其圣乎”，已因以知圣对昭王。昭王有非其有，田诎不察。

※译文

魏昭王向田诎问道：“我在东宫的时候，听先生议论：‘当圣贤很容易。’有这事吗？”田诎回答：“是我说过的话。”魏昭王说：“既然这样，先生您是圣贤吗？”田诎回答：“还没有建立功业就知道这人是圣贤，这是尧对舜的了解；等到有功业后知道这人是圣贤，这是一般人对舜的了解。现在我还没有功绩，您却问我：‘您是圣贤吗？’请问您是尧吗？”魏昭王无话可说。田诎回答魏昭王的时候，魏昭王本来就没有说“我了解圣贤”，而是说：“先生您是圣贤吗？”田诎自己就用了解圣贤的话回答魏昭王，使魏昭王具有了本来不应有的声誉，这是田诎没弄清楚。

※原文

赵惠王谓公孙龙曰：“寡人事偃兵十余年矣，而不成，兵不可偃乎？”公孙龙对曰：“偃兵之意，兼爱天下之心也。兼爱天下，不可以虚名为也，必有其实。今蔺、离石入秦，而王缟素布总；东攻齐得城，而王加膳置酒。秦得地而王布总，齐亡地而王加膳，所非兼爱之心也。此偃兵之所以不成也。”今有人于此，无礼慢易而求敬，阿党不公而求令，烦号数变而求静，暴戾贪得而求定，虽黄帝犹若困。

※译文

赵惠王对公孙龙说：“我致力于消除兵患已经十几年了，可没有成功，战争不能消除吗？”公孙龙说：“消除兵患的本意，在于兼爱天下的心思。兼爱天下，不可能用虚名做到，一定要有实际。现在蔺、离石归属了秦国，您就穿上丧服，束着头发；向东攻打齐国得到了城邑，您就设宴庆祝。秦国得到土地您就穿上丧服，齐国失去土地您就加餐庆祝，这不是兼爱之心啊！这就是消除战争不能成功的原因。”假如有这样一个人，傲慢无礼却想受到尊重，结党营私却想有好的名声，号令频繁又多次改变却想求得安静，残暴贪婪却想求得安宁，即使是黄帝都会感到为难。

※原文

卫嗣君欲重税以聚粟，民弗安，以告薄疑曰：“民甚愚矣。夫聚粟也，将以为民也。其自藏之与在于上，奚择？”薄疑曰：“不然。其在于民而君弗知，其不如在上也；其在于上而民弗知，其不如在民也。”凡听必反诸己，审则令无不听矣。国久则固，固则难亡。今虞、夏、殷、周无存者，皆不知反诸己也。

※译文

卫嗣君想加重赋税来聚积粮食，人民不安定，他就把这告诉薄疑说：“人民太愚昧了！聚积粮食，是为了人民着想。他们自己保藏粮食同保藏在上面有什么区别呢？”薄疑说：“不对。粮食保藏在人民那里您就得不到了，那就不如保藏在上面；粮食保藏在上面人民得不到了，那就不如保藏在人民那里。”大凡听话一定要反躬自省，能明察秋毫，那命令就没有不听的了。国家能反躬自省就稳固，稳固就不容易灭亡。现在虞、夏、殷、周没有存在的原因，是不懂得反躬自省啊！

※原文

公子沓相周，申向说之而战。公子沓訾之曰：“申子说我而战，为吾相也夫？”申向曰：“向则不肖，虽然公子年二十而相，见老者而使之战，请问孰病哉？”公子沓无以应。战者，不习也；使人战者，严驵也。意者恭节而人犹战，任不在贵者矣。故人虽时有自失者，犹无以易恭节。自失不足以难，以严驵则可。

※译文

公子沓任周的相国，申向去向他游说，申向见到公子沓时浑身发抖。公子沓讥讽他说：“申子来向我游说却浑身发抖，因为我是相国的缘故吗？”申子回答说：“我很不肖。虽然这样，但公子年仅二十岁就做了相国，接见长者却使他浑身发抖，请问这是谁的过错？”公子沓无话回答。发抖是因为不习惯见尊贵者，使人发抖是因为态度严厉骄横。如果尊贵者态度谦恭，进见的人仍然发抖，责任就不在尊贵者身上了。所以，别人虽说时常有犯过失的，但自己还是不能改变谦恭待人的态度。别人犯过失不足以责难，用严厉骄横的态度待人则应该责难。

※读解

那抬木头的人，前面的人喊“嗨哟”，后面的也跟着应和；君主有见识的，言谈不会首先开口。别人领唱，自己就跟着唱；别人先走，自己紧随其后。根据大臣付出的努力来估计成效，根据大臣所说的事确定他的名分，根据大臣的成就考察名分和实际是否符合，这样，游说的人就不敢胡言乱语，君主就能抓住根本了。

“为圣易”讲的不是说做圣人很容易，而是说圣人做的事情很少。这就和君主的见识有关系了。君主若是善于驾驭群臣，就会让自己的大臣根据自己的才能来尽心竭力地为朝廷服务；君主若是不能很好地驾驭群臣，反而会被日常的琐事缠身，治理不好国家。

※事例

石碏大义灭亲

公子州吁是卫庄公宠妾的儿子，受到卫庄公的宠爱，喜好武事。庄姜则讨厌州吁。大夫石碏劝卫庄公说：“我听说疼爱孩子应当用正道去教导他，不能使他走上邪路。骄横、奢侈、淫乱、放纵是导致邪恶的原因。这四种恶习的产生，是给他的宠爱和俸禄过了头。如果想立州吁为太子，就确定下来；如果定不下来，就会酿成祸乱。受宠而不骄横，骄横而能安于下位，地位在下而不怨恨，怨恨而能克制的人，是很少的。况且低贱妨害高贵，年轻欺凌年长，疏远离间亲近，新人离间旧人，弱小压迫强大，淫乱破坏道义，这是六件背离道理的事。国君仁义，臣下恭谨，为父慈爱，为子孝顺，为兄爱护，为弟恭敬，这是六件顺理的事。做背离顺理的事而效法违理的事，这就是很快会招致祸害的原因。作为统治民众的君主，应当尽力除掉祸害，而现在却加速祸害的到来，这大概是不行的吧？”卫庄公不听劝告。

石碏的儿子石厚与州吁交往，石碏禁止，但禁止不住。到卫桓公当国君时，石碏就告老退休了。

鲁隐公四年的春天，州吁杀了卫桓公，自己当上了国君。

州吁无法安定卫国的民心，于是石厚便向石碏请教安定君位的方法。石碏说：“能朝见周天子，君位就能安定了。”石厚问：“怎么才能朝见周天子呢？”石碏答道：“陈桓公现在正受周天子宠信，陈国和卫国的关系又和睦，如果去朝见陈桓公，求他向周天子请命，就一定能办到。”石厚跟随州吁到陈国。石碏派人告诉陈国说：“卫国地方狭小，我年纪老迈，没有什么作为了。来的那两个人正是杀害我们国君的凶手，敢请你们趁机设法处置他们。”陈国人将州吁和石厚抓住，并到卫国请人来处置。这年九月，卫国派遣右宰丑前去，在濮地杀了州吁。石碏又派自己的家臣前去，在陈国杀了石厚。

重言

※原文

人主之言，不可不慎。高宗，天子也。即位谅闇。三年不言。卿大夫恐惧，患之。高宗乃言曰：“以余一人正四方，余唯恐言之不类也，兹故不言。”古之天子，其重言如此，故言无遗者。

※译文

君主的言语，不能不慎重。殷高宗是天子，即位之后，居丧三年，不说一句话。卿大夫很害怕，对此感到担忧。殷高宗这才说："凭我个人匡正四方，我唯恐说话不对，因此不说话。"古时的天子，他们重视说话到这个地步，所以说的话没有过失。

※原文

成王与唐叔虞燕居，援梧叶以为珪。而授唐叔虞曰："余以此封女。"叔虞喜，以告周公。周公以请曰："天子其封虞邪？"成王曰："余一人与虞戏也。"周公对曰："臣闻之，天子无戏言。天子言，则史书之，工诵之，士称之。"于是遂封叔虞于晋。周公旦可谓善说矣，一称而令成王益重言，明爱弟之义，有辅王室之固。

※译文

周成王在与唐叔虞闲居时，拿梧桐叶当作珪，交给唐叔虞说："我拿这个封你。"唐叔虞非常高兴，把这事告诉了周公旦。周公旦请示说："天子要分封虞吗？"周成王说："我同叔虞开玩笑呢！"周公旦回答："天子没有开玩笑的话。天子的话，史官要记录下来，乐人要诵唱，士人要传颂。"于是，周成王就把唐叔虞封在晋地。周公旦可以说是善于劝说了，一开口就使周成王更加重视说话，使爱护弟弟的心意更加明显，又辅佐王室，使它更加巩固。

※原文

齐桓公与管仲谋伐莒，谋未发而闻于国，桓公怪之，曰："与仲父谋伐莒，谋未发而闻于国，其故何也？"管仲曰："国必有圣人也。"桓公曰："嘻！日之役者，有执蹠痛而上视者，意者其是邪！"乃令复役，无得相代。少顷，东郭牙至。管仲曰："此必是已。"乃令宾者延之而上，分级而立。管子曰："子邪言伐莒者？"对曰："然。"管仲曰："我不言伐莒，子何故言伐莒？"对曰："臣闻君子善谋，小人善意。臣窃意之也。"管仲曰："我不言伐莒，子何以意之？"对曰："臣闻君子有三色：显然喜乐者，钟鼓之色也；湫然清静者，衰绖之色也；艴然充盈、手足矜者，兵革之色也。日者臣望君之在台上也，艴然充盈、手足矜者，兵革之色也。君口呿而不唫，所言者'莒'也；君举臂而指，所当者莒也。臣窃以虑诸侯之不服者，其惟莒乎！臣故言之。"凡耳之闻，以声也。今不闻其声，而以其容与臂，是东郭牙不以耳听而闻也。桓公、管仲虽善匿，弗能隐矣。故圣人听于无声，视于无形。詹何、田子方、老聃是也。

※译文

齐桓公同管仲谋划攻打莒国，计划还没有实施就被国人知道了，齐桓公感到奇怪说：“与仲父谋划攻打莒国，计划还没有实行就被国人知道了，这是什么原因呢？”管仲说：“国内一定有圣人。”齐桓公说：“啊！那天服役的人，有拿着脚铲向上张望的人，可能是这个人吧！”于是下令那天服役的人再次前来，不得替代。过了一会儿，东郭牙来了。管仲说：“这人一定是了。”于是派礼宾官员令他上来，分台阶站定。管仲说：“说要攻打莒国的人是你吗？”东郭牙说：“是。”管仲说：“我没有说要攻打莒国，你为什么说要攻打莒国？”东郭牙回答：“我听说君子善于谋划，小人善于猜测。我是私下里猜测出来的。”管仲说：“我没说攻打莒国，你凭什么猜测出来？”东郭牙说：“我听说君子有三种神色：面露喜悦，是欣赏钟鼓乐器的神色；清冷安静，是居丧时的神色；勃然大怒、手足有力，是用兵打仗的神色。那日我看您在台上勃然大怒、手足劲舞，这就是用兵打仗的神色。您的口形开而不闭，说的当是‘莒’字。您抬起胳膊在指点，指的正是莒国的方向。我私下考虑，诸侯之中不归附齐国的，大概只有莒国了！所以我说了那话。”大凡耳朵能听，是因为有声音；假如没有声音，却凭别人的表情与手臂动作来判断，这是东郭牙不靠耳朵就能听到别人的话啊！齐桓公、管仲即使善于保守秘密，也不能掩藏住。所以，圣人能够从无声中听到声音，从无形中看到物体。詹何、田子方、老聃就是这样的人。

※读解

“人主之言，不可不慎”，其实，不光是君主，每个人的言语都需要谨慎。周成王跟自己的弟弟开玩笑，拿了一片梧桐叶封他，受到了周公旦的批评。这就是“桐叶封弟”的来历。它的含义是“君主不能言而无信”。估计此后周成王一定会牢牢记住这个教训，不会再轻易说什么不得体的话了。

成公贾顺应楚庄王的心思出了隐语：“有鸟止于南方之阜，三年不动不飞不鸣，是何鸟也？”楚庄王不是一个昏君，他一听就明白大臣的试探之意，也就用隐语回答：“是鸟虽无飞，飞将冲天；虽无鸣，鸣将骇人。”君臣之间不再有什么隔阂，这才是他成功的原因吧！

※事例

周成王桐叶封弟　言而有信

晋国的唐叔虞是周武王的儿子、周成王的弟弟，姓姬，字子于。当初，周武王与叔虞母亲交会时，叔虞母亲梦见上天对周武王说：“我让你生个儿子，名叫虞，我把唐赐给他。”等到她生下婴儿后一看，手掌心上果然写着“虞”字，所以就给儿子取名为虞。

周武王逝世后，周成王继位，唐发生内乱，周公灭了唐。一天，周成王和叔虞做游戏，周成王把一片桐树叶削成珪状送给叔虞，并说：“我用这个分封你。”史佚于是请求选择一个吉日封叔虞为诸侯。周成王说：“我和他开玩笑呢！”史佚说：“天子无戏言。只要说了，史官就应如实记载下来，按礼节完成它，并奏乐章歌咏它。”于是周成王把唐封给叔虞，“唐叔虞”故由此而来。唐在黄河、汾河的东边，方圆一百里。

淫辞

※原文

非辞无以相期，从辞则乱。乱辞之中又有辞焉，心之谓也。言不欺心，则近之矣。凡言者以谕心也。言心相离，而上无以参之，则下多所言非所行也，所行非所言也。言行相诡，不祥莫大焉。

※译文

没有言辞就无法互相交往，可是听信言辞就会发生混乱。言辞之中又有言辞，这就是思想。言辞不违背思想，那就差不多了。大凡说话，都是为了表达思想。说话和思想相悖，君主又没有办法来验证它，那么大臣就会有很多话和所做的事情不相符合，以及所做的事和所说的话不相符合的情况。言行相互违背，没有什么比这更不吉祥的了。

※原文

空雄之遇，秦、赵相与约，约曰：“自今以来，秦之所欲为，赵助之；赵之所欲为，秦助之。”居无几何，秦兴兵攻魏，赵欲救之。秦王不说，使人让赵王曰：“约曰：‘秦之所欲为，赵助之；赵之所欲为，秦助之。’今秦欲攻魏，而赵因欲救之，此非约也。”赵王以告平原君，平原君以告公孙龙，公孙龙曰：“亦可以发使而让秦王曰：‘赵欲救之，今秦王独不助赵，此非约也。’”

※译文

在空雄会盟时，秦国和赵国相互约定：“从今以后，秦国想要做的事，赵国要给予帮助；赵国要做的事，秦国要给予帮助。”过了没多久，秦国发兵攻打魏国，赵国想援救魏国。秦王很不高兴，派人责备赵王说：“盟约说：‘秦国想要做的事，赵国要给予帮助；赵国想要做的事，秦国要给予帮助。’现在秦国想要攻打魏国，而赵国却要救魏国，这是违背盟约的。”赵王把这个情况告诉了平原君。平原君又转告公孙龙。公孙龙说：“赵王也可以派使节去责备秦王说：‘赵国想要救魏国，现在秦王偏不帮助赵国，这是违背盟约的。’”

※原文

孔穿、公孙龙相与论于平原君所，深而辩，至于藏三耳，公孙龙言藏之三耳深辩。孔穿不应，少选，辞而出。明日，孔穿朝，平原君谓孔穿曰：“昔者公孙龙之言甚辩。”孔穿曰：“然。几能令藏三耳矣。虽然难。愿得有问于君：谓藏三耳甚难而实非也，谓藏两耳甚易而实是也。不知君将从易而是者乎，将从难而非者乎？”平原君不应。明日，谓公孙龙曰：“公无与孔穿辩。”

※译文

孔穿、公孙龙在平原君那里辩论问题，深入而雄辩，谈到了羊有三只耳朵的命题，公孙龙论证羊有三只耳朵论证得头头是道。孔穿不吭声，不一会儿，告辞而去。第二天，孔穿上朝，平原君告诉孔穿说：“昨天公孙龙的辩术很高。”孔穿说：“是这样，几乎能让羊有三只耳朵了。虽然如此，但还是难以成立的。我想问问您，论证羊有三只耳朵难度很大而事实并非如此，论证羊有两只耳朵很容易而事实也正是如此。不知道您将听信容易论证而事实正是如此的观点呢，还是听信论证难度大而且事实也并非如此的观点呢？”平原君没有回答。第二天，平原君告诉公孙龙说：“你不要再跟孔穿辩论了。”

※原文

荆柱国庄伯令其父视日，曰“在天”；视其奚如，曰“正圆”；视其时，曰“当今”。令谒者驾，曰“无马”。令涓人取冠，曰“进上”。问马齿，圉人曰“齿十二与牙三十”。

人有任臣不亡者，臣亡，庄白决之，任者无罪。

宋有澄子者，亡缁衣。求之涂，见妇人衣缁衣，援而弗舍，欲取其衣，曰：“今者我亡缁衣。”妇人曰：“公虽亡缁衣，此实吾所自为也。”澄子曰：“子不如速与我衣。昔吾所亡者，纺缁也；今子之衣，禅缁也。以禅缁当纺缁，子岂不得哉？”

※译文

荆柱国庄伯让他的巫师通过观察太阳来断吉凶，巫师回答：“在天上。”问他看看太阳怎么样，巫师回答：“正圆。”让他看看这时日的凶吉，巫师回答：“就是现在。”庄伯命令谒者驾车，对方回答：“没有马。”庄伯命令涓人拿帽子，对方回答：“已经戴在你的头上。”庄伯问马的年龄，圉人说：“十二个齿，加上牙共三十个。”

有个人担保奴隶不逃亡，结果奴隶却逃跑了，庄伯对此作了判决：此人无罪。

宋国有个叫澄子的人，丢了一件黑色的衣服，就沿路寻找。看见一个妇人穿着一件黑衣服，便拉住她不放，想扒下她的衣服，说：“今天我丢了一件黑色衣服。”妇人说：“您虽然丢了一件黑色衣服，但这件衣服的确是我自己做的呀！”澄子说：“你不如赶紧把衣服还给我！我原先丢的是纺缁，现在你的衣服是禅缁。用禅缁抵纺缁，你难道还不占便宜吗？”

※原文

宋王谓其相唐鞅曰：“寡人所杀戮者众矣，而群臣愈不畏，其故何也？”唐鞅对曰：“王之所罪，尽不善者也。罪不善，善者故为不畏。王欲群臣之畏也，不若无辨其善与不善而时罪之，若此则群臣畏矣。”居无几何，宋君杀唐鞅。唐鞅之对也，不若无对。

※译文

宋王对他的相国唐鞅说：“我所杀戮的人够多了，而群臣却越来越不害怕，这是什么缘故呢？”唐鞅回答：“大王所惩治的全是不好的人。惩治不好的人，因此好人不害怕。君主想要群臣害怕，不如不去辨别他们的好坏，而是时时去治他们的罪。像这样，那么群臣都会害怕了。”过了没多久，宋王杀了唐鞅。唐鞅的回答，还不如不回答。

※原文

惠子为魏惠王为法。为法已成，以示诸民人，民人皆善之。献之惠王，惠王善之，以示翟翦，翟翦曰：“善也。”惠王曰：“可行邪？”翟翦曰：“不可。”惠王曰：“善而不可行，何故？”翟翦对曰：“今举大木者，前乎舆謣，后亦应之，此其于举大木者善矣。岂无郑、卫之音哉？然不若此其宜也。夫国亦木之大者也。”

※译文

惠子为魏惠王起草法律条文。条文制定好了，把它出示给人民，人民都认为很好。惠子于是献给了惠王。惠王认为很好，把它交给翟翦看，翟翦说："好。"惠王说："可以实行吗？"翟翦说："不可以。"惠王说："认为这个条文好，又说它不可以实行，这是什么缘故？"翟翦说："那抬木头的人，前面的人喊'嗨哟'，后面的也跟着应和，这对抬木头的人来说是好的。难道说没有比劳动号子更悦耳的郑卫之音吗？然而不如劳动号子适宜啊！国家也是一根大木头。"

※读解

公孙龙是我国春秋时期非常有名的善于狡辩的人，他的观点就是"白马非马"，意思是白马不是马。这就是典型的混淆视听的说法。所以在这篇文章中孔穿不屑于和他辩论"羊有三耳"的问题了。谁都不可能在言语上说服公孙龙，所以孔穿就"不说而说"地战胜了他。因为事实放在那里呀！

惠子辛辛苦苦制定的法令，不是不好，而是不实用。就像翟翦说的："今举大木者，前乎舆謣，后亦应之，此其于举大木者善矣。"是啊，国家也是一根木头，需要若干人的配合，需要的是合乎实际的法令，而不是光好看不实用的东西。

※事例

国氏善于"偷盗"

齐国的国氏非常富有，宋国的向氏非常贫穷。向氏从宋国到齐国，向国氏请教致富的方法。

国氏告诉他说："我善于偷盗。我开始偷盗时，第一年就够自用，第二年便很富足，第三年就家资丰裕了。从此以后，我还施舍邻里乡亲。"向氏听了非常高兴。但他只理解了国氏偷盗的话，却没有了解国氏偷盗的方法。于是跳墙打洞，凡是手摸到的、眼睛看到的，没有一件不窃取。没过多久，便被问罪，并被没收了先前积蓄的财产。

向氏认为国氏欺骗了自己，便去埋怨国氏。国氏问："你是怎样偷盗的？"向氏叙述了他偷盗的情况。国氏说："唉！你偷盗的方法竟然错到了这种程度！现在来告诉你吧！我听说天有季节性，地有利人处。我偷盗天的季节和地的利益，如云雨的滋润、山泽的特产都用来生育我的禾苗，繁殖我的庄稼，夯筑我的围墙，建造我的房屋。在陆地上偷盗禽兽，在水泊中偷盗鱼鳖，没有不偷盗的。这些禾苗、庄稼、土地、树木、禽兽、鱼鳖，都是天生出来的，难道是我所有的？然而我偷盗天的东西却没有灾殃。至于金玉珍宝、谷布财物，是别人所积聚的，哪里是上天给你的呢？你偷盗它们而被问罪，能怨谁呢？”向氏十分迷惑，以为国氏又在欺骗自己了，于是到东郭先生那里去请教。

东郭先生说：“你全身的东西难道不都是偷盗来的吗？偷盗阴阳中和之气来成就你的生命，充塞你的形体，又何况身外之物？它们哪一样不是偷盗来的呢？诚然，天地和万物都是不能完全分开的，把它们认为己有，都是糊涂的。国氏的‘偷盗’，是公道，所以没有灾殃；你的偷盗，是私心，所以被问罪。其实，分别公私也是偷盗，不分别公私也是偷盗。但把公共的东西视为公共所有，把私人的东西视为私人所有，这是天地的德行。了解天地德行的人，谁是偷盗者呢？谁又不是偷盗者呢？”

具备

※原文

今有羿、逢蒙、繁弱于此，而无弦，则必不能中也。中非独弦也，而弦为弓中之具也。夫立功名亦有具，不得其具，贤虽过汤、武，则劳而无功矣。汤尝约于郼、薄矣，武王尝穷于毕、裎矣，伊尹尝居于庖厨矣，太公尝隐于钓鱼矣。贤非衰也，智非愚也，皆无其具也。故凡立功名，虽贤，必有其具，然后可成。

※译文

若有羿、逢蒙这样的神射手和繁弱这样的良弓，却没有弓弦，那么一定不能射中了。射中不是只靠弓弦，但弓弦是射中的条件。建立功名也要有条件，不具备条件，贤能的人即使胜过成汤、武王，那也劳而无功。成汤曾经在郼、薄地受贫困，武王曾在毕、裎受困窘，伊尹曾在厨房当仆隶，太公望曾经隐居钓鱼。他们的贤能并非衰退，智慧并非愚钝，都是因为没有具备条件。所以，想要建立功业，即使贤能的人也一定要有条件，然后才能成功。

※原文

宓子贱治亶父，恐鲁君之听谗人，而令己不得行其术也，将辞而行，请近吏二人于鲁君与之俱。至于亶父，邑吏皆朝。宓子贱令吏二人书。吏方将书，宓子贱从旁时掣摇其肘，吏书之不善，则宓子贱为之怒。吏甚患之，辞而请归。宓子贱曰：“子之书甚不善，子勉归矣！”二吏归报于君，曰：“宓子不得为书。”君曰：“何故？”吏对曰：“宓子使臣书，而时掣摇臣之肘，书恶而有甚怒，吏皆笑宓子。此臣所以辞而去也。”鲁君太息而叹曰：“宓子以此谏寡人之不肖也。寡人之乱子，而令宓子不得行其术，必数有之矣。微二人，寡人几过。”遂发所爱而令之亶父，告宓子曰：“自今以来，亶父非寡人之有也，子之有也。有便于亶父者，子决为之矣。五岁而言其要。”宓子敬诺，乃得行其术于亶父。三年，巫马旗短褐衣弊裘而往观化于亶父，见夜渔者，得则舍之。巫马旗问焉，曰：“渔为得也，今子得而舍之，何也？”对曰：“宓子不欲人之取小鱼也。所舍者小鱼也。”巫马旗归，告孔子曰：“宓子之德至矣，使民暗行若有严刑于旁。敢问宓子何以至于此？”孔子曰：“丘尝与之言曰：‘诚乎此者刑乎彼。’宓子必行此术于亶父也。”夫宓子之得行此术也，鲁君后得之也。鲁君后得之者，宓子先有其备也。先有其备，岂遽必哉？此鲁君之贤也。三月婴儿，轩冕在前，弗知欲也；斧钺在后，弗知恶也；慈母之爱，谕焉。诚也。故诚有诚乃合于情。精有精乃通于天。乃通于天，水火木石之性，皆可动也，又况于有血气者乎？故凡说与治之务莫若诚。听言哀者，不若见其哭也；听言怒者，不若见其斗也。说与治不诚，其动人心不神。

※译文

宓子贱去治理亶父，担心鲁君听信他人谗言，从而使自己不能实行自己的主张。将要辞行的时候，宓子贱向鲁君请求派两个亲信官员，同他一起到亶父去。到了亶父，官员都来参见。宓子贱让那两个同来的官员书写。他们刚要书写，宓子贱从旁边不时地摇动他们的胳膊肘。官员写得不好，宓子贱就为此大发雷霆。两位官员很为难，便告辞请求回去。宓子贱说：“你们写得很不好，你们赶快回去吧！”两位官员回朝向鲁君报告说：“没法给宓子书写文书。”鲁君说：“为什么？”两位官员回答说：“宓子贱让我们书写，却又不时地摇动我们的胳膊肘，书写坏了却又对我们很生气。亶父的官员们都笑话宓子贱。这就是我们所以告辞离开的原因啊！”鲁君长叹一声，感慨地说：“宓子贱是用这个方法来对我的不肖进行劝谏啊！我扰乱宓子贱，使他不能实行自己的主张，这样的事一定有过好几次了。没有你们两个人，我几乎要犯错误了！”于是派遣亲信到亶父传令，告诉宓子贱说：“从今以后，亶父不是属我所有了，而是属你所有了。凡是利于亶父的事情，你决定了就办吧！每五年向我汇报一次治理的大要就行了。”宓子恭敬地答应了，这才得以在亶父实行自己的主张。过了三年，巫马旗穿着粗布短衣、披着破皮袄，到亶父去观察施行教化的情况。他看到夜里捕鱼的渔夫，得到鱼以后却又放回水里。巫马旗向他问道：“捕鱼是为了得到鱼。现在你得到鱼后却又放回水里，为什么？”渔夫回答说：“宓子贱不让人们捕小鱼。我放回水里去的是小鱼。”巫马旗回去了，告诉孔子说：“宓子贱将德政推行到了极点，让人民黑夜里做事，就像有严刑在身边一样。请问宓子贱是用什么方法达到这一步的？”孔子说：“我曾跟他说过：‘内心真诚，就能在外部实行。’宓子贱一定是在亶父推行了这一主张。”宓子贱得以实行这个主张，是因为鲁国国君后来领悟到这一点了。鲁国国君后来领悟到这一点，是因为宓子贱事先有这方面的准备。事先有准备，难道必然会让君主领悟到吗？这就是鲁国国君的贤能之处。三个月的婴儿，官车、官帽在前边不知道羡慕，斧钺之类兵器在后面不知道害怕，对慈母的爱心却能领会，这是赤诚的缘故。所以赤诚才合乎真情，精而又精才与天性相连。与天性相连，水火木石的本性都可以改变，更何况有血气的人呢？所以，大凡劝说别人与治理政事，没有比赤诚更重要的了。听别人说的话很悲伤，不如看见他哭泣；听别人说的话很气愤，不如看到他与人打架。劝说别人、治理政事时心不赤诚，就不能真正感动别人。

※读解

若有羿、逢蒙这样的神射手和繁弱这样的良弓，却没有弓弦，那么一定不能射中了。这是因为“万事俱备，只欠东风”。圣人之所以成为圣人，是因为当时的社会具备了让某个人成为圣人的条件。能够顺应社会需要而行动的人，就会成为万世瞩目的圣人，不管这个人叫作尧还是舜，或者大禹。

宓子贱能够把亶父这个地方治理得很好，他自己的才能是不可缺少的，但是鲁君的大力支持也是必不可少的条件。三个月大的婴儿不会知道斧钺的危险和官帽华车的荣耀，但是他知道母亲怀抱的安全。所以要想使一个人臣服，给他的就应该不是死亡的压力或做官的荣耀，而是慈母般的诚心。

※事例

范滂执意弹劾奸臣

汉桓帝时，朝廷刚刚诛杀了梁冀一伙人，天下人都希望改变混乱的政治局面。黄琼位居三公之首，于是他检举弹劾各州郡一向行为残暴贪婪的官吏，有十余人被处死或流放，全国齐声称赞。

黄琼征聘汝南人范滂。范滂从少年时起便磨砺清高的节操，受到州郡和乡里的敬服。他曾经担任清诏使，到冀州巡视考察。出发时，他登上车，手揽缰绳，慷慨激昂，大有澄清天下吏治的壮志。贪赃枉法的郡太守和县令，一听说范滂要来巡察，都自动解下印信，辞职离去。凡是范滂所举发和弹劾的官吏，全都是实行暴政的庸官。

当时，正好遇上皇帝下诏，命太尉、司徒、司空等三府掾属收集评论地方官吏为政的善恶得失、反映民间疾苦的民谚。于是范滂弹劾刺史、二千石官员等权贵党羽共二十余人。尚书责备他弹劾得太滥太多，怀疑他有私人恩怨。范滂说：“我所举发弹劾的官吏，假如不是奸邪暴戾，危害百姓，怎么会让他们来玷污我的奏章呢？只是因为迫于朝会的日期太紧，所以先举发亟待惩处者，还有一些没有查清的，待调查核实后再行弹劾。我听说，农夫必须除草，庄稼才能茂盛；必须铲除奸臣，王道才能清平。如果我的弹劾有差错，我甘愿公开被处决！”尚书无法驳斥他。

恃君览

恃君

※原文

凡人之性，爪牙不足以自守卫，肌肤不足以捍寒暑，筋骨不足以从利辟害，勇敢不足以却猛禁悍。然且犹裁万物，制禽兽，服狡虫，寒暑燥湿弗能害，不唯先有其备，而以群聚邪！群之可聚也，相与利之也。利之出于群也，君道立也。故君道立则利出于群，而人备可完矣。

昔太古尝无君矣，其民聚生群处，知母不知父，无亲戚兄弟夫妻男女之别，无上下长幼之道，无进退揖让之礼，无衣服履带宫室畜积之便，无器械舟车城郭险阻之备。此无君之患。故君臣之义，不可不明也。自上世以来，天下亡国多矣，而君道不废者，天下之利也。故废其非君，而立其行君道者。君道何如？利而物利章。

※译文

大凡人的本性，手和牙齿不足以保护自己，皮肤、肌肉不足以抵挡严寒，筋骨不足以趋利避害，勇敢不足以抵御强悍凶猛的野兽。但是仍然能够主宰万物，制伏凶禽、猛兽、毒虫，严寒、酷暑、干燥、潮湿都不能侵害，不就是因为人们有事先的防备措施，而且能够依靠群体的力量吗？群体的力量之所以能够聚集在一起，是因为这样能相互有利。利益从群体中产生，这样君王的原则就确立了。因此君王的原则确立也促使利益从群体中产生，这样人们的准备措施就完成了。

从前太古的时候是没有君王的，那时的人们群居生活，知道谁是自己的母亲但不知道谁是自己的父亲，没有亲戚、兄弟、夫妻、男人女人的区别，没有上下尊卑、年长年幼的准则，没有进退揖让的礼节，没有衣服、鞋、腰带、宫室、积蓄的便利，没有器械、船只、车辆、城郭这些抵御危险的东西。这是没有君王的弊端。因此君王和臣民的礼仪，不能不区分清楚。从上古之世以来，天下灭亡的国家多了，但君主之道没有废除，这是因为人们认为它有利。所以废除那些不按君主之道行事的君主，而让那些按照君主之道行事的人做君主。君道是什么？为人民谋利而不为自己谋利。

※原文

非滨之东，夷秽之乡，大解、陵鱼、其、鹿野、摇山、扬岛、大人之居，多无君；扬、汉之南，百越之际，敝凯诸、夫风、馀靡之地，缚娄、阳禺、驩兜之国，多无君；氐、羌、呼唐、离水之西，僰人、野人、篇笮之川，舟人、送龙、突人之乡，多无君；雁门之北，鹰隼、所鸷、须窥之国，饕餮、穷奇之地，叔逆之所，儋耳之居，多无君。此四方之无君者也。其民麋鹿禽兽，少者使长，长者畏壮，有力者贤，暴傲者尊，日夜相残，无时休息，以尽其类。圣人深见此患也，故为天下长虑，莫如置天子也；为一国长虑，莫如置君也。置君非以阿君也，置天子非以阿天子也，置官长非以阿官长也。德衰世乱，然后天子利天下，国君利国，官长利官。此国所以递兴递废也，乱难之所以时作也。故忠臣廉士，内之则谏其君之过也，外之则死人臣之义也。

※译文

从非滨往东，夷人所建立的秽国，大解、陵鱼、其、鹿野、摇山、扬岛、大人这些部落大多没有君主；从扬州、汉水往南，百越人居住的敝凯诸、夫风、馀靡等部落，缚娄、阳禺、驩兜等部落，大多没有君主；氐、羌、呼唐、离水往西，僰人、野人、篇笮这些部落，舟人、送龙、突人这些部落，大多没有君主；雁门往北，鹰隼、所鸷、须窥这些部落，饕餮、穷奇这些地方，叔逆、儋耳等这些部落，大多没有君主。这四个地方没有君主，所以那里的人们就如同麋鹿、禽兽一样，年轻的役使年老的，年老体衰的害怕身体强壮的，力气大的就贤能，残暴傲慢的就尊贵，日夜互相残害，无休无止，来灭绝自己的族类。圣人深刻地洞察到这样做的严重危害，所以为天下的长远考虑，不如设置天子；为一个国家的长远考虑，不如设置国君。设置国君不是为了让君主谋取他一个人的私利，设置天子不是为了让天子谋取他一个人的私利，设置官长不是让官长谋取他一个人的私利。德行衰落、世道混乱，然后天子就利用天下来谋取私利，国君就利用国家来谋取私利，官长就利用官职来谋取私利。这就是国家交替兴起和灭亡的原因，也是混乱和灾难不断的原因。所以那些忠臣和廉洁的士人，对朝廷就要劝谏国君的过失，对百姓就要坚守做臣子的道义。

※原文

豫让欲杀赵襄子，灭须去眉，自刑以变其容，为乞人而往乞于其妻之所。其妻曰："状貌无似吾夫者，其音何类吾夫之甚也？"又吞炭以变其音。其友谓之曰："子之所道甚难而无功。谓子有志则然矣，谓子智则不然。以子之材而索事襄子，襄子必近子。子得近而行所欲，此甚易而功必成。"豫让笑而应之曰："是先知报后知也，为故君贼新君矣，大乱君臣之义者无此，失吾所为为之矣。凡吾所为为此者，所以明君臣之义也，非从易也。”

※译文

豫让想要杀赵襄子，就刮掉了自己的胡须和眉毛，通过毁容来改变自己的模样，扮成乞丐到他妻子那里乞讨。他的妻子说：“这个人的长相没有一点像我的丈夫，但他的声音怎么那么像我的丈夫啊？”豫让就又吞炭来改变自己的声音。他的朋友对他说：“你所选择的这个方法非常艰难、不容易达到目的。说你有决心是对的，说你聪明就不对了。就凭你的才能，去请求侍奉襄子，襄子必定会宠幸你。你就能接近他而做你想做的事情了。这非常容易，并且一定能成功。”豫让笑着回答朋友说：“这样做是为先前知遇我的人来报复后来知遇我的人，是为老主人去杀新主人，严重破坏君臣之义的行为没有比这更大的了，就失去我做这件事情的意义了。我这样做的目的，是要明确君臣之义，而不是为了图容易。”

※原文

柱厉叔事莒敖公，自以为不知，而去居于海上。夏日则食菱芡，冬日则食橡栗。莒敖公有难，柱厉叔辞其友而往死之。其友曰：“子自以为不知故去，今又往死之，是知与不知无异别也。”柱厉叔曰：“不然。自以为不知故去，今死而弗往死，是果知我也。吾将死之，以丑后世人主之不知其臣者也，所以激君人者之行，而厉人主之节也。行激节厉，忠臣幸于得察。忠臣察则君道固矣。”

※译文

柱厉叔侍奉莒敖公，自己认为不被知遇，于是就离开了莒敖公到海上居住。夏天就吃菱芡，冬天就吃橡栗。莒敖公遇难，柱厉叔告辞了他的朋友去为莒敖公殉死。他的朋友说：“你自己认为不被知遇所以离开了莒敖公，现在又要去为莒敖公殉死，这样一来知遇和不知遇就没有区别了。”柱厉叔说：“不是这样。自己认为不被知遇所以离开，现在莒敖公死了而我不去殉死，这样就是果真知遇我。我将要为莒敖公殉死，来使后世那些不知遇他的臣子的君主感到羞耻，以此来激励做君主的行为，磨砺君主的节操。行为得到激励，节操得到磨砺，忠臣就会被推举。忠臣被推举，那么君主的原则就得到巩固了。”

※读解

君王是为了适应古代人类群居生活而在与自然斗争的过程中产生的，是特定人类发展阶段的需要。有了君王，就有了大臣，有了人类社会生活的组织和管理。君王与大臣的关系，也随着社会的发展而形成君王在上、大臣在下的相辅相成的关系。君臣之义曾是那个年代里许多贤士心中的大义，是宁可献出生命也不可加以践踏的伦理法则。

※事例

伊尹逼君改过　还政于君

伊尹辅佐商汤推翻了夏桀的统治。商汤在位三十年，伊尹做相鼎力辅佐，把都城迁到了殷。伊尹制定了各种典章制度，为商朝的兴盛立下了赫赫功劳。虽然如此，他并不居功自傲。商汤死后，商汤的儿子外丙继任，之后又辅佐仲壬为王。在他的辅佐之下，国家逐渐兴盛繁荣起来。

仲壬死后，伊尹又辅佐商汤的孙子太甲登上王位。这位太甲，沉迷于酒色歌舞，荒废了朝政。国家的治理逐渐走了下坡路。无论伊尹怎样努力，都没有任何起色。他多次对太甲劝说，但太甲毫无改观。在这种情况下，他想出了一个好办法。他在商汤的陵墓旁边建造了一座宫殿，把太甲送到了那里，让他反省自己的过错，从而改过自新。

整整三年过去了，伊尹独自摄政。三年后，太甲认识到了自己的过错，决定改正。伊尹非常高兴，就亲自带着国君的帽子和衣服，去迎接太甲重新登上王位。

伊尹是我国历史上唯一一位以臣放君的臣子。他不仅受到了商朝百姓的爱戴，就连太甲都十分佩服他的贤德。君臣精诚合作，把国家治理得很好。太甲死后，伊尹又辅佐太甲的儿子沃丁。他一生共辅佐了五个帝王，活了一百多岁。

长利

※原文

天下之士也者，虑天下之长利，而固处之以身若也。利虽倍于今，而不便于后，弗为也；安虽长久，而以私其子孙，弗行也。自此观之，陈无宇之可丑亦重矣，其与伯成子高、周公旦、戎夷也，形虽同，取舍之殊，岂不远哉？

尧治天下，伯成子高立为诸侯。尧授舜，舜授禹，伯成子高辞诸侯而耕。禹往见之，则耕在野。禹趋就下风而问曰：“尧理天下，吾子立为诸侯。今至于我而辞之，故何也？”伯成子高曰：“当尧之时，未赏而民劝，未罚而民畏。民不知怨，不知说，愉愉其如赤子。今赏罚甚数，而民争利且不服，德自此衰，利自此作，后世之乱自此始。夫子盍行乎？无虑吾农事！”协而耰，遂不顾。夫为诸侯，名显荣，实佚乐，继嗣皆得其泽，伯成子高不待问而知之，然而辞为诸侯者，以禁后世之乱也。

※译文

天下所景仰的士人，考虑的是天下长远的利益，并且身体力行。即使在眼前能获得加倍的利益，如果这样做不利于后世，那么就不去做；即使平安能够长久延续，如果只是为他的子孙谋取利益，那么就不去做。从这来看，陈无宇的羞耻就更严重了，他和伯成子高、周公旦、戎夷相比，虽然表面上看起来相似，但索取和舍弃的差别难道不是很大的吗？

尧治理天下的时候，伯成子高做了诸侯。尧禅让给舜，舜禅让给禹，伯成子高就辞掉诸侯的爵位去种地了。禹去见他，他正在田野里耕种。禹快步走到下风头问道："尧治理天下的时候，你做了诸侯。现在到了我治理天下，你就辞掉诸侯爵位，是什么原因呢？"伯成子高说："尧在位的时候，没有奖赏，百姓就自我勉励，没有刑罚，百姓就知道敬畏。百姓不知道怨恨，也不知道喜悦，恬静安然得就像婴儿一样。现在奖赏和刑罚非常多，但百姓争夺利益并且不服从，德行从此衰落，私利开始兴起，后世的混乱从此开始了。你怎么不走呢？不要耽误我的农事！"说完拿起农具忙起来，不再理会禹。做诸侯，名声显贵荣耀，生活也实在是奢侈逸乐，后代子孙都能享受到他的恩泽，这些伯成子高不用问就知道，但他辞掉诸侯的爵位，是要禁绝后世的混乱。

※原文

辛宽见鲁缪公曰："臣而今而后，知吾先君周公之不若太公望封之知也。昔者太公望封于营丘之渚，海阻山高，险固之地也。是故地日广，子孙弥隆。吾先君周公封于鲁，无山林溪谷之险，诸侯四面以达。是故地日削，子孙弥杀。"辛宽出，南宫括入见。公曰："今者宽也非周公，其辞若是也。"南宫括对曰："宽少者，弗识也。君独不闻成王之定成周之说乎？其辞曰：'惟余一人，营居于成周。惟余一人，有善易得而见也，有不善易得而诛也。'故曰善者得之，不善者失之，古之道也。夫贤者岂欲其子孙之阻山林之险以长为无道哉？小人哉宽也！"今使燕爵为鸿鹄凤皇虑，则必不得矣。其所求者，瓦之间隙，屋之翳蔚也，与一举则有千里之志，德不盛、义不大则不至其郊。愚庳之民，其为贤者虑，亦犹此也。固妄诽訾，岂不悲哉？

※译文

辛宽拜见鲁缪公说："我从今以后，知道了我的先君周公在受封的问题上没有太公望聪明。从前太公望被封侯在营丘岛上，大海隔阻，高山险峻，是个险要坚固的地方。所以疆域越来越广大，子孙后代越来越多。我的先君周公被封在鲁地，没有高山、树林、河谷的险要，其他诸侯从四面八方都可以到达。所以疆域越来越削减，子孙后代越来越遭受杀害。”辛宽出，南宫括进来拜见。鲁缪公说：“今天辛宽非议周公，他是这样说的。”南宫括回答说：“辛宽是年少无知的人，不懂得道理。您没有听说成王定都成周时说的话吗？他是这样说的：‘只有我一个人，营建居住在成周。只有我一个人，有对的地方容易让别人发现，有不对的地方容易得到别人的指正。’所以说，做好事的得到天下，做坏事的失去天下，这是自古以来的规律。贤德的人难道想要他的子孙后代凭借山林的险要来长期做不符合道义的事情吗？辛宽是小人啊！”现在假如让燕子、麻雀来考虑鸿鹄、凤凰的事，必定不会有收获。燕子和麻雀所追求的是瓦缝之间的空隙，屋檐之下的草窝，和一飞就有千里志向的鸿鹄、凤凰相比，就如同德行不够隆厚、道义不够宏大的人一样，连郊外都飞不到。愚昧的人，来为贤德的人谋划，也和这一样。固执狂妄地诽谤诋毁，这难道不悲哀吗？

※原文

戎夷违齐如鲁，天大寒而后门，与弟子一人宿于郭外。寒愈甚，谓其弟子曰：“子与我衣，我活也；我与子衣，子活也。我，国士也，为天下惜死；子，不肖人也，不足爱也。子与我子之衣。”弟子曰：“夫不肖人也，又恶能与国士之衣哉？”戎夷太息叹曰：“嗟乎！道其不济夫！”解衣与弟子，夜半而死。弟子遂活，谓戎夷其能必定一世，则未之识。若夫欲利人之心，不可以加矣。达乎分，仁爱之心识也，故能以必死见其义。

※译文

戎夷离开齐国到鲁国去，天非常寒冷，到的时候天已经黑了，城门关闭了，他就和一个弟子露宿在城外。天越来越冷，戎夷就对他的弟子说：“你把你的衣服给我，我就能活；我把我的衣服给你，你就能活。我是受百姓景仰的士人，为天下百姓考虑我要活下来；你是一个不贤德的人，不值得爱惜性命。你把你的衣服给我。”弟子说：“我是不贤德的人，怎么会把衣服给百姓景仰的士人啊？”戎夷叹息说：“唉！我的主张无济于事了啊！”就脱掉自己的衣服给了弟子，半夜的时候被冻死了。弟子就活了下来。要说戎夷的才能一定能辅佐社会，是不可以预知的；要说有利于别人的心意，就不可复加了。深明生死大义，就懂得了仁爱之心，所以能从他愿意被冻死的行为看出他的道义。

※读解

贤能的人，总能深谋远虑，有的远至十年百年，有的甚至千年万年。之所以考虑得这样长远，是因为先进的中国人有美好的社会理想，不是为名，不是为利，而是为了心中不可动摇的人性道义和人民千秋万代的永恒延续。他们这样想了，也实实在在去实践了，他们的理想符合人类的长远利益。

※事例

狄仁杰举荐贤才

在朝廷的大臣中，武则天太后最信任和重用内史梁文惠公狄仁杰，常常称他为“国老”而不叫其姓名。狄仁杰为人正直，习惯在朝堂直面谏诤，太后也常常听从他的意见，即使违背自己的心愿也照样去做。

狄仁杰年纪大了，多次向太后提出年老多病请求退养，太后始终不同意。狄仁杰入朝参见时，太后常常不让他行跪拜礼，对他说：“每当我看见您行跪拜礼的时候，我的全身都在发痛。”

有一次，太后问狄仁杰：“朕想得到一位奇才而重用他，您看谁能够担此大任？”

狄仁杰说：“不知陛下想任命他什么职务？”

太后说：“想用作将相。”

狄仁杰说：“您要找文章学问好的人才，那么苏味道、李峤本来是合适的人选；您一定要用出类拔萃的奇才，那么荆州长史张柬之就很好了。张柬之虽然年老，但确有宰相之才。”太后听后，便提升张柬之为洛州司马。

过了几天，太后又要狄仁杰推荐贤才，狄仁杰说：“前几天推荐的张柬之，还没有用啊。”

太后说：“已经升官了。”狄仁杰说：“我推荐的是做宰相的人，并不是做司马的啊。”太后便任命张柬之为秋官侍郎，最终任命其为宰相。

狄仁杰还向太后推荐了夏官侍郎姚元崇、监察御史曲阿人桓彦范、泰州刺史敬晖等数十人，这些人都成了唐朝名臣。有人对狄仁杰说：“治理天下的贤臣，都出在您门下。”狄仁杰说：“举荐贤才是为国家打算，并不是为我个人考虑啊。”

知分

※原文

达士者，达乎死生之分。达乎死生之分，则利害存亡弗能惑矣。故晏子与崔杼盟而不变其义。延陵季子，吴人愿以为王而不肯。孙叔敖三为令尹而不喜，三去令尹而不忧。皆有所达也。有所达则物弗能惑。

荆有次非者，得宝剑于干遂。还反涉江，至于中流，有两蛟夹绕其船。次非谓舟人曰：“子尝见两蛟绕船能两活者乎？”船人曰：“未之见也。”次非攘臂袪衣，拔宝剑曰：“此江中之腐肉朽骨也！弃剑以全己，余奚爱焉！”于是赴江刺蛟，杀之而复上船。舟中之人皆得活。荆王闻之，仕之执圭。孔子闻之曰：“夫善哉！不以腐肉朽骨而弃剑者，其次非之谓乎！”

※译文

通达事理的士人，深明生死大义。深明生死大义，那么利害存亡就不能使他惑乱了。因此晏子与崔杼盟誓不改变自己的道义。延陵季子，吴国人愿意让他当吴国的国君但他不愿意做。孙叔敖三次当上令尹但不因此欢喜，三次被辞掉令尹之职但不因此忧愁。这都是因为他们有所通达，有所通达就不会被外物惑乱。

楚国有个叫次非的人，在干遂得到了一把宝剑。回去时乘船过江，行到江中，有两条蛟龙缠绕夹住了他所乘坐的船。次非对撑船的人说：“你曾经见到过两条蛟龙缠绕住船，蛟龙和船上的人都能活命的情况吗？”撑船人说：“没有见到过这样的情况。”次非就挽起衣袖，脱去外衣，拔出宝剑说：“我就是江里的腐肉朽骨罢了！抛弃宝剑来保全自己，我有什么舍不得的呢？”于是跳进江里刺杀蛟龙，杀了蛟龙又上到船上。船里的人都得以活命。楚王听说了这件事，就让次非做执圭的官职。孔子听说了这件事说：“太好了！不因将成为腐肉朽骨而抛弃宝剑的人，说的就是次非吧！”

※原文

禹南省，方济乎江，黄龙负舟。舟中之人五色无主。禹仰视天而叹曰：“吾受命于天，竭力以养人。生，性也；死，命也。余何忧于龙焉？”龙俯耳低尾而逝。则禹达乎死生之分、利害之经也。凡人物者，阴阳之化也。阴阳者，造乎天而成者也。天固有衰嗛废伏，有盛盈坌息；人亦有困穷屈匮，有充实达遂。此皆天之容物理也，而不得不然之数也。古圣人不以感私伤神，俞然而以待耳。

※译文

大禹南巡，正渡长江，有一条黄色的龙把船背了起来。船里的人都吓得六神无主。大禹仰面看着天，感叹说：“我受命于天，竭尽全力来养育百姓。能够活命，是命运；丢掉性命，也是命运。我对龙有什么害怕的呢？”于是龙就低下头放低尾巴消失了。看来大禹是深明生死之义、利害之道的。大凡人和事物，是阴阳造化所成。阴阳是天造化而成的。天本来就有衰落、亏欠、废弛、藏伏，有繁盛、充盈、顺达；人也有穷困、窘迫、挫折、匮乏，有富有、宽裕、显达、成功。这都是天的形貌和事物的情理，是自然既定不变的法则。古代的圣人不用自己的思念来伤害精神，只是平静地等待罢了。

※原文

晏子与崔杼盟。其辞曰：“不与崔氏而与公孙氏者，受其不祥！”晏子俯而饮血，仰而呼天曰："不与公孙氏而与崔氏者，受此不祥！"崔杼不说，直兵造胸，句兵钩颈，谓晏子曰："子变子言，则齐国吾与子共之；子不变子言，则今是已！"晏子曰："崔子，子独不为夫《诗》乎！《诗》曰：'莫莫葛藟，延于条枚。凯弟君子，求福不回。'婴且可以回而求福乎？子惟之矣！"崔杼曰："此贤者，不可杀也。"罢兵而去。晏子援绥而乘，其仆将驰，晏子抚其仆之手曰："安之！毋失节！疾不必生，徐不必死。鹿生于山，而命悬于厨。今婴之命有所悬矣。"晏子可谓知命矣。命也者，不知所以然而然者也。人事智巧以举错者，不得与焉。故命也者，就之未得，去之未失，国士知其若此也，故以义为之决而安处之。

※译文

晏子与崔杼盟誓。崔杼发誓说："不侍奉崔氏而侍奉公孙氏的人，遭受灾祸！"晏子俯下身子喝了血，仰起头来向天呼告说："不侍奉公孙氏而侍奉崔氏的人，遭受灾祸！"崔杼听了不高兴，拿起矛抵着他的胸部，用戟钩住他的脖颈，说道："你如果改变你的誓言，那么我就和你一起享有齐国；你不改变你的誓言，那么你今天就死定了！"晏子说："崔子，你难道没有看过《诗经》吗？《诗经》上说：'密密麻麻的葛藤，爬到了树枝上。平易近人的君子，不以奸邪来祈求福祉。'我能用奸邪来祈求福祉吗？你杀了我吧！"崔杼说："你是一个贤人，我不能杀你。"就放下武器走了。晏子拉着车绳上了车子，他的车夫将要驾车快走，晏子抚摩着车夫的手，安慰他说："放心吧！不要失态！行得快了不一定就能活命，慢了也不一定就会死掉。鹿在山里生活，但它的命运掌握在厨师的手中。现在我的命运也掌握在别人的手中了。"晏子可以说了解命运了。命运就是不知道它是什么样但它就是这样的。那些靠耍弄小聪明来为人处世的人，是不能理解的。所以，对于命运，接近它未必就能得到，离它远了也未必就失去它。受国人景仰的士人了解命运就是这样，所以就按照符合道义的原则来处理并处之泰然。

※原文

白圭问于邹公子夏后启曰："践绳之节，四上之志，三晋之事，此天下之豪英。以处于晋，而迭闻晋事，未尝闻践绳之节、四上之志。愿得而闻之。"夏后启曰："鄙人也，焉足以问？"白圭曰："愿公子之毋让也！"夏后启曰："以为可为，故为之，为之，天下弗能禁矣；以为不可为，故释之，释之，天下弗能使矣。"白圭曰："利弗能使乎？威弗能禁乎？"夏后启曰："生不足以使之，则利曷足以使之矣？死不足以禁之，则害曷足以禁之矣？"白圭无以应。夏后启辞而出。凡使贤不肖异：使不肖以赏罚，使贤以义。故贤主之使其下也必义，审赏罚，然后贤不肖尽为用矣。

※译文

白圭问邹公子夏后启说："正直的节操，是代国、秦国、郑国、卫国这四个国家的志向，韩国、赵国、魏国三家分晋的事，是天下英豪所为。因为我身在晋国，所以常常听说晋国的事情，没有听说过像代国、秦国、郑国、卫国这四个国家的志向。今天我想听听。"夏后启说："我是一个粗野的人，哪里值得你来询问？"白圭说："希望公子不要推辞！"夏后启说："认为能够做，所以就去做，做了，天下没有人能阻止；认为不能够做，所以就放弃不做，不做，天下没有人能驱使。"白圭说："利益不能驱使吗？权威不能阻止吗？"夏后启说："生存都不足以驱使他，那么利益又怎么能驱使他呢？死亡都不能阻止他，那么权威又怎么能阻止他呢？"白圭无话可说了。夏后启告辞离去了。大凡任用贤能的人与不贤能的人的区别在于：用奖赏和处罚来任用不贤能的人，用道义来任用贤能的人。所以贤能的君主任用他的臣下必定用道义，并慎重地进行奖赏和惩罚，这样贤能的与不贤能的都能为他所用了。

※读解

做人贵在知道自己的本分，担任领导职务的做好自己的本职工作，生产产品的把好产品的质量关，做家长的抚养好自己的孩子，做孩子的孝敬自己的长辈……人人都恪守本分，那么，世界就会井然有序，就没有了战乱流亡，没有了矛盾冲突，就将成为古代先贤梦想的理想社会。

※事例

李真不守本分　身死名裂

党和政府的官员是人民的公仆，他们手里的权力是人民给予的，本应用好手中的权力，守好自己的本分为人民服务，但有一些官员把权力当作自己的私有财产，胡作非为。这样的人最终必然要受到法律和人民的严惩。

李真在担任河北省政府办公厅秘书、河北省委办公厅秘书和副主任、河北省国税局副局长和局长期间，利用职务便利为他人谋取利益，非法索取、收受他人人民币676.6584万元、美元16.57万元，折合人民币共计814.8164万元；伙同他人，侵吞中国东方租赁公司河北办事处办公款、中兴电子公司和尼瓦利斯有限公司股份，折合人民币共计2967.432785万元，李真从中分得美元25万元、人民币10万元和价值人民币51.671万元的住房1套，折合人民币共计270.9874万元。案发后，从李真处追缴赃款美元41.609307万元。

据最高人民法院认定，李真的行为已构成受贿罪，且受贿数额特别大，绝大部分赃款未退，并有多次索贿的法定从重处罚情节，危害极大，应依法严惩；李真勾结他人侵吞巨额公共财产，已构成贪污罪。本案一审判决、二审裁定认定的事实清楚，证据确实、充分，定罪准确，量刑适当，审判程序合法。

2002年10月6日，唐山市中级人民法院最终以受贿罪判处李真死刑。

召类

※原文

类同相召，气同则合，声比则应。故鼓宫而宫应，鼓角而角动。以龙致雨，以形逐影。祸福之所自来，众人以为命，焉不知其所由。故国乱非独乱，有必召寇。独乱未必亡也，召寇则无以存矣。

凡兵之用也，用于利，用于义。攻乱则服，服则攻者利；攻乱则义，义则攻者荣。荣且利，中主犹且为之，有况于贤主乎？故割地宝器戈剑、卑辞屈服，不足以止攻，唯治为足。治则为利者不攻矣，为名者不伐矣。凡人之攻伐也，非为利则固为名也。名实不得，国虽强大，则无为攻矣。

※译文

同属一类就会相互招引，气味相同就会相互投合，声音相同就会相互应和。所以敲出宫声就有宫声来和它相应和，敲出角声就有角声来和它相应和。龙会带来雨水，物体有形体就有影子。灾祸和福祉自己就会到来，人们都把它看作是命运，哪里知道它的由来？所以国家混乱不仅仅引发国内混乱，必会招致外敌入侵。仅是内乱未必就会导致国家灭亡，招致外敌入侵就无法存在下去了。

大凡战争的作用，要用在有利的方面和符合道义的方面。进攻混乱的国家就会使这个国家服从，服从就有利于前来进攻的国家；进攻混乱的国家是符合道义的，符合道义就使进攻的国家荣耀。荣耀而且有利，一般的君主尚且要去做了，何况是贤明的君主呢？因此，就是割让土地、赠送宝贵的器物和献出武器、言辞谦卑地向人屈服，都不足以制止进攻，只有把国家治理好了才能够抵制进攻。治理好了，那么求利的不会来进攻了，图名的也不会来进攻了。大凡人们发动进攻，不是为利就是图名。名声和利益都得不到，国家即使强大，也不会发动进攻。

※原文

兵所自来者久矣。尧战于丹水之浦，以服南蛮；舜却苗民，更易其俗；禹攻曹、魏、屈骜、有扈，以行其教。三王以上，固皆用兵也。乱则用，治则止。治而攻之，不祥莫大焉；乱而弗讨，害民莫长焉。此治乱之化也，文武之所由起也。文者爱之征也，武者恶之表也。爱恶循义，文武有常，圣人之元也。譬之若寒暑之序，时至而事生之。圣人不能为时，而能以事适时。事适于时者，其功大。

※译文

战争由来已久了。尧在丹水边作战，来收服南蛮；舜击退苗人，变更了他们的习俗；禹进攻曹、魏、屈骜、有扈，来推行自己的教化。三王以前，本来都发动过战争。国家混乱就要对它发动战争，国家治理得好就不发动战争。国家治理得很好却去攻打它，没有比这更加不利的了；对混乱的国家不去征讨，没有比这更伤害百姓的了。这要依据治理与混乱的变化来行事。用文还是用武是从这里产生的。用文是喜爱的表现，用武是厌恶的表现。喜爱还是厌恶要遵循道义，用文还是用武有一定的原则，这是圣人的根本。这就像寒冷和酷暑的顺序一样，时令到了就去做该做的事。圣人不能改变时间的顺序，但能按照时令做事。做事适合时令，取得成功的机会就大。

※原文

士尹池为荆使于宋，司城子罕觞之。南家之墙信犨于前而不直，西家之潦径其宫而不止。士尹池问其故，司城子罕曰："南家工人也，为鞔者也。吾将徙之，其父曰：'吾恃为鞔以食三世矣，今徙之，是宋国之求鞔者不知吾处也，吾将不食。愿相国之忧吾不食也。'为是故，吾弗徙也。西家高，吾宫庳，潦之经吾宫也利，故弗禁也。"士尹池归荆，荆王适兴兵而攻宋，士尹池谏于荆王曰："宋不可攻也。其主贤，其相仁。贤者能得民，仁者能用人。荆国攻之，其无功而为天下笑乎！"故释宋而攻郑。孔子闻之曰："夫修之于庙堂之上，而折冲乎千里之外者，其司城子罕之谓乎！"宋在三大万乘之间，子罕之时，无所相侵，边境四益，相平公、元公、景公以终其身，其唯仁且节与？故仁节之为功大矣。故明堂茅茨蒿柱，土阶三等，以见节俭。

※译文

士尹池受楚国的派遣出使宋国，司城子罕设宴招待他。南面邻居家的墙向前凸出都不拆了它取直，西面邻居家的排水沟经过他家院子却不加阻止。士尹池问他什么原因，司城子罕说："南面的邻居是一个做鞋的工人。我想要让他搬家，他的父亲说：'我家以做鞋维生已经三代了，现在要搬走的话，国内买鞋的人就不知道我住在哪里了，我家就要没饭吃了。希望相国能可怜我家没饭吃。'因为这个原因，我没让他搬走。西面邻居家的地势高，我家的地势低，他家的污水从我家淌过很便利，所以就没有制止。"士尹池回到楚国，楚王正要发动兵力攻打宋国，士尹池劝谏楚王说："宋国不可以攻打。宋国国君贤明，相国仁爱。贤明就能得民心，仁爱的人就能用人。楚国攻打宋国，徒劳无功还要被天下人耻笑！"所以就放弃了宋国而攻打郑国。孔子听说了这件事，说道："在朝廷上修养自己的美德，却能退敌于千里之外，这说的是司城子罕吧！"宋国处在三大拥有万辆战车的国家之间，但在子罕任相时，没有遭受到外国入侵，四面边境平安无事。他在平公、元公、景公在位时任相，直到去世，难道不是因为他既仁爱又节俭吗？所以仁爱和节俭的功劳是很大的。因此周朝天子的太庙用茅草来覆盖屋顶，用蒿杆做柱子，土台阶只有三阶，以此来表明节俭。

※原文

赵简子将袭卫，使史默往睹之，期以一月。六月而后反，赵简子曰："何其久也？"史默曰："谋利而得害，犹弗察也。今蘧伯玉为相，史鳅佐焉，孔子为客，子贡使令于君前，甚听。《易》曰：'涣其群，元吉。'涣者贤也，群者众也，元者吉之始也。'涣其群元吉'者，其佐多贤也。"赵简子按兵而不动。凡谋者，疑也。疑则从义断事。从义断事，则谋不亏。谋不亏，则名实从之。贤主之举也，岂必旗偾将毙而乃知胜败哉？察其理而得失荣辱定矣。故三代之所贵，无若贤也。

※译文

赵简子将要攻打卫国，派史默前去侦察，约定一个月回来。过了六个月史默才回来，赵简子说："怎么花了那么长时间？"史默说："为了谋取利益却遭受祸害，你还不知道这个道理吗？现在蘧伯玉任卫国的相，史鳅做辅臣，孔子做宾客，子贡在国君面前听令，而且国君非常善于听取不同意见。《易经》上说：'涣其群，元吉。'涣是贤能的意思，群是众多的意思，元是吉利的开始。'涣其群元吉'，是说辅佐他的大多是贤能的人。"赵简子于是就按兵不动。大凡谋划计策，都会有疑惑，有疑惑就根据道义来判断事情。根据道义来判断事情，谋划就不会出差错。不会出差错，名声和利益就跟从而来。贤明的君主做事，哪里会必须要战旗倒下、将领阵亡才知道是胜是败呢？审察其中的道理，那么得失荣辱就很明确了。所以夏、商、周三代所推崇的，没有什么能比得上贤德了。

※读解

物以类聚，人以群分，国家之间的交往也是这样。对于治理得好的国家，就和它建立好的外交关系，共同致力于人民的安居乐业；对于治理得混乱的国家，发动战争就是拯救人民于水火，是正义的事情。

※事例

周武王广纳贤才　兴师伐纣

商朝末年，商纣王荒淫无道，杀害忠良，大兴土木，劳民伤财，百姓无法忍受他的残暴统治，纷纷起来反抗。

当时岐山下的周经过文王的治理，国势如日中天，蒸蒸日上。尤其是他在渭水边得到了姜尚，并拜他为师。在姜尚的辅佐之下，西岐“阴谋修德以倾商政”，暗中积蓄力量，积极准备推翻商朝。

他们在政治经济上修德行善，广纳贤才，并大力发展生产，产生了“耕者九一，仕者世禄，关市饥而不征，泽梁无禁，罪人不孥”的清明政治局面；他们还推行“笃仁、敬老、慈少、礼下贤”的政策，赢得广大百姓的拥护，势力迅速壮大。

文王死后，他的儿子武王继承父亲的遗志，继续为推翻商朝积极准备，并联合其他诸侯向商的都城朝歌发起进攻。在牧野与商军大战，商军纷纷倒戈，很快就被打败了。商朝的统治也土崩瓦解。

商纣王见大势已去，在鹿台自焚。商朝六百年的统治宣告结束。取而代之的是一个新兴王朝——周朝。

达郁

※原文

凡人三百六十节，九窍、五藏、六府。肌肤欲其比也，血脉欲其通也，筋骨欲其固也，心志欲其和也，精气欲其行也。若此则病无所居，而恶无由生矣。病之留、恶之生也，精气郁也。故水郁则为污，树郁则为蠹，草郁则为蒉。国亦有郁。主德不通，民欲不达，此国之郁也。国郁处久，则百恶并起，而万灾丛至矣。上下之相忍也，由此出矣。故圣王之贵豪士与忠臣也，为其敢直言而决郁塞也。

※译文

凡是人都有三百六十个骨节，都有九窍、五脏、六腑。肌肤应该细密，血脉应该畅通，筋骨应该坚固，心志应该平和，精气应该运行。这样，病痛就无处藏身，而恶疾也无从产生了。病痛的滞留、恶疾的产生，都是因为精气郁结。所以水郁结就会变污浊，树郁结就会生蛀虫，草郁结就会腐烂。国家也有郁结。君主的德行不畅通，百姓的愿望无法实现，这就是国家的郁结。国家的郁结积得久了，各种邪恶风气就会泛起，各种灾祸就会一起降临。在上位的和在下位的互相残害，就从此产生。因此，圣贤的君王看重豪士和忠臣，正因为他们敢于直言劝谏，从而消除郁结和阻塞。

※原文

周厉王虐民，国人皆谤。召公以告，曰："民不堪命矣！"王使卫巫监谤者，得则杀之。国莫敢言，道路以目。王喜，以告召公，曰："吾能弭谤矣！"召公曰："是障之也，非弭之也。防民之口，甚于防川。川壅而溃，败人必多。夫民犹是也。是故治川者决之使导，治民者宣之使言。是故天子听政，使公卿列士正谏，好学博闻献诗，蒙箴，师诵，庶人传语，近臣尽规，亲戚补察，而后王斟酌焉。是以下无遗善，上无过举。今王塞下之口，而遂上之过，恐为社稷忧。"王弗听也。三年，国人流王于彘。此郁之败也。郁者不阳也。周鼎着鼠，令马履之，为其不阳也。不阳者，亡国之俗也。

※译文

周厉王残害百姓，国人都指责他。召公把这情况告诉了厉王，说："百姓忍受不了你的政令了。"厉王就派卫巫来监视议论他的人，一旦抓住就杀掉。国人没有人敢说话了，在路上遇见了就互相用眼睛看看而已。厉王很高兴，对召公说："我能消除百姓的怨言了！"召公说："这是堵住了百姓的怨言，而不是消除怨言。堵住百姓的言路，要比堵住河流还要严重。河流决堤，淹死的人一定很多。百姓尤其是这样。所以治水的人应该排除阻塞，疏通河道，让水流通，治理百姓的人要让百姓说话。所以天子听政的时候，让公卿列士直言劝谏，好学博闻的人献上讽谏的诗，盲人吟诵讽谏的诗歌，让平民把意见传达上来，身边的人把规劝的话都说出来，父母和亲人帮助自己监督政事，然后由天子斟酌决定。这样，百姓和臣子就没有遗漏的善言，天子没有错误的举措。现在您堵塞百姓的言路，就加重了您的过错，恐怕国家要有忧患。"厉王不听。过了三年，国人把厉王流放到彘地。这就是郁结带来的祸害。郁结就是不能发扬。周代的鼎上雕刻着老鼠，让马来踏它，就是因为不能发扬。不能发扬，是亡国的原因。

※原文

管仲觞桓公。日暮矣，桓公乐之而征烛。管仲曰："臣卜其昼，未卜其夜。君可以出矣。"公不说，曰："仲父年老矣，寡人与仲父为乐将几之！请夜之。"管仲曰："君过矣。夫厚于味者薄于德，沈于乐者反于忧。壮而怠则失时，老而解则无名。臣乃今将为君勉之，若何其沈于酒也！"管仲可谓能立行矣。凡行之堕也于乐，今乐而益饬；行之坏也于贵，今主欲留而不许。伸志行理，贵乐弗为变，以事其主。此桓公之所以霸也。

※译文

管仲设宴款待桓公。天要黑了，桓公饮得高兴就叫人拿来蜡烛点上，继续饮酒。管仲说："我占卜了白天，但没有占卜夜里。您可以回去了。"桓公不高兴，说："仲父年老了，我还能和仲父一起享乐多久呢！希望夜里继续饮酒。"管仲说："您错了。看重美味的人就轻视德行，沉醉于快乐反倒会忧愁。年轻的时候懈怠就会失去时机，年老了懈怠就会失去名声。我今天就勉励您，怎么能够沉醉在饮酒上呢！"管仲可以说能够树立品行了。凡是品行的堕落都是由于贪恋享乐，现在享乐也有所节制；品行的败坏由于贪恋富贵，现在君主要留下他不允许。他表达自己的心志，做事讲究原则，富贵和享乐都不能使他改变，以此侍奉他的君主。这就是桓公能够称霸的原因吧。

※原文

列精子高听行乎齐愍王，善衣东布衣，白缟冠，颡推之履，特会朝雨袪步堂下，谓其侍者曰："我何若？"侍者曰："公姣且丽。"列精子高因步而窥于井，粲然恶丈夫之状也。喟然叹曰："侍者为吾听行于齐王也，夫何阿哉！又况于所听行乎？万乘之主，人之阿之亦甚矣，而无所镜，其残亡无日矣。孰当可而镜？其唯士乎！人皆知说镜之明己也，而恶士之明己也。镜之明己也功细，士之明己也功大。得其细，失其大，不知类耳。

※译文

齐愍王对列精子高的意见能够采纳。列精子高喜欢穿着熟绢做的衣服，戴白绢做的帽子，穿着高头的鞋子，黎明的时候撩起衣服在朝堂里踱步，对他的侍者说："我的仪容怎么样？"侍者曰："您美好又漂亮。"列精子高于是就走到井边看自己的模样，明明是丑男子的样子。就喟然感叹道："侍者因为我的意见受到齐王的采用，就这么对我阿谀奉承！又何况对听取意见的人呢？作为拥有一万辆兵车国家的国君来说，人们的阿谀奉承就更加严重了，要是不能看见自己的错误，亡国之日就不远了。谁能帮他发现自己的过失呢？大概只有那些贤能的士人吧！人们都喜欢镜子里照出的自己的形象，而厌恶贤能的士人指出自己的过失。镜子照见自己的形象，功劳很小；贤能的士人指出自己的过失，功劳很大。得到小的，但失去大的，是不懂得类比罢了。

※读解

古代的养生之道，非常重视气血在体内的畅通。情同此理，治水、治国都重视畅通。愚蠢莫过于整天坐卧不运动，莫过于治水时只堵不导，莫过于像周厉王那样以高压政策来止谤。所以，无论是养生、治水，还是治理国家，都要注意畅通，而不致郁结。

※事例

毛泽东善听不同意见

1942 年，陕甘宁边区的百姓里有人说中央领导同志的坏话，保卫部门要追查说坏话的人。毛泽东制止了负责保卫的同志，不让其追查，并说："想想我们做了什么错事，引起反感。"

在后来的检查中，发现说坏话事出有因。原来陕北地区的总人口才一百三四十万，但上一年就征收了十九万大担公粮，农民的负担太重，所以有人说了牢骚话。毛泽东知道了真相后，就提出把公粮减为十六万大担，同时开展大生产运动，自己动手，丰衣足食，受到了陕北人民的拥护。

在领导革命战争的过程中，毛泽东虽然是党的最高领袖，但他始终坚持十分民主的工作作风。他说过："因为我们是为人民服务的，所以，我们如果有缺点，就不怕别人批评指出。不管是什么人，谁向我们指出都行。只要你说得对，我们就改正，你说的办法对人民有好处，我们就照你说的办。"

陈云是毛泽东的亲密战友，对毛泽东是非常了解的。后来他为了培养子女听取不同意见、虚心接受别人批评的习惯，就曾举毛主席听取不同意见的例子，来教育他的孩子。他说："毛主席在延安的时候，提出问题以后，经常听取反面意见，有的时候毛主席自己听不到反面意见很着急，就站在自己对立面批驳自己的观点。"

行论

※原文

人主之行，与布衣异。势不便，时不利，事雠以求存。执民之命。执民之命，重任也，不得以快志为故。故布衣行此指于国，不容乡曲。

尧以天下让舜。鲧为诸侯，怒于尧曰："得天之道者为帝，得帝之道者为三公。今我得地之道，而不以我为三公。"以尧为失论，欲得三公。怒甚猛兽，欲以为乱。比兽之角，能以为城；举其尾，能以为旌。召之不来，仿佯于野以患帝。舜于是殛之于羽山，副之以吴刀。禹不敢怨，而反事之。官为司空，以通水潦。颜色黎黑，步不相过，窍气不通，以中帝心。

※译文

君主的行为和百姓的行为是不同的。形势不好，时机不利，就去侍奉仇人来求得生存。这是因为君主掌握着百姓的命运。君主掌握着百姓的命运，是重大的使命，不能为一时的快意胡乱作为。所以百姓要是这样做，就会在国内受到指责，就不能在乡里生存了。

尧把天下禅让给舜。鲧做了诸侯，就愤怒地对尧说："做事符合天道的人就做帝王，做事符合地道的就位列三公。现在我做事符合地道，但不让我位列三公。"鲧认为尧有过失，想要位列三公。他让猛兽愤怒起来，想要作乱。他把猛兽的角排起来，就像一座城；举起它们的尾巴，就像一排排旌旗。舜要召见他，他也不来，并在野外游荡，为舜制造祸端。于是舜就在羽山杀死了他，并用吴刀把他肢解了。禹不怨恨舜的做法，反而来侍奉他。舜任禹为司空，来疏通河道。禹被晒得脸色乌黑，步伐沉重，九窍不通气，因此得到舜的赏识。

※原文

齐攻宋，燕王使张魁将燕兵以从焉，齐王杀之。燕王闻之，泣数行而下，召有司而告之曰："余兴事而齐杀我使，请令举兵以攻齐也。"使受命矣。凡繇进见，争之曰："贤主故愿为臣。今王非贤主也，愿辞不为臣。"昭王曰："是何也？"对曰："松下乱，先君以不安弃群臣也。王苦痛之，而事齐者，力不足也。今魁死而王攻齐，是视魁而贤于先君。"王曰："诺。"请王止兵，王曰："然则若何？"凡繇对曰："请王缟素辟舍于郊，遣使于齐，客而谢焉，曰：'此尽寡人之罪也。大王贤主也，岂尽杀诸侯之使者哉？然而燕之使者独死，此弊邑之择人不谨也。愿得变更请罪。'"使者行至齐，齐王方大饮，左右官实御者甚众，因令使者进报。使者报，言燕王之甚恐惧而请罪也。毕，又复之，以矜左右官实。因乃发小使以反令燕王复舍。此济上之所以败，齐国以虚也。七十城，微田单，固几不反。愍王以大齐骄而残，田单以即墨城而立功。诗曰："将欲毁之，必重累之；将欲踣之，必高举之。"其此之谓乎！累矣而不毁，举矣而不踣，其唯有道者乎！

※译文

齐国攻打宋国，燕王派张魁率领燕国士兵跟着齐军一起前往攻宋，齐王杀了张魁。燕王听到这消息后，眼泪一行行地落下来。他召来有关官员说："我派兵跟随齐军一起进攻宋国，可齐国却杀了我的使臣，我要立即发兵攻打齐国。"官员接受了命令。这时凡繇进来拜见燕王，他劝燕王道："您是贤明的君主，我才愿当您臣子的。如今看来您不是贤明的君主，我想要辞去，不再做您的臣子了。"燕王说："这是为什么？"凡繇回答说："松下之难的时候，我们的先君被俘。您对此深感痛苦，但却依旧侍奉齐国，这是因为力量不足啊！如今张魁被杀死，您却要攻打齐国，这是把张魁看得比先君还贤德。"燕王说："好吧。"凡繇请求燕王停止出兵。燕王说："可以不出兵，但应该怎么办呢？”凡繇回答说：“请您穿上白衣素服离开宫室，住在郊外，派遣使臣到齐国，以客人的身份去谢罪，就说：‘这都是我的罪过。大王您是贤德的君主，怎么会把诸侯的使臣杀了呢？然而单单燕国的使臣被杀死了，这是我选择人不慎重啊！我希望能让我改换使臣以示请罪。’”使臣到了齐国，齐王正在举行盛大宴会，参加宴会的近臣、官员、侍从很多，于是齐王命令使臣进来禀告。使臣禀告说燕王非常恐惧，因而来请罪。使臣说完了，齐王又让他重复一遍，以此来向近臣、官员、侍从炫耀。于是齐王派了位小臣作为使者去让燕王返回宫室居住。这就是后来齐国之所以在济水一带被燕国打败的原因，齐国由于这次大败而变得很虚弱。七十余座城被攻克，如果没有田单，几乎不能收复。齐湣王凭借强大的国力骄横霸道而落得国家残破，田单凭借即墨城却立了大功。古诗说：“要想毁坏它，必须将它重叠起来；要想摔倒它，必须将它高举起来。”这诗大概说的就是这个吧！重叠起来却能不被毁坏，高举起来却能不被摔倒，大概只有有道之人才能做到吧！

※原文

楚庄王使文无畏于齐，过于宋，不先假道。还反，华元言于宋昭公曰：“往不假道，来不假道，是以宋为野鄙也。楚之会田也，故鞭君之仆于孟诸。请诛之。”乃杀文无畏于扬梁之堤。庄王方削袂，闻之曰：“嘻！”投袂而起。履及诸庭，剑及诸门，车及之蒲疏之市。遂舍于郊。兴师围宋九月。宋人易子而食之，析骨而爨之。宋公肉袒执牺，委服告病，曰：“大国若宥图之，唯命是听。”庄王曰：“情矣宋公之言也！”乃为却四十里，而舍于卢门之阖，所以为成而归也。凡事之本在人主，人主之患，在先事而简人。简人则事穷矣。今人臣死而不当，亲帅士民以讨其故，可谓不简人矣。宋公服以病告而还师，可谓不穷矣。夫舍诸侯于汉阳而饮至者，其以义进退邪！强不足以成此也。

※译文

楚庄王派遣文无畏出使齐国，要从宋国经过，但没有事先借道。等他返回的时候，华元对宋昭公说：“文无畏去的时候不借道，回来的时候也不借道，这是把宋国当成楚国的偏远城邑了。楚王跟您一起打猎时，在孟诸故意鞭打您的车夫。请让我杀了文无畏。”于是在扬梁大堤上杀死了文无畏。当时楚庄王正把手揣在衣袖里闲坐，听到这消息，“哼”的一声拂袖而起，侍鞋的仆从追到庭院里才给他穿上鞋，侍剑的仆从追到宫门口才给他佩上剑，车夫追到蒲疏街市上才让他上了车。楚庄王于是就住在郊外，发兵把宋国围困了九个月。宋国百姓没有东西吃就彼此交换孩子杀了吃，没柴烧就劈开骨头来烧火。宋国国君脱去上衣，露出臂膀，牵着纯色的牲口表示屈服，并诉说了宋国的困境。他说：“贵国如果赦免了我的罪过，我将唯命是从。”楚庄王说："宋国国君的话很有真情啊！"就为宋国后退了四十里，驻扎在卢门那里，双方讲和后就返回去了。一切事情的根本都在国君身上，国君的毛病在于看重事轻视人。轻视人就会使国家陷于困境。现在臣子死得不应该，楚庄王就亲自领兵讨个说法，可以说是不轻视人了。宋国君主表示屈服并诉说困境以后，楚庄王就退兵，可以说不会陷于困境了。他在汉水之北盟会诸侯，回国之后用饮至之礼向祖先报功，所以能如此，恐怕是因为他的进退都是以道义行事的吧！单靠兵力强大是不足以达到这种地步的。

※读解

君主的行为是关系着百姓安危的，所以不得不慎重，不能凭借自己的尊位就胡作非为。国家和国家的交往也不是儿戏，每一举棋落子都必须考虑到方方面面。华元只是容不下那么一点儿羞辱，就杀了人，而这一行为带来的是众多百姓的痛苦。想来让人不胜欷歔感叹。

※事例

萨达姆之死

2006年12月30日，萨达姆被处死。他是21世纪第一位因反人类罪被处以绞刑的国家领导人。抛开美国在伊拉克的政策不说，单说萨达姆早年侵占科威特、发动两伊战争，并在国内实行血腥高压政策，就已经为自己埋下了死亡的种子。

1980年，萨达姆领导伊拉克同邻国伊朗进行了历时八年的两伊战争。1990年，伊拉克入侵科威特，并引发海湾战争。

2003年3月20日，美、英以伊拉克拥有大规模杀伤性武器为借口，对伊发动战争。4月9日，美军占领伊拉克首都巴格达，萨达姆政权垮台。同年7月22日，萨达姆的两个儿子乌代和库赛被美军打死。

2003年12月13日，萨达姆在其家乡提克里特被美军抓获。2004年1月，美国宣布萨达姆为战俘。同年6月30日，萨达姆被美、英联军"正式移交"给伊拉克临时政府。7月1日，伊拉克特别法庭开始对萨达姆进行审判。2006年11月5日，伊拉克高等法庭宣布，萨达姆因在1982年躲过杜贾尔村暗杀后对当地村民采取报复行动，杀害了143人，犯有反人类罪被判处绞刑。

论

开春论

开春

※原文

开春始雷，则蛰虫动矣。时雨降，则草木育矣。饮食居处适，则九窍百节千脉皆通利矣。王者厚其德，积众善，而凤皇圣人皆来至矣。共伯和修其行，好贤仁，而海内皆以来为稽矣。周厉之难，天子旷绝，而天下皆来谓矣。以此言物之相应也，故曰行也成也。善说者亦然。言尽理而得失利害定矣，岂为 人言哉！

※译文

一年开春的时候，春雷一响，各种冬眠的动物就被惊醒并开始活动了。春雨应时节降下，各种花草树木就开始生长发芽。人的饮食起居符合自然规律，那么九窍和各处关节以及全身筋脉就都畅通了。君王修养淳厚的道德，积累各种善行，因此贤能的人都前来辅佐了。共伯和修养品行，喜好贤士仁人，因此四海之内的百姓就都前来归附了。周厉王遭遇灾难，天子旷绝，因此天下都互相通告。用这些是来说明事物之间是能够互相感应这一道理的，因此行为和结果是相辅相成的。擅长劝说的人也是这样。说的话穷尽道理，得失利害就在天下的范围内得到确定了，哪里是仅仅劝说一个人呢？

※原文

魏惠王死，葬有日矣。天大雨雪，至于牛目。群臣多谏于太子者，曰："雪甚如此而行葬，民必甚疾之，官费又恐不给，请弛期更日。"太子曰："为人子者，以民劳与官费用之故，而不行先王之葬，不义也。子勿复言。"群臣皆莫敢谏，而以告犀首。犀首曰："吾未有以言之。是其唯惠公乎！请告惠公。"惠公曰："诺。"驾而见太子曰："葬有日矣？"太子曰："然。"惠公曰："昔王季历葬于涡山之尾，滦水啮其墓，见棺之前和。文王曰：'嘻！先君必欲一见群臣百姓也夫，故使滦水见之。'于是出而为之张朝，百姓皆见之，三日而后更葬。此文王之义也。今葬有日矣，而雪甚，及牛目，难以行。太子为及日之故，得无嫌于欲亟葬乎？愿太子易日。先王必欲少留而抚社稷安黔首也，故使雨雪甚。因弛期而更为日，此文王之义也。若此而不为，意者羞法文王也？"太子曰："甚善。敬弛期，更择葬日。"惠子不徒行说也，又令魏太子未葬其先君而因有说文王之义。说文王之义以示天下，岂小功也哉！

※译文

魏惠王死了，举行葬礼的日子已经确定下来。但天下着大雪，地上的积雪有没到牛的眼睛那么厚。大臣们都向太子劝谏说："雪下得非常大，在这种情况下举行葬礼，百姓一定会非常痛苦，又恐怕国家的费用不充足，请求延期，改日再安葬。"太子说："做儿子的，因为百姓劳苦和国家费用不充足的缘故，就不举行先王的葬礼，是不义的行为。你们不要再说什么了。"于是众位大臣都不敢再劝谏，就把这件事告诉犀首。犀首说："我没有什么话好劝说他，能做这件事情的只有惠公！请你们把这件事告诉惠公。"于是众位大臣把这件事告诉惠公，请惠公前去劝说太子。惠公说："好的。"惠公驾车见到太子，说："举行葬礼的日子确定下来了？"太子说："是的。"惠公说："过去的帝王季历葬在涡山的余脉上，滦河水侵蚀他的墓穴，见到棺材前面的木板。文王说：'先王必定要见群臣和百姓一面啊！因此用滦河水见到他们。'于是就出来为先王涨潮，百姓都看见了他，三天之后再次举行了葬礼。这是文王的义。现在举行葬礼的日子确定了，但地上的积雪非常厚，几乎没到牛的眼睛，人难以行走。太子因为赶日子的缘故，恐怕是有想快点安葬完事的嫌疑吧。希望太子改期安葬。这必然是先王想暂时留下来，辅助国家、安顿百姓的，所以让天降下这么大的雪。因此延期改日举行葬礼，这是文王的仁义所在。你如果不这样做，是不是羞于效法文王啊？”太子说：“非常好。慎重地延期，再选定举行葬礼的日子。”惠公不单单只是说服太子改期举行葬礼这一件事，也借魏国太子尚未礼葬他死去的父亲一事来讲述文王的仁义。讲述文王的仁义来告知天下，这可不是小功劳啊！

※原文

韩氏城新城，期十五日而成。段乔为司空，有一县后二日，段乔执其吏而囚之。囚者之子走告封人子高曰：“唯先生能活臣父之死，愿委之先生。”封人子高曰：“诺。”乃见段乔。自扶而上城。封人子高左右望曰：“美哉城乎！一大功矣，子必有厚赏矣！自古及今，功若此其大也，而能无有罪戮者，未尝有也。”封人子高出，段乔使人夜解其吏之束缚而出之。故曰封人子高为之言也，而匿己之为而为也；段乔听而行之也，匿己之行而行也。说之行若此其精也，封人子高可谓善说矣。

※译文

韩国建造新的城池，要求用十五天的时间完成。当时，段乔做司空。有一个县拖延了两天，段乔就拘捕了这个县的县官，并把他囚禁了起来。被囚县官的儿子跑着去请求封人子高，说：“只有先生您才能救我父亲不死，我愿把这件事情委托给先生。”封人子高说：“好的。”于是封人子高就去见段乔，他亲自沿着阶梯登上城墙。封人子高左右眺望后说：“好美的新城啊！这是一个大功劳啊！您必定会有丰厚的赏赐。从古到今，功劳如此之大，又能够没有惩处和杀戮的，还没有过。”封人子高走了，段乔派人在夜里解开被囚官吏的绳索，把他放出去了。所以说封人子高劝说别人，先把自己的劝说行为隐藏起来，但达到劝说的目的；段乔听从并遵照执行，把自己的执行行为隐藏起来，但达到执行的效果。劝说的功夫如此精湛，封人子高可以说是擅长劝说啊。

※原文

叔向之弟羊舌虎善栾盈。栾盈有罪于晋，晋诛羊舌虎，叔向为之奴而朡。祈奚曰：“吾闻小人得位，不争不祥；君子在忧，不救不祥。”乃往见范宣子而说也，曰：“闻善为国者，赏不过而刑不慢。赏过则惧及淫人，刑慢则惧及君子。与其不幸而过，宁过而赏淫人，毋过而刑君子。故尧之刑也殛鲧，于虞而用禹；周之刑也戮管蔡，而相周公：不慢刑也。”宣子乃命吏出叔向。救人之患者，行危苦，不避烦辱，犹不能免；今祈奚论先王之德，而叔向得免焉。学岂可以已哉！类多若此。

※译文

叔向的弟弟羊舌虎交好栾盈，栾盈对晋国有罪，晋国诛杀了羊舌虎，叔向因为这件事而陷落到官府做了奴隶，遭受剥削。祈奚说："我听说小人得到官位，不谏诤是不吉利的；君子处于忧患的时候，不去援救是不符合义的。"就前往去见范宣子，向他劝说道："我听说，善于治理国家的人，奖赏不会超过限度，刑罚不会滥用。奖赏超过限度就担心奖赏到奸人，刑罚滥用就担心惩罚到君子。如果不幸超过了限度，那么宁可奖赏过度而奖赏到奸人，也不要惩罚过度而惩罚到君子。因此唐尧实行刑罚，诛杀了鲧，虞舜实行奖赏，重用禹；周朝实行刑罚，杀戮了管蔡，但任用周公旦为相：不使刑罚过滥。"范宣子于是命令狱官释放了叔向。拯救别人危难的人，不怕麻烦和凌辱，但有时仍然不能使人免于危难；如今祈奚讲述了先王的德政，因而叔向得以免去危难。由此看来，学习怎么可以停止呢！像这样的例子有很多。

※读解

古人有"天人感应"的说法。人类以及各种生灵生存在天地之间，自然界的各种变化与人类的生产生活是息息相关的。"开春始雷，则蛰虫动矣。时雨降，则草木育矣。饮食居处适，则九窍百节千脉皆通利矣"，这就是"天人感应"的具体体现。这是因为天地是个巨大的生态系统，人类作为这个系统中重要的一环，与系统的其他环节是相互作用的。自然的变化影响着人类的活动。虽然惠公劝说太子的话，在现代的我们看来，是唯心、荒诞的，但太子听信了他的劝说，惠公巧妙地借用天与人的感应，达到了自己的目的。

劝说别人的确是一门学问。在生活中，我们每个人都会运用到这门学问。但实际境界高下有别。封人子高不动声色的劝说，简直达到了化境。用心体会其中蕴涵的智慧，或许我们在生活中也可以加以借鉴，派上用场。

※事例

冯唐谈论古人　巧救魏尚

魏尚是一位汉文帝时抗击匈奴的名将。

西汉初年，匈奴就一直骚扰北方地区，那里的百姓深受其害。到了汉文帝在位的时候，魏尚被任命为云中太守。由于云中在北方，所以也常受到匈奴的侵扰。魏尚积极整顿军队，亲自率领兵士抗击匈奴。由于他善于用兵，一时间令匈奴兵大为害怕，很长时间不敢骚扰云中。

一次，有一支匈奴兵进入了云中境内，魏尚就带兵打击，击退了匈奴人。在向汉文帝报告的时候，由于一时疏忽，在杀敌数目上多报了六个。汉文帝就认为他是蓄意邀功，犯下欺君之罪，下令撤去了他的官职，并把他关起来要治他的罪。朝中其他大臣虽然同情魏尚，但没有好的办法救他。

当时冯唐是郎署长，有一次汉文帝召见他时，汉文帝问起了他的家乡。他说："臣是赵地人。"

汉文帝说："我曾经听说名将李齐也是赵地人，他可是一个了不起的将领。巨鹿之战，敌人被他吓破了胆。"

冯唐说："李齐远不如廉颇、李牧。"

汉文帝听后，感叹地说："可惜我没有得到廉颇、李牧这样的将才。如果有了他们，我就不用担忧匈奴人了。"

冯唐说："陛下您就是得到了廉颇这样的人也用不了。"

汉文帝听了，生气地说："你怎么敢这样说？"

冯唐说："古时候的帝王派遣将领出征，总是说：大门以内我负责，大门以外由将军全权处理。过去，李牧率领的军队所在的地方，征收的租税都由他自己支配，没有上缴朝廷，赵王也没有怪罪他。有了赵王的信任和自由的空间，所以他的聪明才智得到了充分的发挥，使赵国几乎成为霸主。而现在魏尚做云中太守，征收的租税都用来供养兵士，军队有了充分的补给，战斗力大大提高，所以匈奴都害怕他。这次只是因为一时的疏忽多报了六个首级，您就要撤去他的官职，还要治他的罪。所以通过这件事情，我敢说您就是有了廉颇、李牧这样的大将，也不会使他们充分发挥出自己的才能。"

汉文帝听了冯唐的这番话，很受触动，立刻下令恢复了魏尚的官职，并赦免了他的罪。

察贤

※原文

今有良医于此，治十人而起九人。所以求之万也。故贤者之致功名也，比乎良医，而君人者不知疾求，岂不过哉！今夫塞者，勇力时日卜筮祷祠无事焉，善者必胜。立功名亦然，要在得贤。魏文侯师卜子夏，友田子方，礼段干木，国治身逸。天下之贤主，岂必苦形愁虑哉！执其要而已矣。雪霜雨露时，则万物育矣，人民修矣，疾病妖厉去矣。故曰尧之容若委衣裘，以言少事也。

宓子贱治亶父，弹鸣琴，身不下堂，而亶父治。巫马旗以星出，以星入，日夜不居，以身亲之，而亶父亦治。巫马旗问其故于宓子，宓子曰："我之谓任人，子之谓任力；任力者故劳，任人者故逸。"宓子则君子矣。逸四肢，全耳目，平心气，而百官以治，义矣，任其数而已矣。巫马旗则不然，弊生事精，劳手足，烦教诏，虽治犹未至也。

※译文

现在这里有一个医术高超的人，救治十个病人就会治愈九个，所以前来求医的人数以万计。因此贤能的人为国家建功立业，就像医术高超的人救治病人一样，但国君不知道及时寻求贤能的人。难道这不是过错吗？比如做格五这种博弈游戏的人凭借勇力、时机、占卜和祈祷都没有用处，而擅长的人必将取胜。建立功名也是这样，关键在于得到贤能的人。魏文侯拜卜子夏为师，与田子方做朋友，礼待段干木，所以国家得到很好的治理，自己也得到安逸。天下贤能的国君，难道必须劳累身体、苦思愁虑吗？抓住关键要领就足够了。雪霜雨露降落得合乎时节，万物就会生长发育了，老百姓就会得到休养生息了，疾病和邪恶就会被去除掉了。所以说，尧帝的仪容安逸自若，衣裳宽松下垂，这说明他政事很少。

宓子贱治理亶父，悠闲地弹琴，足不出户就把亶父治理得很好。巫马旗治理亶父，早出晚归，日夜不休息，亲自处理各种事务，也把亶父治理得很好。巫马旗向宓子贱询问其中的缘故。宓子贱说："我这叫使用人才，你那叫使用力气。使用力气的人当然劳累，使用人才的人当然安逸。"宓子贱可以称得上君子了。他使自己四肢安逸，不劳耳目，心气平和，就把官员的事务处理得很好，这是因为他使用了正确的方法。巫马旗却不是这样，他损伤身体，耗费精神，手脚劳累，政令繁多，虽然也使亶父得到很好的治理，但他并没有达到最高的境界。

※读解

人才是国家富强、民族复兴的根本和关键，执政者必须能够吸引更多人才，激励他们致力于国家的建设。人才的作用有的就可以像神医让病人起死回生那样立竿见影。高明的执政者，深谙其中的道理，发现人才，培养人才，任用人才，而他自己就不必非得把所有的事务包办独揽。只要管理好人才，自己就可以像唐尧、魏文侯、宓子贱一样，"弹鸣琴，身不下堂"，"国治身逸"，享受悠闲的同时，也为自己赢得更多的时间，思考更多的问题。而不像巫马旗一样"以星出，以星入，日夜不居，以身亲之"，"苦形愁虑"。治理国家是一种脑力劳动，需要的是执政者一定的思想高度和思想深度。如果执政者事必躬亲，那就会损耗体力和思考的时间，就称不上高明。

※事例

甘茂贤能　两拜上卿

甘茂在秦国遭到了奸人的诽谤，引起了秦王的怀疑。因此他感到在秦国无法容身，就准备离开秦国，到齐国去谋求出路。

走到秦国的一个关塞，甘茂遇见了苏代，就对苏代说："你知道居住在江水附近的处女吗？其中有一个处女家里很穷，连照明的火烛都没有。她就到其他的处女那里去，和她们一起做女工。其他处女都嫌弃她家里穷，又来这里借用她们的火烛，要赶她走，但这个处女说："我来这里先为你们扫地铺席干杂活，你们怎么就连一点儿火烛都不舍得呢？"其他处女听了就想：有一个扫地铺席的人也好啊，就把她给留了下来。现在我遭到奸人的诽谤，愿意来为你扫地铺席，不知你意下如何？"

苏代说："我不但要收留你，还要向齐王举荐你，让你受到重用。"于是苏代就先来到了秦国，对秦王说："甘茂是一个很贤能的人才，他的祖上在秦国历来受重用，他对鬼谷一带的地形非常熟悉，如果他到了齐国，联合韩国、魏国来报复秦国，那对秦国可是很不利的。"

秦王说："既然这样，依你之见，那该怎么办呢？"

苏代说："我认为应该准备厚礼，用重金把甘茂再请回来，然后就把他安排在鬼谷一带，从此不再让他离开那里。"

秦王说："那好。"就立刻派人带着宰相的官印去请甘茂，并说要任用他做上卿兼任宰相，但却被甘茂给拒绝了。

于是苏代就来到了齐国，对齐王说："甘茂是一个贤能的人，秦国要任用他做宰相，他都不做。他感谢您对他的收留，愿意成为您的臣子，为您效力，不再回到秦国，不知您将如何来礼遇他呢？"

齐王听了，非常高兴，说："我要同样让他做齐国的上卿。"

审为

※原文

身者，所为也；天下者，所以为也。审所以为，而轻重得矣。今有人于此，断首以易冠，杀身以易衣，世必惑之。是何也？冠，所以饰首也，衣，所以饰身也，杀所饰要所以饰，则不知所为矣。世之走利有似于此。危身伤生，刈颈断头以徇利，则亦不知所为也。

※译文

保养生命是目的，天下是用来达到保养生命这一目的的手段。弄明白目的和手段，哪个重要、哪个次要也就区分清楚了。如今这里有一个人，为了换帽子却把头砍了下来，为了换衣服却伤害了身体，世人一定认为这个人糊涂。这是什么原因呢？帽子，是用来装饰头的，衣服，是用来装饰身体的，伤害所要装饰的头和身体，保存用作装饰的帽子和衣服，这就是不知道自己的目的是什么了。世人趋向利益与这有些相似。他们（不惜）危害身体、损伤生命，甚至割断脖颈、砍掉头颅来追逐利益，这也是不知道自己的目的。

※原文

太王亶父居邠，狄人攻之。事以皮帛而不受，事以珠玉而不肯，狄人之所求者，地也。太王亶父曰："与人之兄居而杀其弟，与人之父处而杀其子，吾不忍为也。皆勉处矣！为吾臣与狄人臣，奚以异？且吾闻之，不以所以养害所养。"杖策而去。民相连而从之，遂成国于岐山之下。太王亶父可谓能尊生矣。能尊生，虽贵富，不以养伤身；虽贫贱，不以利累形。今受其先人之爵禄，则必重失之。生之所自来者久矣，而轻失之，岂不惑哉！

※译文

太王亶父居住在邠地，北方的狄人进攻邠地。献给狄人兽皮和锦帛，他们不接受；献给狄人珠宝美玉，他们也不接受。狄人想要的是土地。太王亶父说："与别人的兄长一起居住而使他们的弟弟遭到杀害，与别人的父亲一起居住而使他们的儿女遭到杀害，我不忍心这样做啊！你们都勉强在这里住下去吧！做我的臣民和做狄人的臣民，有什么不同呢？况且我听说，不能为了保护用来养育百姓的土地而危害它所养育的百姓。"于是拄着拐杖离开了邠地。百姓成群结队地跟从太王亶父离去，终于在岐山下建立了一个新的国家。太王亶父可以说是能够尊重生命的了。能够尊重生命，即使富贵，也不会因为丰厚的财物来损伤身体；即使贫贱，也不会因为利益拖累身体。现在世上的人继承了他们先人的官爵俸禄，就必然会很看重它。然而他们的生命来自先人更久了，却轻易地失去它，这难道不是糊涂吗？

※原文

韩魏相与争侵地。子华子见昭厘侯，昭厘侯有忧色。子华子曰："今使天下书铭于君之前，书之曰：'左手攫之则右手废，右手攫之则左手废，然而攫之必有天下。'君将攫之乎？亡其不与？"昭厘侯曰："寡人不攫也。"子华子曰："甚善。自是观之，两臂重于天下也。身又重于两臂。韩之轻于天下远；今之所争者，其轻于韩又远。君固愁身伤生以忧之，戚不得也。”昭厘侯曰：“善。教寡人者众矣，未尝得闻此言也。”子华子可谓知轻重矣。知轻重，故论不过。

中山公子牟谓詹子曰：“身在江海之上，心居乎魏阙之下，奈何？”詹子曰：“重生。重生则轻利。”中山公子牟曰：“虽知之，犹不能自胜也。”詹子曰：“不能自胜则纵之，神无恶乎！不能自胜而强不纵者，此之谓重伤。重伤之人无寿类矣。”

※译文

韩国与魏国相互争夺攻占的土地。子华子拜见昭厘侯，昭厘侯脸上有忧虑的神色。子华子说：“现在如果让天下人在您面前书写这样的铭文，铭文说：‘用左手夺取就废掉右手，用右手夺取就废掉左手，但是只要这样去夺取就必定会拥有天下。’您会不会去夺取呢？”昭厘侯说：“我不夺取。”子华子说：“非常好。从这来看，两条胳膊要比天下重要，身体又比两条胳膊重要。韩国与天下相比，轻微多了；如今所要争取的土地，与韩国相比，又轻微多了。您一定坚持要劳心伤神地担忧它，甚至为得不到而悲伤吗？”昭厘侯说：“非常好，教导我的人多了，从来没有听到这样的话。”子华子可以说是懂得轻重的道理了。懂得轻重的道理，所以言论就不会有差错。

中山公子牟对詹子说：“虽然我身在江湖之上，但心却在魏国宫殿之下，怎么办？”詹子说：“看重生命。看重生命就会轻视利益。”中山公子牟说：“虽然知道这个道理，依然不能自我克服。”詹子说：“不能自我克服就随它去吧，这样精神就没有什么憎恶的了。不能自我克服但又不能放任，这就叫双重损伤。有双重损伤的人没有长寿的。”

※读解

大凡做事都要有明确的目的，不然的话我们就会像没头苍蝇一样胡乱碰撞。做事要有自我审察的明智，只有这样才能真正达到我们的目的。但在现实生活中，实际的情况并不是这样。很多人整天忙得焦头烂额，甚至碰得头破血流，依然不顾一切地向前冲。殊不知，做事的方向已经大错特错了。继续下去的结果，只能是遭受更大的损失。所以，能跳出局外审察自己的明智，对我们的人生和事业都是有好处的，甚至会起到关键作用。

有时候，很简单的道理，如果没有人在旁边提醒，局中人是无法认识到的。听听别人的意见，也是非常必要的。就如同魏昭厘侯，要是没有子华子的劝说就要继续干傻事了。

※事例

政治天才小甘罗

战国末期，秦国宰相吕不韦想派张唐去帮助燕国，要与燕国合攻赵国，来扩大黄河流域的领土。张唐对吕不韦说："我曾帮秦昭王攻打赵国，赵国非常痛恨我，曾悬赏'抓到张唐的赏百里土地'。如果要我去燕国，必须经过赵国，我不能去。"吕不韦听了很生气，但并没有勉强他。

事后，吕不韦很苦恼。甘罗看到后说："您为什么这么生气呢？"吕不韦说："我亲自请张唐去帮燕国，他不肯去。"甘罗说："我可以让他去。"吕不韦说："我亲自去请都不行，你有什么办法要他去？"甘罗说："项橐七岁当孔子的老师，我现在已经十二岁了，您可以让我试试！"甘罗去见张唐说："你的功劳比起武安君来，谁的大？"张唐说："武安君曾经大败强大的楚国，威慑北方的赵国、燕国，屡战屡胜，攻破的城池不计其数，功劳当然比我大。"甘罗说："那依你看，应侯在秦国施政，比起丞相，谁比较专权？"张唐说："应侯比不上。"甘罗说："先生明明知道应侯不如丞相专权，应该也知道当初应侯想攻打赵国时，武安君从中作梗，一离开咸阳七里路，就死在杜邮的事吧！现在文信侯亲自请你去燕国，你若不肯去，我看你会不得好死。"张唐说："是啊，我去。"张唐出发几天之后，甘罗对吕不韦说："借我五辆车，让我先到赵国为张唐说明。"吕不韦见到秦始皇，然后派甘罗去赵国。

赵襄王亲自到郊外迎接甘罗。甘罗说："大王知道燕国太子丹被送到秦国当人质了吗？知道张唐到燕国去的目的吗？"赵王说："我知道。"甘罗说："燕国太子丹到秦国当人质，说明燕国不敢欺骗秦国；张唐到燕国，说明秦国不敢欺骗燕国。秦、燕合作是想攻打赵国，以扩充黄河流域的领土。您不如先给我五座城，用来扩充秦国在黄河流域的领土。然后秦国送回燕国太子，再与赵国合作，攻打燕国。"

赵王就马上割五座城给秦国，秦国也送燕国太子回燕国。赵国于是攻击燕国，占据了三十座城，秦国分到了部分领土。甘罗回到秦国，秦始皇就封他为上卿，又将当年他祖上的所有田地、房舍赏给甘罗。

爱类

※原文

仁于他物，不仁于人，不得为仁。不仁于他物，独仁于人，犹若为仁。仁也者，仁乎其类者也。故仁人之于民也，可以便之，无不行也。神农之教曰："士有当年而不耕者，则天下或受其饥矣；女有当年而不绩者，则天下或受其寒矣。”故身亲耕，妻亲绩，所以见致民利也。贤人之不远海内之路，而时往来乎王公之朝，非以要利也，以民为务故也。人主有能以民为务者，则天下归之矣。王也者，非必坚甲利兵选卒练士也，非必隳人之城郭杀人之士民也。上世之王者众矣，而事皆不同，其当世之急，忧民之利，除民之害同。

※译文

对其他物类仁爱，但不对人类仁爱，不能算是仁。不对其他物类仁爱，仅仅对人类仁爱，还算是仁德。所谓仁，是对他同类的仁爱。所以具有仁爱之心的人对于百姓来说，如果能够有利于百姓，那么就没有什么不能去做的。神农氏教导说：“男子如果有正当成年不去耕田的，那么天下就可能会有人因此挨饿；女子如果有正当成年不去纺织的，那么天下就可能会有人因此受冻。”所以神农氏亲自耕田，他的妻子亲自纺织，以此来表明要为百姓谋利。贤能的人不顾路途遥远，时常往来于君主的宫廷，不是来谋取私利的，而是为了百姓的缘故。国君中如果有能为百姓谋利的，那么天下就会归附他。称王的人，并非一定要有坚固的盔甲、锋利的兵器、精选的兵卒和训练有素的壮士，也并非一定要破坏别国的城郭、杀害别国的臣民。上古时代的帝王有很多，他们的事迹都不尽相同，但他们承担社会的危难、关心百姓的利益、消除百姓的祸害，却是相同的。

※原文

公输般为高云梯，欲以攻宋。墨子闻之，自鲁往，裂裳裹足，日夜不休，十日十夜而至于郢。见荆王曰：“臣北方之鄙人也，闻大王将攻宋，信有之乎？”王曰：“然。”墨子曰：“必得宋乃攻之乎？亡其不得宋且不义犹攻之乎？”王曰：“必不得宋且有不义，则曷为攻之？”墨子曰：“甚善。臣以宋必不可得。”王曰：“公输般，天下之巧工也。已为攻宋之械矣。”墨子曰：“请令公输般试攻之，臣请试守之。”于是公输般设攻宋之械，墨子设守宋之备。公输般九攻之，墨子九却之，不能入。故荆辍不攻宋。墨子能以术御荆免宋之难者，此之谓也。

※译文

公输般制造了很高的云梯，想要凭借它来攻打宋国。墨子听说了这件事，从鲁国出发前往，撕衣裳裹着脚，日夜不休息，走了十天十夜来到了郢。见到楚王说：“我是来自北方的浅陋之人，听说大王您将要攻打宋国，有这件事吗？”楚王说：“是的。”墨子说：“您是一定能得到宋国才去攻打它吗？或者是没有把握得到宋国，而且又担不义之名，但您仍然要攻打它呢？”楚王说：“一定攻不下宋国，而且有不义之名，那么凭借什么攻打它呢？”墨子说：“非常对。我认为宋国一定不可得到。”楚王说：“公输般是天下的巧匠，已经在为攻打宋国制造工具了。”墨子说：“请让公输般尝试攻打宋国，我请求尝试防守宋国。”于是公输般设置攻城的工具，墨子设置守城的工具。公输般九次进攻，墨子九次抵挡住，公输般不能攻入。所以楚国放弃了攻打宋国。墨子能够设法防御楚国免除宋国危难的事，就说明了这个道理。

※原文

圣王通士，不出于利民者无有。昔上古龙门未开，吕梁未发，河出孟门，大溢逆流，无有丘陵沃衍、平原高阜，尽皆灭之，名曰“鸿水”。禹于是疏河决江，为彭蠡之障，干东土，所活者千八百国。此禹之功也。勤劳为民，无苦乎禹者矣。匡章谓惠子曰：“齐王之所以用兵而不休，攻击人而不止者，其故何也？”惠子曰：“大者可以王，其次可以霸也。”匡章曰：“公之学去尊，今又王齐王，何其到也？”惠子曰：“今有人于此，欲必击其爱子之头，石可以代之，公取之代乎？其不与？”匡章曰：“施取代之。子头，所重也；石，所轻也。击其所轻以免其所重，岂不可哉！今可以王齐王而寿黔首之命，免民之死，是以石代爱子头也，何为不为？”民，寒则欲火，暑则欲冰，燥则欲湿，湿则欲燥。寒暑燥湿相反，其于利民一也。利民岂一道哉！当其时而已矣。

※译文

贤明的君王和通达的士人当中，不以为百姓谋利为目的的人是没有的。上古时代，龙门山还没有开凿，吕梁山还没有开发，黄河从孟门山流出，一路泛滥横流，无论是丘陵、沃野还是平原、高山，都被淹没，人们称它为“鸿水”。禹于是就疏通黄河和长江，筑起彭蠡河的堤防，使东方的洪水退去，救活的国家有一千八百个。这都是禹的功绩啊！禹勤劳能干，为民谋利，没有比他更辛苦的人了。匡章对惠子说：“齐王之所以不停地使用兵力，不停地攻打别的国家，是什么缘故啊？”惠子说：“大的原因是可以称王天下，其次是可以称霸中原。”匡章说：“先生的学说主张去除尊贵，现在又主张齐王称霸，难道不自相矛盾吗？”惠子说：“如今这里有人，必须要打他儿子的头，用石头可以代替，您要取而代之还是不取而代之？”匡章说：“当然取而代之，儿子的头是要看重的，石头是要轻视的。击打所轻视的，避免伤及看重的，难道不可以吗？现在可以用帮助齐王当国君的方法来保全百姓的生命，避免百姓的死亡，这是用石头代替儿子的头，有什么不可以的呢？”百姓寒冷的时候就想烤火，炎热的时候就想用冰块降暑，干燥的时候就想潮湿，潮湿的时候就想干燥。寒冷、炎热、干燥、潮湿的性质相反，但它们有利于百姓的一面是相同的。有利于百姓的途径哪里是只有一种啊？只要当时适于百姓就行了。

※读解

仁爱是儒家和墨家等先秦学派大力提倡的思想，要求人们去爱他们的同类。虽然古代社会充斥着战争和流血，但仁爱的思想仍在历史上有着深远的影响。主张仁爱的孔子、墨子是有意识地实践仁爱思想的先行者。公输般造云梯，墨子前去劝说的故事可以说家喻户晓。墨子的行为是建立在反对战争、爱护同类的基础上的。

社会已经发展到了21世纪，我们已经在有目的、分阶段地为实现和谐社会而努力。而和谐社会的实质就是仁爱，就是人与人之间互相友爱，通过各种方式来爱护我们的同类。无论是政府、事业单位、社会团体还是企业单位，都是为人民服务的，最终的目的都是让我们的生活和世界更美好。

※事例

北魏高官攀比斗富

北魏的王公贵族和掌握大权、受宠的重臣争相比赛豪华奢侈。当时，高阳王元雍是全国最富有的，仆童多达六千多人，连歌舞伎都有五百人之多，宫殿园林可与皇宫相比。他一顿饭就要花几万钱。出行时，也是卫队、仪仗开路，把路都阻塞了。回来之后更是歌舞不绝，通宵达旦。李崇的富有跟高阳王相当，但他生性吝啬，感叹说："高阳王一顿饭足够我吃上一千天。"

河间王元琛经常与元雍斗富。他养的十余匹骏马用的食槽是银制的。窗户雕饰巧夺天工，造价高昂。

有一次，元琛举行宴会，宴请朝中的王爷。宴会上用的酒器是水晶盘、玛瑙碗和赤玉杯，这些用具全都来自国外，制作十分精巧。他还把歌女、名马及各种奇珍异宝摆在诸位王公面前，宴席后又带他们参观王府内的仓库，其中，藏的金钱、布帛不计其数。

元琛对章武王元融说："我不为没能看见石崇的富有而有所遗憾，我遗憾的是他看不到我的富有。"

自认为富有的元融也参加了这次宴会，从河间王王府回来之后他总是叹息，甚至卧病在床好几天。京兆王元继听说了这件事，就来看望他说："你的家产不比他少，为什么要羡慕他？"

元融说："一开始我还以为这世上比我富有的只有高阳王，谁知道还有河间王。"元继说："你的话听起来好像那个在淮南自高自大的袁术，不知道世上还有个刘备呀！"元融听了才稍微释怀。

北魏的高官只知自己攀比斗富，丝毫没有把劳动人民放在心上，当然，也就谈不上对劳动人民的仁爱。

贵卒

※原文

力贵突，智贵卒。得之同则速为上，胜之同则湿为下。所为贵骥者，为其一日千里也；旬日取之，与驽骀同。所为贵镞矢者，为其应声而至；终日而至，则与无至同。

※译文

力气的关键在于急速，智力的关键在于快速。处在相同的情况下，迅速为上，结果相同的情况下，缓慢为下。千里马之所以称得上千里马，是因为它一天能奔跑一千里；如果花费十天的时间才奔跑一千里，那么就与劣马没什么两样了。神箭手之所以被称为神箭手，是因为他能够做到弓一响箭就射中了；如果用了一天的时间才射到，那么就和没有射到一样了。

※原文

吴起谓荆王曰："荆所有馀者，地也；所不足者，民也。今君王以所不足益所有馀，臣不得而为也。"于是令贵人往实广虚之地。皆甚苦之。荆王死，贵人皆来。尸在堂上，贵人相与射吴起。吴起号呼曰："吾示子吾用兵也。"拔矢而走，伏尸插矢而疾言曰："群臣乱王！"吴起死矣，且荆国之法，丽兵于王尸者尽加重罪，逮三族。吴起之智可谓捷矣。

※译文

吴起对楚王说："楚国充足的是疆域，缺少的是民众。现在您拿不充足的来增加已经充足的，我不知道怎样去做了。"于是就派遣贵族们去充实、开发荒芜人烟的地方。贵族们都非常痛苦。楚王死了之后，那些贵族们都回来了。楚王的遗体还停放在朝堂上，贵族们一起用弓箭射吴起。吴起大声喊叫着说："我告诉你们我是怎样用兵的。"他拔掉射在身上的箭就跑，趴在楚王的尸体上把箭插上去，大喊道："你们这些贼子侮辱大王。"吴起死了，按照楚国的法律，在国君的尸体上施加兵器的要判以重罪，诛杀三族。吴起使用智慧可算敏捷了。

※原文

齐襄公即位，憎公孙无知，收其禄。无知不说，杀襄公。公子纠走鲁，公子小白奔莒。既而国人杀无知，未有君，公子纠与公子小白皆归，俱至，争先入公家。管仲扞弓射公子小白，中钩。鲍叔御公子小白僵。管子以为小白死，告公子纠曰："安之，公子小白已死矣！"鲍叔因疾驱先入，故公子小白得以为君。鲍叔之智应射而令公子小白僵也，其智若镞矢也。

※译文

齐襄公继承王位，憎恨公孙无知，收回了他的爵禄。无知不高兴，杀死了齐襄公。公子纠逃奔到鲁国，公子小白逃奔到莒国。然后齐国有人杀死了无知，国家就没有了国君，公子纠和公子小白都动身返回到了齐国，争着看谁先进入皇宫。管仲拉弓射公子小白，射中了小白的衣带钩。鲍叔牙侍奉公子小白，就让小白向后倒下装死。管仲以为小白已经死了，向公子纠报告说："放心吧，公子小白已经死了！"鲍叔牙于是迅速驾车领先回到皇宫，所以公子小白才做了国君。鲍叔牙听到弓箭的声音就让公子小白向后倒下装死的智慧，使用起来，快速得就像射出去的箭。

※原文

周武君使人刺伶悝于东周。伶悝僵，令其子速哭曰："以谁刺我父也？"刺者闻，以为死也。周以为不信，因厚罪之。赵氏攻中山。中山之人多力者曰吾丘鸳。衣铁甲操铁杖以战，而所击无不碎，所冲无不陷，以车投车，以人投人也。几至将所而后死。

※译文

周武君派人去东周刺杀伶悝。伶悝向后倒下装死，让他的儿子赶快痛哭着说："是谁杀死了我的父亲？"刺客听到后，以为伶悝已经死了。周武君认为派去的刺客不诚实，就重重地治了他的罪。赵国攻打中山国。中山国有个名叫吾丘鸳的大力士。他身穿铁甲，手里拿着铁棍作战，所打到的地方没有不碎的，所进攻的地方没有不陷落的，拿着战车砸战车，拿着人砸人。快要杀到赵国将帅的居所时，他却被杀死了。

※读解

在礼崩乐坏、社会动乱的春秋战国时期，国家与国家的交往充满了血雨腥风的斗争。这些斗争是经济实力的比拼，也是政治实力、军事实力的较量。有时候，速度也是成功和失败的分水岭。这就使斗争增加了戏剧性，而不仅仅是实力的问题了。也正是因为这个原因，历史有了更加迷人的魅力，吸引着你我他，一次次地被翻阅和思考。

※事例

祖逖闻鸡起舞

范阳人祖逖，少年立志，曾与刘琨一起担任司州主簿。

当时，他和刘琨在一起住宿，夜半时听到鸡鸣，就踢醒刘琨说："这叫声很好啊。"就马上起床练习剑术。

渡江以后，左丞相司马睿让他担任军谘祭酒。祖逖住在京口，聚集起骁勇强健的勇士对司马睿说："晋朝变乱，不是因为君主无道而使臣下怨恨叛乱，是因为皇室的权力争夺，自相残杀，这样就使戎狄有机会叛乱，祸害遍及中原大地。现在晋的遗民遭到残害，大家都想着自强奋发，大王您就派将领率兵出师，使像我一样的人统领军队光复中原，各地的英雄豪杰定会群起响应！"

但是司马睿根本就没有北伐的打算，他听祖逖这么说，就任命祖逖为奋威将军、豫州刺史，不过只给了他一千人的口粮、三千匹布，还不给兵器，让祖逖自己想办法。

祖逖带领自己的军队，大概有一百多户人家渡过了长江，在江中敲打着船桨说："祖逖如果不能使中原清明而光复成功，就如同长江水有去无回！"于是到淮阴驻扎，建造熔炉、冶炼、浇铸兵器，又招募了二千多人，然后继续前进，开始了自己的复国计划。

慎行论

慎行

※原文

行不可不孰。不孰，如赴深溪，虽悔无及。君子计行虑义，小人计行其利，乃不利。有知不利之利者，则可与言理矣。

※译文

行为不能不慎重考虑。不慎重考虑，就像奔向深谷，即使后悔也来不及了。君子谋划行动时考虑道义，小人谋划行动时期待赢利，结果反而不利。有人懂得不谋求利益，实际上包含着根本利益，那就可以跟他谈论道义了。

※原文

荆平王有臣曰费无忌，害太子建，欲去之。王为建取妻于秦而美，无忌劝王夺。王已夺之，而疏太子。无忌说王曰："晋之霸也，近于诸夏；而荆僻也，故不能与争。不若大城城父而置太子焉，以求北方，王收南方，是得天下也。"王说，使太子居于城父。居一年，乃恶之曰："建与连尹将以方城外反。"王曰："已为我子矣，又尚奚求？"对曰："以妻事怨，且自以为犹宋也。齐晋又辅之。将以害荆，其事已集矣。"王信之，使执连尹，太子建出奔。左尹郄宛，国人说之。无忌又欲杀之，谓令尹子常曰："郄宛欲饮令尹酒。"又谓郄宛曰："令尹欲饮酒于子之家。"郄宛曰："我贱人也，不足以辱令尹。令尹必来辱，我且何以给待之？"无忌曰："令尹好甲兵，子出而寘之门，令尹至，必观之，已，因以为酬。"及飨日，惟门左右而置甲兵焉。无忌因谓令尹曰："吾几祸令尹。郄宛将杀令尹，甲在门矣。"令尹使人视之，信。遂攻郄宛，杀之。国人大怨，动作者莫不非令尹。沈尹戌谓令尹曰："夫无忌，荆之谗人也。亡夫太子建，杀连尹奢，屏王之耳目。今令尹又用之杀众不辜，以兴大谤，患几及令尹。"令尹子常曰："是吾罪也，敢不良图？"乃杀费无忌，尽灭其族，以说其国。动而不论其义，知害人而不知人害己也，以灭其族，费无忌之谓乎！

※译文

楚平王有个大臣叫费无忌，费无忌嫉恨太子建，想要除掉他。楚平王从秦国给太子建娶了个妻子，长得很美，费无忌劝楚平王把她夺过来，楚平王就照他说的做了，从而疏远了太子。费无忌劝楚平王说："晋王之所以称霸，是因为距各诸侯国近，而我们楚国太偏僻，不能够与晋国争霸。不如扩大城父城，将太子安置在那里，以谋取北方的宋、郑、鲁、卫，大王您收取南方的吴、越，这样就可以得天下了。"楚平王很高兴地同意了，让太子住在城父城里。太子在那里才一年，费无忌就诬陷他说："太子建与连尹将要在方城外发动叛乱。"楚平王说："他已经是我的太子了，还想要怎样？"费无忌应对说："他因为妻子的事和你结了怨，而且他自以为如同宋国一样，有齐国、晋国的帮助就可以加害于我国了，他们已经谋划好了。"楚平王相信了他，派人逮捕了连尹，太子建跑掉了。左尹郄宛，楚国人都很爱戴他，费无忌又想杀他，就对令尹子常说："郄宛想请令尹您喝酒。"又去对郄宛说："令尹想来你家喝酒。"郄宛说："我地位低贱，不足让令尹有辱身份到我这里喝酒。如果他一定要来，我该如何招待他呢？"费无忌说："令尹喜欢兵甲，你将兵甲布置在门口，令尹到了，看过后，就把这些甲兵送给他。"到了请客的那天，左尹郄宛便在门两侧布置了兵甲。费无忌就去对令尹说："我差一点害了令尹，郄宛想要杀您，已在门口布置了兵甲。"令尹派人去察看，果然如此，于是出兵攻击郄宛并杀了他。民众对这事非常愤怒，没有不说令尹的不是的。沈尹戍对令尹说：“费无忌这个人，是楚国专说别人坏话的人。他使太子建逃奔他国，杀害了连尹伍奢，堵塞了大王的视听。现在令尹又听了他的话，杀死了这么多无辜，老百姓指责您过错的人不少，祸患险些要降到您头上了。”令尹子常说：“这是我的罪过啊，怎敢不好好想想该如何应对呢？”于是令尹杀了费无忌，连他同族的人也都杀尽了，想用这种办法取悦群众。做事情不讲道义，只知道害别人而不知道这也是在害自己，最终招致自己家族的毁灭，这难道说的不是费无忌吗？

※原文

崔杼与庆封谋杀齐庄公。庄公死，更立景公，崔杼相之。庆封又欲杀崔杼而代之相，于是㧫崔杼之子，令之争后。崔杼之子相与私哄。崔杼往见庆封而告之。庆封谓崔杼曰：“且留，吾将兴甲以杀之。”因令卢满嫳兴甲以诛之。尽杀崔杼之妻子及支属，烧其室屋，报崔杼曰：“吾已诛之矣。”崔杼归，无归。因而自绞也。庆封相景公，景公苦之。庆封出猎，景公与陈无宇、公孙灶、公孙虿诛封。庆封以其属斗，不胜，走如鲁。齐人以为让，又去鲁而如吴，王予之朱方。荆灵王闻之，率诸侯以攻吴，围朱方，拔之。得庆封，负之斧质，以徇于诸侯军，因令其呼之曰：“毋或如齐庆封，弑其君而弱其孤，以亡其大夫。”乃杀之。黄帝之贵而死，尧舜之贤而死，孟贲之勇而死，人固皆死，若庆封者，可谓重死矣。身为僇，支属不可以见，行忮之故也。凡乱人之动也，其始相助，后必相恶。为义者则不然，始而相与，久而相信，卒而相亲，后世以为法程。

※译文

崔杼与庆封合预谋杀害齐庄公。齐庄公死后，二人另立景公为国君，崔杼当丞相。庆封又想杀掉崔杼，取代他为丞相。于是他挑拨崔杼的儿子们，让他们争夺做后嗣的资格。崔杼的儿子们私下相互争斗起来。崔杼去见庆封，告诉他这件事。庆封对崔杼说：“你姑且留在这里，我将派兵去把他们杀掉！”于是派卢满嫳起兵去诛杀他们，把崔杼的妻儿老小以及宗族亲属斩尽杀绝了，烧了他的房屋住宅，回报崔杼说：“我已把他们杀死了。”崔杼回去，无家可归，因而自缢而死。庆封做了齐景公的丞相，齐景公深以为苦。庆封外出打猎，齐景公同陈无宇、公孙灶、公孙虿起兵讨伐庆封。庆封凭借他的属下同齐景公交战，未能取胜，就逃亡到鲁国。齐国就这事责备鲁国。庆封又离开鲁国进入吴国，吴王把朱方邑封给了他。楚灵王听说这事，就率领诸侯军进攻吴国，包围朱方，攻克了它，俘获了庆封，让他背着斧锧在诸侯军中巡行示众，并让他喊道：“不要像齐国的庆封那样，杀害自己的君主，欺凌丧父的新君，强迫大夫盟誓！”然后才杀了他。黄帝那样尊贵也要死，尧舜那样贤德也要死，孟贲那样勇武也要死；人本来都要死，像庆封这样的，可以说是死有余辜了。自身被杀，宗族亲属也不能保全，这是为非作歹的缘故。大凡邪恶的人做事，开始时互相帮助，到后来一定相互憎恨。行事符合道义的就不是这样，他们开始时互相帮助，时间长了互相信任，最后互相亲近，后代的人把这种做法当作准则。

※读解

“君子计行虑义，小人计行其利”，行为需要谨慎，这不是老生常谈。历史上有多少君主，由于行为不检点而身死国亡，又有多少大臣由于言行不谨慎，不得善终啊！

费无忌是个小人，这样的小人不管是过去还是现在都有，甚至以清高自诩的余秋雨先生也在自己的大作《山居笔记》之中，专门议论小人的危害。看来，这种人实在是可恶至极。伍子胥的一家由于费无忌这个小人，被害得家破人亡，连楚国都不得安生。费无忌真是一个祸国殃民的实足小人。

※事例

子产破坏晋国的馆驿

鲁襄公死去的那个月，子产辅佐郑简公到晋国去，晋平公因为鲁国有丧事的缘故，没有接见他们。子产便派人把宾馆的围墙全部拆毁，把自己的车马放进去。

晋国大夫士文伯责备子产说：“敝国由于政事和刑罚没有搞好，到处是盗贼，不知道对辱临敝国的诸侯属官怎么办，因此派了官员修缮来宾住的馆舍。馆门造得很高，围墙修得很厚，使宾客、使者不会感到担心。现在您拆毁了围墙，虽然您的随从能够戒备，那么别国的宾客怎么办呢？由于敝国是诸侯的盟主，修建馆舍围墙是用来接待宾客的。如果把围墙都拆了，怎么能满足宾客的要求呢？我们国君派我来请问你们拆墙的理由。”

子产回答说：“敝国国土狭小，处在大国的中间，大国责求我们交纳贡物没有一定的时候，所以我们不敢安居度日，只有搜寻敝国的全部财物，以便随时前来朝见贵国。碰上您没有空，没能见到，又没有得到命令，不知道朝见的日期。我们不敢进献财物，又不敢把它们存放在露天。要是进献上，那就成了贵国君王府库中的财物，不经过进献的方式，是不敢进献的。如果把礼物放在露天，又怕日晒雨淋而腐烂生虫，加重敝国的罪过。我听说文公从前做盟主时，宫室低小，没有门阙和台榭，却把接待宾客的馆舍修得十分高大，宾馆像国君的寝宫一样。仓库和马棚也修得很好，司空按时平整道路，泥水工匠按时粉刷馆舍房间；诸侯的宾客来到，甸人点起庭院中的火把，仆人巡视客舍，存放车马有地方，宾客的随从有代劳的人员，管理车辆的官员给车轴加油，打扫房间的、饲养牲口的，各自照看自己分内的事；各部门的属官要检查招待宾客的物品；文公从不让宾客们多等，也没有被延误了的事；与宾客同忧共乐，出了事随即巡查，有不懂的地方就指教，有所需要就加以接济。宾客到来就好像回到家里一样，哪里会有灾患啊；不怕有人抢劫偷盗，也不用担心干燥潮湿。现在晋侯的别宫方圆数里，却让诸侯宾客住在像奴仆住的房子里，车辆进不了大门，又不能翻墙而入；盗贼公然横行，天灾难防。接见宾客没有定时，召见命令也不知何时发布。如果还不拆毁围墙，就没有地方存放礼品，我们的罪过就要加重。斗胆请教您，您对我们有什么指示？虽然贵国遇上鲁国丧事，可这也是敝国的忧伤啊。如果能让我们早献上礼物，我们会把围墙修好了再走，这是贵君的恩惠，我们哪敢害怕辛劳？”士文伯回去报告了。

赵文子说：“的确是这样。我们实在不注重培养德行，用像奴仆住的房舍来招待诸侯，这是我们的过错啊。”于是，他派士文伯前去道歉，承认自己不明事理。

晋平公以隆重的礼节接见了郑简公，宴会和礼品也格外优厚，然后让郑简公回国。晋国接着建造了接待诸侯的宾馆。叔向说：“辞令不可废弃就是这样的啊！子产善于辞令，诸侯靠他的辞令得到了好处，为什么要放弃辞令呢？《诗·大雅·板》中说：‘言辞和顺，百姓融洽；言辞动听，百姓安宁。’子产大概懂得这个道理吧。”

无义

※原文

先王之于论也极之矣。故义者，百事之始也，万利之本也，中智之所不及也。不及则不知，不知趋利。趋利固不可必也。公孙鞅、郑平、续经、公孙竭是已。以义动则无旷事矣，人臣与人臣谋为奸，犹或与之，又况乎人主与其臣谋为义，其孰不与者？非独其臣也，天下皆且与之。

※译文

先王对于事理论述是非常清楚了。所以义是所有事情的起点，是一切利益的根本。这是智力平庸的人认识不到的。认识不到就不明事理，不明事理就会追求私利。追求私利的做法本来就不一定靠得住，公孙鞅、郑平、续经、公孙竭的情形就是这样。根据道义去行动就没有不能成功的事了。大臣跟大臣谋划做坏事，尚且有人赞同，更何况君主与自己的大臣谋划做符合道义的事呢，还会有谁不赞成？不仅是大臣们赞同，天下的人都将要赞同他。

※原文

公孙鞅之于秦，非父兄也，非有故也，以能用也。欲堙之责，非攻无以。于是为秦将而攻魏。魏使公子卬将而当之。公孙鞅之居魏也，固善公子卬。使人谓公子卬曰："凡所为游而欲贵者，以公子之故也。今秦令鞅将，魏令公子当之，岂且忍相与战哉？公子言之公子之主，鞅请亦言之主，而皆罢军。"于是将归矣，使人谓公子曰："归未有时相见，愿与公子坐而相去别也。"公子曰："诺。"魏吏争之曰："不可。"公子不听，遂相与坐。公孙鞅因伏卒与车骑以取公子卬。秦孝公薨，惠王立，以此疑公孙鞅之行，欲加罪焉。公孙鞅以其私属与母归魏，襄疵不受，曰："以君之反公子卬也，吾无道知君。"故士自行不可不审也。

※译文

公孙鞅对于秦王来说，不是宗亲，也不是故交，只因为有才能而被任用。他想对秦国尽职尽责，除了进攻别的国家没有其他方法，于是就为秦国统兵进攻魏国。魏国派公子卬率兵抵御秦军。公孙鞅住在魏国时，原本与公子卬很友好，就派人对公子卬说："我所以出游并希望显贵，都是为了您的缘故。如今秦国让我统兵，魏国让您同我相拒，我怎能忍心同您作战呢？请您向您的君主报告，我也向我的君主报告，双方都罢兵。"于是双方都准备回师。公孙鞅派人对公子卬说："回去以后再也没有机会相见了，希望同公子聚一聚再告别。"公子卬说："行吧！"魏国的官吏们争着说："不能这样做。"公子卬不听，于是两人相聚叙旧。公孙鞅乘机埋伏下步兵和车骑捕捉了公子卬。秦孝公死了，惠王即位，因这事怀疑公孙鞅的品行，想要治他的罪。公孙鞅带着自己的家人与母亲回魏国去，魏国的邺令襄疵不接纳他，说："因为您对公子卬背信弃义，我没法了解您。"所以，士人对自己的行为不可不慎重。

※原文

郑平于秦王，臣也；其于应侯，交也。欺交反主，为利故也。方其为秦将也，天下所贵之无不以者，重也。重以得之，轻必失之。去秦将，入赵魏，天下所贱之无不以也，所可羞无不以也。行方可贱可羞，而无秦将之重，不穷奚待？

※译文

郑安平对于秦王来说是大臣，对于应侯来说是故交。他欺骗朋友、背叛君主，是因为追求私利的缘故。当他做秦将的时候，天下认为尊贵的事没有他不做的，因为他位高权重。靠权高位重得到的，权去身轻的时候一定会失去。他离开秦将的职位，进入赵国和魏国后，天下人认为卑贱的事没有他不做的，令人感到耻辱的事没有他不做的。做的正是可贱可羞的事，却没有做秦将的位高权重，不潦倒还等什么？

※原文

赵急求李欬。李言、续经与之俱如卫，抵公孙与。公孙与见而与入。续经因告卫吏使捕之。续经以仕赵五大夫。人莫与同朝，子孙不可以交友。

※译文

赵国紧急搜捕李欬。李言、续经与李欬共同到了卫国，找到公孙与的地方。公孙与会见并答应接纳他们。续经乘机向卫国官吏告发了李欬，让他们逮捕了李欬。续经因这事在赵国做了五大夫，但没有人愿意跟他同朝做官，他的子孙也交不到朋友。

※原文

公孙竭与阴君之事，而反告之樗里相国，以仕秦五大夫。功非不大也，然而不得入三都，又况乎无此其功而有行乎！

※译文

公孙竭参与了阴君的事，却反过来向相国樗里疾告发了，因这事公孙竭在秦国做了五大夫。他的功劳不是不大，但不被允许进入赵、卫、魏三国的都市，更何况没有告密之功却有他那样背信弃义行为的人呢！

※读解

“义者，百事之始也，万利之本也。”本文的开头内容就告诉我们，“义”是很重要的。在我国的传统文化中，“义”一直就是个受人崇敬的字眼。义气、道义、正义，都是对“义”的某一方面的注解。公孙鞅是一个远见卓识的政治家，也是一个优秀的军事家，但是在“义”上有所亏缺，进而导致众叛亲离、走投无路的境地。

与他相反，三国时期的关羽，从“桃园三结义”到“千里走单骑”，以致后来释放了曹操，这都是为人称道的“义”的表现。所以，一直以来，关羽都作为“义”的典范出现在人们的视野中，受到人们的喜爱，被尊称为“关老爷”，世代受人供奉。

※事例

反复无常的刘晔

刘晔十分聪明，魏明帝非常亲近器重他，有什么事情总会找他谈。后来，魏明帝即将讨伐蜀国，朝廷内外都说："不可。"刘晔入朝与魏明帝商议，则说："可讨伐。"刘晔出来和朝廷大臣讨论，则又说："不可。"

刘晔有胆又有识，谈论起来，有声有色，很动听，中领军杨暨是魏明帝的亲信大臣，也很看重刘晔，是持不可伐意见中态度最为强硬的一位。他每次从朝廷出来，都去拜访刘晔，刘晔便对他讲不可讨伐的道理。

后来，杨暨和魏明帝谈起伐蜀之事，杨暨谢罪说："我的话诚然不足采纳，侍中刘晔是先帝的谋臣，常常说蜀不可讨伐。"魏明帝说："刘晔与我说蜀可伐。"杨暨说："可以把刘晔叫来对质。"魏明帝下诏让刘晔来，问刘晔，刘晔始终不说话。

后来刘晔单独觐见，责备魏明帝说："讨伐一个国家，是一项重大的决策，我知道这件大事后，常常害怕说梦话给泄露出去，从而增加我的罪过，怎么还敢向人说起这件事？用兵之道在于诡诈，军事行动越机密越好，陛下公开泄露出去，恐怕敌国已经听说了。"于是魏明帝向他道歉。刘晔出来后，责怪杨暨说："渔夫钓到一条大鱼，就要放长线跟着它走，然后等可以制伏时再用线将它牵回，那就没有得不到的。帝王的威严，难道只是一条大鱼而已！你果然是正直的臣僚，然而计谋不足以采纳，不可不仔细想一想。"杨暨也向他道歉。

有人对魏明帝说："刘晔不尽忠心，善于探察陛下的意向而献媚迎合，请陛下试一试，和刘晔说话时全用相反的意思问他，如果他的回答都与所问的意思相反，就说明刘晔经常与陛下圣意相一致。如果他的回答都与所问意思相同，刘晔的迎合之情必然暴露无遗。"魏明帝如其所言检验刘晔，果然发现他的迎合之情，于是从此疏远他。刘晔为此精神失常，出任大鸿胪，最后忧虑而死。

疑似

※原文

使人大迷惑者，必物之相似也。玉人之所患，患石之似玉者；相剑者之所患，患剑之似吴干者；贤主之所患，患人之博闻辩言而似通者。亡国之主似智，亡国之臣似忠。相似之物，此愚者之所大惑，而圣人之所加虑也，故墨子见练丝而泣之，为其可以黄可以黑；杨子见歧道而哭之，为其可以南可以北。

※译文

令人迷惑不解的，一定是事物中那些相似的东西。玉匠所忧虑的，是像玉一样的石头；相剑的人所忧虑的，是像吴国的干将一样的剑；贤能的君主所忧虑的，是见多识广、能言善辩看起来像是通达事理的人。亡国的君主像是聪慧，亡国的大臣像是忠诚。相似的事物，这是愚钝的人深感不解、圣人也要认真加以思索的啊！所以墨子看见柔软洁白的练丝就为之哭泣，因为它可以染成黄色也可染成黑色；杨朱看见歧路就为之哭泣，因为从这里可以通向北方也可以通向南方。

※原文

周宅酆、镐近戎人。与诸侯约：为高葆祷于王路，置鼓其上，远近相闻。即戎寇至，传鼓相告，诸侯之兵皆至，救天子。戎寇当至，幽王击鼓，诸侯之兵皆至，褒姒大说，喜之。幽王欲褒姒之笑也，因数击鼓，诸侯之兵数至而无寇。至于后戎寇真至，幽王击鼓，诸侯兵不至，幽王之身乃死于丽山之下，为天下笑。此夫以无寇失真寇者也。贤者有小恶以致大恶，褒姒之败，乃令幽王好小说以致大灭。故形骸相离，三公九卿出走。此褒姒之所用死，而平王所以东徙也，秦襄、晋文之所以劳王而赐地也。

※译文

周建都酆、镐，靠近戎人。周王室和诸侯们约定：在大路上修建高大的土堡，在上面设置大鼓，让远近都能听到鼓声。假如戎兵入侵，就由近及远地击鼓传告，诸侯的军队就都来援救天子。戎兵曾经入侵，周幽王打鼓，诸侯的军队都来，褒姒看到这情景，非常开心地笑了，她很喜欢这种做法。周幽王希望看到褒姒的笑脸，于是多次打鼓，诸侯们的军队多次到来，却没有敌兵。到了后来，戎兵真的来了，周幽王打鼓，诸侯的军队却没有来，于是，周幽王被杀死在骊山脚下，为天下人耻笑。这是因为没有敌寇乱击鼓而耽误了抵御真的敌寇啊！贤能的人有小的过失而导致大的祸事。褒姒这样败坏国事，是让周幽王喜好无足轻重的欢乐而导致杀身国亡。所以，周幽王身首分离、三公九卿出逃。这也是褒姒所以身死、平王所以东迁的缘故，也是秦襄公、晋文公之所以起兵勤王、被赐予土地的缘故。

※原文

梁北有黎丘部，有奇鬼焉，喜效人之子侄昆弟之状，邑丈人有之市而醉归者。黎丘之鬼效其子之状，扶而道苦之。丈人归，酒醒，而诮其子曰："吾为汝父也，岂谓不慈哉？我醉，汝道苦我，何故？"其子泣而触地曰："孽矣！无此事也。昔也往责于东邑，人可问也。"其父信之，曰："嘻！是必夫奇鬼也！我固尝闻之矣。"明日端复饮于市，欲遇而刺杀之。明旦之市而醉，其真子恐其父之不能反也，遂逝迎之。丈人望其真子，拔剑而刺之。丈人智惑于似其子者，而杀于真子。夫惑于似士者而失于真士，此黎丘丈人之智也。疑似之迹，不可不察，察之必于其人也。舜为御，尧为左，禹为右，入于泽而问牧童，入于水而问渔师，奚故也？其知之审也。夫孪子之相似者，其母常识之，知之审也。

※译文

梁国北部有个叫黎丘的地方，那里有个奇怪的鬼，善于仿效人的子孙兄弟的样子。乡里有个老者有一次到市场上，喝醉了酒往回走，黎丘的鬼就仿效他儿子的形状，搀扶他并在路上苦苦地折磨他。老者回到家里，酒醒后斥责自己的儿子说："我当你的父亲，难道能说不慈爱吗？我喝醉了，你在路上折磨我，这是什么原因？"他的儿子哭着用头触地说："罪孽啊！没有这回事！昨天我去东乡讨债，这是可以问人的。"父亲相信了儿子，说："哼！这一定是那个鬼，我本来就听说过这种事。"第二天，老者故意又到市场上饮酒，希望遇到鬼，把它杀死。天刚亮就到市场上，喝醉了，他的儿子怕自己的父亲回不了家，于是去接他。老者看见自己的儿子，拔剑就刺去。老者的思想被像他儿子的鬼迷惑，而杀死了自己的儿子。那些被好像是贤能的人所迷惑而错过、失去了真正贤能的人，思想与黎丘的老者一样啊！对于令人疑惑的相似的现象，不能不审视清楚。审视这种情况一定要有适当的人。即使舜当车夫、尧当车左、禹当车右，进入草泽也要问牧童，到了水边也要问渔夫，是什么原因呢？那些人把情况了解得很清楚。孪生子长得很相像，他们的母亲常常能够识别出来，这是因为了解得清楚的缘故。

※读解

《烽火戏诸侯》的故事流传了很久，是典型的"红颜祸水"的版本。其实灭亡西周的，不是戎人的入侵，也不是褒姒的倾城一笑，而是周幽王的言而无信。这是"狼来了"的另一个说法。

《疑似》告诫君主：不要被相似的现象所迷惑，一定要分清真假。黎丘的老者把自己的亲生儿了杀死，就是由于他分不清哪个是鬼，哪个是他的儿子。当君主的若是分不清是非、真假，那失去的就不仅仅是一个儿子了。

※事例

智氏不明时势遭灭亡

晋国本来是一个强大的诸侯国，到公元前458年，卿大夫们相互吞并，只剩下韩氏、智氏、魏氏、赵氏四家最大的卿大夫家族。其中，以智氏的势力最大，智瑶把持晋国的朝政，还想侵占其他三家的土地，就对三家大夫赵襄子、魏桓子、韩康子说："晋国本来是中原霸主，如今却失掉了霸主地位。为了让晋国重新强大起来，我主张每家都拿出一百里地来献给公家。"

三家大夫都知道智氏存心不良，想以公家的名义来逼他们交出土地。韩康子和魏桓子先后把土地都交出来了，只有赵襄子拒绝了。智氏听说后大怒，马上命令韩、魏两家一起发兵，共同攻打赵氏。

公元前455年，智瑶、韩康子、魏桓子三家围住晋阳，但是赵襄子不是无能之辈，他坚守城池，双方对峙了两年多。到了公元前453年，智氏引晋水灌城。城墙头只差三版的地方没有被淹没，锅灶都被泡塌，青蛙四处乱跳，人民仍没有背叛之意。智瑶巡视水势，魏桓子和韩康子站在他的身边。智瑶得意扬扬地说："我今天才知道水可以让人亡国。"魏桓子用胳膊肘碰了一下韩康子，韩康子也踩了一下魏桓子的脚。因为汾水可以灌魏国都城安邑，绛水也可以灌韩国都城平阳。

智家的谋士絺疵对智瑶说："韩、魏两家肯定会反叛。"智瑶问："你何以知道？"絺疵说："以人之常情而论。我们调集韩、魏两家的军队来围攻赵家，赵家覆亡，下次灾难一定是连及韩、魏两家了。现在我们约定灭掉赵家后三家分割其地，晋阳城仅差三版就被水淹没，城内宰马为食，破城已是指日可待。然而，韩康子、魏桓子两人没有高兴的心情，反倒面有忧色，这不是必反又是什么？"第二天，智瑶把絺疵的话告诉了韩、魏二人，二人说："这一定是离间小人想为赵家游说，让主公您怀疑我们韩、魏两家而放松对赵家的进攻。不然的话，我们两家岂不是放着早晚就分到手的赵家田地不要，而要去干那危险必不可成的事吗？"两人出去，絺疵进来说："主公为什么把臣下我的话告诉他们两人呢？"智瑶惊奇地反问："你怎么知道的？"回答说："我见他们认真看我而匆忙离去，因为他们知道我看穿了他们的心思。"智瑶不为所动，于是絺疵请求让他出使齐国。

赵襄子派张孟谈秘密出城来见韩、魏二人，张孟谈说："我听说唇亡齿寒。现在智瑶率领韩、魏两家来围攻赵家，赵家灭亡后就该轮到韩、魏了。"韩康子、魏桓子也说："我们心里也知道会这样，只怕事情还未办好而计谋先泄露出去，就会马上大祸临头。"张孟谈又说："计谋出自二位主公之口，进入我一人耳朵，有何伤害呢？"于是两人秘密地与张孟谈商议，约好起事日期后送他回城了。夜里，赵襄子派人杀掉智军守堤官吏，使大水决口反灌智瑶军营。智瑶军队大乱，韩、魏两家军队乘机从两翼夹击，赵襄子率士兵从正面迎头痛击，大败智家军，于是杀死智瑶，又将智家族人尽行诛灭。

壹行

※原文

先王所恶，无恶于不可知。不可知，则君臣父子兄弟朋友夫妻之际败矣。十际皆败，乱莫大焉。凡人伦，以十际为安者也，释十际则与麋鹿虎狼无以异，多勇者则为制耳矣。不可知，则知无安君、无乐亲矣，无荣兄、无亲友、无尊夫矣。

※译文

先王所厌恶的，莫过于言行不可揣度。不可揣度，那么君臣、父子、兄弟、朋友、夫妻之间的界限就要被破坏了。十者的界限都被破坏，祸乱没有比这更大的了。大凡人伦道德，是凭借这十个方面的界限保持的，舍弃这十个方面的界限，人就和麋鹿、虎狼没什么区别了，孔武有力的人就会摆布别人了。不可揣度，那就没有人安定君主、取悦父母了，没有人尊重兄长、亲近朋友、尊敬丈夫了。

※原文

强大未必王也，而王必强大。王者之所藉以成也何？藉其威与其利。非强大则其威不威，其利不利。其威不威则不足以禁也，其利不利则不足以劝也，故贤主必使其威利无敌。故以禁则必止，以劝则必为。威利敌，而忧苦民、行可知者王，威利无敌，而以行不知者亡。小弱而不可知，则强大疑之矣。人之情不能爱其所疑，小弱而大不爱，则无以存。故不可知之道，王者行之，废；强大行之，危；小弱行之,灭。

※译文

强大不一定能够称王天下，称王天下却必须要强大。称王天下的人靠什么成功的呢？靠的是他的威势和财富。如果不强大，那么他的威势就不能成为威势，他的财富也就算不上财富。威势不能成为威势，就不足以禁止人们为恶；财富算不上财富，就不足以鼓励人们向善。因此，贤明的君主一定要使自己的威势和财富无可匹敌。这样，用以除恶，就一定会令行禁止；用以扬善，就一定会有人响应。威势与财富相当而又能关心百姓疾苦，那么，言行诚信可知的人就能在天下称王；威势和财富无可匹敌，但言行不可察知的人却会灭亡。国家弱小而其所作所为又让人捉摸不透的，强大的国家就会猜疑它。不爱自己有所猜疑的人，这是人之常情。国家弱小而又不为大国喜爱，那就无法生存。所以，言行变化无常，称王天下的人这么去做就会衰落；强大的国家这么去做就会有危险；弱小的国家这么去做就会灭亡。

※原文

今行者见大树，必解衣悬冠倚剑而寝其下。大树非人之情亲知交也，而安之若此者，信也。陵上巨木，人以为期，易知故也。又况于士乎？士义可知故也，则期为必矣。又况强大之国？强大之国诚可知，则其王不难矣。

※译文

如果行路的人看见大树，就一定会脱下衣服、挂上帽子，把宝剑靠在树边，躺在树下休息。大树并不是人们的亲戚朋友，但人们是如此放心，这是因为它值得信赖。土山上的大树，人们用它来作为约会的地方，是因为它容易见到的缘故，更何况是士人呢？士人的道义如果诚心可知，那么受到的重视就是必然的了。更何况是强大的国家？强大的国家确实诚信可知，那么它称王天下就不难了。

※原文

人之所乘船者，为其能浮而不能沈也。世之所以贤君子者，为其能行义而不能行邪辟也。孔子卜，得贲。孔子曰：“不吉。”子贡曰：“夫贲亦好矣，何谓不吉乎？”孔子曰：“夫白而白，黑而黑，夫贲又何好乎？”故贤者所恶于物，无恶于无处。

※译文

人们之所以乘船，是因为它能浮在水面上而不下沉。世间之所以尊重君子，是因为他能实行仁义而不会做邪恶的事。孔子占卜，得到贲卦。孔子说：“不吉利。”子贡说：“贲卦也很好，为什么不吉利？”孔子说：“白就是白，黑就是黑，贲卦斑驳不纯，又有什么好处呢？”所以，贤能的人所厌恶的事物，莫过于不可揣度了。

※原文

夫天下之所以恶，莫恶于不可知也。夫不可知，盗不与期，贼不与谋。盗贼大奸也，而犹所得匹偶，又况于欲成大功乎？夫欲成大功，令天下皆轻劝而助之，必之士可知。

※译文

天下的士人所厌恶的，莫过于不可揣度。人若是不可揣度，就是强盗也不会和他结伙，窃贼也不跟他谋划。强盗、窃贼是非常邪恶的人，尚且要找合适的伙伴，更何况想要成就大功业的人呢？想要成就大的功业，让天下人都来竞相努力、帮助自己，一定要做到使士人可以了解。

※读解

君臣、父子、兄弟、朋友、夫妻，这十者之间的关系，就是封建制度维系的根本。那么贯穿这十个方面的就是言行一致。若是言行不一，就是说这个人不可揣度。不可揣度，是因为此人所说的话和所做的事表里不一，让人不知道该相信他所说的话，还是该相信他所做的事。这样的人，“盗不与期，贼不与谋”，盗贼不屑于和他一起做事，更何况是那些浊世君子之流呢？

人们看见大树，就会安心地躺在它的下边休息。但是面对一个同类——人，就不会有这样的信任。因为人总是有私心、欲望，这种私心和欲望达到一定程度，就会使一个人疯魔，为了这些私利和欲望不择手段。所以，自古以来，总有人说人心是最险恶的。

※事例

忠贞的龚胜以死明志

王莽篡夺王位之后，派使者带着诏书、印信，驾着四匹马的车去迎接龚胜，当即宣布拜授他为师友祭酒。使者与郡太守，县里的县令、县丞、县尉，郡县的三老、属官，乡邑中品行高尚的人、儒生千人以上，到龚胜所住的街巷宣读诏书。

使者打算让龚胜起身出门迎诏，但在门外等了很长时间，龚胜声称病情严重，便把床放到卧室门西侧、南窗之下，头向东方，穿上官服。使者把皇帝诏书、印信交给他，并将四匹马驾的车拉到院子里，向龚胜致意说：“新朝未曾忘记先生。制度的制定还没有完成，等待先生主持。君主也想听到您的治国之道以安定天下。”

龚胜回答：“我向来愚昧，加上年纪老迈，而又身染重病，命在旦夕，如果随阁下上道，一定会死在途中，实在是没有用处！”

使者又要挟劝说，甚至要把印信佩戴到他身上，龚胜却一再推辞。使者只好奏报：“现在正值盛夏，天气酷热，龚胜有病，缺少气力，是不是可以等到秋季凉爽时再动身？”王莽下诏允许。

使者每隔五天就与郡太守一同去问候龚胜起居，并告诉龚胜的两个儿子和学生高晖等说：“朝廷这么虚心地用爵位封地来优待先生，他虽然身患疾病，但应该移住在驿站官舍，表示有应征进京的意思，这样做必将为子孙留下巨大的家产。”高晖等人把使者的话转告龚胜，龚胜知道自己推辞已经没有用了，便对高晖等人说：“我接受汉朝的厚恩，但无法报答，而今年已衰老，随时都会埋入地下。从道义来说，岂可以一身而侍奉两姓君王？这样在九泉下又如何面对故主呢？”

龚胜于是吩咐他们准备后事，说："衣服只要能包住身体就够了，棺材只要能包住衣服就够了。不要随时下流行的风俗一样在墓上培土，或种植松柏，也不要建立祠堂！"说完，就不再喝水吃饭，历时十四日而死，享年七十九岁。

察传

※原文

夫得言不可以不察。数传而白为黑，黑为白。故狗似玃，玃似母猴，母猴似人，人之与狗则远矣。此愚者之所以大过也。闻而审，则为福矣，闻而不审，不若无闻矣。齐桓公闻管子于鲍叔，楚庄闻孙叔敖于沈尹巫，审之也。故国霸诸侯也。吴王闻越王勾践于太宰嚭，智伯闻赵襄子于张武，不审也，故国亡身死也。

※译文

传闻不可以不审察，经过辗转相传，白的成了黑的，黑的成了白的。所以狗似玃，玃似猕猴，猕猴似人，人和狗的差别就很远了。这是愚人所以犯大错误的原因。听到什么，如果加以审察，就有好处；听到什么，如果不加审察，不如不听。齐桓公从鲍叔牙那里得知管仲，楚庄王从沈尹巫那里得知孙叔敖，审察他们，因此国家称霸于诸侯。吴王从太宰嚭那里听信了越王勾践的话，智伯从张武那里听信了赵襄子的事，没有经过审察便相信了，因此国家灭亡，自己也送了命。

※原文

凡闻言必熟论，其于人必验之以理。鲁哀公问于孔子曰："乐正夔一足，信乎？"孔子曰："昔者舜欲以乐传教于天下，乃令重黎举夔于草莽之中而进之，舜以为乐正。夔于是正六律，和五声，以通八风，而天下大服。重黎又欲益求人，舜曰：'夫乐，天地之精也，得失之节也，故唯圣人为能和乐之本也。夔能和之以平天下，若夔者一而足矣。'故曰'夔一足'，非'一足'也。"宋之丁氏，家无井而出溉汲，常一人居外。及其家穿井，告人曰："吾穿井得一人。"有闻而传之者曰："丁氏穿井得一人。"国人道之，闻之于宋君。宋君令人问之于丁氏，丁氏对曰："得一人之使，非得一人于井中也。"求闻之若此，不若无闻也。

※译文

凡是听到传闻，都必须深透审察，对于人都必须用理进行检验。鲁哀公问孔子说："乐正夔只有一只脚，是真的吗？"孔子说："从前舜想用音乐向天下老百姓传播教化，就让重黎从民间举荐了夔而且起用了他，舜任命他做乐正。夔于是校正六律，谐和五声，用来调和阴阳之气，因而天下归顺。重黎还想多找些像夔这样的人，舜说：‘音乐是天地间的精华，国家治乱的关键。所以，只有圣人才能做到和谐，而和谐是音乐的根本。夔能调和音律，从而使天下安定，像夔这样的人一个就够了。’所以说‘一个夔就足够了’，不是‘夔只有一只足’。”宋国有个姓丁的人，家里没有水井，需要出门去打水，经常派一人在外专管打水。等到他家打了水井，他告诉别人说：“我家打水井得到一个人。”有人听了就去传播：“丁家挖井挖到了一个人。”都城的人纷纷传说这件事，被宋君听到了。宋君派人向姓丁的问明情况，姓丁的答道：“得到一个人使用，并非在井内挖到了一个活人。”像这样听信传闻，不如不听。

※原文

子夏之晋，过卫，有读史记者曰：“晋师三豕涉河。”子夏曰：“非也，是己亥也。夫‘己’与‘三’相近，‘豕’与‘亥’相似。”至于晋而问之，则曰“晋师己亥涉河”也。辞多类非而是，多类是而非。是非之经，不可不分。此圣人之所慎也。然则何以慎？缘物之情及人之情以为所闻，则得之矣。

※译文

子夏到晋国去，经过卫国，有个读史书的人说：“晋军三豕过黄河。”子夏说：“不对，是己亥日过黄河。‘己’字与‘三’字字形相近，‘豕’字和‘亥’字相似。”到了晋国，探问此事，果然是说“晋国军队在己亥那天渡过黄河”。言辞有很多似是而非、似非而是的。是非的界线，不可不分辨清楚，这是圣人需要特别慎重对待的问题。虽然这样，那么靠什么方法才能做到慎重呢？遵循着事物的规律和人的情理，用这种方法来审察所听到的传闻，就可以得到真实的情况了。

※读解

话语有很多似是而非的，也有很多似非而是的。是非的界限不是那么清楚，这样一来，听话的人就需要慎重地对待了。就像“晋师三豕涉河”“夔一足”等一样，没有认真对待问题的态度是不可能得到真实情况的。

传闻不能不明察，不明察传闻就不会知道真实的情况。道听途说毕竟不可靠。事实的真相经过人云亦云的添油加醋，早就脱离了真实的状况，听话的人若是不经过大脑，加以详查，一定会像宋国人那样上当受骗的。

※事例

司马熹帮助阴姬立后

阴姬和江姬争着要做中山君的王后。司马熹对阴姬的父亲说："争当王后的事如果能成功，那么您就可以得到封地，管理万民；如果不能成功，恐怕您连性命也保不住呀。想要办成这件事，为什么不让阴姬来见我呢？"阴姬的父亲跪拜叩头，说："事情如果真像您说的那样，我要好好地报答您。"司马熹于是向中山君上书说："我已得知，削弱赵国、强大中山的办法。"中山君很高兴地接见他说："我想听听你的高见。"司马熹说："我希望先到赵国去，观察那里的地理形势、险要的关塞、人民的贫富、君臣的好坏、敌我力量的对比，考察之后作为凭据，眼下还不能陈述。"于是，中山君派他到赵国去。

司马熹拜见赵王，说："我听说，赵国是天下最喜欢音乐和出产美女的国家。这次我来到贵国，走城过邑，观赏人民的歌谣风俗，也看见了形形色色的人，却根本没有见到天姿国色的美女。我周游各地，无所不至，从没有见过像中山国的阴姬那样漂亮的女子。不知道的，还以为是仙女下凡，她的艳丽用言语简直不能描画。她的容貌姿色实在超出一般的美女，至于说她的眉眼、鼻子、脸蛋、额角，那头形，那天庭，那真是帝王之后，绝不是诸侯的嫔妃。"赵王的心被说动了，高兴地说："我希望能得到她，怎么样？"司马熹说："我私底下看她那么漂亮，嘴里就不知不觉地说出来了。您如果要想得到她，这可不是我敢随便说的，希望大王不要泄露出去。"

司马熹告辞而去，回来向中山君报告说："赵王不是个贤明的君主。他不喜欢道德修养，却追求淫声美色；不喜欢仁德礼义，却追求勇武暴力。我听说他竟然还想得到阴姬哩。"中山君听后脸色大变，很不高兴。司马熹接着说道："赵国是个强国，他要得到阴姬的心思是肯定的了。大王如果不答应，那么国家就危险了；如果把阴姬给了他，不免会被诸侯耻笑。"中山君说："那该怎么办好呢？"司马熹说："大王立阴姬为后，以此断了赵王的念头。世上还没有要人家王后的道理。即使他想来要，邻国也不会答应。"中山君于是立阴姬为王后，赵王也就没有再提娶阴姬的事了。

贵直论

贵直

※原文

贤主所贵莫如士。所以贵士，为其直言也。言直则枉者见矣。人主之患，欲闻枉而恶直言。是障其源而欲其水也，水奚自至？是贱其所欲而贵其所恶也，所欲奚自来？

※译文

贤明的君主所重视的莫过于士人。之所以要重视士人，是因为他们能够直言不讳。直言不讳，那么枉曲就显现出来了。君主的隐患，就在于喜欢听枉曲的言论却厌恶听正直的言论。这就如同堵塞水源却又想要取到水一样，水从哪里来呢？这也如同轻视所想要的却重视所厌恶的，所想要的从哪里来呢？

※原文

能意见齐宣王。宣王曰：“寡人闻子好直，有之乎？”对曰：“意恶能直？意闻好直之士，家不处乱国，身不见污君。身今得见王，而家宅乎齐，意恶能直？”宣王怒曰：“野士也！”将罪之。能意曰：“臣少而好事，长而行之，王胡不能与野士乎，将以彰其所好耶？”王乃舍之。能意者，使谨乎论于主之侧，亦必不阿主。不阿，主之所得岂少哉？此贤主之所求，而不肖主之所恶也。

※译文

能意拜见齐宣王。齐宣王说：“我听说您喜欢直言不讳，有这回事吗？”能意回答说：“我怎么能够做到直言不讳呢？我听说喜欢直言的人，家不居住在政治混乱的国家，自身也不被国君玷污。今天我亲自见到您，而且举家居住在齐国，我怎么能够做到直言不讳呢？”齐宣王愤怒地骂道：“你是个粗俗野蛮的人！”将要加罪于他。能意说：“我年少的时候就喜欢和人斗嘴，长大了仍然这样做，您为什么不能够听取粗野之人的言论，来彰显他们所喜欢的呢？”齐宣王这才赦免了他。像能意这样的人，假若在君主身边谨慎地发表言论，也一定不会对君主阿谀奉承。不阿谀奉承，君主所得到的难道就会减少吗？这是贤明的君主所要寻求的，但却正是不贤明的君主所不喜欢的。

※原文

狐援说齐愍王曰：“殷之鼎陈于周之廷，其社盖于周之屏，其干戚之音在人之游。亡国之音不得至于庙，亡国之社不得见于天，亡国之器陈于廷，所以为戒。王必勉之！其无使齐之大吕陈之廷，无使太公之社盖之屏，无使齐音充人之游。”齐王不受。狐援出而哭国三日，其辞曰：“先出也，衣絺纻；后出也，满囹圄。吾今见民之洋洋然东走而不知所处。”齐王问吏曰：“哭国之法若何？”吏曰：“斮。”王曰：“行法！”吏陈斧质于东闾，不欲杀之，而欲去之。狐援闻而蹶往过之。吏曰：“哭国之法斮，先生之老欤？昏欤？”狐援曰：“曷为昏哉？”于是乃言曰：“有人自南方来，鲋入而鲵居，使人之朝为草而国为墟。殷有比干，吴有子胥，齐有狐援。已不用若言，又斱之东闾，每斱者以吾参夫二子者乎！”狐援非乐斱也，国已乱矣，上已悖矣，哀社稷与民人，故出若言。出若言非平论也，将以救败也，固嫌于危。此触子之所以去之也，达子之所以死之也。

※译文

狐援劝说齐愍王，说：“殷朝的鼎陈设在周朝的宫廷，殷朝的社庙被周朝所修建的照壁遮盖，殷朝挥动兵器跳舞的音乐被周朝的人欣赏。亡国的音乐不能进入宗庙，亡国的社庙不能出现在天日之下，但亡国的器物陈设在朝廷，是用来告诫后人的。您一定要尽力啊！这样就不会让我们国家的钟陈设在别国的朝廷，不会让太公的社庙被别国的照壁遮盖，不会让我们国家的音乐被别国的人欣赏。”齐王不接受狐援的劝说。狐援退出朝廷后为国家痛哭了三天，边哭边说道：“先逃出来的百姓还可以穿着布衣过生活，后逃出来的被关起来塞满了监狱。我现在看见成群结队的百姓向东逃跑却不知道他们要逃到哪里。”齐愍王问狱官说：“哭丧国家，按照法律应该治什么罪？”监狱官回答说：“斩首。”齐愍王说：“那就执行法律吧！”狱官把行刑的斧头摆放在都城的东门，不愿杀狐援，而是想让他逃走。狐援听说后却急忙去见狱官。狱官说：“哭丧国家，按照法律是应当斩首的，先生您是老了，还是糊涂了？”狐援说：“什么糊涂呀？”于是就说：“有人从南方来，刚来的时候像鲋鱼一样顺从，后来就像鲵鱼一样残忍，使别人的朝廷变成腐草，国家变为废墟。殷商有比干，吴国有伍子胥，齐国有我狐援。大王既然不听我的劝说，又要在都城东门把我斩首，这次杀我是要我同比干、伍子胥并列为三啊！”狐援并不是乐于被斩首，国家已经混乱不堪，国君也已经昏惑不堪，哀怜国家和百姓，所以才说出这样的话。说这样的话不是平常一般的言论，而是打算挽救国家的颓败，所以说的话有危言耸听的嫌疑。这就是触子离开国家的原因所在，也是达子为国家而死的原因所在。

※原文

赵简子攻卫，附郭。自将兵，及战，且远立，又居于犀蔽屏橹之下。鼓之而士不起。简子投桴而叹曰：“呜呼！士之速弊一若此乎！”行人烛过免胄横戈而进曰：“亦有君不能耳，士何弊之有？”简子艴然作色曰：“寡人之无使，而身自将是众也，子亲谓寡人之无能，有说则可，无说则死！”对曰：“昔吾先君献公即位五年，兼国十九，用此士也。惠公即位二年，淫色暴慢，身好玉女，秦人袭我，逊去绛七十，用此士也。文公即位二年，底之以勇，故三年而士尽果敢；城濮之战，五败荆人，围卫取曹，拔石社，定天子之位，成尊名于天下，用此士也。亦有君不能耳，士何弊之有？”简子乃去犀蔽屏橹，而立于矢石之所及，一鼓而士毕乘之。简子曰：“与吾得革车千乘也，不如闻行人烛过之一言。”行人烛过可谓能谏其君矣。战斗之上，桴鼓方用，赏不加厚，罚不加重，一言而士皆乐为其上死。

※译文

赵简子率兵攻打卫国，军队已经逼近城郭。他亲自带领兵士，到了交战的时候，却远远地站着，又躲在坚固的大盾牌的遮蔽之下。他擂响战鼓，但是士兵都不向前进攻。赵简子扔掉鼓槌叹息着说：“唉！士兵这么快就疲乏到这个样子！”任行人官职的烛过脱去盔甲，横向拿着戈对赵简子说：“(出现这种情况)也有您无能的缘故，士兵有什么疲惫的？”赵简子勃然大怒，变了脸色说：“我没有派别人来，而是亲自率领这些士兵，你却当面亲口说我无能，能说出道理来就赦免你，说不出道理来就把你处死！”烛过回答说：“从前我们的先王献公在位五年，兼并了十九个国家，用的就是这些士兵。惠公在位两年，荒淫残暴，喜欢美女，秦国偷袭我国，逃离绛地七十里，用的也是这些士兵。文公在位两年，磨炼士兵的勇气，所以三年后士兵都果敢勇猛；城濮之战，五次打败楚国军队，包围卫国、夺取曹国，攻占石社，稳定了天子的地位，成了天下的霸主，用的还是这些士兵。也有您无能的缘故，士兵有什么问题呢？”赵简子于是除去坚固的大盾牌，站在流箭和火石能够射到的地方，擂一次鼓就鼓起了士兵的士气向前冲去。赵简子说：“与其给我一千辆战车，不如让我听行人烛过的一番话。”行人烛过可以说是善于劝谏他的国君的。作战的时候，正是击鼓鼓舞士气的时候，奖赏不必加厚，惩罚不必加重，一番话就能够让士兵都乐于为他们的君王去拼死了。

※读解

历史上有敢于直言劝谏的人，但这类人的数目不多，所以他们那股执着的劲头让我们佩服和景仰。之所以佩服和景仰，是因为我们的内心深处缺乏他们人性中的一些闪耀光芒的东西。在他们直言的背后，我们可以发现，他们都有一颗非常正直的心，都有一种对国家、对君主、对百姓的忠诚和热爱。因此，他们敢于冒着生命危险去批逆鳞、匡偏颇，救国家和无数生命于危难之中。正因为如此，他们显得非常可爱，一次次读到和讲起他们，一次次感动我们。

※事例

强项令董宣不畏皇权　秉公执法

董宣是陈留人，汉光武帝时任洛阳县令。他为人刚直，不畏权贵，严正执法。

汉光武帝刘秀的姐姐是湖阳公主。有一次，湖阳公主的一个奴仆凭仗自己是公主的人，于光天化日之下杀了人，但毕竟是杀了人，就吓得躲藏在公主家里，请求湖阳公主保护他。因为是公主的府第，官差都不敢进去搜捕捉拿。

过了几天，湖阳公主要出门，就让那个奴仆一起坐上自己的车。时任县令的董宣就亲自在夏门亭等候，等车到了就上前挡住了公主的去路。他抓住了马的缰绳，用刀画地，历数公主保护杀人犯的错误行为，并大声怒喝杀了人的奴仆下车。等奴仆一下车就举刀杀死了他。

公主见到这个情形，马上就气急败坏地跑回宫中告诉了她的弟弟汉光武帝刘秀。刘秀听了之后也大为愤怒，马上下令召见董宣。

董宣奉旨来到宫里，刘秀下令手下的人将他乱棍打死。

董宣磕着头说："我请求皇上允许我说句话再死。"

刘秀说："有什么话就说吧。"

董宣说："陛下贤德，复兴了汉室，但现在要任由奴仆杀人行凶，还将如何治理天下呢？不用你们动手，我自己来吧！"

说完就撞向旁边的一根柱子，顿时血流满面。刘秀大惊，忙让太监拉住董宣，但要让他给公主磕头道歉。董宣不听从，刘秀就让人强按他的脑袋。董宣两手撑着地面，硬着脖颈，始终不肯低头。

这时，湖阳公主对刘秀说："你当平民百姓的时候，藏了逃犯，官吏都不敢上门来找；现在当了皇帝，你的权力竟然不能用到一个小小县令身上吗？"

刘秀笑着说："天子和平民不一样！"接着下令说，"强项令出去！"后来又赏了董宣银钱三十万，董宣分给了手下官吏。

从这以后，董宣执法更加严格，京城豪强都非常害怕这个强项令。

直谏

※原文

言极则怒，怒则说者危。非贤者孰肯犯危？而非贤者也，将以要利矣；要利之人，犯危何益？故不肖主无贤者。无贤则不闻极言，不闻极言，则奸人比周，百邪悉起。若此则无以存矣。凡国之存也，主之安也，必有以也。不知所以，虽存必亡，虽安必危。所以不可不论也。

※译文

言论过于激烈就会把人激怒，把人激怒就会使说话的人陷入危险境地。不是贤能的人谁愿意去这样冒险？而且不是贤能的人，就会凭借这来谋求私利；想要谋求私利的人，这样冒险又有什么好处呢？所以，不贤明的君主身边就没有贤能的人。身边没有贤能的人就听不到直言劝谏，听不到直言劝谏，那么奸邪的人就会结党营私，各种邪气都会泛起。如果这样，国家将会失去存在的根基。大凡国家的生存、君主的安全，必定有它的条件。如果不知道这个条件是什么，那么虽然国家暂时存在，也必定要走向灭亡；虽然暂时平安无事，但必定要发生危险。所以国家的生存之道不能不加以研究讨论。

※原文

齐桓公、管仲、鲍叔、宁戚相与饮。酒酣，桓公谓鲍叔曰："何不起为寿？"鲍叔奉杯而进曰："使公毋忘出奔在于莒也，使管仲毋忘束缚而在于鲁也，使宁戚毋忘其饭牛而居于车下。"桓公避席再拜曰："寡人与大夫能皆毋忘夫子之言，则齐国之社稷幸于不殆矣！"当此时也，桓公可与言极言矣。可与言极言，故可与为霸。

※译文

齐桓公、管仲、鲍叔牙和宁戚在一起饮酒。饮到酣畅的时候，齐桓公对鲍叔牙说："为什么不站起来祈祷、祝愿？"鲍叔牙站起来双手举着酒杯说："愿您不要忘记在莒国逃亡的经历，愿管仲不要忘记在鲁国被羁押的经历，愿宁戚不要忘记住在车下并像牛一样吃草的经历。"齐桓公离开坐席也行礼叩拜后说："我与各位大夫都能不忘记先生的话，那么齐国就会有幸不衰败了。"在这个时候，可以和齐桓公说激烈的话。可以与他说激烈的话，所以就可以与他一起来成就霸王大业。

※原文

荆文王得茹黄之狗，宛路之矰，以畋于云梦，三月不反。得丹之姬，淫，期年不听朝。葆申曰："先王卜以臣为葆，吉。今王得茹黄之狗，宛路之矰，畋三月不反；得丹之姬，淫，期年不听朝。王之罪当笞。"王曰："不谷免衣襁褓而齿于诸侯，愿请变更而无笞。"葆申曰："臣承先王之令，不敢废也。王不受笞，是废先王之令也。臣宁抵罪于王，毋抵罪于先王。"王曰："敬诺。"引席，王伏。葆申束细荆五十，跪而加之于背，如此者再，谓王："起矣！"王曰："有笞之名一也，遂致之！"申曰："臣闻君子耻之，小人痛之。耻之不变，痛之何益？"葆申趣出，自流于渊，请死罪。文王曰："此不谷之过也，葆申何罪？"王乃变更，召葆申，杀茹黄之狗，析宛路之矰，放丹之姬。后荆国兼国三十九。令荆国广大至于此者，葆申之力也，极言之功也。

※译文

楚文王得到茹地出产的黄狗、宛地出产的短箭，于是在云梦山打猎，三个月不回来。他得到一个丹地的美女，荒淫无度，一年都不上朝听政。葆申说："先王占卜让我来做太保，卦象显示大吉。现在您得到茹地的黄狗、宛地出产的短箭，在外打猎三个月不回来；又得到丹地的美女，纵情荒淫，一年不上朝听政。您应该受到鞭刑。"楚文王说："我自从很小的时候就位列诸侯，希望变更一下，不实行鞭刑吧。"葆申说："我谨奉先王的遗令，不敢废弃。大王不接受鞭刑，这是废弃先王的遗令。我宁愿获罪触犯您，也不愿获罪触犯先王。"楚文王说："请实行刑罚吧。"于是就叫人取来一张席子铺好，楚文王趴伏在上面。葆申捆了五十根细荆条，跪着把荆条放在楚王的脊背上，像这样重复了两次，然后对楚文王说："请您起来吧！"楚文王说："有鞭打的罪名是相同的，就这样实行刑罚了？"葆申说："我听说有道德的人会把这当作耻辱，但一般人只会感到疼痛。如果不知道洗刷掉耻辱，就是真正鞭打让您感受疼痛又有什么好处呢？"说完葆申就快步退了出来，自己把自己远远地流放到海边，并请求楚文王治自己的死罪。楚文王说："这是我的过错。你有什么罪过呢？"于是楚文王就改过自新，召回葆申，杀死茹地的黄狗，折断宛如出产的箭，释放了丹地的美女。后来楚国兼并了三十九个国家。能够让楚国的疆域这样广阔，是靠葆申的能力，是他激烈劝谏的功劳。

※读解

直言相谏是很危险的举动，因为他往往要指出问题的敏感处、关键处。其中的分寸是要很好地把握，才能达到最佳劝谏目的的。人在盛怒之下是什么事都可以做出来的。谏言者还要对对方有深刻的了解，出发点也得是真心为对方好。把握了这两点，一般情况下就可以直言不讳了。

※事例

忠诚谏臣以身殉国

晋愍帝建兴四年，太宰河间王刘易、大将军渤海王刘敷、御史大夫陈元达、金紫光禄大夫西河人王延等人联合向刘聪上奏表，他们在奏表中说："王沈一伙人假传圣旨，欺瞒谄媚陛下，亲近讨好相国，权势极其炽盛，甚至能够和陛下相比。他有许多党羽，祸乱国家。陈休等是忠臣，为朝廷尽心尽力。王沈一伙人害怕陈休揭露他们的罪行，对陈休大加诬陷。对于这些，陛下不仅没有察觉，还对忠臣动了极刑，百姓对此大为不满。现在晋朝的残余势力还没消灭干净，巴、蜀地方也不来朝见缴贡，石勒图谋占据赵、魏，曹嶷要在齐称王，朝廷的五脏四肢，还有哪里不危险呢？您却依然宠信王沈一伙，这样下去朝廷就会病入膏肓，无法救治。请陛下撤去王沈一伙的官职，论罪处治。”

刘聪却把奏表拿给王沈一伙看，并说：“这些人和陈元达在一起，都变痴呆了。”

王沈磕着头，声泪俱下地说：“臣等都是小人，承蒙陛下错爱提拔，能够为陛下效犬马之劳。王公朝臣对我们却嫉恨如同仇敌，又对陛下大为不满。愿陛下把臣等丢入滚油锅里给炸了吧，这样朝廷自然就会平静了。”

刘聪说：“他们有这样的狂言乱语是很正常的，你们哪里又会惹得他们痛恨呢？”

随后，刘聪又向相国刘粲询问王沈是什么样的人，刘粲对王沈大加称赞，说他们对朝廷忠心耿耿，为官又清正廉洁。刘聪听了十分高兴，又把王沈封为侯。

太宰刘易不甘心，就又到皇上面前上奏章，痛斥王沈的奸邪行径，刘聪等不及听完就大为愤怒，把奏章撕得粉碎。

三个月之后，刘易因此事得病，不治而亡。刘易为人率直，对朝廷一片赤诚。

刘易去世后，御史大夫陈元达悲伤万分，说：“《诗经》里说：贤人死亡，国家必然陷入困难。我既然不能再向朝廷进言了，就不能这样苟且偷生了！”随后就自杀了。

知化

※原文

夫以勇事人者，以死也。未死而言死，不论。以虽知之，与勿知同。凡智之贵也，贵知化也。人主之惑者则不然。化未至则不知；化已至，虽知之，与勿知一贯也。事有可以过者，有不可以过者。而身死国亡，则胡可以过？此贤主之所重，惑主之所轻也。所轻，国恶得不危？身恶得不困？危困之道，身死国亡，在于不先知化也。吴王夫差是也。子胥非不先知化也，谏而不听，故吴为丘墟，祸及阖庐。

※译文

凭借勇力来侍奉主人的人，会为主人去死。这样的人还没有死就谈论为主人去死，不会得到人们的理解。人们虽然理解，但和不理解他是一样的。大概智慧的可贵之处，在于能够察知事情的发展变化。国君中那些糊涂的人却不是这样。变化还没有到来时，他们毫无知觉；等变化发生了，他们虽然也知道了，但这和不知道是一样的。事情有的可以有过失，有的不可以有过失。身死国家灭亡的大事，怎么可以有过失呢？这是贤明的君主所重视的，糊涂的君主所轻视的。轻视的话，国家怎么可能不危险？自身怎么可能不困顿？危险和困顿、身死国亡的原因，就在于不能够预先察知事情的变化。吴王夫差就是这样的国君。伍子胥并非没有预先察知到事情的变化，但向吴王夫差劝谏，吴王夫差却不听信，所以吴国变成了废墟，祸及到吴王阖闾。

※原文

吴王夫差将伐齐，子胥曰："不可。夫齐之与吴也，习俗不同，言语不通，我得其地不能处，得其民不得使。夫吴之与越也，接土邻境，壤交通属，习俗同，言语通，我得其地能处之，得其民能使之，越于我亦然。夫吴越之势不两立。越之于吴也，譬若心腹之疾也，虽无作，其伤深而在内也。夫齐之于吴也，疥癣之病也，不苦其已也，且其无伤也。今释越而伐齐，譬之犹惧虎而刺猬，虽胜之，其后患未央。"太宰嚭曰："不可。君王之令所以不行于上国者，齐、晋也。君王若伐齐而胜之，徙其兵以临晋，晋必听命矣。是君王一举而服两国也，君王之令必行于上国。"夫差以为然，不听子胥之言，而用太宰嚭之谋。子胥曰："天将亡吴矣，则使君王战而胜；天将不亡吴矣，则使君王战而不胜。"夫差不听。子胥两袪高蹶而出于廷，曰："嗟乎！吴朝必生荆棘矣！"夫差兴师伐齐，战于艾陵，大败齐师，反而诛子胥。子胥将死，曰："与吾安得一目以视越人之入吴也？"乃自杀。夫差乃取其身而流之江，抉其目，着之东门，曰："女胡视越人之入我也？"居数年，越报吴，残其国，绝其世，灭其社稷，夷其宗庙。夫差身为禽。夫差将死，曰："死者如有知也，吾何面以见子胥于地下？"乃为幎以冒面死。夫患未至，则不可告也；患既至，虽知之无及矣。故夫差之知惭于子胥也，不若勿知。

※译文

吴王夫差将要讨伐齐国，伍子胥说："不可以攻打齐国。齐国和吴国风俗习惯不同，言语不通，我们得到他们的土地但无法居住，得到他们的百姓但无法驱使。吴国对越国来说，土地连接，国境相连，田地交错，道路相通，风俗习惯相同，言语相通，我们得到他们的土地能够居住，得到他们的百姓能够驱使。反过来，越国对于我们国家来说也是这样。所以说，吴国和越国势不两立。越国对于吴国来说，就像心腹的疾病，虽然没有发作，但它的伤深而且是在身体内部。而齐国对于吴国来说，就像皮肤上的疥癣，只要不加重就没事，而且它不会伤害到性命。现在放弃越国却讨伐齐国，打个比方来说，就像害怕老虎却去刺杀刺猬，虽然能把刺猬杀死，但真正的后顾之忧仍没有解决。"太宰嚭说："不能这样做。君王您的命令之所以不能在中原各国施行，就是因为有齐国和晋国的存在。您如果讨伐齐国并且取得胜利，然后移动大军逼近晋国边境，晋国一定会听从您的命令。这样您就一次作战使两个国家屈服，您的命令就必定能在中原各国施行。”夫差认为太宰嚭说得对，于是不接受伍子胥的意见，而采用了太宰嚭的计策。伍子胥说：“上天要让吴国灭亡，就让君王打胜仗；上天要是不让吴国灭亡，就让君王打败仗。”夫差听不进去。伍子胥于是两袪高蹶而退出了朝廷，说：“唉！吴国朝廷必定要长出荆棘了！”夫差发兵攻打齐国，在艾陵交战，大败齐国军队，回来后要诛杀伍子胥。伍子胥临死时说：“我怎样得到一只眼睛来看看越国人进入吴国啊？”就自杀了。夫差把伍子胥的身体放到长江里，剜下他的眼睛，放在都城的东门上，说：“你不是要看越国人攻入吴国吗？”过了几年，越国报复吴国，攻破了吴国，断绝了后世，毁灭了吴国祭祀的社稷，铲除了吴国的宗庙。夫差被擒获，临死前说：“如果死了的人能有知觉的话，那我有什么脸面去地下见伍子胥啊？”于是死时用布盖住了脸。因此，灾祸还没有降临，就不能告诉他；灾祸降临了，虽然知道了，但也来不及了。所以夫差知道惭愧地面对伍子胥，还不如不知道。

※读解

事物是永恒地运动、变化、发展的，人们应该用运动发展的观点来看待事物。伍子胥深知吴国在发展的过程中将要面临的危险，正是很好地运用了运动和发展的观点来预测吴国前途的。但无奈夫差似乎是一个榆木疙瘩，不知事物的运动变化和发展的道理，固执己见。可叹，伍子胥；可悲，夫差。这个故事所带给人们的启示是不应该被忘记的。

※事例

从“塑料花大王”到香港地产巨头

李嘉诚的童年生活很艰苦。为了养家糊口，他辍学后曾在一家塑胶厂当推销员。由于勤奋上进，业绩显著，他很短时间便被老板赏识。两年后，18 岁的李嘉诚成了总经理。

1950 年夏，李嘉诚立志创业，向亲友举债 5 万港元，加上自己积蓄的 7000 元，在筲箕湾租了厂房，创办长江塑料厂。

一天，他翻阅英文版《塑料》杂志，看到一条小消息，说意大利一家塑料公司设计出一种塑料花，将要投放欧美市场。李嘉诚马上意识到，战后经济全面复苏，人们对物质生活会有更高要求，塑料花物美价廉，将有很大的市场，就开始投产。

他的塑料花产品很快打入香港和东南亚市场。欧美市场对塑料花的需求剧增，

"长江"的订单成倍增长。到1964年，李嘉诚获利数千万港元。这使"长江"成为世界上最大的塑料花生产基地，李嘉诚成为有名的"塑料花大王"。

之后，李嘉诚预料物极必反，塑料花生意不会长期获利，就急流勇退，转投生产塑料玩具。不出所料，两年后塑料花市场饱和，产品滞销，"长江"却已经在国际玩具市场占据大量份额，年出口额达1000万美元，领跑香港塑料玩具出口业。

1965年，香港发生银行信用危机，投资者及市民纷纷抛售房产，离开香港。香港房地产价格暴跌，地产公司纷纷倒闭。两年后，香港发生反英暴动，房地产市场崩溃。

李嘉诚却认为香港是充满商机的地方，目前的情况不会长期存在。在人们抛售房产的时候，他却大量购入地皮和二手楼房。两年后，香港局势转好，经济复苏，大批离开香港的人纷纷回来，房产价格暴涨。李嘉诚将廉价收购来的房产高价抛售，并购买了大量具有发展前景的楼盘和土地。

1971年6月，李嘉诚创办长江置业有限公司，该公司第二年改名为长江实业（集团）有限公司，开始在地产领域大展拳脚。后来，国际上发生多次石油危机和经济萧条，危及香港，他趁楼价降低的机会，运用人退我进、人弃我取的战略，在楼市回升时获得巨大利润，从而奠定了他商业帝国和商业神话的基础。

壅塞

※原文

亡国之主不可以直言。不可以直言，则过无道闻，而善无自至矣。无自至则壅。秦缪公时，戎强大。秦缪公遗之女乐二八与良宰焉。戎主大喜，以其故数饮食，日夜不休。左右有言秦寇之至者，因扜弓而射之。秦寇果至，戎主醉而卧于樽下，卒生缚而擒之。未擒则不可知，已擒则又不知。虽善说者，犹若此何哉？

※译文

亡国的君主不能够对他直言不讳。不能够对他直言不讳，他的过错就没有听说的途径，好的德行也不会自己到来。不会自己到来就堵塞。秦穆公的时候，西戎强大。秦穆公赠送给西戎十六个女乐和高明的厨师。西戎的君主大为喜欢，因为这件事，连续好多天日夜不停地吃喝玩乐。身边有人说秦军来了，于是就拉开弓射他。秦军果然就来到了，西戎国君醉倒，躺在桌子底下，最后被活活地捆绑擒获。没有被擒的时候就不能了解，已经被擒犹在醉梦中。虽然是善于劝说的人，又能拿他怎么样呢？

※原文

齐攻宋，宋王使人候齐寇之所至。使者还，曰："齐寇近矣，国人恐矣。"

左右皆谓宋王曰："此所谓'肉自生虫'者也。以宋之强，齐兵之弱，恶能如此？"宋王因怒而诎杀之。又使人往视齐寇，使者报如前，宋王又怒诎杀之。如此者三，其后又使人往视。齐寇近矣，国人恐矣。使者遇其兄，曰："国危甚矣，若将安适？"其弟曰："为王视齐寇，不意其近而国人恐如此也。今又私患，乡之先视齐寇者，皆以寇之近也报而死；今也报其情，死，不报其情，又恐死。将若何？"其兄曰："如报其情，有且先夫死者死，先夫亡者亡。"于是报于王曰："殊不知齐寇之所在，国人甚安。"王大喜。左右皆曰："乡之死者宜矣。"王多赐之金。寇至，王自投车上，驰而走，此人得以富于他国。

※译文

齐国攻打宋国，宋国国君派人侦察齐国入侵者的情况。派去的人回来说："齐国入侵者越来越近，我们国家的人都害怕了。"

身边的人都对宋国国君说："这就是所谓的肉自己生虫。凭着我们宋国强大，齐国弱小，怎么可能出现这样的情况呢？"宋国国君于是愤怒地枉杀了侦察的人。然后又派人去侦察齐国入侵者的情况，派去的人回报的情况和前面的一样。宋国国君又愤怒地枉杀了第二个侦察的人。就这样杀了三人，然后又派人去侦察。这时，齐国入侵者更近了，宋国的百姓更加害怕了。派去的人遇到了他的哥哥，哥哥对他说："国家非常危险了，你要到哪里去啊？"弟弟说："为国君侦察齐国入侵者的情况。没想到入侵者已经这么近了，而且老百姓害怕到这个程度。现在又有我自己的忧患，先前去侦察齐国入侵者的人，都因为报告入侵者越来越近的实际情况而被杀死了；现在我也报告实际情况，定会被杀死，不报告实际情况，又恐怕被杀死。我该怎么办啊？"哥哥说："如果报告实际情况，就要比那些国破后死的人先死，比国破后逃亡的人先逃亡。"于是弟弟向国君报告说："实在没有看见齐国入侵者在哪里，老百姓非常安定。"国君听了大为欢喜。身边的人都说："先前杀死的人真的该死啊！"国君赏赐给他很多金钱。入侵者来到了，国君跳到车上，亲自驾车逃跑。这个人却因此在别的国家过上了富裕的生活。

※原文

夫登山而视牛若羊，视羊若豚，牛之性不若羊，羊之性不若豚，所自视之势过也。而因怒于牛羊之小也，此狂夫之大者。狂而以行赏罚，此戴氏之所以绝也。齐王欲以淳于髡傅太子，髡辞曰："臣不肖，不足以当此大任也，王不若择国之长者而使之。"齐王曰："子无辞也。寡人岂责子之令太子必如寡人也哉？寡人固生而有之也。

子为寡人令太子如尧乎？其如舜也？”凡说之行也，道不智听智，从自非受是也。今自以贤过于尧舜，彼且胡可以开说哉？说必不入，不闻存君。

※译文

登上山顶看山下的牛，就像羊那样大，看山下的羊就像猪那么大，牛的形体不像羊，羊的形体不像猪，是因为自己观看的地势很高。但是，因为牛羊小而愤怒，这是狂妄自大的人。狂妄时进行奖赏和惩罚，这是戴氏国家灭亡的原因所在。齐国国君想让淳于髡做太子的老师，淳于髡推辞说：“我不是贤能的人，不够资格担当这样重大的责任，您不如挑选国家中年纪大的让他当。”齐国国君说：“您不要推辞了。我哪里会要求您把太子教育得像我一样啊？我的贤能是与生俱来的。您能替我把太子教育得像尧一样或者像舜一样就行了。”大概臣下的主张能够被采纳实施，是因为君王能够自以为自己不聪明，来听取别人的聪明建议，是从自以为不对出发来听取的。现在，齐王自以为比尧、舜还要贤明，别人还怎么来开导、说教啊？劝说必然不被听取，这样的君主，没有听说过能够存在下去的。

※原文

齐宣王好射，说人之谓己能用强弓也。其尝所用不过三石，以示左右，左右皆试引之，中关而止。皆曰：“此不下九石，非王其孰能用是？”宣王之情，所用不过三石，而终身自以为用九石，岂不悲哉！非直士其孰能不阿主？世之直士，其寡不胜众，数也。故乱国之主，患存乎用三石为九石也。

※译文

齐宣王喜欢射箭，喜欢别人说自己使得动需要很大的力量才能拉开的弓。拉开他曾经使用过的弓，需要的力量不超过三石，他用这来向身边的人夸耀，身边的人都尝试着拉他的弓，但都拉到一半就不拉了。都说：“拉开这把弓需要的力量不下于九石，除了大王您，谁能用得动这把弓啊？”齐宣王的情况是所使用的力量不超过三石，但他到死都认为自己使用了九石的力量，这难道不悲哀吗？不是正直的人，谁能不对君主阿谀奉承？世上正直的人为数很少，他们的言论敌不过大多数人，是他们人数少的缘故。所以使国家变得混乱的国君，忧患在于实际上使用三石的力量但被说成九石之类的人身上。

※读解

一个人的见识总是有限的，做事的时候听取不同的意见就很有必要。唐太宗

“以人为镜”就明确了治政的得失，所以创造了历史上的“贞观之治”。但善于纳谏的君主在中国历史上很少。自我封闭、自高自大的君主却很多，有的甚至表现得匪夷所思。现实生活中，这类堵塞言路的人也有很多。

其实，做大事也好，决定自己的小事情也好，能够广开言路，多听取不同的意见，对我们都大有好处。

※事例

苻生闭目塞听　残害臣民

苻生做前秦国君的时候，长安城里流传着一个民谣：“东海大鱼化为龙，男皆为王女为公。”碰巧有一天苻生做了一个梦，梦见一条大鱼在吃蒲草，觉得是上天在暗示他什么，就杀掉了当时的太师、录尚书事、广宁公鱼遵和他的七个儿子、十个孙子。

金紫光禄大夫牛夷害怕有一天灾祸会降到自己头上，请求外调，到荆州任职。苻生不同意，就让他做中军将军，并对他说：“你这老牛，性情缓慢，善拉车辕，虽然没有骏马的蹄子，走起路来却能负重百石。”

牛夷说：“我虽然拉着大车，但没有走过险峻的山路。让我试拉重车，就能知道我的作用了。”

苻生笑道：“痛快！你嫌朕让你拉的车轻了吗？朕要给你鱼遵的爵位。”

牛夷听了非常害怕，回去就自杀了。

苻生沉湎酒色，不分昼夜地喝酒，甚至一连几个月不上朝处理政事，也不批阅奏章，有时突然想起，就在醉酒后处理政事，还乘着醉意杀了很多人。一时间朝里的奸臣也趁机大行奸邪之事。

他还喜欢活剥牛、羊、驴、马，用热水褪活鸡、活猪、活鹅、活鸭的毛，还放在皇宫大殿里。

苻生瞎了一只眼睛，所以非常忌讳身边的人在他面前说起残、缺、偏、少、无、不全之类的字眼，因为不慎说了这些字眼而被杀死的人不计其数。

有的时候，他还剥掉人的脸皮，让他们唱歌跳舞，他在一旁观看，从中取乐。

有一次，他问身边的人说：“自从我统治天下以来，外边有说什么的吗？”有人回答说：“圣明君主治理天下，赏罚分明，天下百姓都在歌颂太平盛世。”苻生听了大为生气：“你竟敢向我献媚！”于是把那人杀了。

改天他又问这个问题，有人对他说：“陛下的刑罚稍微过分了一点。”苻生还是大为生气："你竟敢诽谤我！"又把这个人杀了。

苻生如此暴虐嗜杀，使得那些有功的大臣大多遭到杀戮，幸存的大臣战战兢兢，感到朝不保夕，度日如年。

原乱

※原文

乱必有弟，大乱五，小乱三，讱乱三。故《诗》曰"毋过乱门"。所以远之也。虑福未及，虑祸之，所以完之也。武王以武得之，以文持之，倒戈弛弓，示天下不用兵，所以守之也。

晋献公立骊姬以为夫人，以奚齐为太子。里克率国人以攻杀之。荀息立其弟公子卓。已葬，里克又率国人攻杀之。于是晋无君。公子夷吾重赂秦以地而求入，秦缪公率师以纳之。晋人立以为君，是为惠公。惠公既定于晋，背秦德而不予地。秦缪公率师攻晋，晋惠公逆之，与秦人战于韩原。晋师大败，秦获惠公以归，囚之于灵台。十月，乃与晋成，归惠公而质太子圉。太子圉逃归也。惠公死，圉立为君，是为怀公。秦缪公怒其逃归也，起奉公子重耳以攻怀公，杀之于高梁，而立重耳，是为文公。

※译文

混乱必然有次序，大的混乱多次发生以后，多次小的混乱必然会接踵而至，经过多次平定，混乱才能平息。因此《诗经》说："不要从作乱者门前过。"所以要疏远政治混乱的国家。来不及忧虑幸福而去忧虑灾祸，所以才能使国家保持完整。武王凭借武力得到天下，又凭借文治维持它，放下兵器，向天下显示将不使用兵力，所以他能够掌管住政权。

晋献公立骊姬做王妃，立奚齐为太子。里克率领百姓攻入王宫杀了他们。荀息让奚齐的弟弟公子卓登上王位。里克又率领百姓攻入王宫杀了他。于是晋国就没有国君了。公子夷吾用割地来重重地贿赂秦国，请求逃入秦国，秦穆公率领军队迎接收留了他。晋国人拥立公子夷吾做了国君，这就是晋惠公。晋惠公做了晋国的国君之后，违背约定，不给秦国土地。秦穆公率领军队进攻晋国，晋惠公迎战，与秦军在韩原交战。晋国军队战败，秦国俘获晋惠公回去了，把晋惠公囚禁在灵台。十月，与晋国达成了协议，送还晋惠公，但要太子围做人质。太子围逃回晋国。晋惠公死了。围登上王位，这就是晋怀公。秦穆公因太子逃回晋国而愤怒，支持公子重耳去攻打晋怀公，在高梁杀死了晋怀公，立重耳做了国君，这就是晋文公。

※原文

文公施舍，振废滞，匡乏困，救灾患，禁淫慝，薄赋敛，宥罪戾，节器用，用民以时，败荆人于城濮，定襄王，释宋，出谷戍，外内皆服，而后晋乱止。故献公听骊姬，近梁五、优施，杀太子申生，而大难随之者五，三君死，一君虏，大臣卿士之死者以百数，离咎二十年。自上世以来，乱未尝一。而乱人之患也，皆曰一而已，此事虑不同情也。事虑不同情者，心异也。故凡作乱之人，祸希不及身。

※译文

晋文公布施钱财，整顿废弛停滞的国政，救助缺乏钱财、生活贫困的人，赈济遭受灾祸的人，禁止淫邪，减轻赋税，赦免罪犯，节约费用开支，按照时令来使用民力，在城濮打败楚国，安定了襄王的地位，排除了宋国遭到的外患，使戍守谷邑的楚军撤走，使得国内外的人都服从，此后晋国的内乱就停止了。因为献公听信骊姬的话，亲近梁五和优施，杀死了太子申生，于是大的危难就三番五次地接踵而至，先后死了三个国君，还有一个国君被俘虏，遇害的大臣、卿士数以百计，遭受灾祸二十年。自从上世以来，混乱从没有发生一次就停止的。作乱之人的错误，是以为乱子只发生一次就会平息，这种想法是与事实不符的。所想与事实不符，是主观与客观的背离。因此凡是作乱的人，很少有不遭遇灾祸的。

※读解

国家混乱最终遭受痛苦的还是广大的百姓，这从中国古代的历史以及当代世界的局部冲突中就可窥一斑。在古代社会，国家的混乱是统治阶级的矛盾不可调和造成的，但在一定的历史时期，当矛盾相对缓和的时候，开明的统治者就会采取一些对老百姓有利的政策，使百姓能够过上一段安定的生活。

※事例

范晔谋反被镇压

南朝宋文帝元嘉年间，鲁国人孔熙先的父亲任广州刺史期间，因贪污受贿被判罪，后得到彭城大将军王义康的帮助，才免去一场牢狱之灾。

孔熙先博览文史典籍，精通卜筮，是一个很有才华的人。但他并不幸运，只做了员外散骑侍郎的小官职。后来王义康迁到豫章，孔熙先为报答他，决意大干一场。他观察天象，研究方士、巫师留下的预言，推断出宋文帝会遭遇骨肉相残的内乱，新的天子会出于江州，孔熙先就想找到这个新的天子。

当时，范晔和他有相同的境遇，也想有所作为。孔熙先就觉得范晔将是新的天子，想与他一起谋反。由于范晔不看重他，所以他决定走曲线道路。得知范晔的外甥谢综是太子中舍人，于是孔熙先想方设法讨好谢综，再由谢综把自己引荐给范晔。

孔熙先家境很富有，经常与范晔赌钱，并故意输给他。范晔喜欢他的钱财，和他越来越熟悉。这时的孔熙先认为时机成熟了，就对范晔说："如今天象错乱，天下将会大乱，正是大好时机。如果咱们顺应天意民心，联络天下英豪，发动叛乱，没有人会不顺从！我愿意用三寸不烂之舌游说天下豪杰，让他们归顺于你。"范晔听了甚为惊讶，一句话也说不出来。

在孔熙先三番五次的劝说下，范晔终于下定了谋反的决心。他们秘密与大将军王义康联系。王义康喜欢谢综，将女儿嫁给他，并和孔、范二人结为同党。他们还秘密召集了许多同党，孔熙先还让他的弟弟孔休先写了一篇檄文。

但不幸的是，他们中的一个人不慎把谋反的事告诉了徐湛之。

在约定谋反的那天，宋文帝在武帐冈设宴。侍卫许曜是谋反者的内应。但范晔临阵感到害怕，错失了良机。徐湛之害怕连累到自己，就悄悄向宋文帝告了密，并找出了那篇谋反檄文交给宋文帝。

就这样，一场谋反很快失败了。

不苟论

不苟

※原文

贤者之事也，虽贵不苟为，虽听不自阿，必中理然后动，必当义然后举，此忠臣之行也。贤主之所说，而不肖主虽不肖其说，非恶其声也。人主虽不肖，其说忠臣之声与贤主同，行其实则与贤主有异。异，故其功名祸福亦异。异，故子胥见说于阖闾，而恶乎夫差；比干生而恶于商，死而见说乎周。

※译文

贤能的人侍奉君王，虽然地位尊贵，也不会苟且做事，即使言论主张被君主听信，也不会趁机谋取私利，必定要合乎道理然后才会有所行动，必定要符合道义才会有所举动，这是忠臣的德行。贤明的君主喜欢的，不贤明的君主虽然不像贤明的君主那样喜欢，但并不厌恶他们的名声。君主即使不贤明，他们喜欢忠臣的名声也和贤明的君主相同，但他们的实际行动和贤明的君主有不同之处。因为存有不同之处，所以他们的功绩、名声、灾祸和好运也就不同。正因为存有不同之处，所以伍子胥被阖闾所喜欢，但遭到吴王夫差的厌恶；比干活着的时候被商纣王所厌恶，死后却受到周朝的称颂。

※原文

武王至殷郊，系堕。五人御于前，莫肯之为，曰："吾所以事君者，非系也。"武王左释白羽，右释黄钺，勉而自为系。孔子闻之曰："此五人者之所以为王者佐也，不肖主之所弗安也。"故天子有不胜细民者，天下有不胜千乘者。秦缪公见戎由余，说而欲留之，由余不肯。缪公以告蹇叔。蹇叔曰："君以告内史廖。"内史廖对曰："戎人不达于五音与五味，君不若遗之。"缪公以女乐二八人与良宰遗之。戎王喜，迷惑大乱，饮酒昼夜不休。由余骤谏而不听，因怒而归缪公也。蹇叔非不能为内史廖之所为也，其义不行也。缪公能令人臣时立其正义，故雪殽之耻，而西至河雍也。

※译文

周武王行军到殷商都城的郊外，衣服上的带子开了，垂落下来。有五个侍臣在他身边辅助，但没有人愿意帮他重新系好，说："我们是辅佐您的，不是帮您系带子的。"武王于是左手放下白羽，右手放下黄钺，吃力地自己系好带子。孔子听说这件事说："这是五个人能成为武王得力辅臣的原因，也是不贤明的君主所不安心的。"因此，天子在有的方面不如小民，天下有的地方比不上千乘的军队。秦缪公会见西戎的由余，劝说他，想要留下他，由余不愿意留下。秦缪公就把这件事告诉给蹇叔。蹇叔说："您把这事告诉内史廖吧。"内史廖回答说："西戎的人不懂得音乐和美味，您不如送给他们这些。"秦缪公就送给西戎十六个女乐伎和技艺高超的厨师。西戎国君很高兴，大为迷乱，日夜不停地饮酒作乐。由余多次劝说但国君不听，因此愤怒地归附秦缪公了。蹇叔不是做不到内史廖所做的，是在道义上行不通。秦缪公能够让做臣子的经常坚持自己的准则，所以能够洗雪殽之战失败的耻辱，从而把疆域向西扩展到河雍。

※原文

秦缪公相百里奚。晋使叔虎、齐使东郭蹇如秦，公孙枝请见之。公曰："请见客，子之事欤？"对曰："非也。""相国使子乎？"对曰："不也。"公曰："然则子事非子之事也。秦国僻陋戎夷，事服其任，人事其事，犹惧为诸侯笑，今子为非子之事！退！将论而罪。"公孙枝出，自敷于百里氏。百里奚请之。公曰："此所闻于相国欤？枝无罪，奚请？有罪，奚请焉？"百里奚归，辞公孙枝。公孙枝徙，自敷于街。百里奚令吏行其罪。定分官，此古人之所以为法也。今缪公乡之矣。其霸西戎，岂不宜哉？

※译文

秦缪公任百里奚为相。晋国派叔虎、齐国派郭蹇为使者，来到秦国，公孙枝请求会见他们。秦缪公说："请求会见使者，这是你分内的职务吗？"公孙枝回答说："不是。""是相国派你来的吗？"公孙枝回答说："不是。"秦缪公说："你现在所做的事情就不是你的职责所在。秦国地处偏远，每件事情都有负责的人，每个人都有要负责的事情，即便是这样，仍然恐怕被诸侯们耻笑，现在你要做不属于你职责范围的事！退下去吧！我要治你的罪。"公孙枝退出来，亲自向百里奚讲述了这件事。百里奚请求秦缪公赦免公孙枝的罪。秦缪公说："你也听说这件事了吗？公孙枝没有罪，你来请求的是什么？有罪，你请求的又是什么？"百里奚回去，对公孙枝说了。公孙枝跑到外面，自己在大街上讲述这件事。百里奚让官吏治公孙枝的罪。划定官员的职责范围，这是古代的人制定的法律。现在秦缪公沿袭。他能够称霸西方，难道不是理所当然的吗？

※原文

晋文公将伐邺，赵衰言所以胜邺之术。文公用之，果胜。还，将行赏。衰曰："君将赏其本乎？赏其末乎？赏其末，则骑乘者存；赏其本，则臣闻之郄子虎。"文公召郄子虎曰："衰言所以胜邺，邺既胜，将赏之，曰'盖闻之于子虎，请赏子虎。'"子虎曰："言之易，行之难，臣言之者也。"公曰："子无辞。"郄子虎不敢固辞，乃受矣。凡行赏欲其博也，博则多助。今虎非亲言者也，而赏犹及之，此疏远者之所以尽能竭智者也。晋文公亡久矣，归而因大乱之馀，犹能以霸，其由此欤。

※译文

晋文公将要讨伐邺国，赵衰进言能够战胜邺国的方法。晋文公采纳赵衰的方法，果然取得了胜利。回到朝廷，打算进行封赏。赵衰说："您要奖赏关键的人还是奖赏次要的人？奖赏次要的人，那么有参战的将士们在这里；奖赏关键的人，那么那个方法我是听郄子虎说的。"晋文公就召见郄子虎，并对他说："赵衰进言战胜邺国的方法，现在已经战胜邺国，将要奖赏他，他说'方法是听郄子虎说的。请奖赏郄子虎'。"郄子虎说："说说容易，实行才难，方法是我说的。"晋文公说："先生不要推辞。"郄子虎不敢坚决地推辞，就接受了奖赏。大凡进行奖赏要广泛，广泛就会得到更多的帮助。现在郄子虎不是亲自进言的人，但仍然奖赏到他，这就是疏远的人能够竭尽他们的才能和智慧提供帮助的原因。晋文公在国外流亡很久了，回到国内面对的是大乱的绪余，但仍然能够称霸，就是这个原因啊！

※读解

大凡各个国家，灭亡的原因有很大的区别，但国家兴盛的原因却是相同的。国家兴盛大业的各个方面都要做到励精图治，稍有疏忽就可能给国家带来灭顶之灾。做事情一丝不苟是起码的要求。一个国家也好，一个单位也好，都会有各种各样的制度，所设立的职位也都有明确的分工和原则，一丝不苟就表现在各个方面的井井有条，虽然要和其他单位合作，但绝不越权越位，做超出自己职责范围的事，管理人员恪尽职守才能保证管理对象的井然有序。所以孔子说："不在其位，不谋其政。"

※事例

刘琨听信谗言　引祸上身

刘琨生活奢华，喜欢女色美乐。河南人徐润擅长音律，因此得到刘琨宠信，担任晋阳令。

徐润骄纵放肆，还经常无故干预军事。护军令狐盛多次向刘琨反映这件事，并劝刘琨把他杀掉。刘琨当然听不进去。后来徐润又向刘琨说令狐盛的不是，刘琨听了大为相信，就把令狐盛抓起来，并把他杀掉了。

刘琨的母亲听说了这件事很苦恼，就对刘琨说："你不结交英雄豪杰来完成大业，却一心琢磨着清除超过自己的人，将来我一定会因此而招致灾祸。"

令狐盛的儿子令狐泥投奔汉，详细说明了刘琨的情况。汉主听后非常高兴，就派河内王刘粲、中山王刘曜率兵攻打并州，并让令狐泥担任向导。

刘琨听到消息，在常山和中山聚集军队，派部将郝诜、张乔带兵抵挡刘粲，并派使者向代公拓跋猗卢请求救援。郝诜、张乔兵败而死。刘粲、刘曜乘虚进攻晋阳，太原太守高乔、并州别驾郝聿献晋阳先后投降。

后来，刘琨率兵返回救晋阳，但为时已晚，只好带领几十个随从逃奔常山。刘粲、刘曜进入晋阳。令狐泥把刘琨的父母都杀了。

赞能

※原文

贤者善人以人，中人以事，不肖者以财。得十良马，不若得一伯乐；得十良剑，不若得一欧冶；得地千里，不若得一圣人。舜得皋陶而舜授之，汤得伊尹而有夏民，文王得吕望而服殷商。夫得圣人，岂有里数哉？

※译文

与人交往，贤能的人看重的是别人的人品，一般的人看重的是别人能够办成事，不贤的人看重的是别人的钱财。得到十匹好马，不如得到一个伯乐；得到十把好剑，不如得到一个欧冶；得到方圆千里的土地，不如得到一个圣人。舜得到皋陶于是被禅让帝位，汤得到伊尹于是使夏民臣服，文王得到吕望使周最终推翻了殷商。得到圣人，所拥有的土地哪里还能用里数来计算呢？

※原文

管子束缚在鲁，桓公欲相鲍叔。鲍叔曰："吾君欲霸王，则管夷吾在彼。臣弗若也。"桓公曰："夷吾，寡人之贼也，射我者也，不可。"鲍叔曰："夷吾，为其君射人者也。君若得而臣之，则彼亦将为君射人。"桓公不听，强相鲍叔。固辞让，而相桓公果听之。于是乎使人告鲁曰："管夷吾，寡人之雠也，愿得之而亲加手焉。"鲁君许诺，乃使吏鞹其拳，胶其目，盛之以鸱夷，置之车中。至齐境，桓公使人以朝车迎之，祓以爟火，衅以牺猳焉，生与之如国。命有司除庙筵几，而荐之曰："自孤之闻夷吾之言也，目益明，耳益聪。孤弗敢专，敢以告于先君。"因顾而命管子曰："夷吾佐予！"管仲还走，再拜稽首，受令而出。管子治齐国，举事有功，桓公必先赏鲍叔，曰："使齐国得管子者，鲍叔也。"桓公可谓知行赏矣。凡行赏欲其本也，本则过无由生矣。

※译文

管仲被囚禁在鲁国，齐桓公想任鲍叔牙为相。鲍叔牙说："您想要称霸，但管仲在鲁国。我不如他。"齐桓公说："管仲是我的仇人，是用箭射我的人，不可以任他为相。"鲍叔牙说："管仲是为他的主人而射人，您如果得到他让他做您的臣子，那么他也将为您射别人。"齐桓公不听，坚持要任鲍叔牙为相。鲍叔牙坚持推辞谦让，齐桓公最终接受了他的意见。于是派使者告知鲁国说："管仲是我的仇人，愿意得到他，亲手杀了他。"鲁国国君答应了，就派狱官用皮带绑住他的双手，用胶粘住他的双眼，装进大皮袋，把他放在车里。到了齐国国境，齐桓公派人用朝车迎接他，点起火把除掉不祥，杀了公猪举行血祭，和管仲一起回到国都。命令主管官吏清扫宗庙，摆好案桌，把管仲推荐给祖先，说："自从我听说了管仲的言论，眼睛更加明亮，耳朵更加灵敏。我不敢自作主张，来向先人请示。"于是回头命令管仲说："管仲辅佐我！"管仲恭敬地叩首拜了两次，接受了命令，然后走出了宗庙。管仲治理齐国，有很大的功劳，齐桓公必然先赏赐鲍叔牙，说："让齐国得到管仲的人是鲍叔牙。"齐桓公可以说是知道怎样奖赏的了。大凡奖赏要奖赏根本，奖赏了根本，过错就无从出现了。

※原文

孙叔敖、沈尹巫相与友。叔敖游于郢三年，声问不知，修行不闻。沈尹巫谓孙叔敖曰："说义以听，方术信行，能令人主上至于王，下至于霸，我不若子也。耦世接俗，说义调均，以适主心，子不若我也。子何以不归耕乎？吾将为子游。"沈尹巫游于郢五年，荆王欲以为令尹，沈尹巫辞曰："期思之鄙人有孙叔敖者，圣人也。王必用之，臣不若也。"荆王于是使人以王舆迎叔敖，以为令尹，十二年而庄王霸。此沈尹巫之力也。功无大乎进贤。

※译文

孙叔敖与沈尹巫做朋友。孙叔敖在郢游历了三年，没有声望，品行也不为人所知。沈尹巫对孙叔敖说："讲述道理给别人听，使治国的方法推行能够使国君上称王天下，下称霸诸侯，我不如你。与人沟通，连接世俗，调剂人际关系，来使君主称心，你不如我。你为什么不归去种田？我将为你游说于人主。"沈尹巫在郢游历了五年，楚王想要他做令尹，沈尹巫推辞说："有个叫孙叔敖的是个圣人。大王一定要任用他，我不如他。"楚王于是就派人用自己的车迎接孙叔敖，让他做令尹。孙叔敖辅佐楚庄王十二年后使楚国称霸。这是沈尹巫的功劳。没有比举荐贤人更大的功劳了。

※读解

历史是人民创造的，但英雄人物的贡献也是推动历史前进的强大力量。在那些贤能人士没有得到用武之地之前，发现他们并委以重任是他们起到关键作用的前提条件。龚自珍有句诗"不拘一格降人才"，历史上有很多的事例能为这一诗句提供佐证。好朋友的推荐是一个常见的情形。因为只有好朋友才对他的贤能之处有深刻的了解。管鲍之交就是一段典型的历史佳话。

※事例

萧何荐贤　萧规曹随

萧何是刘邦的重要辅臣，他一生追随刘邦，在刘邦夺取天下的过程中发挥了重要作用。西汉政权建立后，他帮助刘邦治理朝政，安邦定国，是功勋卓著的开国功臣。在他临终之际还举荐了曹参做宰相，成就了历史上的一段佳话。

公元前 195 年，汉高祖刘邦驾崩，那时的萧何也已经年迈体衰，但他毅然把太子刘盈扶上了皇位，刘盈就是汉惠帝。两年后萧何一病不起，汉惠帝亲自去看望他。

并向他询问道：“等您百年后，谁能够代替您为相？”

萧何说：“知臣莫若君。”

听了萧何的这句话，汉惠帝想起了刘邦的遗嘱，说：“曹参怎么样啊？”

萧何说：“陛下说得对，您若能任曹参为相，老臣我就是死也能闭眼了。”

于是，在萧何去世后，汉惠帝就让曹参做了宰相。

曹参也曾跟随刘邦起义，在汉朝政权建立的过程中起了很大的作用。曹参做了宰相之后，主张清静无为，给百姓充分的休养生息的机会，就沿用了萧何任宰相时制定的法令和制度，没有另起炉灶，制定新的法令制度，因此天下百姓也都称赞他的美德。

自知

※原文

欲知平直，则必准绳；欲知方圆，则必规矩；人主欲自知，则必直士。故天子立辅弼，设师保，所以举过也。夫人故不能自知，人主犹其。存亡安危，勿求于外，务在自知。尧有欲谏之鼓，舜有诽谤之木，汤有司过之士，武王有戒慎之鼗，犹恐不能自知。今贤非尧舜汤武也，而有掩蔽之道，奚繇自知哉！

※译文

要想知道平直与否，就必须借助准绳；要想知道方圆与否，就必须借助规矩；君主要想自知，就必须借助直言的士人。所以，天子设立辅弼和师保的官职，是用来指出过错的。人不能够自知，做君主的也是这样。国家是生存还是灭亡，是安定还是危难，不要向外寻求，关键在于自知。尧帝设有纳谏的鼓，舜设有诽谤的木头，商汤设有专门检举他过错的官吏，武王设有警戒谨慎的鼗，仍然担心不能做到自知。如今的君主贤能不如尧帝、舜帝、商汤、武王，却有掩盖遮蔽自身过错的方法，从哪里做到自知呢！

※原文

荆成、齐庄不自知而杀，吴王、智伯不自知而亡，宋、中山不自知而灭，晋惠公、赵括不自知而虏，钻荼、庞涓、太子申不自知而死，败莫大于不自知。范氏之亡也，百姓有得钟者。欲负而走，则钟大不可负。以椎毁之，锺况然有音。恐人闻之而夺己也，遽掩其耳。恶人闻之可也，恶己自闻之，悖矣。为人主而恶闻其过，非犹此也？恶人闻其过尚犹可。

※译文

楚成王和齐庄王因为不自知而被杀，吴王和智伯因为不自知而被害，宋国和中山国因为不自知而灭亡，晋惠公和赵括因为不自知而被俘虏，钻荼、庞涓、太子申因为不自知而失掉生命，所以说失败的原因没有比不自知更大的了。范氏要灭亡的时候，百姓中有捡到大钟的人，想要背着走，因为钟非常大背不起来。就想用铁锤把钟砸烂，刚一砸，钟发出非常大的声音。他恐怕有人听到来抢夺他的钟，就迅速堵住了自己的耳朵。怕人听到是可以的，但怕自己听到，这就是糊涂了。做君王的如果厌恶听到自己的过错，难道和这不一样吗？厌恶别人听说自己的过错尚且可以。

※原文

魏文侯燕饮，皆令诸大夫论己。或言君之智也。至于任座，任座曰：“君不肖君也。得中山不以封君之弟，而以封君之子，是以知君之不肖也。”文侯不说，知于颜色。任座趋而出。次及翟黄，翟黄曰：“君贤君也。臣闻其主贤者，其臣之言直。今者任座之言直，是以知君之贤也。”文侯喜曰：“可反欤？”翟黄对曰：“奚为不可？臣闻忠臣毕其忠，而不敢远其死。座殆尚在于门。”翟黄往视之，任座在于门，以君令召之。任座入，文侯下阶而迎之，终座以为上客。文侯微翟黄，则几失忠臣矣。上顺乎主心以显贤者，其唯翟黄乎？

※译文

魏文侯宴请大臣，让各位大夫都来议论自己。有人说君主是智慧的。轮到了任座，任座说：“您是一位不贤明的君主。得到中山国不把它封给您的弟弟，却把它封给您的儿子，凭这点知道您并不贤明。”魏文侯不高兴，从他的脸色可以看出来。任座小跑着出去了。下一个轮到翟黄，翟黄说：“您是贤明的君主。我听说君主贤明，臣子就会直言。今天任座直言，凭这点知道您是贤明的。”魏文侯高兴地说：“可以将任座追回吗？”翟黄回答说：“为什么不可以？我听说忠臣竭尽忠诚，也不敢逃避死罪。任座大概还在门口。”翟黄过去查看，任座果然在门口，就用国君的命令把他叫回来。任座入席，魏文侯走下台阶来迎接他，最后把他当作尊贵的人。魏文侯如果没有翟黄，就几乎失去一个忠臣了。顺应君主的心意来彰显贤能的人，难道仅有翟黄一人吗？

※读解

让了解自己的人发表对自己的看法是通向自知的一条捷径。但当事人必须有听得进逆耳之言的雅量。要想做成大事，必须对客观和主观两方面都有很深刻的了解，做到知己知彼。凡是贤能之人和想做成一番大事的人都是比较重视这一点的。一般的人如果做不到自知，尚不会给自己带来什么大的危险，但那些占有庞大资源的人，比如国君，比如大集团领导者，若没有自知之明的话，往往会有非常悲惨的结局在等着他们。

※事例

杨修恃才放旷　身遭杀戮

三国时，曹操军中有一个名叫杨修的年轻人。他不仅才华出众，而且反应机敏，聪颖过人。曹操非常看重他。不过，杨修一向恃才傲物，锋芒太露，这不但使曹操渐渐心生反感，而且最终引来杀身之祸。

杨修善于揣摩别人的心思。有一次，曹操命人新修了一座花园，修好后他带人去参观。曹操觉得很满意，只是临走时在花园的门上写了一个“活”字。等曹操走后，杨修对修园人说：“主公嫌花园的门太宽阔了，请你把它再改窄点。”

修园人不解其意，杨修便说：“你没看见主公刚才在门上写的‘活’字吗？‘门’与‘活’合在一起，正是一个‘阔’字，这就是告诉你们，花园的门太宽了，必须改小。”众人听了，都说有道理。于是，修园人按照杨修的说法去办。过了几天，曹操再次参观时，发现花园门改小了，连连称好。

又有一次，有人送给曹操一盒酥饼。曹操在饼盒上写了“一合酥”三个字，便放在桌子上。恰巧杨修看见了，就把大家叫来一起分吃酥饼。可是，这盒酥是送给曹操的，谁敢轻易品尝。看见人们迟疑不动，杨修说：“主公在盒子上写了‘一合酥’三个字，分开来念就是‘一人一口酥’。所以你们尽管放心吃好了，出了事我来承担。”

大家觉得他说得对，便纷纷上前将酥饼一抢而光。曹操听说这件事之后，虽然没有说什么，但心里对杨修的自作聪明很是反感。

后来曹操率军攻打刘备，在定军山大败。曹操感到进退两难，但又不想轻易撤兵。一天晚上，大将夏侯渊走进帐来，向曹操询问当天晚上夜巡的口令。曹操正在吃饭，手中拿着一块鸡肉，就随口说了“鸡肋”二字。夏侯渊出帐后，就把这个口令告诉了夜巡的将士。杨修听到后，便吩咐手下人赶快收拾行囊，准备撤退。有士兵把此事报告了夏侯渊，他有些迷惑，就赶快去问杨修。杨修说：“鸡肋，鸡肋，食之无味，弃之可惜！主公是不想在此恋战了。他虽然没有直接说出来，但心里已经准备班师回朝了。”

夏侯渊对他的话深信不疑，回到帐中，也命令手下人收拾物品准备撤军，并派人通知了其他将士。

这一消息传到曹操那里，他不禁勃然大怒，想起以前杨修的张狂非常厌恶，就立刻让人以蛊惑军心为由把杨修杀了。

当赏

※原文

民无道知天，民以四时寒暑日月星辰之行知天。四时寒暑日月星辰之行当，则诸生有血气之类皆为得其处而安其产。人臣亦无道知主，人臣以赏罚爵禄之所加知主。主之赏罚爵禄之所加者宜，则亲疏远近贤不肖皆尽其力而以为用矣。

晋文侯反国，赏从亡者，而陶狐不与。左右曰："君反国家，爵禄三出，而陶狐不与，敢问其说。"文公曰："辅我以义，导我以礼者，吾以为上赏；教我以善，强我以贤者，吾以为次赏；拂吾所欲，数举吾过者，吾以为末赏。三者，所以赏有功之臣也。若赏唐国之劳徒，则陶狐将为首矣。"周内史兴闻之曰："晋公其霸乎！昔者圣王先德而后力，晋公其当之矣！"

※译文

百姓没有别的途径了解天，仅凭一年四季寒暑冷热的变化和日月星辰的运行来了解天。一年四季寒暑冷热的变化和日月星辰的运行适时，那么各种有血气的生命都因此适宜并正常地繁衍生息。做臣子的也没有什么别的途径来了解君主，做臣子的凭借奖赏惩罚和爵禄的增加来了解君主。君主奖赏惩罚和爵禄的增加适当了，那么亲近的、疏远的、贤能的、不贤能的都会竭尽全力来为其所用。

晋文公回到宫廷，要赏赐跟从他逃亡的人，但不赏赐陶狐。身边的人说："您返回宫廷，爵禄分为三等，但不赏赐陶狐，冒昧地问一下是什么道理。"晋文公说："用义来辅佐我，用礼来引导我的人，我给他上等的赏赐；用善来教导我，增进我的贤能的人，我给他中等的赏赐；违背我的意愿，多次指出我的过错的人，我给他下等的赏赐。这三等，是要奖赏有功劳的臣子的。如果要奖赏全国的使用力气的人，那么陶狐将是第一个。"周朝朝廷内的史官听说了这件事说："晋文公真是霸主啊！过去的圣王就以德行为先而以力气为后，晋文公可以说与圣王相当啊！"

※原文

秦小主夫人用奄变，群贤不说自匿，百姓郁怨非上。公子连亡在魏，闻之，欲入，因群臣与民从郑所之塞。右主然守塞，弗入，曰："臣有义，不两主，公子勉去矣!”公子连去，入翟，从焉氏塞，菌改入之。夫人闻之，大骇，令吏兴卒。奉命曰：“寇在边。”卒与吏其始发也，皆曰：“往击寇。”中道，因变曰：“非击寇也，迎主君也。”

公子连因与卒俱来，至雍，围夫人，夫人自杀。公子连立，是为献公。怨右主然，而将重罪之；德菌改，而欲厚赏之。监突争之曰：“不可。秦公子之在外者众，若此，则人臣争入亡公子矣，此不便主。”献公以为然，故复右主然之罪，而赐菌改官大夫，赐守塞者人米二十石。献公可谓能用赏罚矣。凡赏非以爱之也，罚非以恶之也，用观归也。所归善，虽恶之，赏；所归不善，虽爱之，罚。此先王之所以治乱安危也。

※译文

秦小主夫人任用奄变，贤人们不高兴，隐藏起来不出来，百姓忧愁怨恨、非议国君。公子连流亡在魏国，听说了这件事，想要进入秦国，就想借群臣与百姓的帮助从郑所这个要塞通过。右主然把守要塞，不让他进入，说：“我有自己做臣子的道义，不侍奉两个君主，公子还是回去吧!”公子连就离开了，进入翟国境内，从焉氏要塞通过，在这里把守的菌改让他进去了。小主夫人听到消息，大为害怕，命令官员带兵前去拦阻。兵士接到的命令是：“敌寇在边境。”军官和兵士刚出发的时候，都说：“去攻打敌寇。”走到中途，发生了变化说：“不是攻打敌寇，是去迎接君主。”

公子连于是和兵士一起回来，走到雍地的时候，包围了小主夫人，小主夫人自杀而死。公子连登上了王位，这就是献公。献公怨恨右主然，想要重重地惩罚他；感激菌改，想要重重地奖赏他。监突规劝说：“不能这样做。秦国公子流亡在国外的多了，如果都这样的话，做臣子的就争相把流亡的公子放进来了，这对您不利。”献公认为监突说得对，因此免去了右主然的罪，赏赐菌改官大夫的爵位，赏赐把守要塞的人每人二十石米。献公可以说是会使用奖赏和惩罚的了。凡是赏赐，不是因为喜爱某个人，惩罚也不是因为厌恶某个人，而要依据观察他的所作所为带来的结果。带来好的结果，即使厌恶他，也要赏赐；带来不好的结果，即使喜爱他，也要惩罚。这是先王能够平息混乱、安定危局的办法。

※读解

奖赏和惩罚是管理工作的两大手段，在管理实践中分别起着不同的作用。既然如此，就要赏当赏之人，罚该罚之人。怎样奖赏、怎样惩罚也应该一丝不苟。只有这样，才能使奖赏和惩罚起到应有的作用。晋文侯不赏陶狐，说明他是很明确奖赏和惩罚的作用的。

※事例

诸葛亮七擒孟获

诸葛亮率兵讨伐雍闿，参军马谡为他送行。

马谡说："南方依恃地形险要和路途遥远，叛乱已经很久。即使今天平定了，明天还要反叛。目前您集中全国的力量北伐，以对付强贼，叛匪知道国家内部空虚，就会加速反叛。如果将他们全部杀光以除后患，不是仁者所为，也不能在短期内办到。攻心为上，攻城为下；以心理战为上，以短兵相接为下，您能征服人心是最好的。"

诸葛亮采纳了马谡的建议。到达南中后，征讨叛乱，所至必胜，杀了叛军首领雍闿。李恢从益州进兵，马忠从羊柯进兵，击溃了南中各县的叛军，最后与诸葛亮统率的大军会合。

孟获深得当地汉人和其他少数民族的信赖，诸葛亮打算生擒他。后来将孟获俘获，并让他参观蜀军军营战阵，说："这样的军队如何？"

孟获说："以前不知你们的虚实，所以失败了。现在承蒙您让我参观你们的军营战阵，如果你们只有这么少的军队，我定能取胜。"

诸葛亮就把他放了，和他再次交战。就这样把孟获放回六次，生擒七次，最后诸葛亮仍欲将孟获释放，孟获却不走了，对诸葛亮说："您身上有天威！南方人不会再反叛了！"

博志

※原文

先王有大务，去其害之者，故所欲以必得，所恶以必除，此功名之所以立也。俗主则不然，有大务而不能去其害之者，此所以无能成也。夫去害务与不能去害务，此贤不肖之所以分也。使獐疾走，马弗及至，已而得者，其时顾也。骥一日千里，车轻也；以重载则不能数里，任重也。贤者之举事也，不闻无功，然而名不大立、利不及世者，愚不肖为之任也。

※译文

先王处理重大的事务，就要消除妨害它的不利因素，所以他想要的就必然能得到，不想要的就必然能除去，这就是先王能够功成名就的原因。平庸的君王就不是这样，同样处理重大的事务却不能消除妨害它的不利因素，这是他们无所成就的原因。能不能消除妨害事务的不利因素，这是君主贤明与不贤明的区别所在。假如獐子飞快地奔跑，马追不上它，但它不久就会被捕获，这是因为它经常回头看的缘故。良马一天能行千里，是因为它拉的车子轻；如果装载重物，那么一天也走不了几里，是因为负担太重。贤能的人做事，不是没有听说他立下功劳，然而他的名声并不显著、有利于人们的功劳不能被流传到后世，是因为有愚蠢不贤能的人连累了他，成了他的负担。

※原文

冬与夏不能两刑，草与稼不能两成，新谷熟而陈谷亏，凡有角者无上齿，果实繁者木必庳，用智褊者无遂功，天之数也。故天子不处全，不处极，不处盈。全则必缺，极则必反，盈则必亏。先王知物之不可两大，故择务，当而处之。

孔、墨、宁越，皆布衣之士也，虑于天下，以为无若先王之术者，故日夜学之。有便于学者，无不为也；有不便于学者，无肯为也。盖闻孔丘、墨翟，昼日讽诵习业，夜亲见文王、周公旦而问焉。用志如此其精也，何事而不达？何为而不成？故曰："精而熟之，鬼将告之。"非鬼告之也，精而熟之也。今有宝剑良马于此，玩之不厌，视之无倦；宝行良道，一而弗复。欲身之安也，名之章也，不亦难乎！

※译文

冬天和夏天不能同时到来，杂草和庄稼不能同时长成，新粮长熟，陈粮就一定缺少，凡是头上长角的兽类就没有凸出锐利的牙齿，果实繁多的树枝必然低垂，思想狭隘的人，做事不会成功，这些都是自然的规律。因此天子处理事务不会做得过于完备、极端和圆满。完备就必然转化为缺损，极端就必然转向它的反面，圆满就必然转化为亏缺。先王了解一切事物不可能矛盾的两方面都强大，因此要对事物进行选择，选择适当的去做。

孔子、墨子和宁越都是平民出身，他们关心天下的事物，他们认为没有什么能比得上先王的道术，所以就夜以继日地加以学习。凡是对学习有利的事情，没有不尽力去做的；凡是不利于学习的事情，都不去做。据说，孔丘、墨翟白天学习书本知识，夜间亲自拜见文王和周公旦，向他们请教学问。用心能达到如此精细的境界，还有什么事情做不成呢？要做什么做不成呢？因此说："做学问精心研习到纯熟的程度，鬼神都将告诉他道理。"其实，不是鬼神告诉他，而是精心研习达到纯熟程度了。现在有宝剑良马，人们就会玩赏起来不知满足，观赏起来不知疲倦；但宝贵的德行和良好的道术，人们却只是随意看过一次之后就不再问津了。所以想要自身平安、名声显赫，不也太困难了吗？

※原文

宁越，中牟之鄙人也。苦耕稼之劳，谓其友曰：“何为而可以免此苦也？”其友曰：“莫如学。学三十岁则可以达矣。”宁越曰：“请以十五岁。人将休，吾将不敢休；人将卧，吾将不敢卧。”十五岁而周威公师之。矢之速也，而不过二里，止也；步之迟也，而百舍，不止也。今以宁越之材而久不止，其为诸侯师，岂不宜哉？

※译文

宁越是中牟乡野的一个种田人。苦于耕种收割的辛劳，他对他的朋友说：“怎么做才能不受这样的辛苦呢？”他的朋友说：“没有什么能胜过学习。学习三十年就能够显达了。”宁越说：“我学习十五年。别人要休息了，我不休息；别人要睡觉了，我不睡觉。”过了十五年，周威公拜宁越为老师。射出的箭速度飞快，但也不过达到二里远，因为它停止了；步行走路很慢，但能够达到几千里远，因为脚步不停。现在凭着宁越的才能并且长期不停地学习，能做诸侯的老师，不正应该吗？

※原文

养由基、尹儒，皆文艺之人也。荆廷尝有神白猿，荆之善射者莫之能中，荆王请养由基射之。养由基矫弓操矢而往，未之射而括中之矣，发之则猿应矢而下，则养由基有先中中之者矣。

尹儒学御，三年而不得焉，苦痛之，夜梦受秋驾于其师。明日往朝其师。望而谓之曰：“吾非爱道也，恐子之未可与也。今日将教子以秋驾。”尹儒反走，北面再拜曰：“今昔臣梦受之。”先为其师言所梦，所梦固秋驾已。上二士者，可谓能学矣，可谓无害之矣，此其所以观后世已。

※译文

养由基和尹儒都是精通技艺的人。楚国宫廷里曾经有一只白色的神猿，楚国擅长射箭的人没有能射中它的，楚王就请养由基射它。养由基带着弓箭去了，还没有射就在意念中用箭射中了它，箭一射出，猿就应声掉下。养由基有在意念中射中目标的本领。

尹儒学习驾车的本领，三年也没有收获，为此感到很苦恼，一天夜里他梦见向老师学会了秋驾。第二天去拜见他的老师。老师一见到他，就对他说：“我不是吝啬道术，只是恐怕还不能传授你。今天我将要教你学习秋驾。”尹儒恭敬地拜了两拜说：“昨天夜里我在梦里已经学了。”他先向他的老师说了梦见的情形，梦见的就是秋驾了。上述两个士人，可以说是善于学习了，可以说没有什么妨害他们的了，这就是他们值得被后世称道的原因了。

※读解

一丝不苟是掌握基本的技能所必需的，更是达到出神入化境界所必需的。要做到一丝不苟就要端正心态，并消除不利因素。因为只有消除了不利因素，才能保证心思的专一，进步也就越快。

※事例

吴王巧辨鼠屎真相

吴王亲临正殿，实行大赦，开始亲自执政。

他选拔十八岁以下、十五岁以上的兵士子弟共三千多人，选拔勇敢有力的大将子弟领兵，让他们每天在苑囿中练兵习武，说："我建立这支军队，是想和他们一起成长。"

他还多次拿出府藏书册阅览先帝时的旧事，问左右侍臣说："先帝常常亲自书写诏书，而如今大将军奏事，为什么只让我签字认可呢？"

有一次，他要吃酸梅，让黄门到库里去取蜂蜜，吃的时候发现蜂蜜里有颗鼠屎。于是他招来守库官询问，守库官叩头谢罪。

吴王问他说："黄门从你那儿要过蜂蜜吗？"守库官说："以前曾要过，我没敢给他。但黄门表示不服。"

于是，吴王就让人剖开鼠屎，见屎中干燥，便大笑着对左右说："如果鼠屎事先就在蜜中，那么里外都应是湿的，现在外面湿而里面干燥，这必定是黄门放进去的。"

事实就是这样，黄门无可抵赖，乖乖服罪。

周围的人都对吴王大为佩服。

似顺论

似顺

※原文

事多似倒而顺，多似顺而倒。有知顺之为倒、倒之为顺者，则可与言化矣。至长反短，至短反长，天之道也。

荆庄王欲伐陈，使人视之。使者曰："陈不可伐也。"庄王曰："何故？"对曰："城郭高，沟洫深，蓄积多也。"宁国曰："陈可伐也。夫陈，小国也，而蓄积多，赋敛重也，则民怨上矣。城郭高，沟洫深，则民力罢矣。兴兵伐之，陈可取也。”庄王听之，遂取陈焉。

※译文

事情有很多似乎是悖理的但实际上是合理的，有很多似乎是合理的但实际上是悖理的。如果有人懂得合理的事情表现为悖理、悖理的事情表现为合理，那么就可以跟他谈论事情的发展变化了。一年中，白昼时间到了最长的那一天之后，就会反过来变得越来越短，到了最短的那一天之后，又会反过来变得越来越长，这是自然界运动变化的规律。

楚庄王想要讨伐陈国，派人去侦察陈国国内的情况。派去的人回来说：“不可以讨伐陈国。”楚庄王说：“什么原因？”那人回答说：“陈国城墙筑得很高，护城河挖得很深，储存的粮食也很多。”宁国说：“陈国是可以讨伐的。陈国是个小国，但它蓄积的粮食很多，这说明国内的赋税很重，那么百姓就会怨恨朝廷了。城墙筑得很高，护城河挖得很深，那么民力就疲惫了。发动军队攻伐，陈国是可以夺取的。”楚庄王听取了宁国的意见，于是夺取了陈国。

※原文

田成子之所以得有国至今者，有兄曰完子，仁且有勇。越人兴师诛田成子，曰：“奚故杀君而取国？”田成子患之。完子请率士大夫以逆越师，请必战，战请必败，败请必死。田成子曰：“夫必与越战可也，战必败，败必死，寡人疑焉。”完子曰：“君之有国也，百姓怨上，贤良又有死之，（朝）臣蒙耻。以完观之也，国已惧矣。今越人起师，臣与之战，战而败，贤良尽死，不死者不敢入于国。君与诸孤处于国，以臣观之，国必安矣。”完子行，田成子泣而遣之。夫死败，人之所恶也，而反以为安，岂一道哉？故人主之听者与士之学者，不可不博。

※译文

田成子所以能够统治齐国直到现在，原因是他有个叫完子的哥哥，仁爱而且勇敢。越国发动军队要攻伐田成子，说：“你为什么杀死国君并且夺取国家？”田成子对这件事感到很忧虑。完子请求率领士大夫去迎战越国军队，请求一定要迎战，作战一定要战败，战败一定要战死。田成子说：“你一定要和越军作战是可以的，作战一定要战败，战败一定要战死，我就不理解了。”完子说：“你享有国家，但百姓怨恨朝廷，贤良的人又有死于这次战争的，那些没有死的臣子就会因此蒙受耻辱。以我看来，朝野上下已经惊恐不安了。现在越国挑起战争，我和越军作战，作战失败，战败身亡，贤良的人都战死，幸存的人也不敢回来。你和那些失去亲人的人们在国内，以我看来，国家必然会安定下来了。”完子要出发了，田成子哭泣着送别他。死亡和失败是人们都嫌恶的，但反而能够使齐国得到安定，这怎么能够一概而论呢？所以那些听从意见的君主和那些修习学问的人，是不能不广泛听取意见和增长见识的。

※原文

尹铎为晋阳，下，有请于赵简子。简子曰：“往而夷夫垒。我将往，往而见垒，是见中行寅与范吉射也。”铎往而增之。简子上之晋阳，望见垒而怒曰：“嘻！铎也欺我！”于是乃舍于郊，将使人诛铎也。孙明进谏曰：“以臣私之，铎可赏也。铎之言固曰：见乐则淫侈，见忧则诤治，此人之道也。今君见垒念忧患，而况群臣与民乎？夫便国而利于主，虽兼于罪，铎为之。夫顺令以取容者，众能之，而况铎欤？君其图之！”简子曰：“微子之言，寡人几过。”于是乃以免难之赏赏尹铎。人主太上喜怒必循理，其次不循理，必数更，虽未至大贤，犹足以盖浊世矣。简子当此。世主之患，耻不知而矜自用，好愎过而恶听谏，以至于危。耻无大乎危者。

※译文

尹铎负责治理晋阳，到赵简子那里去请示事情。赵简子说：“你去铲平那些营垒。我要到晋阳去，到了晋阳看到营垒，这就如同看到中行寅和范吉射了。”尹铎去晋阳却把那些营垒增高了。赵简子上行到晋阳，望见营垒愤怒地说：“哼！尹铎欺骗我！”于是就住在了晋阳郊外，将要派人诛杀尹铎。孙明进谏说：“以我私下里对这件事的看法，尹铎是应该受到赏赐的。尹铎的话本来的意思是说：看到安乐的事就会无节制地浪费，看见忧患的事就会励精图治，这是人之常情。如今您看见营垒就会想到忧患，更何况群臣和百姓呢？有利于国家和君主的事情，即便可能加罪，尹铎还是要去做。听从命令来取悦于人的事情，一般人都能够做到，更何况尹铎呢？您要慎重考虑！”赵简子说：“要是没有你的这番话，我就差点儿犯错误了。”于是就以免去君主危难的赏赐奖赏了尹铎。德行最高的君主高兴和愤怒都必然遵循道理，次等的君主虽然不能遵循道理，但必定屡次都能改正错误，虽然没有达到圣贤的境界，仍然足以超过乱世的君主了。赵简子和这一等的相当。世上君主的隐患，在于把无知当作羞耻，自以为是、自我夸耀，喜好固执自己的过错并且不愿听取别人的劝说，以至于陷入危险的境地。所有耻辱，没有比使自己陷入危险境地更大的了。

※读解

世界是复杂的，同样的事物，不同的人就会有不同的看法。这不同的看法取决于观察事物的角度和看待问题的高度。就是所谓的“仁者见仁，智者见智”。所以，换个角度看问题成了解决问题的必由之路。楚国的侦察兵和宁国的不同结论就是一个很好的例证。侦察兵只看到了表面现象，而宁国看到了问题的本质。两人的区别就在于角度的不同和高度的不同。提高思想的高度和开阔观察的角度，是我们应该从这里得到的一点启示。

※事例

刘彧佛面变兽心

当刘彧还是一个普通的亲王的时候，为人宽宏大量、性情温和，受到人们的尊敬，当时还在位的孝武帝也是唯独宠爱他一人。

后来刘彧当上了皇帝，对反对自己的人十分宽容；处理政事，也能做到唯才是用；对才高八斗、学富五车的人，以及精通军法、善于治国的人都加以任用。但这只是他年轻时的表现。

到了晚年，他性情大变，由宽容温和变得多疑而且凶残。

他多疑残暴，总是担心有人要谋反，就将所有亲王赶尽杀绝，连之前与他交情甚好、多次救他于危难之中的刘休仁也不放过。

他又迷信鬼神，忌讳很多，规定有上千个字因为象征失败、灾祸、凶丧，必须讳用，不小心触犯的人都受到了严厉的惩罚。

他没有儿子，就派人悄悄地把亲王家中怀孕的姬妾藏在后宫之中，等到姬妾生下男孩就把她杀了，把婴儿当作自己宠姬的儿子。

刘彧还把一座私宅改建成一座寺院，称为湘宫寺。

新安太守巢尚朝见明帝，刘彧对他说：“你看过湘宫寺了吗？我花了不少的钱，这是我的大功德！”

陪坐的虞愿说：“这些钱全是老百姓卖儿卖女换来的，佛祖有知，定会哀叹他们的不幸！这样，你的罪过比佛塔还高，哪里有功德？”

刘彧大怒，叫人把虞愿赶下殿去。

有度

※原文

贤主有度而听，故不过。有度而以听，则不可欺矣，不可惶矣，不可恐矣，不可喜矣。以凡人之知，不昏乎其所已知，而昏乎其所未知，则人之易欺矣，可惶矣，可恐矣，可喜矣，知之不审也。

客有问季子曰："奚以知舜之能也？"季子曰："尧固已治天下矣，舜言治天下而合己之符，是以知其能也。""若虽知之，奚道知其不为私？"季子曰："诸能治天下者，固必通乎性命之情者，当无私矣。"夏不衣裘，非爱裘也，暖有馀也。冬不用篓。非爱篓也，清有馀也。圣人之不为私也，非爱费也，节乎己也。节己，虽贪污之心犹若止，又况乎圣人？许由非强也，有所乎通也。有所通则贪污之利外矣。

※译文

贤明的君主遵循法度来听取不同的意见，所以不会有过失。遵循法度听取不同意见，就不会被欺骗，不会被猜忌，不会被恐吓，不会被取悦了。凭着普通人的智慧，不会在他已经懂得的事情上犯糊涂，但会在他还不懂的事情上犯糊涂，于是就容易被别人欺骗了，会被猜忌了，会被恐吓了，会被取悦了，这是因为了解得不清楚。

有人问季子说："尧是怎样知道舜的贤能的呢？"季子说："尧本来就已经把天下治理好了，舜谈论治理天下的方法符合自己的看法，就根据这知道他的贤能。""你即使知道他贤能，又通过什么途径知道他不谋取私利呢？"季子说："那些能够治理天下的人，本来就必然是通晓性命情理的人，应当是无私的人了。"夏天不穿皮衣，不是吝惜皮衣，而是因为温暖有余。冬天不扇扇子，不是吝惜扇子，而是因为清凉有余。圣人不谋取私利，不是吝惜费用，而是要节制自己。节制自己，即使贪婪奸邪的心思仍然能够止息，又何况圣人呢？许由辞让天下的举动不是勉强做出来的，而是因为他对性命、情理有所通晓。对性命、情理有所通晓，那么通过贪婪奸邪得来的私利就是身外之物了。

※原文

孔墨之弟子徒属充满天下，皆以仁义之术教导于天下，然而无所行。教者术犹不能行，又况乎所教？是何也？仁义之术外也。夫以外胜内，匹夫徒步不能行，又况乎人主？唯通乎性命之情，而仁义之术自行矣。先王不能尽知，执一而万物治。使人不能执一者，物惑之也。故曰：通意之悖，解心之缪，去德之累，通道之塞。贵富显严名利，六者悖意者也。容动色理气意，六者缪心者也。恶欲喜怒哀乐，六者累德者也。智能去就取舍，六者塞道者也。此四六者不荡乎胸中则正。正则静，静则清明，清明则虚，虚则无为而无不为也。

※译文

孔子和墨子的弟子门徒满天下，都用仁义学说来教导人们，但是他们的主张没有什么地方可以推行。教导他们的孔子和墨子都不能使他们的主张得到推行，又何况是孔子和墨子所教导出来的弟子门徒呢？这是为什么呢？因为仁义学说是表层的东西。用表层的仁义来战胜内在的私心，平民百姓都做不到，更何况君主呢？只要通晓性命情理，那么仁义学说就自然而然推行开来了。先王不能通晓一切，抓住事情的主要矛盾就使万事万物得到了治理。让人们不能抓住主要矛盾的原因，是外物对人们的干扰。所以说：疏通思想上的谬误，消除心思上的错误，清除德行上的拖累，打通道义上的阻塞。尊贵、富有、显赫、威严、名声和利益，这六个方面是惑乱思想的。容貌、行动、神色、道理、气质和情意，这六个方面是缠绕心意的。厌恶、欲望、喜悦、愤怒、悲伤和快乐，这六个方面是拖累德行的。智慧、才能、背离、俯就、获取和舍弃，这六个方面是阻塞道义的。如果这二十四个方面不在心里扰动，那么思想就纯正了。思想纯正就会心态平静，心态平静就会清净澄明，清净澄明就会胸怀清虚，胸怀清虚就能无为而无所不为了。

※读解

把握事物发展变化的度，是我们做事情的时候需要密切注意的问题。所以要对事物有清醒的认识，把握事物所处的发展阶段，在相应的发展阶段做符合这一阶段的工作。超越阶段是不可取的，否则就会得到坏的结果。

※事例

孙叔敖知足常乐保儿孙

孙叔敖是春秋时期楚国的令尹，他贤而有能，清廉为政，不与权贵同流合污。他还同情贫苦百姓，常拿出自己的财物接济他们。所以他深受百姓的爱戴。

楚庄王也非常器重孙叔敖，政策计谋大都向他请教。有了这样一位贤能的令尹，楚国也就渐渐强大起来。

孙叔敖年老的时候，得了一场病，卧床不起。他知道自己要不久于人世了，就对他的儿子孙安说："我死了以后楚王要奖赏我多年的功劳，他会分给你一块封邑。但我了解你，你没有治国安邦的能力。所以你不要接受赏赐，真是推辞不掉的话，就要寝丘作为你的封邑。"

原来这个叫寝丘的地方，土地贫瘠，而且地名的意思是"死者停处"，听起来不吉利，不会有人来争夺，所以能够保子孙后代平安。

孙叔敖死后，楚国国君亲自为他送葬，扶着他的灵柩失声痛哭。

安葬了孙叔敖，楚王果然要封孙安做官，但他牢记父亲临死前的话，拒绝了国君的封爵。孙安就回到了乡下，以耕种为生，日子过得非常清苦。时间长了，楚王也把他给忘了。

后来，楚王听到宫里的一个优伶唱道："廉吏高且洁，子孙衣单而食缺，君不见，楚之令尹孙叔敖，生前私产无分毫，子孙丐食栖蓬蒿……"

楚王就问道："孙安真的穷困到这样的地步吗？"

优伶说："不穷困，就不知前令尹之贤。"

楚王就急忙派人把孙安召进宫里，要给他封邑。孙安请求分给他寝丘。

于是楚王就把寝丘分给了他。寝丘这个地方非常偏僻，名字也不吉利，所以楚国几次政治动乱，好的封邑都多次易主，只有寝丘无人理会。因此，孙叔敖的后代能在那里安然无恙。

分职

※原文

先王用非其有如己有之，通乎君道者也。夫君也者，处虚素服而无智，故能使众智也。智反无能，故能使众能也。能执无为，故能使众为也。无智无能无为，此君之所执也。人主之所惑者则不然。以其智强智，以其能强能，以其为强为。此处人臣之职也。处人臣之职，而欲无壅塞，虽舜不能为。武王之佐五人，武王之于五人者之事无能也，然而世皆曰取天下者武王也。故武王取非其有如己有之，通乎君道也。通乎君道，则能令智者谋矣，能令勇者怒矣，能令辩者语矣。夫马者，伯乐相之，造父御之，贤主乘之，一日千里。无御相之劳而有其功，则知所乘矣。

※译文

先王使用不属于自己所有的就如同使用属于自己所有的，这是因为他掌握了做君主的规律。做君主的人，胸怀清虚，穿着朴素，并且看起来毫无智慧，所以能够使用众人的智慧。懂得返回到没有才能，所以能使用众人的才能。能够做到清静无为，所以能使用众人的作为。没有智慧没有才能没有作为，这是君主应该做到的。糊涂的君主却不是这样。糊涂的君主把他的智显示得更充分，把他的能显示得更充分，把他的作为显示得更充分。这是做臣子的职分。具体去做臣子所做的职务，要想无所不通，即使是舜也不能做到。武王的辅臣有五个人，武王的才能对于这五个人所做的事情是做不了的，但人们都说取得天下的人是武王啊。所以武王能取得不是属于自己的就如同属于自己的东西，是因为他掌握了做君主的规律。掌握做君主的规律，就能让智慧的人谋划了，能让勇敢的人振奋了，能让擅长辞令的人发表看法了。千里马是伯乐仔细审察的，造父驾驭的，贤明的君主乘坐的，一天能行千里。不用做相马人和驾驭之人所做的工作，就能享受到他们工作的成果，那么就懂得乘坐马车的道理了。

※原文

今召客者，酒酣歌舞，鼓瑟吹竽，明日不拜乐己者而拜主人，主人使之也。先王之立功名有似于此。使众能与众贤，功名大立于世，不予佐之者，而予其主，其主使之也。譬之若为宫室，必任巧匠，奚故？曰：匠不巧则宫室不善。夫国，重物也，其不善也岂特宫室哉！巧匠为宫室，为圆必以规，为方必以矩，为平直必以准绳。功已就，不知规矩绳墨，而赏巧匠之。宫室已成，不知巧匠，而皆曰："善，此某君、某王之宫室也。"此不可不察也。人主之不通主道者则不然。自为人则不能，任贤者则恶之，与不肖者议之。此功名之所以伤，国家之所以危。

枣，棘之有；裘，狐之有也。食棘之枣，衣狐之皮，先王固用非其有而己有之。汤武一日而尽有夏商之民，尽有夏商之地，尽有夏商之财。以其民安，而天下莫敢之危；以其地封，而天下莫敢不说；以其财赏，而天下皆竞。无费乎鄗与岐周，而天下称大仁，称大义，通乎用非其有。

※译文

宴请客人，饮酒最酣畅的时候，观赏歌伎、舞伎表演歌舞，欣赏乐伎演奏动听的乐曲，客人第二天不来拜谢让自己得到快乐的歌伎、舞伎、乐伎，而是拜谢主人，因为是主人要求他们这样做的。先王建立功名和这有些相似。使用众人的才能和贤德，在世上建立的显赫功名，不给予辅佐君主的人，而是给予君主，因为是君主役使辅佐的人。这就像建造宫室，必然要使用能工巧匠，是什么原因呢？说：工匠不巧，建造的宫室就不好。国家是重物，它要是建不好，其损失岂是宫室能比的啊！巧匠建造宫室，画圆形必须要用圆规，画方形必须要用角尺，画直线必须要用准绳、墨斗。宫室建造好了，不去了解圆规、角尺、准绳、墨斗，而是奖赏工匠的灵巧和劳动。宫室建造完成，不去了解能工巧匠，而是都说："好啊，这是某人某君王的宫室。"这是不能不仔细审察的。不知道做君主规律的君主却不是这样。自己亲自去做，但又不能胜任，任用贤能的人去做又厌恶他们，反而去和庸俗的人来商议问题，这就是功名受到损害、国家受到危害的原因。

枣子是酸枣树上结的，裘衣是狐狸腋下的毛皮做成的。食用酸枣树结的枣子，穿着狐狸毛皮做成的皮衣，先王本来就用不是自己所有的从而为己所有。商汤和武王终于有一天全部拥有了夏朝和商朝的百姓，全部拥有了夏朝和商朝的土地，全部拥有了夏朝和商朝的财产。因为他们让百姓得到了安定的生活，于是天下就没有人敢加以危害；因为他们把土地封给诸侯，于是天下没有不高兴的；因为他们把财物分赏给百官，于是天下人都争相立功。不用花费殷商和岐周的力量，但天下的人都称赞他们大仁大义，这就是因为他们通晓把不是自己拥有的东西看作是自己的东西来利用的道理。

※原文

白公胜得荆国，不能以其府库分人。七日，石乞曰："患至矣，不能分人则焚之，毋令人以害我。"白公又不能。九日，叶公入，乃发太府之货予众，出高库之兵以赋民，因攻之。十有九日而白公死。国非其有也，而欲有之，可谓至贪矣。不能为人，又不能自为，可谓至愚矣。譬白公之啬，若枭之爱其子也。

卫灵公天寒凿池，宛春谏曰："天寒起役，恐伤民。"公曰："天寒乎？"宛春曰："公衣狐裘，坐熊席，陬隅有灶，是以不寒。今民衣弊不补，履决不组，君则不寒矣，民则寒矣。"公曰："善。"令罢役。左右以谏曰："君凿池，不知天之寒也，而春也知之。以春之知之也而令罢之，福将归于春也，而怨将归于君。"公曰："不然。夫春也，鲁国之匹夫也，而我举之，夫民未有见焉。今将令民以此见之。曰春也有善于寡人有也，春之善非寡人之善欤？"灵公之论宛春，可谓知君道矣。君者固无任，而以职受任。工拙，下也；赏罚，法也；君奚事哉？若是则受赏者无德，而抵诛者无怨矣，人自反而已。此治之至也。

※译文

白公胜攻破了楚国，不愿意把楚国府库里的财物分给别人。取胜后的第七天，石乞说："忧患要来了，府库里的财物不分给别人就把它烧了吧，不要让别人因为财物来加害我们。"白公胜还是不愿意分。取胜后的第九天，叶公进入楚国，就把太府里的财物分给众人，拿出高库里的兵器分发给百姓，就向白公胜进攻。取胜后的第十九天，白公胜被杀死。国家不是他所拥有的，但他想要拥有它，可以说是最贪心的了。不愿意给别人，又不能自己拥有，可以说是最愚蠢的了。拿白公胜的吝啬来打比方，就好比是猫头鹰爱自己的孩子一样。

卫灵公在寒冷的冬天让百姓服劳役，凿挖池塘，宛春进谏说："天这么寒冷，还要使用劳役，恐怕要伤害到百姓。"卫灵公说："天冷吗？"宛春说："您穿着狐皮裘衣，坐着熊皮坐席，墙角还燃烧着炉灶，所以不感到冷。现在，百姓衣服破了但没法缝补，鞋烂了但没法缝织，您是不冷了，但百姓冷了。"卫灵公说："好。"就下令停止了凿挖池塘的百姓的劳役。身边的人劝谏说："您凿挖池塘，不了解天气寒冷，但宛春了解。凭着宛春的了解来下令停止劳役，福将要归于宛春，但怨恨将要归于您。"卫灵公说："不是这样。宛春是鲁国的平民，但我举用了他，百姓还不了解他。现在将让百姓从这件事上来了解他。说宛春有善行我也有善行，宛春的善行不就是我的善行吗？”卫灵公这样来评价宛春，可以说是了解做国君的规律了。君主本来就没有具体的职责，而把职责分配给下属。事情做得不好，是下属的责任；奖赏和惩罚，由法律来规定；与君主有什么关系？这样一来，受到奖赏的人不用感激，而被处死的人也没有什么怨恨了，每个人各就各位就行了。这是治理国家的最高境界。

※读解

领导者之所以成为领导者，是因为他掌握了领导的规律，并致力于领导工作。领导者不做任何具体的工作，而是把精力放在决策和用人上。制定制度，顺从民意，设置职位，选贤任能。所以只要尊重客观规律，使贤能的人各守其位，就能使领导者清静无为，实至名归。

※事例

丙吉问牛：不在其位　不谋其政

丙吉是西汉宣帝时期一位贤明的丞相。

据《汉书·丙吉传》记载：暮春的一天，他坐着马车，带着几个随从，外出办事。路上遇见几个人在斗殴，打得头破血流，丙吉并不理会，照常前行。走了没多远，看到一个农民赶着牛走路，那牛却步履蹒跚，不停地喘气，丙吉马上让车夫把车停下来，问赶牛的人：“这头牛走几里路了？”

身旁的一个下属官吏对丙吉的做法很不理解，问道：“斗胆问大人一句，刚才有人打得头破血流，您都不管，而现在却关心起一头牛来。该问的不问，倒问起不该问的，您这不是有点重畜轻人吗？”

丙吉回答说：“你有所不知。百姓斗殴，是长安令、京兆尹的责任。我只要到时考察他们的政绩，有功则赏、有罪则罚就行了，用不着我亲自处理。丞相作为国家的高级官员，关心的应该是国家大事。斗殴的事应该由地方官员去处理，而问牛的事就不同了。现在刚过初春，天气还不很热，牛才走几步路就气喘不停，可能是节气失调的征兆。三公的职责是调和阴阳，我因职权所在，就很担忧，所以要问个清楚。”

那个下属听了丞相的这番话，对他十分佩服。

处方

※原文

凡为治必先定分：君臣父子夫妇。君臣父子夫妇六者当位，则下不逾节而上不苟为矣，少不悍辟而长不简慢矣。金木异任，水火殊事，阴阳不同，其为民利一也。故异所以安同也，同所以危异也。同异之分，贵贱之别，长少之义，此先王之所慎，而治乱之纪也。

今夫射者仪豪而失墙，画者仪发而易貌，言审本也。本不审，虽尧舜不能以治。故凡乱也者，必始乎近而后及远，必始乎本而后及末。治亦然。故百里奚处乎虞而虞亡，处乎秦而秦霸；向挚处乎商而商灭，处乎周而周王。百里奚之处乎虞，智非愚也；向挚之处乎商，典非恶也：无其本也。其处于秦也，智非加益也；其处于周也，典非加善也：有其本也。其本也者，定分之谓也。

※译文

凡是治理国家必须先划定职分：君主做好君主分内的事，臣子做好臣子分内的事，父亲做好父亲分内的事，儿子做好儿子分内的事，丈夫做好丈夫分内的事，妻子做好妻子分内的事。君主、臣子、父亲、儿子、丈夫、妻子这六种人都恰当地处在自己的位置上，那么处于下位的就不会逾越礼节，处于上位的就不会胡乱作为了；年少的就不会凶狠蛮横，年长的就不会怠慢松懈了。金属和木头功用不同，水和火用处有区别，阴和阳作用也不同，但它们都为百姓所用是一样的。所以相互区别是为了同样为百姓所用，差异是为了保证同一的，同一是危害差异的。相同和不同的区别、尊贵和贫贱的差异、年长和年少的礼法规矩，这是先王所慎重的，也是治理混乱的关键。

而今射箭的人仔细观察毫毛社会看不见墙壁，画像的人注意细微的毛发就忽视了整体，这说的是审察根本。不审察根本，即使是尧舜也不能治理好国家。所以，凡是祸乱，必定是从近处开始然后才发展到远处，必定是从根本开始然后发展到末梢。治理国家也是这样。所以百里奚身在虞国，虞国却灭亡了，身在秦国，秦国却称霸了；向挚身在商朝，商朝却灭亡了，身在周朝，周朝却称王了。百里奚身在虞国，不是他头脑愚笨；向挚身在商朝，不是典藏的图书不好，而是因为没有他存在的根本。百里奚身在秦国，不是头脑变得更聪明了；向挚身在周朝，不是典籍变得更好了：是因为有了他们存在的根本。根本，说的就是划定了职分。

※原文

齐令章子将而与韩魏攻荆，荆令唐蔑将而拒之。军相当，六月而不战。齐令周最趣章子急战，其辞甚刻。章子对周最曰："杀之免之，残其家，王能得此于臣。不可以战而战，可以战而不战，王不能得此于臣。"与荆人夹沘水而军。章子令人视水可绝者，荆人射之，水不可得近。有刍水旁者，告齐候者曰："水浅深易知。荆人所盛守，尽其浅者也；所简守，皆其深者也。"候者载刍者，与见章子。章子甚喜，因练卒以夜奄荆人之所盛守，果杀唐蔑。章子可谓知将分矣。

韩昭厘侯出弋，靷偏缓。昭厘侯居车上。谓其仆："靷不偏缓乎？"其仆曰："然。"至，舍昭厘侯射鸟，其右摄其一靷，适之。昭厘侯已射，驾而归。上车，选间，曰："乡者厘偏缓，今适，何也？"其右从后对曰："今者臣适之。"昭厘侯至，诘车令，各避舍。故擅为妄意之道，虽当，贤主不由也。今有人于此，擅矫行则免国家，利轻重则若衡石，为方圜则若规矩，此则工矣巧矣，而不足法。法也者，众之所同也，贤不肖之所以其力也。谋出乎不可用，事出乎不可同，此为先王之所舍也。

※译文

齐国派章子率领军队和韩国、魏国的军队联合起来进攻楚国，楚国派唐蔑率军抵抗。两军相互对峙，六个月没有交战。齐国国君派周最催促章子赶快作战，话语非常苛刻。章子对周最说："杀掉我、免去我的官职、杀掉我的全家，这些齐王都能从我这里做到；不能开战但非让开战，能开战但不让开战，齐王从我这里做不到。"联军就和楚国军队分别在沘水两岸驻扎。章子派士兵侦察寻找可以渡水的地方，楚军向侦察兵放箭，所以无法靠近水边。有个割草的人告诉齐军侦察兵说："河水哪儿深、哪儿浅很容易知道。楚军把守严密的地方，都是水浅的河段；把守疏松的地方，都是水深的河段。"侦察兵用车载着割草人，一起去见章子。章子非常高兴，于是就派熟习水性的士兵趁着夜色突然从楚军严密把守的地方渡过河去，果然杀了唐蔑。章子可以说是了解将军职分了。

韩国的昭厘侯外出打猎，边马拉车的皮带有一侧松了。昭厘侯在车上，对他的车夫说："靷带不是有一侧松了吗？"车夫说："是的。"到了打猎的地方，昭厘侯去射鸟，车夫在那里休息，车右就把一侧的靷带拉到合适的位置。昭厘侯射鸟回来，准备乘车返回。上到车上，计算猎获的鸟的时候，说："来的时候一侧的靷带松了，现在合适了，怎么回事？"车右从后面回答说："我把它拉到合适位置了。"昭厘侯到住处，责问车令，两人都受到了处罚。所以，擅自行动、自作主张的做法，即使恰当，贤明的君主也不会允许。如果这里有一个人，擅自假托国君的命令就会让国家免去灾难，判断利害轻重就像用衡器称量石头那样准确，画的方形和圆形就像用角尺和圆规画的那样标准，这样精巧是精巧了，但是不值得效法。法度是所有人共同遵守的，贤能的和不贤能的都要尽力做到。计谋提出来不能实施，事情做出来不能普遍推行，这是被先王所舍弃的。

※读解

怎样处理好职务本分与领导要求的关系，这是领导者常常遇到的问题。调和二者，走中庸之道，多半要坏事，是不足取的；一味地顺从领导的意志，更是不足取的。最好的方案是明确并坚持自己的本分，说到底就是从客观实际情况出发，遵循客观规律，只有这样，才能把事情办好。

※事例

天下清官　清不过包公

包公是宋代一位铁面无私的清官，百姓称他为“包青天”。

据说他铡了不认前妻的驸马陈世美后，皇上怀恨在心，找了个借口，把包公削职为民。但皇上还不解恨，又要想法整治他。

时间正是三伏天。包公被削了职。京城客栈都受了宫里的命令，不准留包公过夜。包公只好收拾行李，当日就动身回家。包公为官清正，没有钱雇车，就让包兴挑了行李，自己跟在后面往回走。

包公出了京城，天热难耐。走到一座山下，包公口渴得很。但这里远离村子，连井水也没有。正无奈之际，突然看见一块瓜地，结了一地的西瓜。看看周围没有人，包公摘下一个，用拳头砸开来吃，和包兴吃了两个大瓜。

但这一切都被尾随而来的两个太监看到了，就说：“君子‘瓜田不纳履，李下不整冠’，老包偷西瓜吃，还算清官吗？逮他去见皇上。”

正要动手，却见包公掏出几个铜钱，放在瓜藤上，抹抹嘴上路了。两个太监无可奈何地摆摆手：“吃瓜给钱，没有理由抓他了。”

傍晚，包公住到小镇上的一家小客栈，两个太监也盯着跟进去。包公钱不多，就要了素菜米饭。哪知这客栈小，米不干净，饭里尽是稻谷，包公只得边吃边拣，满桌子上堆的尽是谷粒。这又被两个太监看在眼里，小太监对大太监说：“糟蹋粮食遭雷劈，捉拿他见皇上。”

正要上前，只见包公抓起谷粒，一粒一粒放在嘴里嗑去稻壳，吃了米粒，真是“盘中之餐，一粒未废”。两个太监又是毫无办法。

走到淮河边上，就要到包公的家了。两个太监还未抓到包公的把柄，怎么向皇上交差呢？他们就商量了一个计策：连夜从小路赶到包公前面，在淮河边上坐等，单等包公一到，他们一个拉腿，一个推背，把包公推到一堆脏东西上。他们以为这样，包公准会到淮河里去洗手，淮河边有人淘米洗菜，就安他个弄脏河水的罪名。

哪知包公手弄脏后，叹口气爬起来，正想到河里去洗，瞥眼一看，河边的小媳妇、大姑娘正在淘米、洗菜。他怔了怔，心想，这一洗手，不坏了人家吃水、用水吗？于是，包公走到河边，用干净的左手掬水含到嘴里，然后又离开水边，到坡上吐出水来冲洗。两个太监看到这情景，真是毫无办法。心想这个老包真是个清官，就是再跟下去，也抓不到他的把柄，只好垂头丧气地回去了。

慎小

※原文

上尊下卑。卑则不得以小观上。尊则恣，恣则轻小物，轻小物则上无道知下，下无道知上。上下不相知，则上非下，下怨上矣。人臣之情，不能为所怨；人主之情，不能爱所非。此上下大相失道也。故贤主谨小物以论好恶。巨防容蝼，而漂邑杀人。突泄一熛，而焚宫烧积。将失一令，而军破身死。主过一言，而国残名辱，为后世笑。

※译文

处在上位的人尊贵，处在下位的人卑下。卑下的人不能轻视处于上位的人。地位尊贵就会恣意妄为，恣意妄为就会轻视细微的事物，轻视细微的事物就会使处在上位的人没有途径来了解处于下位的人，处在下位的人也没有途径来了解处在上位的人。上位和下位的人不相互了解，那么上位的人就会非议处在下位的人，处在下位的人就会埋怨处在上位的人了。做臣子的，不能做会带来埋怨的事情；做君主的，不能做会带来非议的事情。这样上位的人和下位的人互相失去了解的途径。所以，贤明的君主在细微的事物上要谨慎地来评判好与不好。堤里有蝼蚁，大水就会淹没城邑淹死人。烟囱里冒出一个火星，就会引起大火烧毁屋子和堆积的粮食。将军下错一条军令，就会使军队作战失败，自己也被杀死。君主说错一句话，就会使国家灭亡、名声受辱，被后世的人耻笑。

※原文

卫献公戒孙林父、宁殖食。鸿集于囿，虞人以告，公如囿射鸿。二子待君，日晏，公不来至。来，不释皮冠而见二子。二子不说，逐献公，立公子黚。卫庄公立，欲逐石圃。登台以望，见戎州，而问之曰："是何为者也？"侍者曰："戎州也。"庄公曰："我姬姓也，戎人安敢居国？"使夺之宅，残其州。晋人适攻卫，戎州人因与石圃杀庄公，立公子起。此小物不审也。人之情，不蹶于山而蹶于垤。齐桓公即位，三年三言，而天下称贤，群臣皆说。去肉食之兽，去食粟之鸟，去丝罝之网。

※译文

卫献公约请孙林父、宁殖吃饭。有大雁聚集在畜养禽兽的园子里，管理的人告诉了卫献公，卫献公到园子里射大雁。孙林父、宁殖两人来了之后只好等待国君，到了天黑，卫献公还没有回来。卫献公回来后也不脱去皮冠就接待了孙林父和宁殖。两人不高兴，于是就驱逐了卫献公，立公子黚做了国君。卫庄公继位，想要驱逐石圃。卫庄公登上高台观察瞭望，发现戎州，就问："这是什么?"侍臣说："这是戎州。"卫庄公说："我的国家都是姬姓人，戎人怎么敢居住在我的国家?"就派兵抢掠戎人的住所，破坏了他们的住地。恰逢晋军攻打卫国，戎州人于是就和石圃一起杀死了卫庄公，立公子起做了国君。这就是不慎重审察细微事物的例子。人之常情是，不会被高山绊倒，但会被小土块绊倒。齐桓公登上王位之后，三年说了三句话，于是天下都称颂他的贤明，群臣都很高兴。这三句话是：驱逐吃肉的野兽，驱散吃粮食的鸟雀，撤去丝线做成的网。

※原文

吴起治西河，欲谕其信于民，夜日置表于南门之外，令于邑中曰："明日有人偾南门之外表者，仕长大夫。"明日日晏矣，莫有偾表者。民相谓曰："此必不信。"有一人曰："试往偾表，不得赏而已，何伤?"往偾表，来谒吴起。吴起自见而出，仕之长大夫。夜日又复立表，又令于邑中如前。邑人守门争表，表加植，不得所赏。自是之后，民信吴起之赏罚。赏罚信乎民，何事而不成，岂独兵乎?

※译文

吴起治理西河，想要向百姓表明他的诚信，一天夜里，他在城南门外面放了一根标杆，传令城里的百姓说："明天，谁能放倒城南门外的标杆，就让他做长大夫。"第二天到天黑了，还是没有人放倒标杆。百姓互相议论说："这一定不可信。"有一个人说："去把标杆放倒试试，得不到奖赏就罢了，也没有什么损失。"就去放倒了标杆，然后去见吴起。吴起亲自出来接见他，并让他做了长大夫。一天夜里又放了一根标杆，又像上次一样传令城中百姓。城里的人守在城门口争着想放倒标杆。但这次标杆埋到了地下，没有人能得到奖赏。从这以后，百姓就相信吴起的奖赏和惩罚了。奖赏和惩罚得到百姓的信任，还有什么事情办不到，哪里只有战争是这样?

※读解

千里之堤，溃于蚁穴，可见细微处同样值得重视。但是细微之处在一些身居高位的领导者眼中，似乎根本不值一提。他们要做的事情只有大事。实际情况却是：造成失败的往往是细微的地方。所以不可不慎重。

※**事例**

上海地铁一号线细节令人惊叹

上海地铁一号线路是由德国人设计、我国工人建造的。单从外观看起来，它并没有什么特别的地方，直到我国的专家设计了上海地铁二号线并开始施工建设之后，才发现德国人的设计有太多的地方被我国专家设计二号线时忽视了，不得不为德国人注重细节的严谨精神所折服。

上海位于华东地区，地势仅仅稍微高出海平面，每年的雨季常会使一些建筑物受到海水的困扰。德国设计师注意到了这一现象，就在一号线的室外出口设计了三级台阶，阻挡了雨水灌进地铁，使得地铁有了防洪的能力。地铁二号线却忽视了这一点，在雨季就曾被雨水灌进过。

德国设计师设计一号线时，为了避免乘客掉下地铁站台和节约站台的热量，就设计了站台门，等车开来时打开，开走时关上。但我们的施工单位在建设时却把站台门给省略掉了，这样就把德国专家赋予地铁站台门的功能也给省略掉了。

考虑到上下班乘车高峰的因素，德国专家把一号线的站台设计得很宽阔，就是在人流非常大的时候也不感觉很拥挤。但二号线就不同了，我国专家把站台设计得很窄，上下班高峰的时候，就感到很拥挤。德国专家还在距站台50厘米处设计了金属装饰线，并用黑色大理石镶了一道边，提醒乘客要注意安全，不要在车开来和开走的时候离车太近，以免造成危险。

另外，德国设计师依据地势状况，在每个出口处都设计了一个转弯，从地铁站出来转过弯后，就可以借助自然光了，从而节约了电量，节省了开支。

士容论

士容

※**原文**

士不偏不党。柔而坚，虚而实。其状朗然不儇，若失其一。傲小物而志属于大，似无勇而未可恐狼，执固横敢而不可辱害。临患涉难而处义不越，南面称寡而不以侈大。今日君民而欲服海外，节物甚高而细利弗赖。耳目遗俗而可与定世，富贵弗就而贫贱弗朅。德行尊理而羞用巧卫。宽裕不訾而中心甚厉，难动以物而必不妄折。此国士之容也。

※译文

士人不偏执不结党营私。他们柔韧而且坚强，清虚而且充实。他们看起来光明正大而不轻佻，好像忘记了自己的存在。他们轻视细微琐碎而抱负远大，看似没有勇气但不会被恐吓，意志坚定而不会被侮辱损害。他们遭遇患难也会坚守道义，不会失去节气，面南背北称王也不会骄傲自大。有一天做了国君就着意收服四海，处理事务高瞻远瞩而不为蝇头小利所动。他们意趣超凡脱俗而能够安定社会，不趋附富贵也不逃避贫贱。德行高洁、尊重理义而羞于奸邪巧诈。宽缓不苛而内心对自己要求严格，难于被外物诱惑而必定不妄自屈服。这就是国人所景仰的士人的仪容风范。

※原文

齐有善相狗者，其邻假以买取鼠之狗。期年乃得之，曰："是良狗也。"其邻畜之数年，而不取鼠，以告相者。相者曰："此良狗也。其志在獐麇豕鹿，不在鼠，欲其取鼠也则桎之。"其邻桎其后足，狗乃取鼠。夫骥骜之气，鸿鹄之志，有谕乎人心者，诚也。人亦然，诚有之则神应乎人矣，言岂足以谕之哉？此谓不言之言也。

※译文

齐国有个擅长相狗的人，他的邻居委托他买一只会逮老鼠的狗。过了一年才得到一只这样的狗，说："这是一只好狗。"他的邻居养了几年，但那狗不逮老鼠，就来告诉相狗的人。相狗人说："这是只好狗。它的志向在于逮獐子、麇鹿、大猪和野鹿，不在于老鼠，想要让它逮老鼠就要绑住它。"他的邻居就绑住了狗的后腿，狗于是就逮老鼠了。像良马一样志在千里，像鸿鹄一样目标远大，能使人们知晓，是因为一种赤诚起作用。人也是这样，有了这种赤诚，能感动神，只凭言语怎么能够让他人知道呢？这就是所说的"不言之言"。

※原文

客有见田骈者，被服中法，进退中度，趋翔闲雅，辞令逊敏。田骈听之毕而辞之。客出，田骈送之以目。弟子谓田骈曰："客士欤？"田骈曰："殆乎非士也。今者客所弇敛，士所术施也；士所弇敛，客所术施也。客殆乎非士也。"

故火烛一隅，则室偏无光。骨节蚤成，空窍哭历，身必不长。众无谋方，乞谨视见，多故不良。志必不公，不能立功。好得恶予，国虽大不为王，祸灾日至。故君子之容，纯乎其若钟山之玉，桔乎其若陵上之木；淳淳乎慎谨畏化，而不肯自足；干干乎取舍不悦，而心甚素朴。

※译文

有客人去拜访田骈，客人穿戴合乎法度，进退合乎礼节，趣味悠闲高雅，步履轻快恭敬，言谈谦逊敏锐。田骈听完之后辞别了他。客人走出家门，田骈目送他离去。有弟子对田骈说：“客人是士人吗？”田骈说：“恐怕不是吧。这个客人所掩饰收敛的，正是士人所张扬的；士人所掩饰收敛的，正是这个客人所张扬的。客人恐怕不是士人。”

所以，火烛在室内的一角，室内就有半间没有光亮。骨节早早地长成，空窍就疏松不实，身体必定长不高。普通的人没有计谋方略，只把心思放在外部仪表上，大多想要凭奸诈取巧。心地必然不公正，不能建立功绩。喜好获得不愿给予，国家即使很大，也不能称王于诸侯，灾祸也会很快到来。所以君子的仪容，就像钟山的玉石一样纯洁，就像山上的大树一样挺拔；他们兢兢业业，小心谨慎，但又不愿骄傲自满；他们孜孜不倦，取舍郑重不苟，而心地非常纯洁、质朴。

※原文

唐尚敌年为史，其故人谓唐尚愿之，以谓唐尚。唐尚曰：“吾非不得为史也，羞而不为也。”其故人不信也。及魏围邯郸，唐尚说惠王而解之围，以与伯阳，其故人乃信其羞为史也。居有间，其故人为其兄请，唐尚曰：“卫君死，吾将汝兄以代之。”其故人反兴再拜而信之。夫可信而不信，不可信而信，此愚者之患也。知人情不能自遗，以此为君，虽有天下何益？故败莫大于愚。愚之患，在必自用。自用则戆陋之人从而贺之。有国若此，不若无有。古之与贤从此生矣。非恶其子孙也，非徼而矜其名也，反其实也。

※译文

唐尚刚到做史官的年龄，他的老朋友认为唐尚愿意做史官，就对唐尚说了这件事。唐尚说：“我不是不能做史官，而是不屑于做。”他的老朋友不相信。到了魏国军队围困了邯郸，唐尚劝说惠王从而解除了魏军的围困，国君因此把伯阳给了唐尚的时候，他的老朋友这才相信唐尚不屑于做史官。过了一段时间，这个老朋友来为他的哥哥求官职。唐尚说：“等到卫国国君死了以后，我将让你的哥哥取代他。”这个老朋友非常高兴地拜谢了两次，相信了唐尚的话。能够相信的但不相信，不能相信的反而相信，这是愚人的毛病。这个老朋友用人之常情去评判别人，但不能用来评判自己，凭这个来做国君，即使拥有了天下又有什么好处？所以，没有比愚蠢更坏事的了。愚蠢的毛病，在于固执己见。固执己见，愚蠢无知的人就会去跟从他，去向他庆贺。像这样拥有国家，不如不拥有。古代让贤的事情就是由此出现的。让贤不是厌恶自己的子孙，不是求取显耀他的名声，是为了回到实际才这样做的。

※读解

情动于中而形于外。只要意诚心正，内心的光明正大就会在仪容上自然地流露出来。如果刻意地修饰面容和穿着，把心思放在外在形式上，那么内心的虚伪和荒芜也一定会从目光和表情中流露出来。

※事例

邹忌以容貌为喻谈论国事

邹忌身高有八尺多，容貌俊美。

一天早上，他穿上朝服戴上帽子对着镜子细看，然后问他的妻子说："我跟城北的徐公相比谁美啊？"妻子说："您美极了，徐公哪能比得上您呀！"

城北的徐公是齐国有名的美男子。邹忌不相信妻子的话，就去问他的侍妾："我跟徐公相比谁美啊？"侍妾说："徐公哪里能比得上您啊！"

第二天，有客人来，他和客人一起聊天，又问客人说："依你看来，我跟徐公谁美？"客人说："徐公不如您美。"

过了一天，徐公来家里做客。邹忌仔细端详他，感觉自己不如他美；再照镜子看自己，更觉得差得很远。夜晚躺着，心里还在琢磨："我妻子说我美，是偏爱我；侍妾说我美，是害怕我；客人说我美，是有求于我！"

第二天，他上朝见到齐威王说："臣知道自己没有徐公美，臣妻偏爱臣，臣妾害怕臣，臣的客人对臣有所求，他们都说我比徐公美。现在齐国的土地方圆千里，有一百二十座城邑，国君的左右亲信和后宫嫔妃，没一个不偏爱您；满朝大臣，没一个不怕您；一国之内，没一个不有求于您。由此来看，国王看不清真相就很严重了！"齐威王说："说得好。"于是发布命令说："能当面指责我过错的，得到上等奖赏；呈上书信劝谏我的，得到中等奖赏；在公共场所说我不是，并让我听到的，得到下等奖赏。"

命令刚发下时，臣子们上朝进谏，从宫门到殿堂好像集市一样。几个月以后，还经常有人陆续来进谏。一年以后，即使想说，也没什么可以说的了。燕国、赵国、韩国、魏国听到这件事，都来朝拜齐威王。

务大

※原文

尝试观于上志，三王之佐，其名无不荣者，其实无不安者，功大故也。俗主之佐，其欲名实也与三王之佐同，其名无不辱者，其实无不危者，无功故也。皆患其身不贵于其国也，而不患其主之不贵于天下也，此所以欲荣而逾辱也，欲安而逾危也。

孔子曰："燕爵争善处于一屋之下，母子相哺也，区区焉相乐也，自以为安矣。灶突决，上栋焚，燕爵颜色不变，是何也？不知祸之将及之也。不亦愚乎？为人臣而免于燕爵之智者寡矣。夫为人臣者，进其爵禄富贵，父子兄弟相与比周于一国，区区焉相乐也，而以危其社稷，其为灶突近矣，而终不知也，其与燕爵之智不异。"故曰：天下大乱，无有安国；一国尽乱，无有安家；一家尽乱，无有安身。此之谓也。故细之安必待大，大之安必待小。细大贱贵交相为赞，然后皆得其所乐。

※译文

曾经尝试着察看古代的记载，夏、商、周三代开国帝王的辅臣，他们的名声没有不荣耀的，爵禄没有不安稳的，这是因为他们功劳大。平庸君主的辅臣，他们想要的名声和爵禄与三代帝王的辅臣是一样的，但他们的名声没有不耻辱的，他们的爵禄没有不倾危的，这是因为他们没有功劳。他们都忧虑自己不能在国家里显贵，但不忧虑他们的君主不能在天下显贵，这就是想要荣耀反而更加耻辱、想要安稳反而更加倾危的原因。

孔子说："燕子和麻雀争着在屋檐下的好地方搭窝筑巢，母鸟喂养小鸟。区区地鸣叫着在一起嬉戏，自己认为安全了。灶台和烟囱破裂了，房梁已经被烧着了，燕子和麻雀仍然面色不改，这是为什么呢？不知道灾祸将要降临到身上的缘故。这难道不是愚蠢吗？做臣子的，有能够避免燕子和麻雀这种危险的智力的太少了。做臣子的人，一心想着增加他们的爵禄和富贵，父子兄弟一起在朝廷结党营私，像燕雀一样区区地鸣叫着，相互欢乐嬉戏，来危害国家的安全，他们的做法就离灶台和烟囱近了，但他们还不知道，他们的智力和燕雀的智力没有什么区别。"所以说：天下大乱，就没有安定的国家；一个国家大乱，就没有安定的家庭；一个家庭大乱，就没有安身的地方。说的就是这个道理。因此，部分的安定必定要靠整体的安定，整体的安定必定要靠部分的安定。部分与整体、卑贱与尊贵都来辅佐，这样才能得到应该享受到的欢乐。

※原文

薄疑说卫嗣君以王术，嗣君应之曰："所有者千乘也，愿以受教。"薄疑对曰："乌获举千钧，又况一斤？"杜赫以安天下说周昭文君，昭文君谓杜赫曰："愿学所以安周。"杜赫对曰："臣之所言者不可，则不能安周矣；臣之所言者可，则周自安矣。"此所谓以弗安而安者也。

郑君问于被瞻曰："闻先生之义，不死君，不亡君，信有之乎？"被瞻对曰："有之。夫言不听，道不行，则固不事君也。若言听道行，又何死亡哉？"故被瞻之不死亡也，贤乎其死亡者也。昔有舜欲服海外而不成，既足以成帝矣。禹欲帝而不成，既足以王海内矣。汤、武欲继禹而不成，既足以王通达矣。五伯欲继汤、武而不成，既足以为诸侯长矣。孔、墨欲行大道于世而不成，既足以成显荣矣。夫大义之不成，既有成已，故务事大。

※译文

薄疑用统一天下的谋略来劝说卫嗣君，嗣君回答他说："我所拥有的是一个只有千辆兵车的小国，愿意得到你的指教。"薄疑回答说："乌获能举起一千斤的东西，又何况是一斤呢？"杜赫用安定天下的谋略劝说周昭文君，周昭文君对杜赫说："愿意学习安定周朝的方法。"杜赫回答说："我所说的如果不能实行，就不能安定周朝；我所说的如果能实行，周朝就自然安定了。"杜赫的说法，就是所谓的不说安定而使国家自然安定。

郑君问被瞻说："听说你的主张，不为君主而死难，不为君主逃亡，真是这样的吗？"被瞻回答说："是这样的。如果意见不被采纳，主张就不会被推行，那么他本来就没有侍奉君主。如果意见被采纳，主张得以推行，又哪有什么死和亡的难呢？"因此被瞻不为君主死难和逃亡，要胜过那些为国君死难逃亡的人。从前舜想要收服海外但没有实现，即使这样也足以成就帝业了。禹想要成就帝业但没有实现，即使这样也足以统一海内了。商汤和武王想要继承禹的大业但没有实现，即使这样也足以统一到交通所到的地方了。五霸想要继承商汤和武王的大业但没有实现，即使这样也足以号令诸侯了。孔子和墨翟想要推行大道但没有实现，即使这样也足以成为名声显赫的人了。宏大的愿望虽没有实现，也已经有了很大的成就了，所以要致力于做大事。

※读解

所谓"取乎其上，得乎其中；取乎其中，得乎其下；取乎其下，则无所得矣"。人要立志，立志就要立鸿鹄之志。只有立大志，才能激发出潜藏在体内的无穷力量，开拓创新，建功立业。

※事例

海尔做大做强　树立中国民族品牌

1984年，海尔只有800名职工，营业额只有348万元，还是一个资不抵债的小企业。

1985年，张瑞敏分析了当时电冰箱市场品种繁多、竞争激烈的形势，提出了"起步晚、起点高"的原则，制定了海尔发展的"名牌战略"，决定把海尔做大做强。

1985年，张瑞敏从消费者的来信中发现了产品存在的质量隐患，为了真正唤醒员工的质量意识、市场意识，“砸冰箱”事件成为海尔历史上强化质量观念的警钟。这也为海尔做大企业奠定了基础。

以张瑞敏为代表的海尔人，一心要让海尔登上世界级品牌的高峰，他们有一种高瞻远瞩的视野。从一开始，海尔人就没有把眼光局限于企业和产品本身，局限于国内市场，而是致力于做大、做强民族品牌，将跨入世界500强、做中国的世界名牌作为自己的最终目标。正是这种远大目标，促使海尔人二十多年来甘于寂寞、默默耕耘，也正是这种目标，鼓舞着海尔人二十多年来艰苦创业、开拓创新。

海尔就这样一路走来，发展成如今国内家电行业的翘楚。

根据资料显示，2006年11月22日在《福布斯》杂志2006年度“全球最受尊敬企业200强”评选中，海尔集团位居第25位，居中国品牌之首。

12月5日，“2006中国最有价值品牌”评估结果揭晓，海尔以749亿元的品牌价值连续五年位居榜首。

12月21日，在由世界品牌实验室、世界经理人周刊和蒙代尔杂志联合主办的2006年世界经理人年会上，海尔集团获“2006年中国品牌年度大奖”，并获“2006年中国十佳雇主”“2006年中国最具影响力品牌”称号。

海尔的发展历程告诉我们，只有把眼光放长远，致力于做大事，才能把企业越做越大。

上农

※原文

古先圣王之所以导其民者，先务于农。民农非徒为地利也，贵其志也。民农则朴，朴则易用，易用则边境安，主位尊。民农则重，重则少私义，少私义则公法立，力专一。民农则其产复，其产复则重徙，重徙则死处而无二虑。舍本而事末则不令，不令则不可以守，不可以战。民舍本而事末则其产约，其产约则轻迁徙，轻迁徙则国家有患皆有远志，无有居心。民舍本而事末则好智，好智则多诈，多诈则巧法令，以是为非，以非为是。

※译文

上古时候，先代的圣王教导他们百姓的做法，首先是从事农业。使百姓从事农业不是仅仅为了土地的产出，还为了醇化百姓的心志。使百姓从事农业就会变得纯朴，纯朴就容易役使，容易役使，边境就会安定，君主的地位就会显得尊贵。使百姓从事农业，他们的行为举止就会持重，行为举止持重就会减少私人的交谊，减少私人的交谊就会使公法得以确立，民力也会专一。使百姓从事农业就会使他们的家产增多，那么他们就不会轻易迁徙，不轻易迁徙就没有别的考虑。百姓舍弃根本的农业而从事其他行业，他们就会不听从命令；不听从命令就不能够依靠他们的力量防御外敌，不能够依靠他们作战。百姓舍弃根本的农业而从事其他行业，他们的家产就会很少，他们的家产很少就会很轻易地迁徙，轻易地迁徙那么国家有危难的时候他们就会试图躲避到远方，没有安定地居住下来的心思。百姓舍弃根本的农业而从事其他行业，他们就会喜欢玩弄计谋，玩弄计谋就会诡诈多变，诡诈多变就会挖空心思地钻法令的空子，把对的当作错的，把错的当作对的。

※原文

后稷曰："所以务耕织者，以为本教也。"是故天子亲率诸侯耕帝藉田，大夫士皆有功业。是故当时之务，农不见于国，以教民尊地产也，后妃率九嫔蚕于郊，桑于公田，是以春秋冬夏皆有麻枲丝茧之功，以力妇教也。是故丈夫不织而衣，妇人不耕而食，男女贸功以长生，此圣人之制也。故敬时爱日，非老不休，非疾不息，非死不舍。

※译文

后稷说："之所以从事耕作纺织，是因为这是教化的根本所在。"所以，天子亲自率领诸侯们耕种籍田，大夫和士人也都有各自的工作事务。因此正当农忙的时节，从事农事的人不能在都邑中出现，以此来教化他们重视田地里的生产。天子的后妃率领九嫔在郊外养蚕，在公田里采集桑叶，所以春夏秋冬都有绩麻缫丝的工作要做，以此来尽力对妇女进行教化。因此男子不用织布就可以有衣服穿，妇女不用耕作也可以有饭吃，男女通过交换劳动所得，来维持生活，这是圣人制定的法度。所以，重视农时，珍惜光阴，不年老就不能停止劳动，不患病就不能休息，不死就不能舍弃农事。

※原文

上田夫食九人，下田夫食五人，可以益，不可以损。一人治之，十人食之，六畜皆在其中矣。此大任地之道也。故当时之务，不兴土功，不作师徒，庶人不冠弁、娶妻、嫁女、享祀，不酒醴聚众；农不上闻，不敢私藉于庸。为害于时也。然后制野禁。苟非同姓，农不出御，女不外嫁，以安农也。

※译文

耕种上等田，一个农夫要养活九个人；耕种下等田，一个农夫要养活五个人；养活的人可以再增多，不能再减少。一个人耕作，十人食用，各种家禽牲畜也都包括在内。这是充分利用土地的方法。因此正当农忙时节，不能兴建土木工程，不能进行战争，平民不能加冠、婚嫁、祭祀，不能聚众喝酒；从事耕种的人，如果没有涉及官府的事，不能私自雇用别人代为耕种。因为这些都是妨害农时的。所以就要制定乡野的禁令。如果不是同姓，男子不能到外地娶妻，女子不能嫁到外地，来保证农事。

※原文

野禁有五：地未辟易，不操麻，不出粪；齿年未长，不敢为园囿；量力不足，不敢渠地而耕；农不敢行贾；不敢为异事。为害于时也。然后制四时之禁：山不敢伐材下木，泽人不敢灰僇，缳网罝罦不敢出于门，罛罟不敢入于渊，泽非舟虞不敢缘名。为害其时也。

※译文

乡野的禁令有五条：田地还没有翻耕平整，不能绩麻，不能施肥；不到年龄，不能从事园圃里的劳动；估计力量不够，不能扩大耕地；从事农业的人不能经商；不能去做其他事情。因为这样做会妨害农时。然后制定一年四季的禁令：不到适宜的季节，不能到山里砍伐木材，水泽地区的人不能烧灰割草，不能外出捕猎鸟兽，不能下水打鱼，不是管理船只的官员不能借口驶船。因为这些事情会妨害农时。

※原文

若民不力田，墨乃家畜。国家难治，三疑乃极。是谓背本反则，失毁其国。凡民自七尺以上，属诸三官：农攻粟，工攻器，贾攻货。时事不共，是谓大凶；夺之以土功，是谓稽，不绝忧唯，必丧其秕；夺之以水事，是谓籥，丧以继乐，四邻来虚；夺之以兵事，是谓厉，祸因胥岁，不举铚艾。数夺民时，大饥乃来。野有寝耒，或谈或歌，旦则有昏，丧粟甚多。皆知其末，莫知其本真。

※译文

如果百姓不尽力农耕，没收他们的家畜。国家难以治理之处，在于农业、工业、商业人士都不专心从事本行工作。这就是所说的背离根本，违反法则，这就会导致国家的灭亡。凡是成年的百姓，都分别属于农、工、商三种职业：农业生产粮食，工业制造器物，商业经营货物。行事不合农时，这就是所谓的“大凶”；因为大兴土木耽误农时，这就是所谓的“延误”，百姓就会忧愁不止，田地里必然没有收成；因为治理水事耽误农时，这是所谓的“浸泡”，悲伤就会在欢乐之后到来，周围的邻国就会来侵扰；因为战事耽误农时，这是所谓的“祸患”，于是灾祸连年不断，田地里也没有可以收割的庄稼了。连续耽误农时，严重的饥荒就会到来。田地里有闲置的农具，有人在谈笑，有人在唱歌，夜以继日，就失掉了非常多的粮食。都知道末梢，却没有人知道根本。

※读解

农业是国民经济的基础，无农不稳。古人在长期的生存斗争中，早早就悟到了这一点。于是，我国农业不仅很早就取得丰富的经验，达到世界的先进水平，而且历朝历代都得到国家的重视，直到今天，依然如此。

※事例

拓跋嗣以民为贵

北魏时期，有一次，全国连着几年发生霜旱灾害，农民没有收成，云中、代郡一带很多老百姓都饿死了。于是，太史令王亮、苏坦就向北魏国君拓跋嗣上书说：“按谶书的说法，魏国应把都城建在邺城，那样的话，百姓才能够富足安乐。”

但博士祭酒崔浩说：“第一，如果把都城迁到邺地，能够解救饥荒，却非长久之计。现在迁都，要留下军队戍守旧都，这样只有一部分人向南迁移，这些人住不满几个州的土地，要和汉人杂居在各郡县。这样一来，就会暴露我们人口少的实情，四方邻国会轻视我们。第二，我们的百姓也不习惯那里的水土，害病伤亡的人会很多。第三，旧都的守兵减少之后，屈丐、柔然等国就会趁机攻击我们，他们一旦率领全国的军队前来进攻，云中、平城一定会发生危机。我们居住在北方，崤山之东发生变乱，我们派遣轻装骑兵向南进攻，把部队分布在林野中间，就没有人能知道我们的人数。第四，老百姓看见我们征战就会慑服。明年春天，杂草生长起来，家畜能够吃饱，牛奶能够供应上，又有蔬菜水果，就可以维持到秋天粮食成熟，我们面临的这些困难暂时就能够克服。”

拓跋嗣听后说：“现在国库已经空了，没办法再等到明年秋天，如果明年秋天再发生饥荒，我们怎么对付呢？”

崔浩说：“应把最贫寒的人家挑选出来，让他们去太行山以东的地区去谋生。如果明年再发生饥荒，到时候再想办法，只是现在不可迁都。”

拓跋嗣同意了他的意见。挑选百姓中最贫寒的人家前往太行山以东的三个州去谋生，并派左部尚书代郡人周几统率军队镇守鲁口，安抚他们。拓跋嗣本人也亲自耕种农田，又命令官员劝勉指导人们从事农耕和种桑养蚕。第二年，庄稼丰收，百姓富足安定。